"十四五"职业教育国家规划教材

"十二五"职业教育国家规划教材 修订版

经全国职业教育教材审定委员会审定

本教材第 3 版曾获首届全国教材建设奖全国优秀教材二等奖

公路 CAD

第 5 版

主　编　张郃生　孙　琳

副主编　许路成　郭景全

参　编　张庆宇　吕鹏磊　吴　琼　董　蕊　王京力　王记平

主　审　张梅钗

机械工业出版社

本书为"十四五"职业教育国家规划教材以及"十二五"职业教育国家规划教材、普通高等教育"十一五"国家级规划教材的修订版。本书第 3 版获评为"首届全国教材建设奖"。

本书以公路 CAD 的几何设计和计算为核心，结合高职高专道路与桥梁工程专业的工程制图、道路几何设计、桥梁几何设计等内容及作者近年来在教学、科研、设计的工作体会，借鉴国内外最新的研究成果，较为系统地介绍了公路 CAD 通用图形平台——AutoCAD 绘制公路与桥涵工程设计图样的方法和技巧。全书分 5 个学习情境、18 个任务，主要包括：AutoCAD 2024 安装与设置、二维绘图命令及其应用、二维图形编辑、文字标注与尺寸标注、基本图形的绘制与打印、道路工程图形绘制、桥涵工程图形绘制、三维图形绘制和道桥计算技术。

本书可作为高职高专院校道路与桥梁工程技术、道路工程造价、道路养护与管理等专业的教材，也可作为相关专业工程技术人员的学习参考用书。

为方便教学，本书配有电子课件、教案等相关资源，凡使用本书作为教材的教师可登录机械工业出版社教育服务网 www.cmpedu.com 注册下载。机工社职教建筑群（教师交流 QQ 群）：221010660，咨询电话：010-88379934。

图书在版编目（CIP）数据

公路 CAD/张邵生，孙琳主编. -- 5 版. -- 北京：机械工业出版社，2025. 4. --（"十四五"职业教育国家规划教材）. -- ISBN 978 - 7 - 111 - 77582 - 9

Ⅰ. U412.6

中国国家版本馆 CIP 数据核字第 2025Q5Z491 号

机械工业出版社（北京市百万庄大街 22 号　邮政编码 100037）

策划编辑：沈百琦　　　　　责任编辑：沈百琦
责任校对：贾海霞　丁梦卓　封面设计：鞠　杨
责任印制：单爱军
唐山三艺印务有限公司印刷
2025 年 7 月第 5 版第 1 次印刷
184mm×260mm·17.5 印张·429 千字
标准书号：ISBN 978-7-111-77582-9
定价：55.00 元

电话服务　　　　　　　　　　网络服务

客服电话：010-88361066　　　机 工 官 网：www.cmpbook.com
　　　　　010-88379833　　　机 工 官 博：weibo.com/cmp1952
　　　　　010-68326294　　　金 书 网：www.golden-book.com
封底无防伪标均为盗版　　机工教育服务网：www.cmpedu.com

关于"十四五"职业教育
国家规划教材的出版说明

为贯彻落实《中共中央关于认真学习宣传贯彻党的二十大精神的决定》《习近平新时代中国特色社会主义思想进课程教材指南》《职业院校教材管理办法》等文件精神，机械工业出版社与教材编写团队一道，认真执行思政内容进教材、进课堂、进头脑要求，尊重教育规律，遵循学科特点，对教材内容进行了更新，着力落实以下要求：

1. 提升教材铸魂育人功能，培育、践行社会主义核心价值观，教育引导学生树立共产主义远大理想和中国特色社会主义共同理想，坚定"四个自信"，厚植爱国主义情怀，把爱国情、强国志、报国行自觉融入建设社会主义现代化强国、实现中华民族伟大复兴的奋斗之中。同时，弘扬中华优秀传统文化，深入开展宪法法治教育。

2. 注重科学思维方法训练和科学伦理教育，培养学生探索未知、追求真理、勇攀科学高峰的责任感和使命感；强化学生工程伦理教育，培养学生精益求精的大国工匠精神，激发学生科技报国的家国情怀和使命担当。加快构建中国特色哲学社会科学学科体系、学术体系、话语体系。帮助学生了解相关专业和行业领域的国家战略、法律法规和相关政策，引导学生深入社会实践、关注现实问题，培育学生经世济民、诚信服务、德法兼修的职业素养。

3. 教育引导学生深刻理解并自觉实践各行业的职业精神、职业规范，增强职业责任感，培养遵纪守法、爱岗敬业、无私奉献、诚实守信、公道办事、开拓创新的职业品格和行为习惯。

在此基础上，及时更新教材知识内容，体现产业发展的新技术、新工艺、新规范、新标准。加强教材数字化建设，丰富配套资源，形成可听、可视、可练、可互动的融媒体教材。

教材建设需要各方的共同努力，也欢迎相关教材使用院校的师生及时反馈意见和建议，我们将认真组织力量进行研究，在后续重印及再版时吸纳改进，不断推动高质量教材出版。

机械工业出版社

第 5 版前言

编写组认真学习国家的职教政策和专业教学标准，梳理研读国家教材建设要求和指导方针。在此基础上，编写组进入路桥公司、设计院等企业进行广泛调研，对接公路建设领域施工一线生产技术，校企合作双元确定工作岗位需求，并深入分析教学需求，最终将教材定位在满足一线岗位（如施工单位竣工图绘制和设计单位绘图人员）的需求，确定"工学结合、德技并修"的修订原则，并基于"以学生为中心、成果为导向、坚持持续改进"的理念进行此次修订。

本书在第 4 版的基础上进行修订，软件选择基于通用性、先进性和兼容性；整体规划基于项目成果导向，内容实施基于任务驱动，项目取材于生产实际；借鉴国内外最新的研究成果，并依据现行的技术规范组织编写。本书突出了任务描述中与项目的相关性，增加了各任务中"学习目标"的梳理和"任务拓展"的延伸，优化了配套资源，修订内容与编写特色如下：

1. 教材软件版本升级

紧跟技术前沿，将教材内容与 AutoCAD 新版本相衔接，确保学生所学即所用，无缝对接未来职场需求。AutoCAD 软件每一版迭代都融入了最新的技术特性和用户反馈。本次修订，选择 AutoCAD 2024 简体中文版。相比之前的版本，2024 版引入 AI 引导的助手和智能块，在高效设计、三维建模与可视化、智能化、协作与共享等方面都进行了显著改进和优化，更加智能与高效，符合行业智慧化发展对软件的需求。道桥计算技术方面，选择了 Mathcad Express Prime 9.0，该版本在计算与符号引擎、用户体验与交互性等方面的优势显著，能更高效、准确地完成工程计算任务，且易学易用、方便直观，如同手写公式般的所见即所得的计算展现方式，可以提升高职学生计算和编程能力。

2. 基于"校企合作、'双元'育人"开发，深度融入育人元素

基于"校企合作'双元'育人"开发背景，德技交融，进一步挖掘与教学内容密切相关的育人元素，并以案例形式植入每一个学习任务，分析展示和启发引导并行，融入课程教学，促进育人与专业课程的结合；提倡小组集体完成任务，培养主动学习兴趣和核心素养、树立核心价值观念和厚植大国工匠精神、激发勇攀科创高峰的精神和创造人生价值的使命感；考核部分体现对团队分工协作等的要求，强化团队协作精神。

3. 结合实际岗位需求，逐层设置工作任务

本书结构整体规划上，成果性内容主要有道路绘图、桥涵绘图、三维绘图展示和道桥计算书。一个成果又分解成若干任务，如道路绘图分成了路线、路

基、路面等多个任务展开，逐项任务的完成形成一个系统成果，难度上循序渐进。

本书内容组织上，以几何设计和工程计算为核心，结合实际岗位需求并追踪技术前沿，以公路施工图绘制、工程计算、三维图形绘制建模的项目成果为引领，以工程一线真实工作任务及其工作过程为依据，并融合相关职业资格证书对知识、技能和素养的要求，提炼典型工作任务，将学习领域课程内容进行整合，并给出了建议学时，详细安排见"学时分配建议表"。

各个任务设置"任务描述、任务目标、内容结构、主要技能、基础知识、技能训练、技能深化、技能归纳、考核评价、作业"等几个环节，通过任务描述、任务目标、内容结构和主要技能积极构建学习情境；基础知识交代了本任务所需的基本理论知识；技能训练以技能操练为核心，突出学生学习的主体地位；通过技能深化，实现因材施教的选择性学习和综合技能的提高；技能归纳便于学习者按规律操作；考核评价突出过程学习的重要性；最后通过适当的作业强化组合技能的提升。每个学习情境内的"过关练习"，帮助学习者自我检验学习效果。

为方便读者学习查看，教材内容呈现更加系统完整，将学习情境五道桥计算技术由原来的网页版调整到纸质版教材中；专业图形绘制部分，增加了"任务拓展"，加入任务相关新技术规范和要求，形成教学闭环，深化专业与技能的结合，拓展技能应用。

4. 配套优质资源，灵活版式设计

本次修订，全新配套制作了118个微课视频、10个相关规范节选、1个操作数据、18个音频，以二维码形式随书放置在对应的位置，学习者可以随时用手机扫描并播放对应视频进行学习；各学习情境（除学习情境五）设置互动式线上习题训练，以及与全书配套的电子课件、教案、案例素材等资源。为了方便学习者自学，组建了与之配套的 MOOC（2019 年获评省级精品在线开放课），全年不间断开设，学习合格者可以获得合格证书（优秀者获得优秀证书）。

本书在版式上采用灵活的版式设计，并采用双色印刷，突出了重点和关键点，如 AutoCAD 命令以行命令和窗口命令组合出现，既高效又方便，使得整个幅面主次分明、详略得当，帮助学生更好地理解和掌握书中内容。

本书由河北交通职业技术学院张郃生、孙琳任主编，山西工程科技职业大学许路成、南京交通职业技术学院郭景全任副主编，参与编写的人员还有河北交通职业技术学院张庆宇、吕鹏磊、吴琼、董蕊、王记平，河北省交通规划设计研究院有限公司王京力。具体编写分工见"学时分配建议表"中的"编写分工"。

本书配套电子教案主要由各位编写人员对应制作，电子教案部分文本由孙

琳制作，与本书配套的 110 个微课视频由河北交通职业技术学院张郇生、孙琳、吴琼、吕鹏磊、董蕊、王沁共同制作。本书由河北省交通规划设计研究院有限公司正高级工程师张梅钗主审。

本书在编写过程中得到了东南大学交通学院博士生导师过秀成、倪富健，浙江大学交通工程研究所王福建博士，秦皇岛职业技术学院郭志敏教授，河北省交通规划设计院正高级工程师张国清，河北省远洲工程咨询有限公司于洪泽，河北弘力德路桥工程有限公司高飞，河北通途工测有限公司秦佛朋，河北交通职业技术学院杨立华、马良军、刘雅丽、孙光明、王道远、高红宾、苏建林、郝士华等的大力支持，在此一并致谢。

限于编者的水平和经验有限，书中难免有不当之处，欢迎读者批评指正。

本书计划学时为 48 学时，学时分配建议见下表。

学时分配建议表（含写作人员分工）

学习情境	工作任务及序号	任务名称	编写分工
学习情境一（20 学时）基本图形绘制与打印	任务一（2 学时）	计算机绘图认知	孙琳
	任务二（6 学时）	基本图形绘制	郭景全、孙琳
	任务三（4 学时）	基本图形编辑	郭景全、孙琳
	任务四（4 学时）	基本图形标注	孙琳
	任务五（2 学时）	图形打印	孙琳
	*任务六（2 学时）	高效绘图方法	孙琳
学习情境二（10 学时）道路工程图形绘制	任务一（4 学时）	路线工程图绘制	王京力、孙琳
	任务二（2 学时）	路基图形绘制	张庆宇
	任务三（2 学时）	路面图形绘制	吕鹏磊、孙琳
	任务四（2 学时）	公路交叉口相关设计图绘制	吴琼
学习情境三（8 学时）桥涵工程图形绘制	任务一（4 学时）	桥梁布置图绘制	许路成
	任务二（2 学时）	钢筋混凝土构件配筋图形绘制	许路成、孙琳
	任务三（2 学时）	小桥涵布置图绘制	许路成
学习情境四（6 学时）三维图形绘制	任务一（2 学时）	基本三维图形绘制	张郇生
	任务二（2 学时）	道路三维图形绘制	王记平、张郇生
	任务三（2 学时）	桥梁三维图形绘制	张郇生
学习情境五（4 学时）道桥计算技术	任务一（2 学时）	MathCAD 计算技术认知	董蕊
	任务二（2 学时）	道桥工程计算	张郇生

（注：标 * 为选学部分）

编　者

第4版前言

在此次修订中，编写组认真学习了习近平新时代中国特色社会主义思想，把课程思政放在首位；梳理了国家的职教政策和专业教学标准的要求，在此基础上，校企合作双元确定工作岗位需求，确定"工学结合、德技并修"的修订原则，最终将教材定位在满足一线岗位（如施工单位竣工图绘制和设计单位绘图人员）的需求。

在动态重印过程中，编写组基于党的二十大报告中关于"深入实施科教兴国战略、人才强国战略、创新驱动发展战略"，加快建设交通强国的要求和推动共建"一带一路"高质量发展的要求，把立德树人放在首位，把工匠精神、团结奋斗精神、中华优秀传统文化、培育创新文化、弘扬科学家精神、涵养优良学风、营造创新氛围、先进人物和伟大成就的典型示范作用有机融入教材。

本书第4版在第3版的基础上，基于"以学生为中心、成果为导向、坚持持续改进"的理念进行修改，软件选择基于通用性、先进性和兼容性；整体规划基于项目成果导向，内容实施基于任务驱动，项目取材于生产实际；借鉴国内外最新的研究成果，并依据现行的技术规范组织编写。本书突出了任务描述中与项目的相关性，增加了各任务中"主要技能"的梳理，优化配套资源，具体编写特色如下：

1. 基于"校企合作、'双元'育人"开发，增加育人元素

基于"校企合作'双元'育人"开发背景，融入育人元素，增加土建交通领域，特别是"一带一路"建设成就的展示，通过网站课程内容不断更新；在学习情境植入与教学内容密切相关的"专业文化、行业前沿与成就、专业名人"等；任务完成提倡小组集体完成，考核部分体现对团队分工协作等的要求，总体呈现出"情境导入培养主动学习兴趣、树立核心价值观念和厚植大国工匠精神，任务考核评价强化团队协作精神"。通过深入挖掘育人元素，转变传统教育观念，提炼育人要求，融入课程教学，促进育人与专业课程的结合。

2. 结合实际岗位需求，逐层设置工作任务，强化职业技能提升

本书结构整体规划上，成果性内容主要有道路绘图、桥涵绘图、三维绘图展示和道桥计算书。一个成果又分解成若干任务，如道路绘图分成了路线、路基、路面等多个任务展开，逐项任务的完成形成一个系统成果。难度上循序渐进，学习情景一作为后续学习情境内容的铺垫，主要介绍基本图形绘制、编辑、AutoCAD二次开发和图纸出版等。

本书内容组织上，以几何设计和工程计算为核心，结合实际岗位需求并追踪技术前沿，以公路施工图绘制、工程计算、三维图形绘制建模的项目成果为

引领，以工程一线真实工作任务及其工作过程为依据，并融合相关职业资格证书对知识、技能和素养的要求，提炼典型工作任务，将学习领域课程内容进行整合，并给出了建议学时，详细安排见"学时分配建议表"。

本书共设置五个学习情境十九个任务，分为两个基本部分：第一部分由学习情境一、二、三、四组成，主要介绍了基于 AutoCAD 2012 简体中文版的专业图形的绘制与出版；第二部分为学习情境五，主要介绍了公路及桥梁设计的计算方法（此部分内容可在机工教育服务网 www.cmpedu.com 查看）。各个任务设置**"任务描述、任务目标、内容结构、主要技能、基础知识、技能训练、技能深化、技能归纳、任务拓展、考核评价、作业"**等几个环节，通过任务描述、任务目标、内容结构和主要技能积极构建学习情境；基础知识交代了本任务所需的基本理论知识；技能训练以技能操练为核心，突出学生学习的主体地位；通过技能深化，实现因材施教的选择性学习和综合技能的提高；技能归纳便于学习者按规律办事；考核评价突出过程学习的重要性；最后通过适当的作业强化组合技能的提升。每个学习情境内增加了"过关练习"，帮助学习者自我检验学习效果。

3. 符合"互联网＋职业教育"发展需求，灵活版式、双色印刷

本次修订，配套制作了 122 个完整的微课视频，以二维码形式随书镶嵌在对应的位置，学习者可以随时用手机扫描并播放对应视频进行学习；各学习情境设置线上习题训练，以及与全书配套的电子课件、教案、案例素材等资源。为了方便学习者自学，组建了与之配套的 MOOC（2019 年获评省级精品在线开放课），全年不间断开设，学习合格者可以获得合格证书（优秀的获得优秀证书）。

本书在版式上采用灵活的版式设计，并采用双色印刷，突出了重点和关键点，如 AutoCAD 命令以行命令和窗口命令组合出现，既高效又方便，使得整个幅面主次分明、详略得当，帮助学生更好地理解和掌握书中内容。

本书由河北交通职业技术学院张郐生任主编，山西交通职业技术学院许路成、南京交通职业技术学院郭景全、河北交通职业技术学院孙琳任副主编，参与编写的人员还有河北交通职业技术学院王辉、张庆宇、吕鹏磊、董蕊、史文朝、王记平。具体编写分工见"学时分配建议表"中的"编写分工"。本书配套电子教案主要由各位编写人员对应策划，电子教案部分文本由孙琳制作，与本书配套 122 个微课视频由河北交通职业技术学院张郐生、孙琳、王辉、张庆宇、任彦茹、申骞、王沁、闫新勇、董蕊、李晓蒙、吕鹏磊、吴琼、史文朝共同制作。本书由河北省交通规划设计院正高级工程师张梅钗主审。

本书在编写过程中得到了东南大学交通学院博士生导师过秀成、倪富健、浙江大学交通工程研究所王福建博士，秦皇岛职业技术学院郭志敏教授，河北省交通规划设计院正高级工程师张国清，河北省远洲工程咨询有限公司于洪泽，河北弘力德路桥工程有限公司高飞，河北通途工程检测有限公司秦佛朋，河北

交通职业技术学院雷重喜、马良军、刘雅丽、高红宾、苏建林、郝士华等的大力支持，在此一并致谢。

限于编者的水平和经验有限，书中难免有不当之处，欢迎读者批评指正。

本书计划学时为 48 学时，学时分配建议见下表。

学时分配建议表（含写作人员分工）

学习情境	工作任务及序号	任务名称	编写分工
学习情境一（20 学时） 基本图形绘制与打印	任务一（2 学时）	计算机绘图认知	孙琳
	任务二（6 学时）	基本图形绘制	郭景全、孙琳
	任务三（4 学时）	基本图形编辑	郭景全、孙琳
	任务四（4 学时）	基本图形标注	王辉、孙琳
	任务五（2 学时）	图形打印	王辉、孙琳
	*任务六（2 学时）	高效绘图方法	史文朝、孙琳
学习情境二（8 学时） 道路工程图形绘制	任务一（2 学时）	路线工程图绘制	张郤生、张庆宇
	任务二（2 学时）	路基图形绘制	张庆宇、吕鹏磊
	任务三（2 学时）	路面图形绘制	张庆宇、吕鹏磊
	任务四（2 学时）	公路交叉口相关设计图绘制	张庆宇
学习情境三（8 学时） 桥涵工程图形绘制	任务一（4 学时）	桥梁布置图绘制	许路成
	任务二（2 学时）	钢筋混凝土构件配筋图形绘制	许路成、张郤生
	任务三（2 学时）	小桥涵布置图绘制	许路成
学习情境四（6 学时） 三维图形绘制	任务一（2 学时）	基本三维图形绘制	张郤生
	任务二（2 学时）	道路三维图形绘制	王记平、张郤生
	任务三（2 学时）	桥梁三维图形绘制	张郤生
学习情境五（6 学时） 道桥计算技术	任务一（2 学时）	MathCAD 15 计算技术认知	董蕊
	任务二（2 学时）	道路工程计算技术	张郤生
	任务三（2 学时）	桥涵工程计算技术	张郤生

编　者

本书资源列表

（续）

微课视频清单

（续）

思育启智园音频清单			思育启智园音频清单		
序号	名称	所在页码	序号	名称	所在页码
1	专业名人——中国 CAD 领域先驱刘慎权	15	11	专业文化——敢为人先和精益求精的大国工匠精神	192
2	专业名人——我国道路 CAD 奠基人李方	34	12	行业前沿与成就——世界上最长跨海大桥港珠澳大桥	205
3	专业文化——热爱祖国，爱护五星红旗	49	13	专业名人——港珠澳大桥岛隧工程项目总工程师林鸣	215
4	专业文化——中华文化璀璨瑰宝仿宋字	81	14	专业文化——AutoCAD 与 BIM、传统与创新的碰撞	229
5	专业文化——从活字印刷术到打印机	101	15	行业前沿与成就——公路工程建设中 BIM 技术的应用	238
6	行业前沿与成就——AutoCAD 二次开发技术进展与分析	117	16	专业名人——道路三维集成 CAD 软件发明人郭腾峰	248
7	专业文化——勇于开拓与探索的开路先锋精神	138	17	行业前沿与成就——中华民族的数学成就	257
8	行业前沿与成就——道路建设技术与成就	146	18	行业前沿与成就——工程计算软件简介	262
9	专业名人——道路工程专家郑健龙	155			
10	专业文化——提升安全意识、遵守交通规则	163			

线上测试题清单			线上测试题清单		
序号	名称	所在页码	序号	名称	所在页码
1	学习情境一　线上练习题	118	3	学习情境三　线上练习题	217
2	学习情境二　线上练习题	166	4	学习情境四　线上练习题	251

目　录

学习情境一

基本图形绘制与打印

⊞ 学习目标

知识目标：

1. 熟悉 AutoCAD 2024 工作环境、文件的基本操作、数字化制图的基本理念。
2. 掌握基本图形绘制的操作与常见技巧。
3. 掌握基本编辑命令的操作，提高绘图效率。
4. 掌握专业图形的标注、注释、说明、打印等操作。
5. 熟悉命令流等二次开发工具，转变绘图理念，回归以专业为中心的设计路线。

能力目标：

1. 能使用图层功能、特征点捕捉功能进行高效精确绘图。
2. 能熟练进行二维图形的绘制、编辑、标注、打印，提高专业图形的二维描述能力。
3. 能使用命令流等二次开发工具，提高绘图工作效率。

素质目标：

1. 具备较强的团结奋斗精神，一定的创新思维和能力。
2. 具备坚定的家国情怀，善于思考的优良学风和规范严谨的工作作风。

⊛ 重 点

AutoCAD 的基本图形的绘制、编辑、标注与注释，图形的打印等。

⊜ 难 点

图层的理解与运用、特征点捕捉、尺寸约束参数化制图、尺寸标注、基于布局的图形打印方法等。

⊛ 课时安排 （表1-1）

表1-1 课时安排

任务一（2学时）	计算机绘图认知
任务二（6学时）	基本图形绘制
任务三（4学时）	基本图形编辑
任务四（4学时）	基本图形标注
任务五（2学时）	图形打印
*任务六（2学时）	高效绘图方法

任务一　计算机绘图认知

🔆 任务描述

通过本任务的学习，要求学生了解 CAD 的作用，熟悉与公路 CAD 密切相关的 AutoCAD 基本功能，了解以 AutoCAD 为外挂平台的公路路线设计软件、桥涵设计软件、路基路面设计软件，熟悉 AutoCAD 数字化制图的基本操作和数字化制图的基本思维特点。

⚙ 任务目标

1）能描述 AutoCAD 发展状况。

2）了解目前公路 CAD 的发展现状。

3）掌握 AutoCAD 2024 的安装方法、打开并查看 AutoCAD 文档，以及直角坐标和极坐标的概念。

📖 内容结构 （图 1-1）

图 1-1　内容结构

🌿 主要技能

能进行 AutoCAD 2024 的安装、文件的基本操作，能调动 AutoCAD 各项命令，能灵活使用 AutoCAD 坐标系。

📖 基础知识

一、CAD 与 AutoCAD

CAD 是 Computer Aided Design 的简称，其含义是计算机辅助设计。公路 CAD 是公路计算机辅助设计的简称，公路计算机辅助设计涉及公路路线、路基工程、路面工程、桥涵工程、交通设施等的设计，是一门与诸多学科联系的综合学科。

目前，CAD 技术已在公路工程设计领域的各个阶段得到广泛应用，它显著提高了公路设计的质量，加快了设计进度，使公路建设项目达到方案优、投资省、工期短、效益好的要求。根据国内外有关统计资料，在工程设计中采用 CAD 技术，一般可使设计效率提高 1~25 倍、绘图效率提高 20 倍、设计周期缩短 3~6 倍、工程投资节省 5%~10%。国外已经把是否具备 CAD 系统作为工程咨询公司投标资格必备条件之一。

公路计算机辅助设计是工业发达国家计算机技术应用的重要领域之一。公路 CAD 技术

CAD与AutoCAD
发展现状

是伴随着计算机技术的发展而逐步成熟、完善的。

当前国内有代表性的路线软件包括路线大师、互动式道路及立交 CAD 系统、纬地公路设计系统、海德路线设计系统、道路集成 CAD 系统、海地公路优化设计系统、路线与互通立交集成 CAD 系统等。这其中路线大师的数字地面模型功能较好；纬地以易于使用见长；互动式道路及立交 CAD 系统适于进行互通立交设计。同时，这些路线软件多数能为桥梁涵洞的布置图提供必要的数据。

当前国内有代表性的桥涵设计软件包括桥梁大师、海地公路优化设计系统、桥梁通和桥梁集成 CAD 系统、桥梁博士（力学计算专用）、海特 PCV（涵洞设计专用）等。上述桥涵设计软件各有所长，都能帮助设计者完成大部分设计工作，但在自动化程度方面还有待进一步发展。

当前国内有代表性的路基稳定性及挡土墙设计软件包括理正系列软件以及同济大学的"启明星"软件等。

当前国内有代表性的路面软件包括 APDS（沥青路面设计验算软件）、HPDS（东南大学开发的公路路面设计程序系统）等。

以上这些软件多数以 AutoCAD 为基本平台，一些图形的基本修改基于 AutoCAD，考虑到施工单位、设计单位基本图形的修改，图纸的出版均离不开 AutoCAD，所以本书选择了 AutoCAD 软件。

AutoCAD 是美国 Autodesk 公司开发的通用计算机辅助绘图和设计软件包，自 1982 年推出 R1.0 版至今 40 多年的发展过程中，Autodesk 公司不断丰富和完善 AutoCAD 系统，使之广泛应用于机械、电子、建筑、化工、冶金等各个行业，是应用最为广泛和普及的 CAD 图形软件之一。目前的主流微型计算机均能满足运行 AutoCAD 2024 的基本要求。考虑到公路 CAD 软件处理数字地面模型（DTM）对计算机内存、CPU、显示系统的要求建议采用较高配置。

AutoCAD 系列软件中的常用版本，具有强大的图形文件管理功能，主要体现在以下几个方面。

- 强大的二维绘图功能。
- 灵活的图形编辑功能。
- 实用的三维建模功能。
- 开放的二次开发功能。
- 幻灯片演示和批量执行命令功能。
- 用户定制功能。
- 网络支持功能。
- 图形输出功能。
- 完善友好的帮助功能。

AutoCAD 2024 的安装、启动与退出

AutoCAD 2024 是 AutoCAD 系列软件中较新版本。相较于之前的版本，AutoCAD 2024 更加智能与高效。AutoCAD 2024 在性能方面进行了优化，包括提高了打开包含大量注释比例的图形的文件打开性能，以及在使用平移和缩放命令时的常规性能改进；对标记辅助进行了改进，使得标记检测更加有效；跟踪选项板也已更新，以便更容易地创建新的跟踪或输入标记；新增了"活动见解"功能，可以让用户了解他们或其他人过去对图形所做的操作；引入 AI 引导助手，提供基于人工智能的自助服务和定制支持选项；新增"智能块"，包括了

"放置""替换"功能；用户界面进行了更新，包括新的开始选项卡，以及新的文件选项卡菜单和布局选项卡菜单，提供了更方便的图形管理和布局操作；对三维图形的视觉样式进行了改进，包括支持大坐标系、点云支持、线宽等；二维图形方面，提高了具有光栅图像或区域覆盖的图形的平移性能，提高了跟踪背景、标记输入和标记辅助以及 ViewCube 的显示性能。

二、AutoCAD 2024 的启动与退出

在使用 AutoCAD 2024 前，必须按照软件说明书的安装步骤正确安装。

若用户想利用 AutoCAD 2024 绘图，必须先打开它。通常，启动 AutoCAD 2024 的方法有如下几种。

1）正确安装 AutoCAD 2024 后，在 Windows 桌面上会自动建立 AutoCAD 2024 的快捷图标，双击该快捷图标即可启动系统。如图 1-2 所示为 AutoCAD 2024 的快捷图标。

2）在 Windows 资源管理器中双击 AutoCAD 2024 的文档文件。

3）选择"开始"→"程序"→"Autodesk"→"AutoCAD 2024-SimplifiedChinese"→"AutoCAD 2024-简体中文（SimplifiedChinese）"命令。

图 1-2　AutoCAD 2024 的快捷图标

AutoCAD 2024 启动之后，将出现如图 1-3、图 1-4 所示的 AutoCAD 2024 开始的工作界面。

AutoCAD的工作空间与工作界面

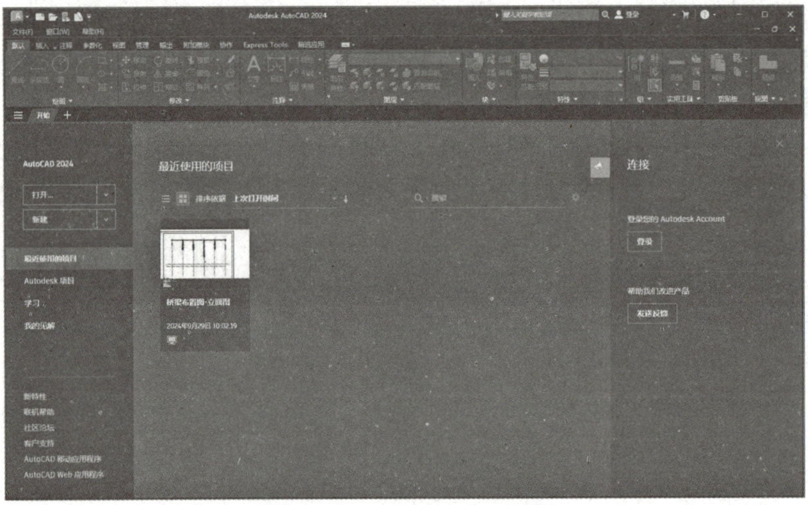

图 1-3　AutoCAD 2024 开始界面

退出 AutoCAD 2024 的方法如下。

1）选择左上角图标"A"→"关闭"。

2）在命令行中输入 Quit。

3）单击标题栏中的"关闭"按钮。

4）同时按下 <Ctrl> 和 <F4> 键。

若用户对图形所做的修改尚未保存，则会出现如图 1-5 所示的系统警告对话框。用鼠标单击"是"按钮，系统将保存文件后退出；单击"否"按钮，系统将不保存文件而退出；

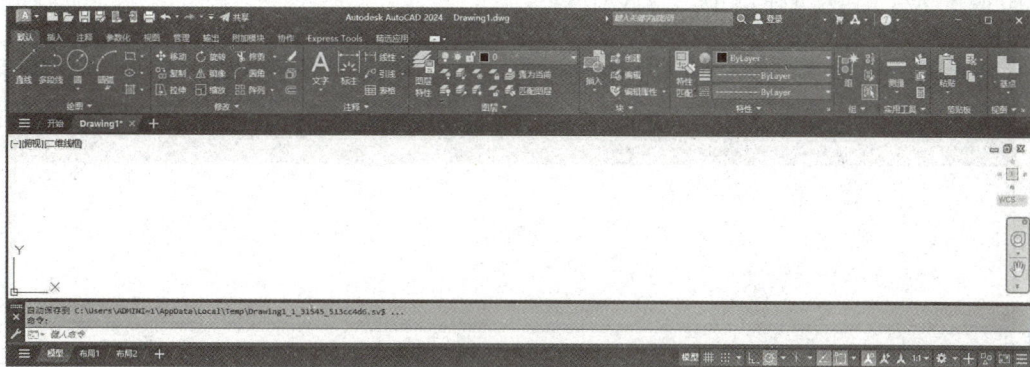

图 1-4　AutoCAD 2024 工作界面

单击"取消"按钮，则重新进入绘图及等待命令状态。

三、AutoCAD 2024 的工作空间

AutoCAD 2024 提供了"草图与注释""三维基础""三维建模"3 种工作空间模式。每种模式都有"菜单浏览器"按钮、"快速访问"工具栏、标题栏、绘图窗口、文本窗口和状态栏等。

图 1-5　系统警告对话框

单击状态栏中的"切换工作空间"按钮 ⚙ ，在弹出的菜单中选择相应的工作空间，即可进行工作空间的切换，如图 1-6 所示。

AutoCAD 2024 版本中，经典工作空间（AutoCAD 经典）不再默认包含，但用户可以重新创建"AutoCAD 经典"工作空间。

如图 1-6 所示，本书以"草图与注释"工作空间为出发点，介绍 AutoCAD 2024 的使用。

四、AutoCAD 2024 的工作界面

AutoCAD 2024 的工作界面主要包括"菜单浏览器"

图 1-6　工作空间模式

按钮、"快速访问"工具栏、标题栏、选项卡、工具面板、绘图窗口、命令行和状态栏等，如图 1-7 所示。

1. "菜单浏览器"按钮和"快速访问"工具栏

"菜单浏览器"按钮 🅰 位于界面的左上角。单击可以弹出菜单，如图 1-8 所示，利用"菜单浏览器"可以方便地访问不同的项目，包括命令和文档。其右下方显示最近使用的文档，并且可以选择排列的要求和显示最近使用文档的图标形式。

"菜单浏览器"按钮 🅰 右侧是"快速访问"工具栏。"快速访问"工具栏中包含最常用的快捷按钮，在默认状态下有"新建""打开""保存""另存为"等。在其右侧的选择框中单击下拉列表按钮，可以选择工作空间，如图 1-9 所示。

2. 标题栏

标题栏显示当前应用程序和当前图形的名称，如图 1-7 所示。新建第一个图形文件若未

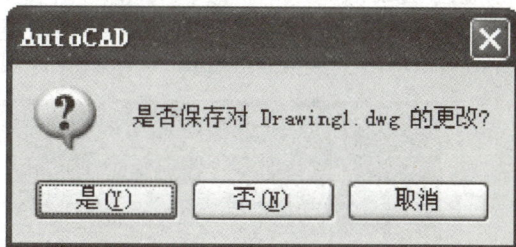

「菜单浏览器」按钮　　「快速访问」工具栏　　选项卡　　标题栏　　　　　　　　　工具面板　　功能区

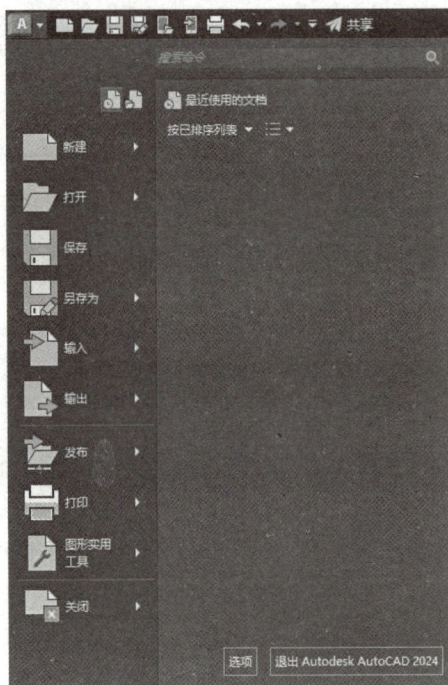

命令行　　　　　　　　　　　　　　　　　　　　　　　　状态栏

图 1-7　AutoCAD 2024 工作界面包括的内容

命名，则默认为"Drawingl. dwg"；命名后，则显示图形文件的保存路径和文件名。

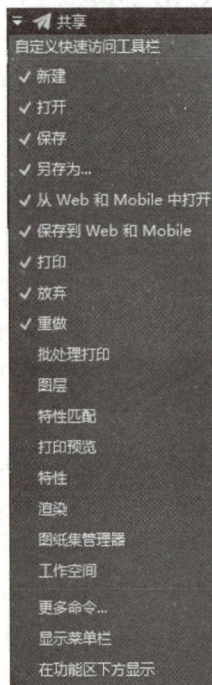

图 1-8　弹出菜单

图 1-9　"快速访问"工具栏

3. 选项卡与工具面板

（1）选项卡

选项卡包含绝大部分 AutoCAD 命令。AutoCAD 2024 常规选项卡如图 1-10 所示。用鼠标左键单击选项卡标题会出现不同工具面板。要选择某个选项卡，先将光标移到该选项卡上，使它醒目显示，然后单击它即可。有时，某些选项卡是灰暗色，表明在当前特定的条件下这些功能不能使用。

工作界面选项卡内容可调。将光标移到功能区空白处，单击鼠标右键，单击"显示选

默认　插入　注释　参数化　视图　管理　输出　附加模块　协作　Express Tools　精选应用

图 1-10　AutoCAD 2024 常规选项卡

项卡"右侧三角符号，即可选择添加或去掉面板内容，被选择的选项卡前有"对号"符号，如图 1-11 所示。

（2）工具面板

工具面板中包含许多由按钮表示的工具。单击这些按钮就可激活相应的 AutoCAD 命令，如图 1-12 所示。

面板按钮后面跟有白色小三角符号的，表示该命令项有一个下一级子命令。把光标放在该面板按钮上，然后单击白色小三角符号就可引出下一级子命令，如图 1-13 所示。

如果把光标放在某个按钮上并停留一会，屏幕上就会显示出该工具按钮的名称，这称为工具提示，再停留一会，就会给出该命令功能的简要描述。如图 1-14 所示为光标放在"缩放"按钮上停留片刻所弹出的提示。

工具面板的数量是可自定义的，可以根据需求添加、删除或重新排列工具面板。工具面板通常包含在功能区中，可以通过自定义功能区来管理这些面板。

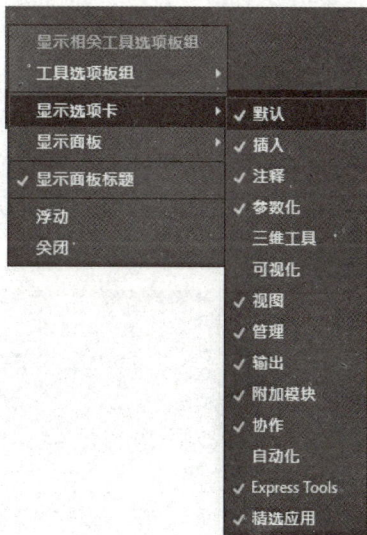

图 1-11　调整选项卡内容

图 1-12　"默认"选项卡下的工具面板

缩放

放大或缩小选定对象，缩放后保持对象的比例不变。

要缩放对象，请指定基点和比例因子。基点将作为缩放操作的中心，并保持静止。比例因子大于 1 时将放大对象，比例因子介于 0 和 1 之间时将缩小对象。

SCALE

按 F1 键获得更多帮助

图 1-13　工具面板白色小三角符号

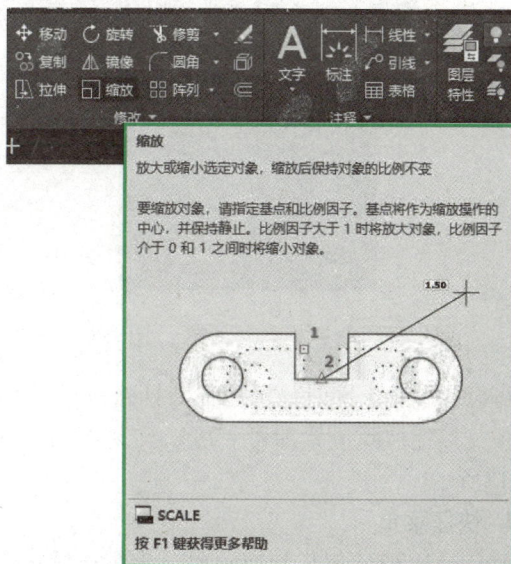

图 1-14　工具面板的提示功能

每一个选项卡都包含不同的工具面板。常规状态下，"默认"选项卡下包含"绘图""修改""注释""图层""块""特性""组""实用工具""剪贴板"和"视图"。工作界面选项卡下显示的面板内容可调。先选择选项卡，再将光标移到功能区空白处，单击鼠标右键，单击"对钩"符号，即可选择添加或去掉面板内容，如图 1-15 所示。

为扩大绘图区域，可将面板进行浮动处理，在功能区单击鼠标右键，选择浮动即可，如图 1-16、图 1-17 所示。浮动后的面板可被拖拽到任意位置。如想要将其返回到原来的位置，找到浮动的面板，将光标放在面板的标题栏上，拖动面板到功能区的边缘，直到看到面板应该返回到的功能区选项卡的轮廓，释放光标按钮，面板就会返回到其原始位置。在浮动状态下还可以将面板关闭，可实现绘图区域最大化。面板关闭后，重新切换工作空间，即可恢复显示出面板。

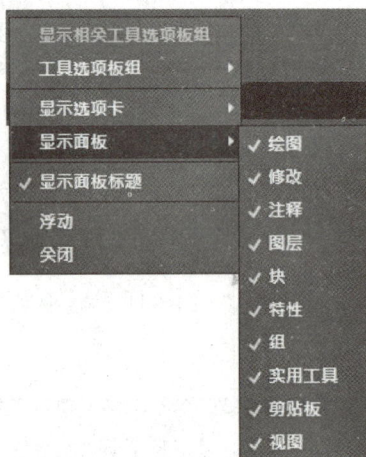

图 1-15 可调整工具面板显示内容

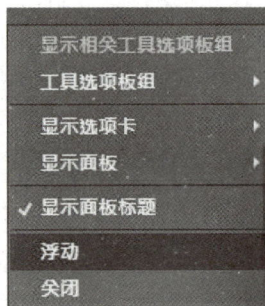

图 1-16 将面板进行浮动

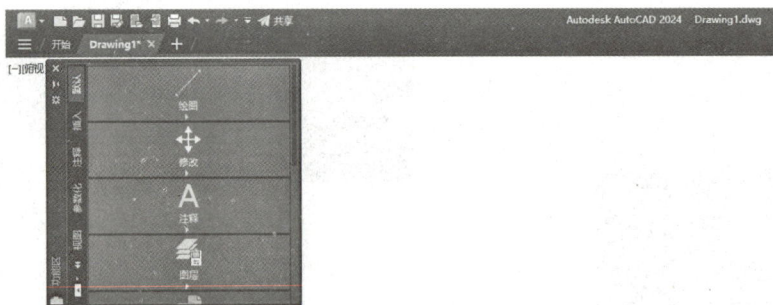

图 1-17 面板浮动效果

可以在屏幕上同时显示多个工具面板，也可将工具面板放到任意位置。将希望移动位置的面板直接拖拽到位置即可。可以实现不同选项卡下工具面板的随意组合，方便绘图，如图 1-18所示。

4. 快捷菜单

AutoCAD 2024 提供快捷菜单，为用户的快速操作提供了极大的方便。可以用单击鼠标右键的方法弹出快捷菜单，如图 1-19 所示。快捷菜单上显示的命令是上下文相关的，其决

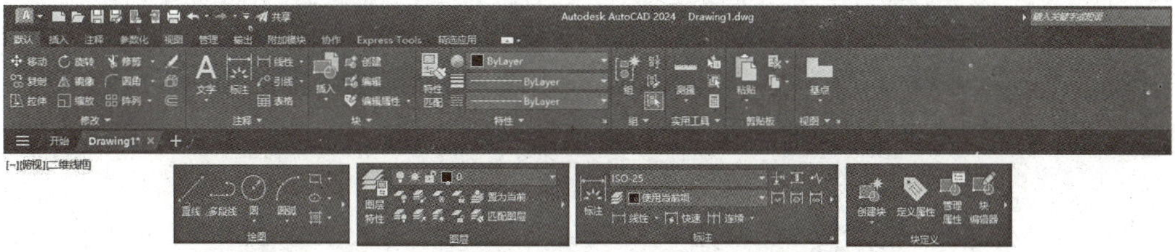

图 1-18 不同选项卡下工具面板的随意组合

定于用户当前的操作和单击鼠标右键时光标的位置。若操作不同，单击鼠标右键时光标的位置不同，弹出的快捷菜单的内容也就不同。

5. 创建 "AutoCAD 经典" 工作空间

在 "快速访问" 工具栏中，可以选择 "显示菜单栏"，将菜单栏调出，关闭选项卡和面板，创建 "AutoCAD 经典" 工作空间，如图 1-20 所示。

选择下拉菜单 "工具" → "工具栏" → "AutoCAD"，可以显示所有的工具栏，如图 1-21 所示。菜单中工具栏前有 "√"，表明打开的工具栏，如要打开或关闭某一个工具栏，在菜单中选择该工具栏即可。

对已打开的工具栏（仅对水平状态），只要用鼠标单击工具栏右上角的 "×" 按钮即可将其关闭。

6. 绘图窗口

绘图窗口是显示、编辑图形的区域。AutoCAD 将在此窗口中显示表示当前工作点的光标。当移动鼠标时，光标将 "跟随" 鼠标的移动。光标在不同的状态下，将分别显示为十字、拾取框、虚线框和箭头等样式。当 AutoCAD 提示选择一个点时，光标便成为十字光标。

图 1-19 绘图区域单击鼠标右键弹出的快捷菜单

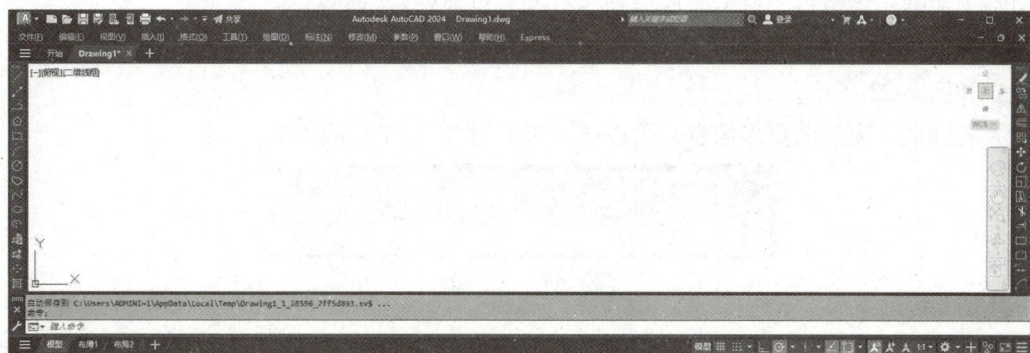

图 1-20 重新创建 "AutoCAD 经典" 工作空间

当需要在屏幕上拾取一个目标时，光标变为一个小的拾取框。

AutoCAD 2024 的绘图窗口类似于 Excel 窗口，在绘图窗口的底部有 "模型" 选项卡和

图 1-21　下拉菜单选择工具栏

"布局"选项卡，通过这些选项卡，用户可以非常方便、快捷地在模型空间和图纸空间之间切换绘图。通常，用户应该在模型空间中进行绘图，在图纸空间中创建布局以输出图形。

7. 命令窗口和文本窗口

命令窗口是用户输入命令和 AutoCAD 显示提示符和信息的地方。命令窗口是一个浮动窗口，用户可以将它移动到屏幕上的任何地方并可改变窗口的大小。用鼠标左键拖动命令区域可放大或缩小该窗口，单击右侧滚动条可翻看以前执行过的命令。

命令窗口分为两个部分：AutoCAD 提示用户输入信息的单行命令区以及显示命令记录的区域，如图 1-22 所示。

要看到命令窗口的更多信息，可以按 < F2 > 键切换到文本窗口。

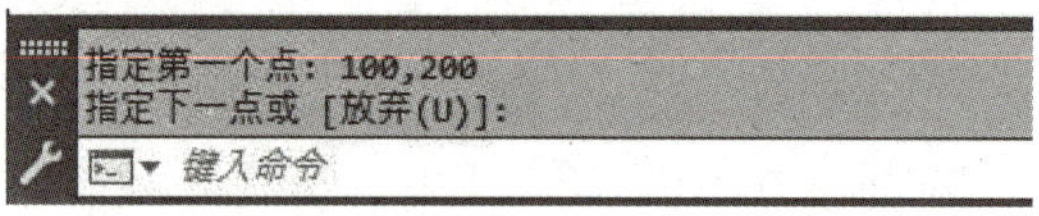

图 1-22　命令窗口

文本窗口和命令窗口相似，可以显示当前 AutoCAD 进程中命令的输入和执行过程。在执行 AutoCAD 某些命令时，会自动切换到文本窗口，列出相关的信息。

8. 状态栏

状态栏位于屏幕的底部右侧。依次为"模型""绘图辅助工具""布局""注释工具""工作空间""锁定"和"全屏"等按钮，如图 1-23 所示。单击这些切换按钮，可在这些系统设置的 ON 和 OFF 状态之间切换。默认状态上不显示光标定位点的坐标。可单击最右侧"自定义"按钮，选择"坐标"选项，即可调出光标定位点的坐标 x、y、z，如图 1-24 所示。

图 1-23　状态栏

图 1-24　调出光标定位点的坐标选项

技能训练

一、AutoCAD 2024 的安装

AutoCAD 2024 的安装版本要根据操作系统类型进行选择，现仅就 64 位 Win10 做介绍。安装 AutoCAD 2024 的基本步骤如下：

1）从 AutoCAD 官方网站或合法渠道下载 AutoCAD 2024 的安装包。安装过程中，建议断开网络连接，并在安装前关闭所有的杀毒软件。

2）运行 setup.exe，按提示进行操作，直到安装成功，无需激活即可使用。

二、文件基本操作

文件基本操作包括文件的新建、保存、打开和重命名等。

具体操作如下：

1）启动 AutoCAD 2024，进入绘图界面。

2）创建一个新的图形文件。在"标准"工具栏上单击"新建"按钮，选择"选择样板"对话框中的"acadiso.dwt"样板文件；或在"开始"选项卡下，选择"新建"选项。

AutoCAD 2024 文件基本操作

3）保存图形文件。单击"保存"按钮，在"图形另存为"对话框的"保存于"下拉列表框中选择或新建文件保存目录，在"文件名"文本框中输入指定的文件名。

4）关闭图形文件。单击按钮，选择"关闭"，关闭图形文件。

5）打开图形文件。单击"打开"按钮，在"选择文件"对话框的"查找范围"下拉列表框中选择文件保存目录，在"名称"编辑框中选择指定的文件名，则选择的图形文件名出现在"文件名"编辑框中，然后单击"打开"按钮即可打开图形文件；或在"开始"选项卡下，选择"打开"选项。

6）换名保存。单击"另存为"按钮，在"图形另存为"对话框中修改文件名重新保存到指定的目录中。

7）关闭 AutoCAD 2024。

三、命令调用的操作

1. 命令的调用

在 AutoCAD 中要绘制图形，必须要执行命令。命令的激活主要有以下几种方法（以画直线为例）。

1）在命令行输入命令名。即在命令行的"命令:"提示后输入命令的字符串，命令字符可不区分大小写，如：

命令：LINE

2）在命令行输入命令缩写字符。如 L（直线）、C（圆）、A（圆弧）、Z（缩放）、CO（复制）、PL（多段线）、E（删除）等，如：

命令：L

3）单击工具面板中直线按钮。

4）单击工具栏中的"直线"按钮（在创建的"AutoCAD 经典"工作空间中使用）。

5）单击屏幕菜单中的对应选项（在创建的"AutoCAD 经典"工作空间中使用）。

2. 命令的取消

在命令执行的任何时刻都可以按 <Esc> 键取消和终止命令的执行。

3. 命令的重复使用

1）在命令行中命令提示时，按键盘上的 <Enter> 键（后续命令行用到的 <Enter> 键一律用"↙"表示）或空格键，可重复调用上一个命令，不管上一个命令是完成了还是被取消了。

2）在命令行中命令提示时，在绘图窗口中单击鼠标右键，弹出快捷菜单，快捷菜单中的第一个命令就是前一次使用的命令。

4. 透明命令的使用

有的命令不仅可直接在命令行中使用，而且还可以在其他命令的执行过程中插入执行，该命令结束后系统继续执行原命令，输入透明命令时要加前缀单撇号'。

例如：

命令：ARC（执行圆弧命令）

指定圆弧的起点或[圆心(C)]:'ZOOM ↙（透明使用缩放命令）

＞＞…（执行缩放命令）

正在恢复执行圆弧命令。

指定圆弧的起点或[圆心(C)]:（继续执行原命令）

5. 命令选项

当输入命令后，AutoCAD 会出现对话框或命令行提示，在命令行提示中常会出现命令选项，如：激活多边形命令。

命令：POLYGON 输入侧面数 <4>:6 ↙

指定正多边形的中心点或[边(E)]:

输入选项[内接于圆(I)/外切于圆(C)] <I>:

指定圆的半径:

在命令提示下前面不带中括号的提示为默认选项，可直接输入正多边形的中心点坐标。

若要选择其他选项，则应先输入中括号内该选项的标识字符，如输入选项的"E"；若有多个选项，则各个选项之间用"/"分界，然后按系统提示输入数据。

若选项提示行的最后带有尖括号，则尖括号中的数值为默认值，如输入侧面数若直接按 <Enter> 键，则绘制的多边形为正四边形。

四、AutoCAD 坐标系的使用

与其他图形设计软件相比，AutoCAD 最大的特点在于它提供了精确绘制图形的功能，用户可以按照非常高的精度标准，准确地设计并绘制图形。其独特的坐标系统是准确绘图的重要基础。

1. 世界坐标系

世界坐标系（World Coordinate System），又叫通用坐标系，简称 WCS。WCS 是一种笛卡尔坐标系，其原点位于绘图窗口的左下角，X 轴正方向为水平向右，Y 轴正方向为垂直向上，Z 轴正方向为垂直屏幕向外。

2. 用户坐标系

有时为了绘图的方便，我们要修改坐标系的原点位置和 X、Y 轴的方向，这种适合于用户需要的坐标系叫用户坐标系（User Coordinate System），简称 UCS。

要设置 UCS，可选择在命令行执行 UCS 命令。通过 UCSICON 命令可提供适用于 UCS 的各种颜色、大小和样式设置，也可以在不需要时将其关闭。

3. 坐标

在 AutoCAD 2024 中，坐标的表示方法有两种：直角坐标（即笛卡尔坐标）和极坐标。

直角坐标有 X、Y、Z 三个坐标值（一般平面制图只用到 X、Y 的值），分别表示与坐标原点或前一点的相对距离和方向。极坐标用距离和角度表示，表示一点相对于原点或其前一点的距离和角度。其中，相对于原点的坐标值称为绝对坐标值，相对于前一个输入点的坐标值称为相对坐标值。所以，在 AutoCAD 2024 中，点的坐标形式有绝对直角坐标、绝对极坐标、相对直角坐标和相对极坐标四种。

4. 点的输入方法

在 AutoCAD 2024 中，点的输入方式有两种：通过键盘输入点的坐标和在绘图窗口中用光标定点。

（1）直接键入点的坐标

1）绝对直角坐标指定点的 X、Y 坐标确定点的位置，输入格式为 "X，Y"。例如，图 1-25 中的 A 点，在执行命令过程中需要输入该点坐标时，直接从键盘键入：

60，55 ↙ （符号 "↙" 在本书中代表按回车键）

注意： 坐标输入时的逗号必须用西文逗号。

2）绝对极坐标指定相对于坐标原点的距离和角度，输入格式为 "距离 < 角度"。其中，角度是从指定点到坐标原点的连线与 X 轴正向间的夹角。例如，图 1-26 中的 A 点，在执行命令过程中需要输入该点坐标时，直接从键盘在命令窗口键入：

80 < 40 ↙

图 1-25　绝对直角坐标

3）相对直角坐标指定相对于上一输入点的 X 和 Y 方向的距离（有正负之分）确定点的位置，输入格式为 "@X，Y"。例如图 1-27 所示，假设画线段 AB 时，A 点作为第一点，当需要输入 B 点时，直接在命令窗口键入：

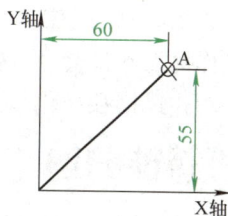

@30，−80 ↙

提示：此时用户可假设将坐标系原点移至 A 点来定义 B 点的坐标。

4）相对极坐标指定相对于前一输入点的距离和角度，输入格式为"@距离＜角度"，其中，角度是从指定点到前一输入点的连线与 X 轴正向间的夹角。例如，图 1-27 中，假设画线段 BC 时，以 B 点作为第一输入点，C 点相对于 B 点的相对极坐标在命令窗口输入形式为：

@100＜45 ↙

提示：输入点坐标时，注意动态输入是否打开，动态输入打开后系统默认相对坐标。

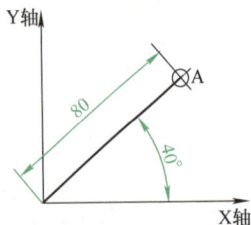

图 1-26   绝对极坐标   图 1-27   相对直角坐标

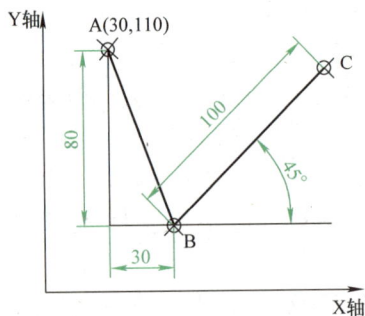

（2）用光标定点

通过移动鼠标控制光标，当光标到达指定的位置后，单击鼠标左键即可。但是仅仅使用光标定位往往不够精确，可借助绘图辅助工具帮助定位，从而保证绘图精度。关于绘图辅助工具的使用将在后续任务中再作介绍。

🌀 技能深化

命令行方式是高效绘图的方法，使用该方式时一定要注意用鼠标左键单击命令行窗口激活，否则有些命令就没有显示在命令行，而是直接显示在屏幕。（有时命令的参数交互在绘图工作区而不是命令行输入，尽管在区域上有区别，但是操作的结果是没有问题的）为了统一写作风格和简化叙述，本书把所有的命令交互和参数输入均放至命令行。

🌐 技能归纳

1）AutoCAD 2024 安装的基本方法。

2）AutoCAD 2024 文件的打开、关闭、新建、保存等基本操作。

3）AutoCAD 2024 命令调用的方法常用的有工具面板、下拉菜单、工具栏，一般初学者可以先用工具面板的方法，熟练后应用最多的还是命令行。

4）AutoCAD 2024 坐标系部分的操作主要介绍了点的坐标形式：绝对直角坐标、绝对极坐标、相对直角坐标和相对极坐标四种。要从绝对直角坐标开始，先建立数字化绘图的基本理念，然后通过绝对极坐标、相对直角坐标和相对极坐标的运用提高绘图效率。

思育启智园：

专业名人——中国 CAD 领域先驱刘慎权

刘慎权，计算机辅助设计（CAD）与计算机图形学专家，我国最早从事计算数学和计算机应用技术研究的学者，开辟 CAD 研究方向，并在我国大型计算机研制中得到成功应用；开展计算机图形学、科学计算可视化等研究，是我国计算机辅助设计与计算机图形学领域的开拓者之一，曾获中国计算机学会"中国计算机事业 60 年杰出贡献特别奖"。

1971 年，刘慎权负责领导整机研究组，也是后来的 CAD 研究室的前身；之后刘慎权带领研究组翻译了《CAD 数字设计自动化》和《数字计算机设计自动化的理论和方法》等书，确定了研究方向为数字计算机的 CAD。1989 年，在刘慎权大力推动下，我国 CAD 和计算机图形学领域第一本公开出版学术刊物——《计算机辅助设计与图形学学报》创刊。

刘慎权勤奋好学，工作认真，作风朴实，平易近人，善于与人团结合作，对学问孜孜以求，数十年如一日在科研第一线辛勤劳动，其献身精神深为同业者所称道。

✿ 考核评价

1. 自我评价

1）此次操练是否顺利？
2）若不顺利，请列出遇到的问题。
3）分析出现问题的原因，并提出修正方案。
4）认为还需加强哪些方面的指导？

2. 学习任务评价（表 1-2）

表 1-2　学习任务评价表

考核项目	分数			学生自评	小组互评	教师评价	小计
	差	中	好				
团队合作精神	3	6	10				
活动参与是否积极	3	6	10				
AutoCAD 2024 安装	6	13	20				
AutoCAD 2024 文件操作	6	13	20				
AutoCAD 2024 命令调用	6	13	20				
AutoCAD 2024 坐标系运用	6	13	20				
总分		100					
教师签字：				年　月　日		得分	

✿ 作　业

1）请指出 AutoCAD 2024 工作界面中"菜单浏览器"按钮、"快速访问"工具栏、标题栏、菜单栏、图形窗口、命令窗口、状态栏、工具栏的位置及作用。

2）工具栏的打开、关闭。

① 选择下拉菜单"工具"→"工具栏"→"acad"，在弹出的菜单中选择工具栏。

② 用鼠标右键单击任意工具栏，在弹出的快捷菜单中选择工具栏。

③ 以上均可。

3）调用 AutoCAD 命令的方法有：

① 在命令行输入命令。

② 在命令行输入命令缩写字。

③ 单击选项卡下的工具按钮。

④ 单击工具栏中的对应按钮。

⑤ 单击屏幕菜单中的对应选项。

⑥ 以上均可。

4）请用上题中的 5 种方法调用 AutoCAD 的画圆命令。

5）对于 AutoCAD 中的命令选项，可以：

① 在选项提示行输入选项的缩写字母。

② 单击鼠标右键，在弹出的快捷菜单中用鼠标选取。

③ 以上均可。

6）图形文件操作。操作包括文件的新建、指定目录保存、打开、重命名、关闭等。

任务二 基本图形绘制

任务描述

公路与桥梁工程图主要由直线、圆曲线、回旋线等组成，有时也含有少量的椭圆、椭圆弧、截交线等曲线。通过本任务的学习，要求学生能够掌握基本图形绘制命令。

任务目标

1）掌握点、直线、曲线图形的参数化绘制方法。

2）掌握图案填充的基本方法。

3）结合公路工程制图，掌握利用图形捕捉功能实现画法几何的技巧。

内容结构 （图1-28）

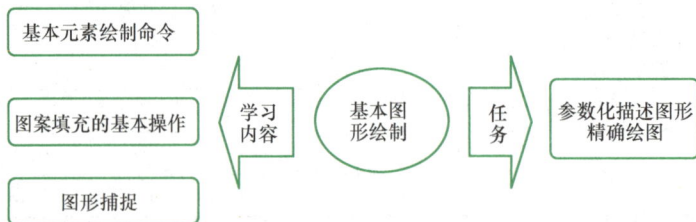

图1-28 内容结构

主要技能

能对二维图形进行参数化绘制及设置绘图环境，能完成图案填充的绘制，能利用图形捕捉功能实现画法几何的技巧。

📖 基础知识

　　任何复杂的图形都可以看作是由直线、圆弧等基本的图元所组成的，在 AutoCAD 中绘图也是如此，掌握这些基本图元的绘制方法是学习 AutoCAD 的基础。AutoCAD 2024 提供的常用二维绘图命令及其功能见表 1-3。

表 1-3　常用二维绘图命令及其功能

命令名称（缩写）	基本功能	激活方式
LINE（L）	创建直线段	· 单击"绘图"工具栏上的 ✎ · 选择"绘图"下拉菜单中的"直线"选项 · 在命令行输入 LINE 或 L
RAY	创建始于一点并无限延伸的直线	· 选择"绘图"下拉菜单中的"射线"选项 · 在命令行输入 RAY
XLINE（XL）	创建无限长的直线	· 单击"绘图"工具栏上的 ✎ · 选择"绘图"下拉菜单中的"构造线"选项 · 在命令行输入 XLINE 或 XL
MLINE（ML）	创建多条平行线	· 选择"绘图"下拉菜单中的"多线"选项 · 在命令行输入 MLINE 或 ML
PLINE（PL）	创建二维多段线，它是由直线段和圆弧段组成的单个对象。这些线段和圆弧可以有不同的宽度	· 单击"绘图"工具栏上的 ✎ · 选择"绘图"下拉菜单中的"多段线"选项 · 在命令行输入 PLINE 或 PL
POLYGON（POL）	创建等边闭合多段线。可以绘制 3～1024 条边的正多边形	· 单击"绘图"工具栏上的 ✎ · 选择"绘图"下拉菜单中的"多边形"选项 · 在命令行输入 POLYGON 或 POL
RECTANG（REC）	创建矩形多段线，矩形可带有圆角或倒角	· 单击"绘图"工具栏上的 ✎ · 选择"绘图"下拉菜单中的"矩形"选项 · 在命令行输入 RECTANG 或 REC
ARC（A）	通过多种方法创建圆弧	· 单击"绘图"工具栏上的 ✎ · 选择"绘图"下拉菜单中的"圆弧"子菜单，根据需要选择相应的画弧方式 · 在命令行输入 ARC 或 A
CIRCLE（C）	通过多种方法创建圆对象	· 单击"绘图"工具栏上的 ✎ · 选择"绘图"下拉菜单中的"圆"子菜单，根据需要选择相应的画圆方式 · 在命令行输入 CIRCLE 或 C
DONUT（DO）	创建实心圆或较宽的环	· 选择"绘图"下拉菜单中的"圆环"选项 · 在命令行输入 DONUT 或 DO
SPLINE（SPL）	创建经过或靠近一组拟合点或由控制框的顶点定义的平滑曲线	· 单击"绘图"工具栏上的 ✎ · 选择"绘图"下拉菜单中的"样条曲线"子菜单，根据需要选择相应的绘制方式 · 在命令行输入 SPLINE 或 SPL

（续）

命令名称（缩写）	基本功能	激活方式
ELLIPSE（EL）	创建椭圆或椭圆弧	·单击"绘图"工具栏上的 ⬭ 或 ⬭ ·选择"绘图"下拉菜单中的"椭圆"子菜单，根据需要选择相应的绘制方式 ·在命令行输入 ELLIPSE 或 EL
POINT（PO）	在指定的一个或多个位置创建点对象	·单击"绘图"工具栏上的 ⠿ ·选择"绘图"下拉菜单中的"点"\"单点"或"多点"选项 ·在命令行输入 POINT 或 PO
DIVIDE（DIV）	创建沿对象的长度或周长等间隔排列的点对象或块	·选择"绘图"下拉菜单中的"点"\"定数等分"选项 ·在命令行输入 DIVIDE 或 DIV
MEASURE（ME）	沿对象的长度或周长按测定间隔创建点对象或块	·选择"绘图"下拉菜单中的"点"\"定距等分"选项 ·在命令行输入 MEASURE 或 ME
HATCH（H）	使用填充图案、实体填充或渐变填充来填充封闭区域或选定对象	·单击"绘图"工具栏上的 ▨ ·选择"绘图"下拉菜单中的"图案填充"选项 ·在命令行输入 HATCH 或 H

技能训练

【示例1】 绘制图1-29所示直线。

命令：LINE ↙
指定第一点：（用光标指定一点A）
指定下一点或［放弃（U）］：@0，-500 ↙（指定B点）
指定下一点或［放弃（U）］：@645,0 ↙（指定C点）
指定下一点或［闭合（C）/放弃（U）］：@0,70 ↙（指定D点）
指定下一点或［闭合（C）/放弃（U）］：c ↙
完成图形。

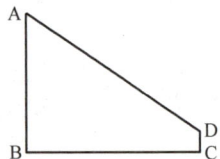

图1-29 绘制直线例图

绘制直线

绘制多段线

LINE 命令解析：

输入直线的起点后，AutoCAD 将反复提示输入下一点，直至用 <Enter> 键、<Esc> 键或输入 C 结束 LINE 命令。

① 在"指定下一点或［放弃（U）］："提示后，可以用光标确定端点的位置，也可以输入端点的坐标值来定位，还可以将光标放在所需方向上，然后输入距离值来定义下一个端点的位置（常与极轴追踪或正交模式结合使用）。

② 若在"指定下一点或［放弃（U）］："提示后以 U 响应，则删除最后画的一段线。连续使用 U 选项可以沿线段退回到起点。

③ 若在"指定下一点或［闭合（C）/放弃（U）］："提示后以 C 响应，则自动形成封闭的多边形并结束 LINE 命令。

④ 如果前面画了一条线，在"指定第一点："提示下直接按 <Enter> 键，则从最后所

画线的端点开始画线。若最后画的是一个圆弧，按 <Enter> 键将从圆弧端点开始画线，且所绘制的线与圆弧相切。

【示例2】　绘制图1-30所示的重力式桥墩顶平面投影图。

命令：PLINE ↙

指定起点：(用光标指定一点A)

当前线宽为 0.0000

指定下一点或[圆弧(A)/半宽(H)/长度(L)/放弃(U)/宽度(W)]：w ↙

图1-30　绘制重力式桥墩顶平面投影图

指定起点宽度 <0.0000> : 0.5 ↙

指定端点宽度 <0.5000> : ↙

指定下一点或[圆弧(A)/半宽(H)/长度(L)/放弃(U)/宽度(W)]：@50,0 ↙(指定 B 点)

指定下一点或[圆弧(A)/闭合(C)/半宽(H)/长度(L)/放弃(U)/宽度(W)]：a ↙

指定圆弧的端点或[角度(A)/圆心(CE)/闭合(CL)/方向(D)/半宽(H)/直线(L)/半径(R)/第二个点(S)/放弃(U)/宽度(W)]：@0,25 ↙(指定 C 点)

指定圆弧的端点或[角度(A)/圆心(CE)/闭合(CL)/方向(D)/半宽(H)/直线(L)/半径(R)/第二个点(S)/放弃(U)/宽度(W)]：L ↙

指定下一点或[圆弧(A)/闭合(C)/半宽(H)/长度(L)/放弃(U)/宽度(W)]：@ -50,0 ↙(指定 D 点)

指定下一点或[圆弧(A)/闭合(C)/半宽(H)/长度(L)/放弃(U)/宽度(W)]：a ↙

指定圆弧的端点或[角度(A)/圆心(CE)/闭合(CL)/方向(D)/半宽(H)/直线(L)/半径(R)/第二个点(S)/放弃(U)/宽度(W)]：cl ↙

完成图形。

PLINE 命令解析：

① 在"指定下一点或［圆弧（A）/闭合（C）/半宽（H）/长度（L）/放弃（U）/宽度（W）]:"提示下，默认方式是指定线段的另一端点。其他各选项的含义分别为：

- A——切换到画圆弧方式。
- C——连接当前位置与起点，画一条线段使多段线闭合。
- H——指定线宽的一半值。线宽包括起点宽度和终点宽度。线宽为0时表示最细，并且不受图形放大的影响。
- L——沿着上一条直线（或圆弧切线）方向连续画一条指定长度的线段。
- U——放弃最后所画的线段或圆弧。
- W——指定线宽。

② 在"指定圆弧的端点或［角度（A）/圆心（CE）/闭合（CL）/方向（D）/半宽（H）/直线（L）/半径（R）/第二个点（S）/放弃（U）/宽度（W）]:"提示下，默认方式是指定一点作为圆弧的终点，该圆弧与上一条线段或圆弧相连并且相切。其他各选项的含义分别为：

- A——指定圆弧的圆心角。正值时，逆时针画弧；负值时，顺时针画弧。
- CE——指定圆弧的圆心。
- CL——用一段圆弧将此多段线闭合，用于闭合的圆弧与上一条线段或圆弧相切。
- D——指定圆弧的起点切向。
- H——指定圆弧线宽的一半值。

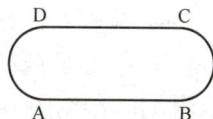

- L——切换到画直线方式。
- R——指定圆弧的半径。
- S——指定圆弧的第二点。然后再指定圆弧的端点，以三点定弧方式画圆弧。
- U——放弃最后所画的线段或圆弧。
- W——指定圆弧的线宽。

【示例 3】 绘制图 1-31 所示的矩形。

命令：RECTANG ✓
指定第一个角点或［倒角（C）/标高（E）/圆角（F）/厚度（T）/宽度（W）］：f ✓
指定矩形的圆角半径 ＜0.0000＞：10 ✓

图 1-31　绘制矩形例图

　　指定第一个角点或［倒角（C）/标高（E）/圆角（F）/厚度（T）/宽度（W）］：w ✓
　　指定矩形的线宽 ＜0.0000＞：1 ✓
　　指定第一个角点或［倒角（C）/标高（E）/圆角（F）/厚度（T）/宽度（W）］：（用光标指定矩形左下角点）
　　指定另一个角点或［面积（A）/尺寸（D）/旋转（R）］：@60,30 ✓（指定矩形右上角点）
　　完成图形。

RECTANG 命令解析：

① 执行命令后，默认方式是分别指定矩形的两个对角点画矩形，矩形的边平行于当前用户坐标系的 X 轴和 Y 轴。

② 其他各选项含义如下：

- C——指定矩形两个方向的倒角距离，绘制带倒角的矩形。
- E——指定矩形的标高，用于三维绘图。
- F——指定矩形的圆角半径，绘制带圆角的矩形。
- T——指定矩形的厚度，用于三维绘图。
- W——指定矩形边线的线宽。
- A——指定矩形的面积和长度（或宽度）绘制矩形。
- D——指定矩形的长度和宽度绘制矩形。
- R——指定矩形的旋转角度，绘制任意角度的矩形。

提示： 倒角距离、标高、圆角半径、厚度、线宽等数据设置后，以后再执行 RECTANG 命令则把这些数值作为当前值。

【示例 4】 绘制图 1-32 所示的正五边形。

命令：POLYGON ✓
输入侧面数 ＜4＞：5 ✓
　　指定正多边形的中心点或［边（E）］：（用光标指定一点 A）
　　输入选项［内接于圆（I）/外切于圆（C）］ ＜I＞：✓
　　指定圆的半径：50 ✓
　　完成图形。

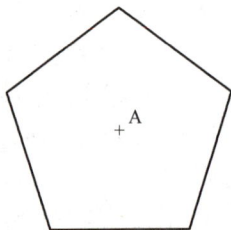

图 1-32　绘制正五边形例图

POLYGON 命令解析：

① 在"指定正多边形的中心点或 ［边（E）］:"提示下，默认方式是指定一点作为中心点（如图 1-32 中的 A 点），若输入 E 并按 ＜Enter＞ 键，系统提示：

绘制矩形

绘制正多边形

提示：

指定边的第一个端点：

指定边的第二个端点：

表示以指定一条边两端点的方法绘制正多边形。此时，系统将以指定边为第一条边并按逆时针方向绘制正多边形。

② 选项 I 和 C 分别表示以指定正多边形外接圆或内切圆半径的方式画正多边形。

【示例5】 绘制图 1-33 所示已知直线和圆（右圆）的公切圆（左圆）。

命令：CIRCLE↙

指定圆的圆心或[三点(3P)/两点(2P)/切点、切点、半径(T)]：t↙

指定对象与圆的第一个切点：（将光标移至已知直线上，当出现如图 1-34a 所示提示时，单击鼠标左键）

指定对象与圆的第二个切点：（将光标移至已知圆上，当出现如图 1-34b 所示提示时，单击鼠标左键）

指定圆的半径 <当前值>：↙（输入公切圆的半径，按 <Enter>键结束，结果如图 1-33 所示）

完成图形。

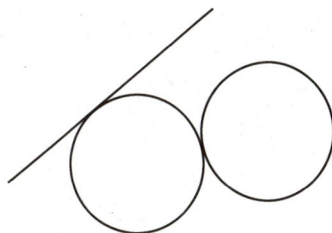

图 1-33　绘制公切圆例图

CIRCLE 命令解析：

① 在"指定圆的圆心或 [三点 (3P) /两点 (2P) /切点、切点、半径 (T)]："提示下，默认方式是指定圆心。指定圆心后，系统提示：

指定圆的半径或[直径 (D)] <当前值>：

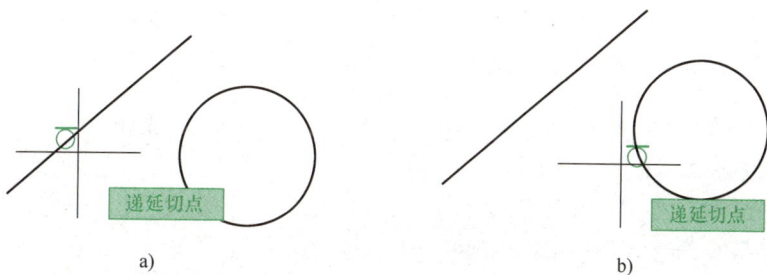

图 1-34　绘制公切圆

默认方式是指定圆的半径，此时键入半径值或用光标确定圆上一点即可将圆确定下来。若输入 D 并按 <Enter>键，则是通过指定圆的直径画圆。

② 其他各选项的含义是：

- 3P——指定圆周上的三点画圆。
- 2P——指定直径的两个端点画圆。
- T——指定与圆相切的两个对象和半径画圆。

提示：通过下拉菜单选择"绘图"\"圆"，即可显示如图 1-35 所示的子菜单，上面列出了 6 种画圆的方法。

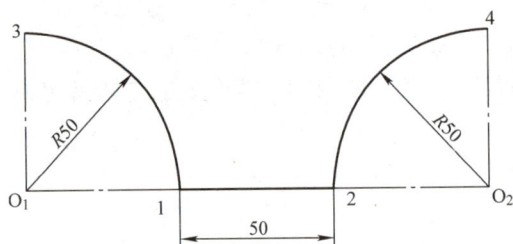

图 1-35 "圆"子菜单

【示例6】 用 ARC 命令和 LINE 命令绘制图形（图1-36）。

图 1-36 绘制圆弧例图

绘制圆弧

绘制圆环

绘制椭圆

[执行下列操作前需先关闭"动态输入（DYN）"模式]

命令：LINE ↙

指定第一点：0，0↙（1点）

指定下一点或［放弃（U）］：50，0↙（2点）

指定下一点或［放弃（U）］：↙（按＜Enter＞键结束 LINE 命令）

命令：ARC↙

指定圆弧的起点或［圆心（C）］：0，0↙（1点）

指定圆弧的第二个点或［圆心（C）/端点（E）］：c↙

指定圆弧的圆心：–50，0↙（O₁点）

指定圆弧的端点或［角度（A）/弦长（L）］：a↙

指定包含角：90↙

命令：↙（重复执行画圆弧命令）

指定圆弧的起点或［圆心（C）］：50,0↙（2点）

指定圆弧的第二个点或［圆心（C）/端点（E）］：c↙

指定圆弧的圆心：100,0↙（O₂点）

指定圆弧的端点或[角度(A)/弦长(L)]：a↙
指定包含角：-90↙

完成图形。

ARC 命令解析：

AutoCAD 提供了 11 种画圆弧的方法，默认方式下是通过依次指定圆弧的起点、第二点和端点创建圆弧，其他方式要结合选项输入。

在"绘图"面板下，选择"圆弧"，即可显示如图 1-37 所示的子菜单，上面列出了 11 种创建圆弧的方法，其中"继续"是指通过上一个对象的终点并与之相切创建圆弧。

【示例 7】　进行图 1-38 所示的图案填充。

操作步骤：

① 执行 HATCH 命令，在命令行输入 T（设置），打开图 1-39 所示对话框。

② 单击"图案"列表框右边的按钮[...]打开如图 1-40 所示的"填充图案选项板"对话框，从中选择所需图案，然后单击"确定"按钮。

③ 单击对话框右边的"拾取点"按钮，通过拾取封闭区域内一点的方法选择图案填充边界（图 1-41），选择完成后按<Enter>键确认。

④ 单击"预览"按钮，查看图案填充结果。如果符合要求，按<Enter>键确认；否则，按<Esc>键返回图 1-39 所示对话框，根据需要适当调整图案的比例和角度，直到满足要求为止。

⑤ 重复执行 HATCH 命令，按同样的方法填充其他区域内的图案。

HATCH 命令解析：

如图 1-39 所示，在"图案填充"选项卡中，"类型"列表框内有 3 个选项：预定义、用户定义和自定义，用以选择填充图案的类型。"图案"列表框中显示可用的预定义图案，单击列表框右边的按钮[...]可打开如图 1-40 所示的"填充图案选项板"对话框，从中可以查看所有预定义和自定义图案的预览图案，以便用户作出选择。选中图案的样式显示在"样例"条形框内。"角度"列表框用于指定填充图案的角度。"比例"列表框用于放大或缩小预定义或自定义的填充图案，以调节图案的疏密程度。"双向"和"间距"选项只在使用"用户定义"图案时才能使用。"图案填充原点"用来控制填充图案生成的起始位置。

图 1-37　"圆弧"子菜单

图案填充

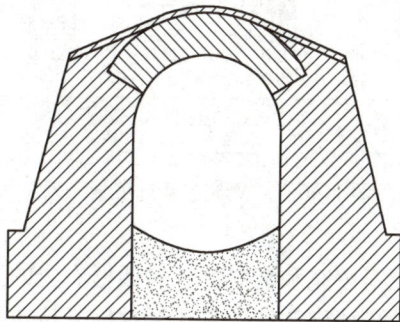

图 1-38　图案填充例图

图 1-39 "图案填充和渐变色"对话框

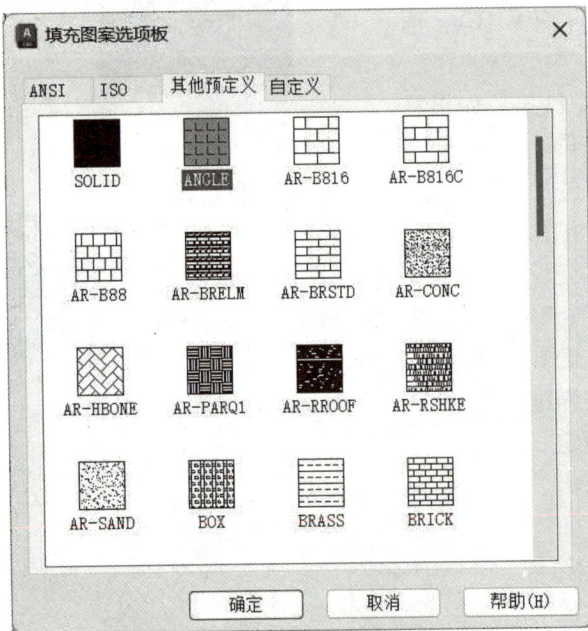

图 1-40 "填充图案选项板"对话框

图 1-41 选择图案填充边界

"图案填充和渐变色"对话框右边的"拾取点"按钮用于通过拾取封闭区域内一点的方法自动搜索填充边界。"选择对象"按钮用于通过选取对象构成填充边界,此时 AutoCAD 并不自动检测内部对象,用户必须在选定边界内选择对象,以确保按照当前"孤岛检测样式"填充这些对象。"删除边界"按钮用于从已定义的边界中删除以前添加的任何对象。"重新创建边界"按钮用来围绕选定的图案填充对象创建多段线或面域，编辑图案时可用。"查看选择集"按钮可显示当前定义的边界。"关联"选项用于控制图案填充与边界之间是否关联，关联即如果图案填充的边界被修改了，则该图案填充也被更新，不关联则图案填充独立于边界。"创建独立的图案填充"选项用于控制当指定了几个独立的闭合边界时，是创建一个图案填充对象，还是创建多个独立的图案填充对象。"继承特性"按钮可用来继承图形中已有的填充图案为当前填充图案。

单击"图案填充和渐变色"对话框右下角的"更多选项"按钮◀，用于选择孤岛检测方式、边界对象类型、边界允许的间隙及其他一些高级设置，如图 1-42 所示。

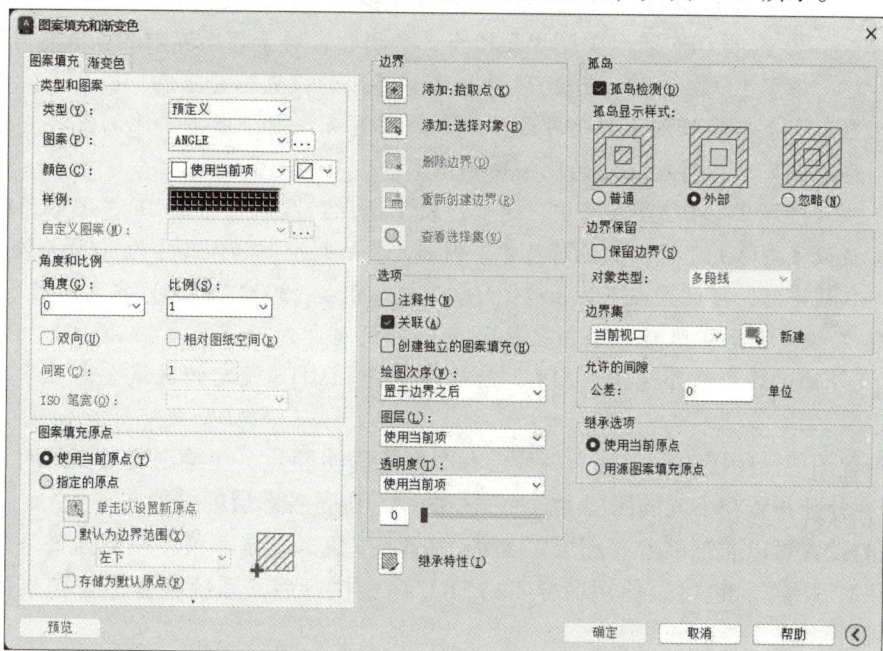

图 1-42　"更多选项"按钮

提示：执行 HATCH 命令，出现"图案填充创建"选项卡，也可在此直接进行各类操作。

【示例 8】 利用基本绘图命令绘制图形（图 1-43）。

1. 设置绘图环境

1）设置图形界限。图形界限定义了一个虚拟的、不可见的绘图边界。运行 LIMITS 命令即可设置图形界限。LIMITS 命令在命令窗口的执行过程如下：

命令：LIMITS↙

重新设置模型空间界限：

指定左下角点或[开（ON）/关（OFF）]<0.0000, 0.0000>：↙（指定一点或输入选项，"< >"符号内的数值为默认值，直接按<Enter>键即使用默认值）

指定右上角点<420.0000, 297.0000>：3000, 2500↙（指定另一点）

通过指定左下角点和右上角点来设置图形界限。各选项含义如下。

① 选项 ON 表示打开界限检查，当打开界限检查时，AutoCAD 将会拒绝输入图形界限外部的点。

绘图环境设置

图 1-43　拱桥

② 选项 OFF 表示关闭界限检查，关闭后，对于超出界限的点依然可以画出。

提示 1：在 AutoCAD 2024 中，图形界限的设置不受限制，因此，所绘制的图形大小也不受限制，完全可以按 1：1 的比例来作图，省去了比例变换。可以等图形绘制好后，再按一定的比例输出图形。

提示 2：在绘图实践中，通常，左下角点用默认值（0，0），图形界限的大小应设置得略大于图形的绝对尺寸。例如，要绘制一个总体尺寸为 2000 个绘图单位的工程图时，可设置左下角为（0，0），右上角为（3000，2500）定义图形界限。

注意：在设定图形界限后，绘图区域的大小并没有即时改变，应用 ZOOM 命令调整显示范围。执行 ZOOM 命令并选择"ALL"选项可以将 LIMITS 设定的区域全部置于屏幕可视范围内。

2）设置图层。图层可以理解为一种没有厚度的透明胶片。在绘制复杂图形时，通常把不同的内容分开布置在不同的图层上，而完整的图形则是各图层的叠加。

图层的设置可以通过单击"图层"面板上的按钮，或显示菜单栏后通过下拉菜单选择"格式"\"图层"，也可以使用命令 LAYER。命令执行后，系统将弹出"图层特性管理器"对话框，如图 1-44 所示。

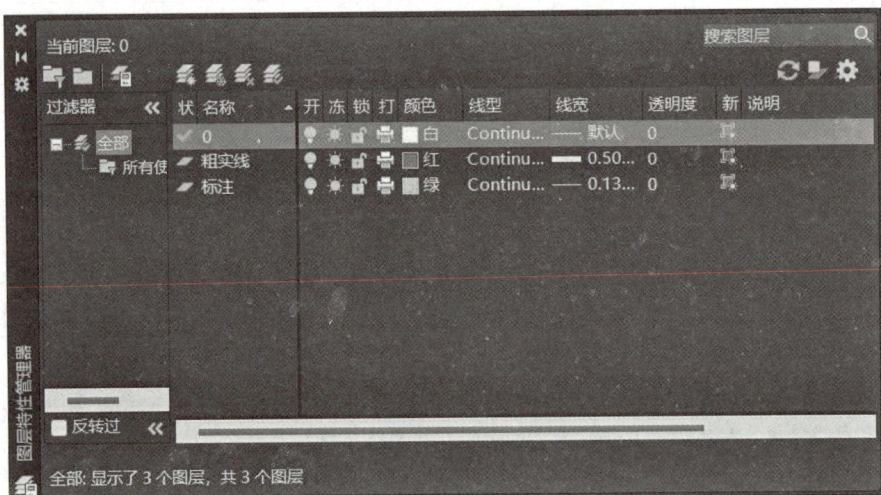

图 1-44　"图层特性管理器"对话框

① 单击"新建图层"按钮，列表中出现一个名为"图层 1"的新图层。该图层的名称被高亮显示，以便用户能够立即为该图层输入一个新的名称（如"粗实线"）。当输入名

称后，按 < Enter > 键或在对话框中间空白处单击即可。

② 修改图层的默认颜色设置。将光标移动到该图层同一排设置中的颜色框上，单击鼠标打开"选择颜色"对话框，如图 1-45 所示。单击想要设置的颜色，然后单击"确定"按钮，返回"图层特性管理器"对话框。

③ 修改图层的默认线型设置。将光标移动到该图层同一排设置中的线型上，单击鼠标左键打开"选择线型"对话框，如图 1-46 所示。单击"加载"按钮，弹出"加载或重载线型"对话框，如图 1-47 所示。选择一个或多个需要的线型，单击"确定"回到"选择线型"对话框，现在就可以为图层定义线型了。

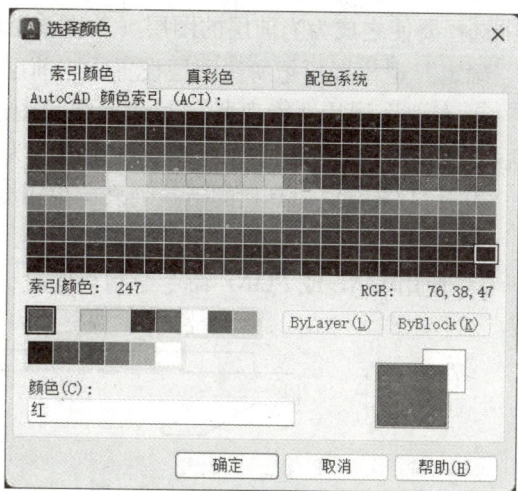

图 1-45　　"选择颜色"对话框

图 1-46　　"选择线型"对话框

图 1-47　　"加载或重载线型"对话框

④ 设置线宽。线宽是为打印输出作准备的，此宽度表示在输出对象时绘图仪的笔的宽度。在"图层特性管理器"对话框中单击该图层同一排设置的线宽，屏幕上出现"线宽"对话框，如图 1-48 所示。从列表中选择一种线宽值，然后单击"确定"按钮，返回"图层特性管理器"对话框。

注意：状态栏上的"线宽"按钮用于选择显示或隐藏线宽。

2. 绘制图形（图 1-43）

1）设置当前层。在绘图的过程中，用户经常要改变当前层，以选择将要进行作业的图层。切换当前层可执行下列操作之一。

① 在"图层特性管理器"对话框中的图层列

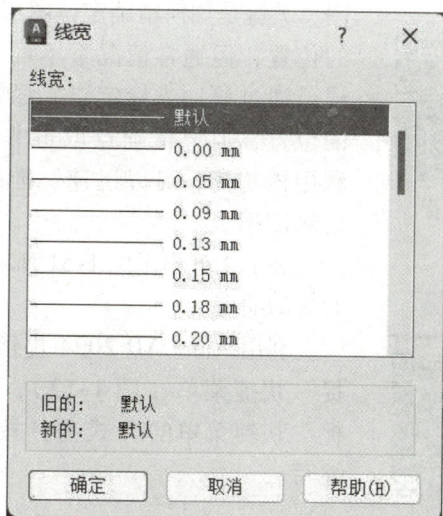

图 1-48　　"线宽"对话框

表中选择要使之成为当前层的图层（单击该图层名称），单击"置为当前"按钮■，然后单击"确定"退出即可把所选图层设置为当前层。

② 在"图层特性管理器"对话框中的图层列表中双击要使之成为当前层的图层名称，然后单击"确定"退出也可把所选图层设置为当前层。

③ 从"图层"工具栏的下拉列表中单击要设置为当前层的图层名称。

④ 通过"图层"工具栏上的■■按钮也可改变当前层。

2）使用 LINE 或 PLINE 命令绘制直线段，如图 1-49 所示。

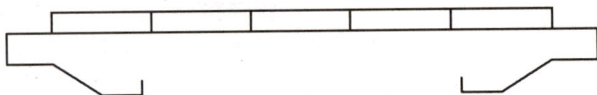

图 1-49　绘制直线段

3）使用 ARC 命令绘制圆弧，如图 1-50 所示。

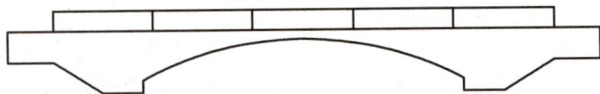

图 1-50　绘制圆弧

4）标注尺寸。首先设置合适的标注样式（命令：DIMSTYLE），然后依次标注相关尺寸（详细内容请查询任务四）。

5）使用 HATCH 命令填充图案。选择合适的图案类型和比例，结果如图 1-43 所示。

技能深化

计算机绘图与传统手工绘图相比，最大的优点就是绘图精度和效率的提高。要想精确绘图，关键是如何精确定位图形上的点。通过键盘输入点的坐标可以精确确定点的位置，但通常情况下不可能知道所有点的坐标值，且数据量大容易录入错误。通过移动光标定点，尽管可以通过状态栏上的坐标数值了解到当前光标的位置，但想精确点取也非常困难。为此，AutoCAD 提供了对象捕捉功能，利用该功能，可以迅速、准确地捕捉到某些特殊点，从而能够迅速、准确地绘制图形。

表 1-4 列出了图 1-51 所示工具栏按钮和图 1-52 所示菜单选项的主要功能和对应的缩写。

利用 AutoCAD 2024 提供的"对象捕捉"工具栏（图 1-51）和"对象捕捉"快捷菜单（图 1-52），均可执行对应的对象捕捉功能。打开"对象捕捉"快捷菜单的方式是：按下 <Shift> 键后单击鼠标右键或通过键盘输入缩写。

对象捕捉

自动对象捕捉

表 1-4 对象捕捉模式

菜单项	工具栏按钮	缩写	功能
临时追踪点	（临时追踪点）	TT	确定临时追踪点
自动捕捉	（捕捉自）	FROM	临时指定一点为基点，用其来确定另一点
两点之间的中点	无	M2P	定位两点的中点
点过滤器	无	.X 或 .Y 或 .Z 或 .XY 或 .XZ 或 .YZ	确定与指定点某一坐标分量相同的点
端点	（捕捉到端点）	END	捕捉线段、圆弧、椭圆弧、多段线、样条曲线、射线等对象的端点
中点	（捕捉到中点）	MID	捕捉线段、圆弧、椭圆弧、多线、多段线、样条曲线等对象的中点
交点	（捕捉到交点）	INT	捕捉线段、圆弧、圆、椭圆、椭圆弧、多线、多段线、射线、样条曲线、构造线等对象之间的交点
外观交点	（捕捉到外观交点）	APP	如果延伸线段、圆弧等对象之后它们之间能够相互交叉，捕捉对应的交点
延长线	（捕捉到延长线）	EXT	通过将已有线或弧的端点假想地延伸一定距离来确定另一点
圆心	（捕捉到圆心）	CEN	捕捉圆、圆弧、椭圆、椭圆弧的圆心
象限点	（捕捉到象限点）	QUA	捕捉圆、圆弧、椭圆、椭圆弧上的象限点
切点	（捕捉到切点）	TAN	捕捉切点
垂直	（捕捉到垂足）	PER	捕捉垂足
平行线	（捕捉到平行线）	PAR	确定与指定对象平行的线上的一点
插入点	（捕捉到插入点）	INS	捕捉块、文字等的插入点

（续）

菜单项	工具栏按钮	缩写	功能
节点	 （捕捉到节点）	NOD	捕捉用 POINT、DIVIDE、MEAS-URE 等命令生成的点对象以及尺寸定义点、尺寸文字定义点
最近点	 （捕捉到最近点）	NEA	捕捉离拾取点最近的线段、圆、圆弧等对象上的点
无	 （无捕捉）	NON	取消捕捉模式
对象捕捉设置	 （对象捕捉设置）	OS	设置对象捕捉模式

图 1-51 "对象捕捉"工具栏

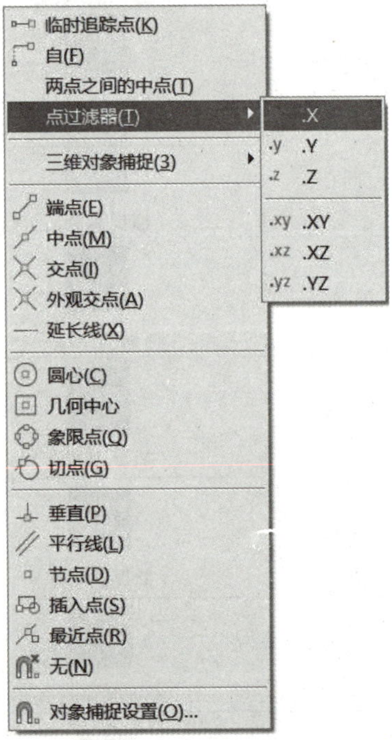

用 AutoCAD 绘图或执行其他某些操作时，当 Auto-CAD 提示用户确定点时（如确定圆心、端点、位移基点等），均可以用对象捕捉方式捕捉对应点，具体方法是：单击对应的菜单项或单击"对象捕捉"工具栏上的对应按钮，然后根据提示进行对应的操作。下面通过几个画法几何中常见的实例说明各对象捕捉模式的含义及其使用方法。

【示例9】 已知直线 AB 和直线外一点 M，过点 M 绘制直线 AB 的平行线（图 1-53a）。

操作步骤：

1）输入 LINE 命令，开始绘制过已知点与已知线段平行的线段。

命令：LINE ↙

指定第一点：NOD ↙

于

2）将光标移至点 M 附近，当出现如图 1-53b 所示提示时，单击拾取键，AutoCAD 提示：

指定下一点或[放弃(U)]：PAR ↙

到

图 1-52 "对象捕捉"快捷菜单

3）将光标移至直线 AB 上，当出现如图 1-53c 所示提示时，将光标移开致使所画直线与直线 AB 大致平行的位置，当出现如图 1-53d 所示提示时，拾取一点或输入一段距离即可完成线段。

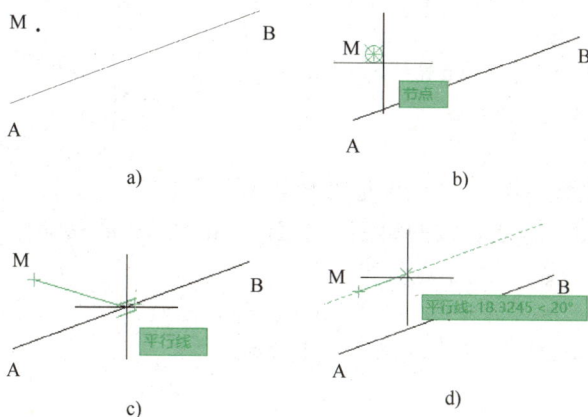

图 1-53　绘制平行线例图

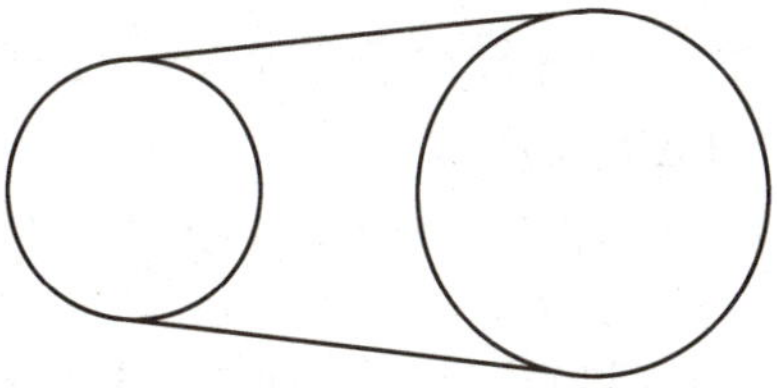

【示例 10】　绘制两个圆的公切线（图 1-54）。

操作步骤：

1）输入 LINE 命令，开始绘制两个圆的公切线。

命令：LINE ↙

指定第一点：TAN ↙

到

图 1-54　绘制公切线例图

2）将光标移至第一个圆上，当出现如图 1-55a 所示提示时，单击拾取键，AutoCAD 提示：

指定下一点或［放弃(U)］：TAN ↙

到

3）将光标移至第二个圆上，当出现如图 1-55b 所示提示时，单击拾取键，即可完成第一条切线的绘制。

4）按同样的方法绘制第二条切线，只是在定切点时将光标移至圆的下边即可，绘制完成后如图 1-54 所示。

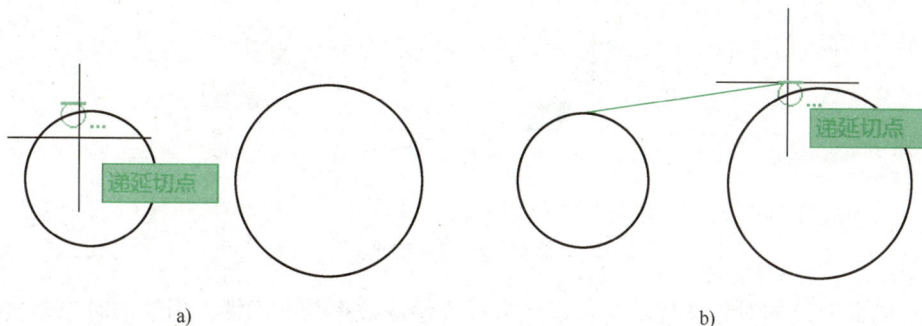

图 1-55　绘制公切线

【示例 11】　绘制已知直线 AB 的垂直平分线，如图 1-56 所示。

操作步骤:

1) 输入 LINE 命令,开始绘制已知线段的垂直平分线。

命令:LINE ↙
指定第一点:(在直线 AB 外任一位置用鼠标点取一点)
指定下一点或[放弃(U)]:PER ↙
到

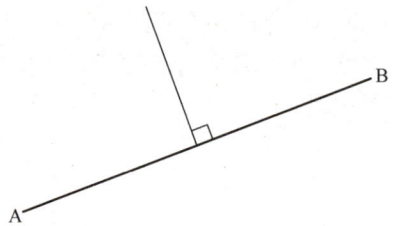

图 1-56 绘制垂直平分线例图

2) 将光标移至直线 AB 上,当出现如图 1-57a 所示提示时,单击拾取键,完成垂线的绘制。下面用 AutoCAD 的移动命令(详细内容请查询任务三)将垂线移至直线 AB 的中点位置。

命令:MOVE ↙
选择对象:(用拾取框选择所画垂线,如图 1-57b 所示)
选择对象: ↙
指定基点或[位移(D)]<位移>:END ↙
于

3) 将光标移至直线 AB 上的垂足附近,当出现如图 1-57c 所示提示时,单击拾取键,AutoCAD 提示:

指定第二个点或 <使用第一个点作为位移>:MID ↙
于

4) 将光标移至直线 AB 的中点附近,当出现如图 1-57d 所示提示时,单击拾取键,完成图形如图 1-56 所示。

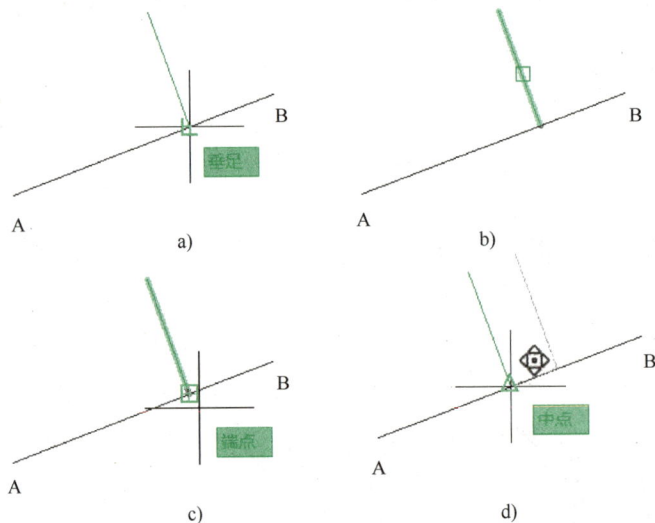

图 1-57 绘制已知线段的垂直平分线

虽然前面介绍的对象捕捉功能可以大大提高绘图效率与准确性,但绘图时当多次要使用对象捕捉功能时,需要频繁单击"对象捕捉"工具栏按钮或对应菜单项,并要根据对应提示选择对应对象。AutoCAD 2024 提供了自动对象捕捉功能。即预先设置好需要的多个对象捕捉点,在绘图过程中,只要不关闭对象捕捉功能,当要求输入点时,就自动选择相应的对象捕捉功能进行捕捉。单击状态栏中的"对象捕捉"按钮或按 < F3 > 键即可打开或关闭自动捕捉模式。

通过"草图设置"对话框中的"对象捕捉"选项卡即可设置对象捕捉点的类型，如图 1-58 所示。

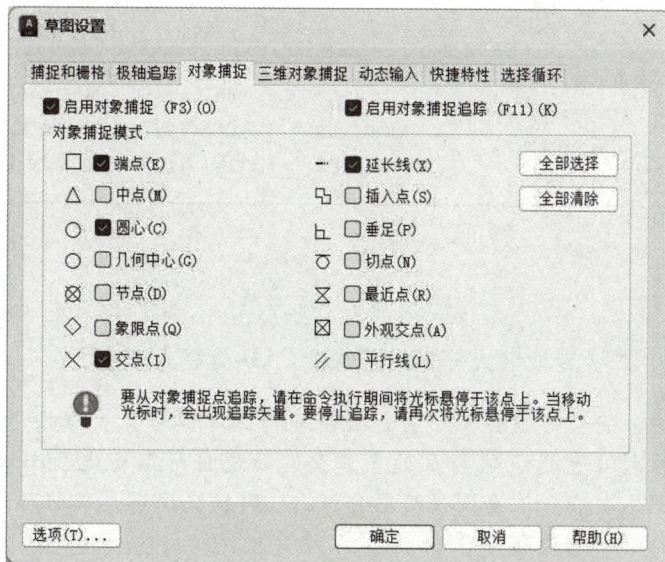

图 1-58　"草图设置"对话框

另外，对话框中的"启用对象捕捉"复选框用于确定是否打开自动对象捕捉功能。

注意：对象捕捉作为一种点的输入方法，不能单独执行，只有在执行某一绘图命令需要输入点时才能调用。

技能归纳

1）能利用 AutoCAD 二维绘图命令绘制点、直线、曲线图形等基本对象。

2）能利用 AutoCAD 完成图案填充的绘制。

3）会根据工程图需要设置合适的绘图环境，包括绘图单位、图形界限、图层等。

4）能利用图形捕捉功能解决公路工程制图中常见的画法几何问题。

本任务相关主要技能点归纳见表 1-5。

表 1-5　技能归纳

技能点	主要内容	主要命令或操作
基本图形绘制	绘制直线、多段线、正多边形、矩形、圆弧、圆、圆环、椭圆（弧）、等分点等	LINE（绘制直线命令） PLINE（绘制多段线命令） POLYGON（绘制正多边形命令） RECTANG（绘制矩形命令） ARC（绘制圆弧命令） CIRCLE（绘制圆命令） DONUT（绘制圆环命令） ELLIPSE（绘制椭圆、椭圆弧命令） DIVIDE（绘制定数等分点命令） MEASURE（绘制定距等分点命令）

（续）

技能点	主要内容	主要命令或操作
图案填充	图案的选择与格式设置 图案边界的选择	HATCH（图案填充命令）
绘图环境设置	设置图形界限 设置图层	LIMITS（设置图形界限命令） LAYER（图层特性管理器命令）
画法几何与图形捕捉应用	对象捕捉的设置 工具栏捕捉按钮的选择 常用捕捉的缩写名称 自动捕捉的使用	END（端点）、MID（中点）、INT（交点） CEN（圆心）、QUA（象限点）、TAN（切点）、 PER（垂足）、NOD（节点）

思育启智园：

专业名人——我国道路 CAD 奠基人李方

李方，安徽舒城县人，享受国务院特殊津贴专家，中国道路 CAD 先驱，李方软件系列（包括道路与互通式立交、场地自行车赛道、山地自行车赛道等软件）创始人。在一次全国性公路会议上，时任交通部总工程师凤懋润当众把李方教授称作"中国道路 CAD 第一人"。

专业名人——我国道路CAD奠基人李方

20 世纪 80 年代初，李方在德国留学期间学习到的德国特有的曲线型设计法为我国的道路 CAD 软件奠定了理论基础。李方团队融通了德国广泛使用的曲线型设计法和我国习用的导线型方法，形成"模式法""积木法""弦切线法"等方法。随着计算机技术的发展，先后开发了一系列软件系统。"李方软件"的问世，大大减轻了设计人员的强度，提高了设计效率和质量，成为道路设计人员不可缺少的好工具和好帮手，也为国内类似软件的发展提供了借鉴。

李方教授不畏失败、勇于创新的精神激励着广大"交通人"不畏艰难、敢为人先，为加快建设交通强国谱写新的篇章。中国在各行各业正需要有像李方教授这样无私奉献的科技创新人才，才能使我国屹立于世界之巅。

考核评价

1. 自我评价

1）此次操练是否顺利？

2）若不顺利，请列出遇到的问题。

3）分析出现问题的原因，并提出修正方案。

4）认为还需加强哪些方面的指导？

2. 学习任务评价（表 1-6）

表 1-6   学习任务评价表

考核项目	分数			学生自评	小组互评	教师评价	小计
	差	中	好				
团队合作精神	3	6	10				
活动参与是否积极	3	6	10				

（续）

考核项目	分数			学生自评	小组互评	教师评价	小计
	差	中	好				
基本概念理解是否正确	3	6	10				
命令执行过程是否顺畅	3	6	10				
绘图环境设置是否合理	6	13	20				
绘图结果是否正确	6	13	20				
基本技巧掌握是否良好	6	13	20				
总分	100						
教师签字：				年　　月　　日		得分	

作 业

1）过点 A（30，100）和点 B（150，200）作直线 AB，点 C 和点 D 将直线 AB 分成三等分；分别以点 C 和点 D 为圆心画圆，使两圆相切于直线 AB 的中点，如图 1-59 所示。

2）已知直线 BC 是弧 AB 和弧 CD 的切线，弧 AB 角度为 180°，BC 长度为 50 个单位，如图 1-60 所示。利用绘制多段线命令（PLINE）按图中给出的 A、B、D 三点的坐标完成图形。

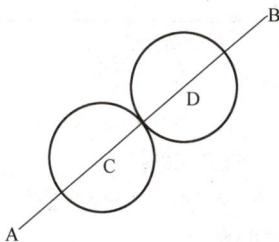

图 1-59　练习图形 1

图 1-60　练习图形 2

3）绘制如图 1-61 的图形（箭杆的宽度为 5，长度为 90；箭头的尾部宽度为 15，箭头的端部宽度为 0，箭头的长度为 40）。

图 1-61　练习图形 3

任务三　基本图形编辑

任务描述

图形编辑是对已有图形进行的删除、复制、移动等操作。灵活运用各种图形编辑方法，可以简化作图过程，减少重复操作，显著提高数字化绘图的效率。通过本任务的学习，要求学生能够掌握基本图形编辑命令。

任务目标

1）掌握常用编辑命令和高级编辑命令的基本操作。

2）结合上一任务的图形绘制知识及专业图形知识，选择恰当的编辑命令来提高图形绘制的效率和技巧。

📥 内容结构 （图 1-62）

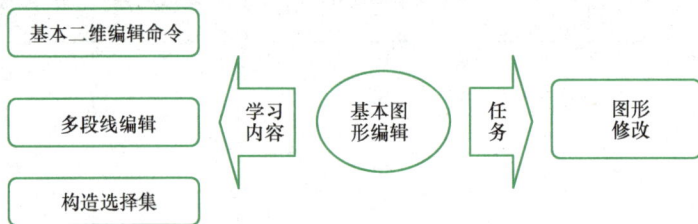

图 1-62　内容结构

🌿 主要技能

重点掌握 MIRROR、OFFSET、ARRAY、MOVE、ROTATE、SCALE、TRIM、EXTEND 等命令，能有效组合基本编辑命令完成图形修改，能运用构造选择集合夹点编辑完成图形的修改。

📖 基础知识

编辑图形是指对已有的图形对象进行移动、旋转、缩放、复制、删除及其他修改操作。AutoCAD 提供的图形编辑命令可以帮助用户合理构造与组织图形，保证作图的准确度，减少重复的绘图操作，从而提高设计与绘图效率。AutoCAD 2024 提供的常用编辑命令及其功能见表 1-7。

表 1-7　常用编辑命令及其功能

命令名称（缩写）	基本功能	激活方式
ERASE（E） 删除对象	从图形中删除对象	·单击"修改"工具栏上的 🖊 ·选择"修改"下拉菜单中的"删除"选项 ·在命令行输入 ERASE 或 E
COPY（CO） 复制对象	在指定方向上按指定距离复制对象	·单击"修改"工具栏上的 🗗 ·选择"修改"下拉菜单中的"复制"选项 ·在命令行输入 COPY 或 CO
MIRROR（MI） 镜像对象	创建选定对象的镜像副本，即对称复制	·单击"修改"工具栏上的 ⚠ ·选择"修改"下拉菜单中的"镜像"选项 ·在命令行输入 MIRROR 或 MI

（续）

命令名称（缩写）	基本功能	激活方式
OFFSET（O） 偏移对象	创建同心圆、平行线和平行曲线，即偏移复制	· 单击"修改"工具栏上的 · 选择"修改"下拉菜单中的"偏移"选项 · 在命令行输入 OFFSET 或 O
ARRAY（AR） 阵列对象	创建在二维或三维图案中排列的对象的副本，排列方式可以是矩形、环形或指定路径	· 单击"修改"工具栏上的 · 选择"修改"下拉菜单中的"阵列"子菜单，根据需要选择合适的阵列方式 · 在命令行输入 ARRAY 或 AR
MOVE（M） 移动对象	在指定方向上按指定距离移动对象	· 单击"修改"工具栏上的 · 选择"修改"下拉菜单中的"移动"选项 · 在命令行输入 MOVE 或 M
ROTATE（RO） 旋转对象	绕指定基点旋转对象	· 单击"修改"工具栏上的 · 选择"修改"下拉菜单中的"旋转"选项 · 在命令行输入 ROTATE 或 RO
SCALE（SC） 缩放对象	放大或缩小选定对象	· 单击"修改"工具栏上的 · 选择"修改"下拉菜单中的"缩放"选项 · 在命令行输入 SCALE 或 SC
STRETCH（S） 拉伸对象	拉伸与选择窗口或多边形交叉的对象	· 单击"修改"工具栏上的 · 选择"修改"下拉菜单中的"拉伸"选项 · 在命令行输入 STRETCH 或 S

（续）

命令名称（缩写）	基本功能	激活方式
TRIM（TR） 修剪对象	修剪对象以与其他对象的边相接	· 单击"修改"工具栏上的 ✂ · 选择"修改"下拉菜单中的"修剪"选项 · 在命令行输入 TRIM 或 TR
EXTEND（EX） 延伸对象	扩展对象以与其他对象的边相接	· 单击"修改"工具栏上的 ⟶ · 选择"修改"下拉菜单中的"延伸"选项 · 在命令行输入 EXTEND 或 EX
BREAK（BR）	在两点之间打断选定对象或将对象在同一点打断	· 单击"修改"工具栏上的 ▢、▢ · 选择"修改"下拉菜单中的"打断"选项 · 在命令行输入 BREAK 或 BR
CHAMFER（CHA） 创建倒角	给对象加倒角	· 单击"修改"工具栏上的 ▨ · 选择"修改"下拉菜单中的"倒角"选项 · 在命令行输入 CHAMFER 或 CHA
FILLET（F） 创建圆角	给对象加圆角	· 单击"修改"工具栏上的 ◹ · 选择"修改"下拉菜单中的"圆角"选项 · 在命令行输入 FILLET 或 F
EXPLODE	将复合对象分解为其组件对象	· 单击"修改"工具栏上的 ▤ · 选择"修改"下拉菜单中的"分解"选项 · 在命令行输入 EXPLODE

技能训练

【示例1】 如图 1-63 所示，根据图形 a 利用 COPY 命令创建图形 b。

命令：COPY ↙

选择对象：（构造选择集，如图 1-63a 所示为选两正方形）

选择对象：↙（结束选择）

当前设置：复制模式＝多个

指定基点或［位移(D)/模式(O)］＜位移＞：（定基点 A）

指定第二个点或［阵列(A)］＜使用第一个点作为位移＞：（B点）

指定第二个点或［阵列(A)/退出(E)/放弃(U)］＜退出＞：（C点）

指定第二个点或［阵列(A)/退出(E)/放弃(U)］＜退出＞：（D点）

图 1-63 复制对象例图

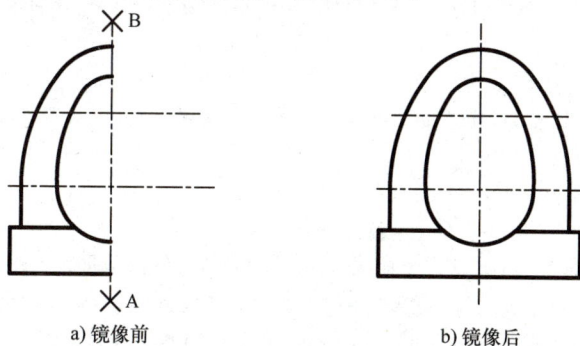

指定第二个点或［阵列(A)/退出(E)/放弃(U)］＜退出＞：↙（按＜Enter＞键结束命令）

结果如图 1-63b 所示。

提示：通过输入相对坐标、对复制图形进行任意方向的精准定位。

【示例2】 利用 MIRROR 命令绘制图形（图1-64）。

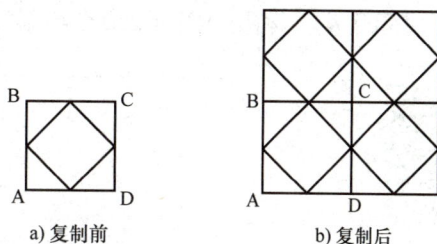

图 1-64 图形的镜像例图

命令：MIRROR↙

选择对象：（选择卵形涵洞的左半部分）

选择对象：↙（选择完成后按回车键确认）

指定镜像线的第一点：（利用对象捕捉拾取竖直中心线的上端点B）

指定镜像线的第二点：（利用对象捕捉拾取竖直中心线的下端点A）

要删除源对象吗？［是(Y)/否(N)］＜N＞：↙（直接按＜Enter＞键，保留源对象）

结果如图 1-64b 所示。

【示例3】 利用 OFFSET 命令绘制图 1-65 所示图形。

命令：OFFSET↙

当前设置：删除源＝否 图层＝源 OFFSETGAPTYPE＝0

指定偏移距离或［通过(T)/删除(E)/图层(L)］＜1.0000＞：5↙（指定偏移距离为5）

图 1-65 偏移例图

选择要偏移的对象，或［退出(E)/放弃(U)］＜退出＞：（指定对象，选择多段线A）

指定要偏移的那一侧上的点，或［退出(E)/多个(M)/放弃(U)］＜退出＞：（用B点指定在外侧画等距线）

选择要偏移的对象，或［退出(E)/放弃(U)］＜退出＞：↙（按＜Enter＞键结束）

结果如图 1-65 所示。

提示：对闭合图形执行偏移命令、会修改原图形尺寸。

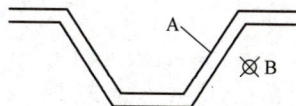

【示例 4】　利用 ARRAY 命令绘制等间距钢筋网（图 1-66）。

矩形阵列示例

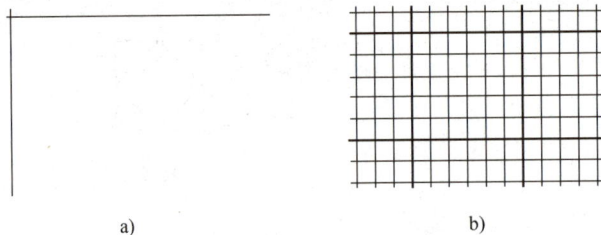

a)　　　　　　　　　b)

图 1-66　矩形阵列例图

命令：ARRAY↙

选择对象：（选择竖直直线）

选择对象：↙（结束选择）

输入阵列类型 [矩形（R）/路径（PA）/极轴（PO）] < 矩形 >：↙（直接按 < Enter > 键，选择"矩形"阵列方式）

类型 = 矩形　关联 = 是

为项目数指定对角点或 [基点（B）/角度（A）/计数（C）] < 计数 >：↙（直接按 < Enter > 键，选择"计数"方式）

输入行数或 [表达式（E）] <4>：1↙（指定行数为 1）

输入列数或 [表达式（E）] <4>：13↙（指定列数为 13）

指定对角点以间隔项目或 [间距（S）] < 间距 >：↙（直接按 < Enter > 键，选择"间距"模式）

指定列之间的距离或 [表达式（E）] <1>：10↙（指定列间距为 10，向右阵列）

按 < Enter > 键接受或 [关联（AS）/基点（B）/行（R）/列（C）/层（L）/退出（X）] < 退出 >：↙（按 < Enter > 键结束命令）

命令：↙（按 < Enter > 键重复执行阵列命令）

ARRAY

选择对象：（选择水平直线）

选择对象：↙（结束选择）

输入阵列类型 [矩形（R）/路径（PA）/极轴（PO）] < 矩形 >：↙（直接按 < Enter > 键，选择"矩形"阵列方式）

类型 = 矩形　关联 = 是

为项目数指定对角点或 [基点（B）/角度（A）/计数（C）] < 计数 >：↙（直接按 < Enter > 键，选择"计数"方式）

输入行数或 [表达式（E）] <4>：9↙（指定行数为 9）

输入列数或 [表达式（E）] <4>：1↙（指定列数为 1）

指定对角点以间隔项目或 [间距（S）] < 间距 >：↙（直接按 < Enter > 键，选择"间距"模式）

指定行之间的距离或 [表达式（E）] <1>：-10↙（指定行间距为 -10，向下阵列）

按 < Enter > 键接受或 [关联（AS）/基点（B）/行（R）/列（C）/层（L）/退出（X）] < 退出 >：（按 < Enter > 键结束命令）

结果如图 1-66b 所示。

【示例 5】　利用 MOVE 命令将图 1-67a 编辑成图 1-67b。

命令：MOVE↙

选择对象：（选择左边的圆角矩形）

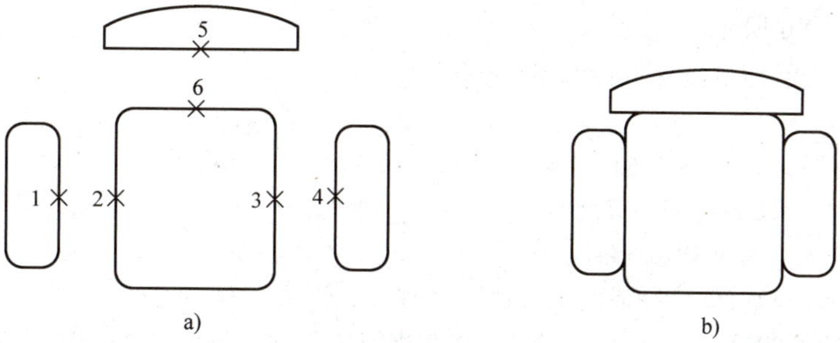

图 1-67　移动例图

选择对象：↙（按＜Enter＞键结束选择）

指定基点或［位移（D）］＜位移＞：（对象捕捉选择中点 1 作为基点）

指定第二个点或＜使用第一个点作为位移＞：（对象捕捉选择中点 2）

命令：↙（重复执行移动命令）

MOVE

选择对象：（选择右边的圆角矩形）

选择对象：↙（结束选择）

指定基点或［位移（D）］＜位移＞：（对象捕捉选择中点 3 作为基点）

指定第二个点或＜使用第一个点作为位移＞：（对象捕捉选择中点 4）

命令：↙（重复执行移动命令）

MOVE

选择对象：（选择上方图形）

选择对象：↙（结束选择）

指定基点或［位移（D）］＜位移＞：（对象捕捉选择中点 5 作为基点）

指定第二个点或＜使用第一个点作为位移＞：（对象捕捉选择中点 6）

结果如图 1-67b 所示。

【示例 6】　利用 ROTATE 命令编辑图 1-68a 到图 1-68b。

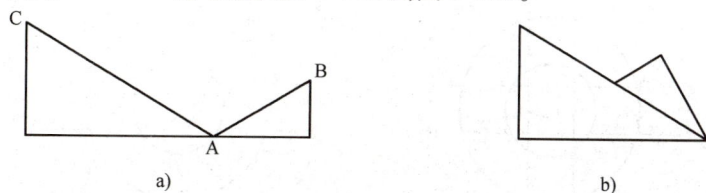

图 1-68　旋转例图

命令：ROTATE ↙

UCS 当前的正角方向：　ANGDIR＝逆时针　ANGBASE＝0

选择对象：（选择右边三角形，如图 1-68a 所示）

选择对象：↙（按＜Enter＞键结束选择）

指定基点：（对象捕捉选 A 点）

指定旋转角度，或［复制（C）/参照（R）］＜0＞：r↙（选参照方式）

指定参照角＜0＞：（输入参照方向角，也可以用两点来确定此角，本例中用 A、B 两点，先选择 A 点）

指定第二点：（选择 B 点）

指定新角度或［点（P）］＜0＞：（输入参照方向旋转后的新角度，或选择"P"选项通过两点指定新角度，本例中选择 C 点）

结果如图1-68b所示。

【示例7】 利用SCALE命令编辑图形。

命令：SCALE↙

选择对象：（选一菱形，如图1-69a所示）

选择对象：↙（按＜Enter＞键结束选择）

指定基点：（选基准点A，即比例缩放中心）

指定比例因子或［复制(C)/参照(R)］：r↙（选参照方式）

指定参照长度＜1.0000＞：（参照的原长度，本例中拾取A、B两点的距离指定，先选择A点）

指定第二点：（选择B点）

指定新的长度或［点(P)］＜1.0000＞：p↙（指定新长度值，本例需输入"p"选项切换至定点模式）

指定第一点：（拾取C点）

指定第二点：（拾取D点，则以C、D间的距离作为新长度值，这样可使两个菱形同高）

结果如图1-69b所示。

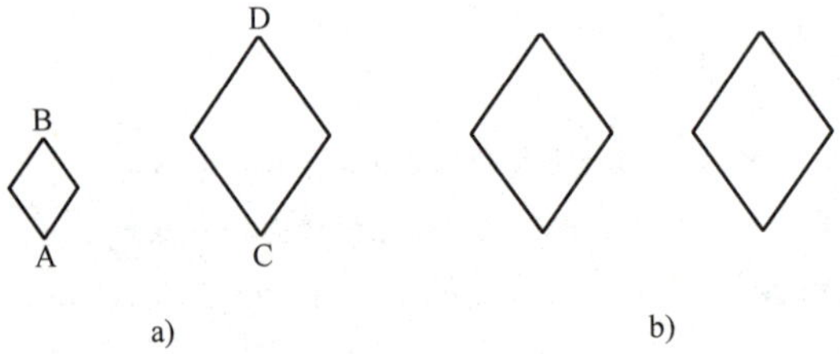

图1-69 缩放例图

提示：比例缩放（SCALE）命令与视图缩放（ZOOM）命令的区别在于，前者可以对图形尺寸进行等比例修改，后者不修改图形尺寸，仅为视觉效果上的缩放。

【示例8】 利用TRIM命令编辑图形，如图1-70所示。

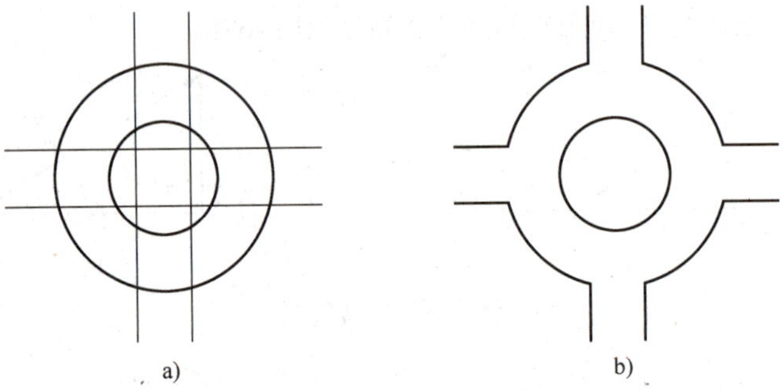

图1-70 修剪例图

命令：TRIM↙

当前设置：投影＝UCS，边＝无，模式＝快速

选择要修剪的对象，或按住＜Shift＞键选择要延伸的对象或［剪切边(T)/窗交(C)/模式(O)/投影(P)/删除(R)］：T↙

当前设置：投影＝UCS，边＝无，模式＝快速

选择剪切边...

选择对象或＜全部选择＞：（选择大圆作为剪切边，如图1-71a所示）

选择对象：↙（按＜Enter＞键结束选择）

选择要修剪的对象，或按住＜Shift＞键选择要延伸的对象或［剪切边（T）/窗交（C）/模式（O）/投影（P）/删除（R）/放弃（U）］：C↙（利用"窗交"方式选择直线作为被剪对象）

指定第一个角点：（拾取第一点）

选择要修剪的对象，或按住＜Shift＞键选择要延伸的对象或［剪切边（T）/窗交（C）/模式（O）/投影（P）/删除（R）/放弃（U）］：指定对角点：（拾取第二点，如图1-71b所示，注意要将小圆全部包含在窗口内）

选择要修剪的对象，或按住＜Shift＞键选择要延伸的对象或［剪切边（T）/窗交（C）/模式（O）/投影（P）/删除（R）/放弃（U）］：↙（按＜Enter＞键，完成直线修剪）

命令：TRIM↙（按＜Enter＞键重复执行TRIM命令）

当前设置：投影＝UCS，边＝无，模式＝快速

选择要修剪的对象，或按住＜Shift＞键选择要延伸的对象或［剪切边（T）/窗交（C）/模式（O）/投影（P）/删除（R）］：O↙

输入修剪模式选项［快速（Q）/标准（S）］＜快速（Q）＞：S↙（切换至标准修剪模式）

选择要修剪的对象，或按住＜Shift＞键选择要延伸的对象或［剪切边（T）/栏选（F）/窗交（C）/模式（O）/投影（P）/边（E）/删除（R）/放弃（U）］：（选择大圆作为被剪对象，如图1-71c、d所示）

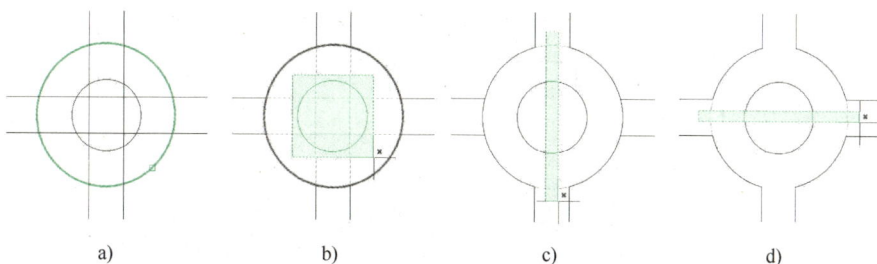

图 1-71　修剪图形

【示例9】　利用 EXTEND 命令编辑图形，如图1-72所示。

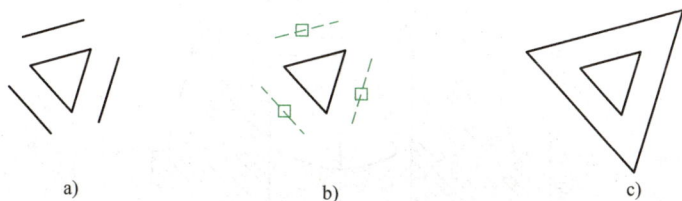

图 1-72　延伸例图

命令：EXTEND↙

当前设置：投影＝UCS，边＝无，模式＝快速

选择要延伸的对象，或按住＜Shift＞键选择要修剪的对象或［边界边（B）/窗交（C）/模式（O）/投影（P）］：O↙

输入延伸模式选项［快速（Q）/标准（S）］＜快速（Q）＞：S↙（切换至标准延伸模式）

选择要延伸的对象，或按住＜Shift＞键选择要修剪的对象或［边界边（B）/栏选（F）/窗交（C）/模式（O）/投影（P）/边（E）/放弃（U）］：E↙

输入隐含边延伸模式［延伸（E）/不延伸（N）］＜不延伸＞：E↙（边界模式改为"延伸"）

选择要延伸的对象，或按住＜Shift＞键选择要修剪的对象或［边界边（B）/栏选（F）/窗交（C）/模式（O）/投

影(P)/边(E)/放弃(U)]: B↙

　　当前设置: 投影 = UCS, 边 = 延伸, 模式 = 标准

　　选择边界边...

　　选择对象或 <全部选择>: (选择边界边, 如图 1-72b 所示)

　　选择对象: ↙ (按 <Enter> 键结束选择)

　　选择要延伸的对象, 或按住 <Shift> 键选择要修剪的对象或[边界边(B)/栏选(F)/窗交(C)/模式(O)/投影(P)/边(E)]: (依次选择直线完成图形, 如图 1-72c 所示)

【示例 10】 利用 FILLET 命令编辑图形, 如图 1-73 所示。

　　命令: FILLET↙

　　当前设置: 模式 = 修剪, 半径 = 0.0000

　　选择第一个对象或[放弃(U)/多段线(P)/半径(R)/修剪(T)/多个(M)]: r↙

　　指定圆角半径 <0.0000>: 10↙

　　选择第一个对象或[放弃(U)/多段线(P)/半径(R)/修剪(T)/多个(M)]: (拾取直线 1, 如图 1-73a 所示)

　　选择第二个对象或按住 <Shift> 键选择对象以应用角点或[半径(R)]: (拾取直线 2)

完成编辑图形, 结果如图 1-73b 所示。

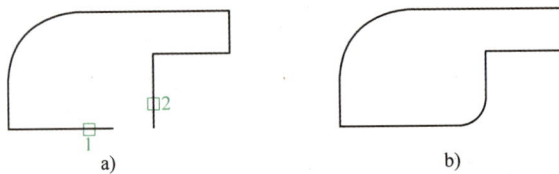

图 1-73　倒圆角例图

【示例 11】 利用基本绘图命令和编辑命令绘制图形 (图 1-74)。

绘制涵洞剖面图

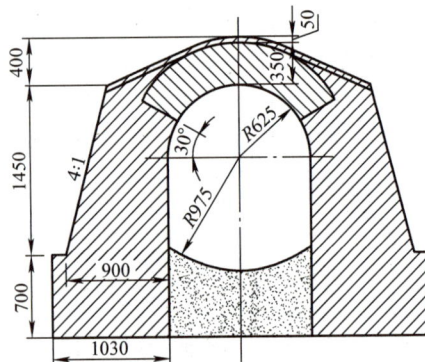

图 1-74　涵洞剖面图

1. 设置绘图环境

1) 设置图形界限。图形总宽度 3310, 高度 2550, 拟设置图形界限为 4000 × 3000。

　　命令: LIMITS↙

　　重新设置模型空间界限:

　　指定左下角点或[开(ON)/关(OFF)] <0.0000, 0.0000>: ↙

　　指定右上角点 <420.0000, 297.0000>: 4000, 3000↙

执行 ZOOM 命令调整显示范围:

命令：ZOOM ↙

指定窗口的角点，输入比例因子（nX 或 nXP），或者 [全部(A)/中心(C)/动态(D)/范围(E)/上一个(P)/比例(S)/窗口(W)/对象(O)] <实时>：A ↙

2）设置图层。打开"图层特性管理器"对话框，根据图形需要设置图层，如图 1-75 所示。

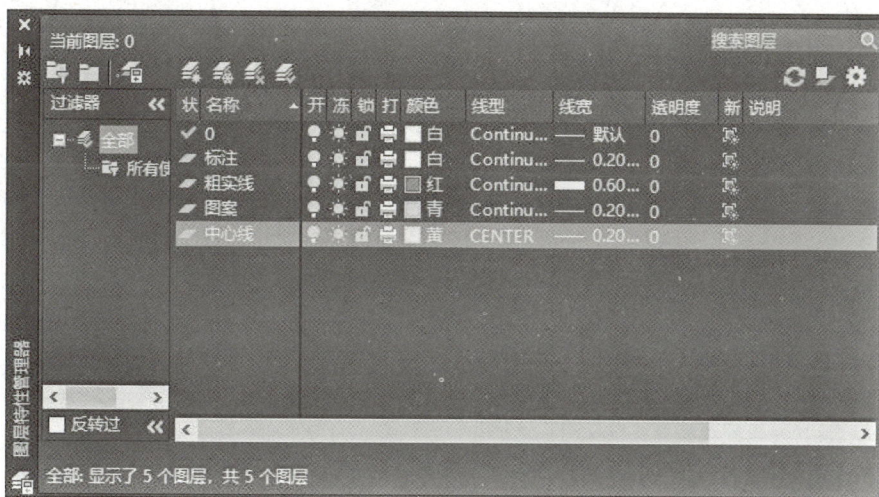

图 1-75　设置图层

2. 绘制图形

1）设置当前层为"中心线"层，利用 LINE 命令和"正交"工具绘制中心线。

2）设置当前层为"粗实线"层，利用 CIRCLE 命令绘制 $R625$ 和 $R975$ 的圆，将 $R975$ 的圆按 50 的距离向外偏移（OFFSET）复制。结果如图 1-76 所示。

3）绘制定位辅助线，如图 1-77 所示。画出水平线 1 和竖直线 7 后可利用 OFFSET 命令复制出 2、3、4、5、6 直线。

4）绘制涵洞左侧坡度线，如图 1-78 所示。

命令：LINE ↙

指定第一点：（对象捕捉拾取交点 8）

指定下一点或 [放弃(U)]：@100,400(利用相对坐标确定 4∶1 坡度方向线)

指定下一点或 [放弃(U)]：↙

命令：EXTEND ↙

当前设置：投影 = UCS，边 = 无，模式 = 快速

选择要延伸的对象，或按住 <Shift> 键选择要修剪的对象或 [边界边(B)/窗交(C)/模式(O)/投影(P)]：B ↙

当前设置：投影 = UCS，边 = 无，模式 = 快速

选择边界边...

选择对象或 <全部选择>：（选择直线 2 作为延伸边界）

选择对象：↙

选择要延伸的对象，或按住 <Shift> 键选择要修剪的对象或 [边界边(B)/窗交(C)/模式(O)/投影(P)]：（选择坡度线延伸至直线 2）

选择要延伸的对象，或按住＜Shift＞键选择要修剪的对象或［边界边（B）/窗交（C）/模式（O）/投影（P）/放弃（U）］：↙

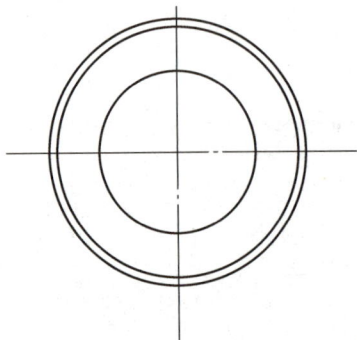

图 1-76　绘制中心线和圆

图 1-77　绘制定位辅助线

5）绘制涵洞顶面切线，如图 1-78 所示。

命令：LINE↙

指定第一点：（对象捕捉拾取交点 9）

指定下一点或［放弃（U）］：（对象捕捉拾取取外侧大圆的切点）

指定下一点或［放弃（U）］：↙

利用 OFFSET 命令按距离 50 向下偏移复制一条切线，并利用 EXTEND 命令延伸至直线 89。

6）利用 TRIM 命令将多余线段修剪，并删除辅助线。结果如图 1-79 所示。

7）利用 MIRROR 命令镜像复制图形，经整饰后结果如图 1-80 所示。

图 1-78　绘制涵洞顶面切线

图 1-79　修剪图形

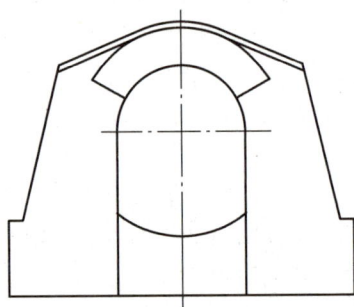

图 1-80　镜像复制图形

8）选择"标注"图层为当前层，设置合适的文字样式和标注样式，依次标注各尺寸和文字，详见任务四。

9）填充图案，详见任务二。

技能深化

1. 构造选择集

AutoCAD 编辑命令一般分两步进行。

1）在已有的图形中选择编辑对象，即构造选择集。

2）对选择集实施编辑操作。

在选择过程中，选中的对象醒目显示（即改用虚线显示），表示已加入选择集。Auto-CAD 提供了多种选择对象的方法，下面介绍常用的几种。

- 直接拾取对象：将拾取框"□"移动到对象上单击鼠标左键选中对象，单击一次鼠标只能选中一个对象。

- W：窗口方式，选择位于窗口内的所有对象。

- L：选择最后画出的对象。

- C：窗交方式，除选择位于窗口内的所有对象外，还包括与窗口四条边界相交的所有对象。

- BOX：框选方式，包含窗口和窗交两种方式。当拾取窗口的第一角点后，如用户指定的另一角点在第一角点的右侧，则按窗口方式选择对象；如在左侧，则按窗交方式选择对象。

- ALL：选择图中的全部对象（在冻结或加锁图层中的对象除外）。

- F：栏选方式，即画一条多段折线，像一个栅栏，与多段折线各边相交的所有对象被选中。

- R：把构造选择集的加入模式转换为从已选中的对象中移出对象的删除模式。

- A：把删除模式转化为加入模式。

- P：选择上一次生成的选择集。

- U：放弃前一次选择操作。

- 按 < Enter > 键：在"选择对象："或"删除对象："提示下，按 < Enter > 键响应，将完成构造选择集的过程，可对该选择集进行后续的编辑操作。

在执行编辑命令过程中，当出现"选择对象："命令提示时，即可输入以上各代码，以便用最佳的方式有效选择对象。

2. 夹点编辑

在不调用任何命令的状态下拾取对象，对象醒目显示，表示已进入当前选择集，同时显示对象夹点。拾取一个夹点，则此点变为热点，即可进入夹点编辑状态，它可以完成拉伸（STRETCH）、移动（MOVE）、旋转（ROTATE）、比例缩放（SCALE）、镜像（MIRROR）五种模式操作，相应的提示次序为：

** 拉伸 **

指定拉伸点或[基点(B)/复制(C)/放弃(U)/退出(X)]：

** 移动 **

指定移动点或[基点(B)/复制(C)/放弃(U)/退出(X)]：

** 旋转 **

指定旋转角度或[基点(B)/复制(C)/放弃(U)/参照(R)/退出(X)]：

** 比例缩放 **

指定比例因子或[基点(B)/复制(C)/放弃(U)/参照(R)/退出(X)]：

** 镜像 **

指定第二点或[基点(B)/复制(C)/放弃(U)/退出(X)]：

夹点编辑

在选择编辑模式时，可用 < Enter > 键、空格键或鼠标右键进行切换。要生成多个热点，则在拾取夹点时同时按住 < Shift > 键，然后再放开 < Shift > 键，拾取其中一个热点进入编辑

模式。

例如，图 1-81a 所示为一条多段线，现利用夹点拉伸模式将其修改为如图 1-81b 所示的形状。操作步骤如下：

1）拾取多段线，出现夹点。

2）按下 <Shift> 键，把 1、2、3 点转化为热点。

3）放开 <Shift> 键，再拾取 1 点，进入拉伸编辑模式。

4）拾取 4 点，则拉伸成如图 1-81b 所示形状。

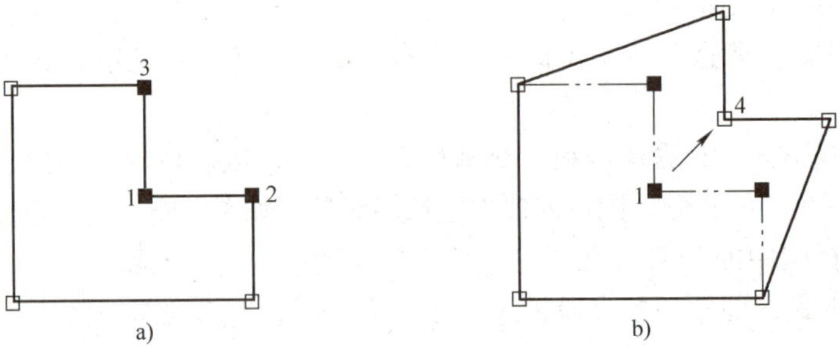

图 1-81　拉伸模式夹点编辑

说明：

● 选中的热点，在默认状态下，系统认为是拉伸点、移动的基准点、旋转的中心点、比例缩放的中心点或镜像线的第一点。因此，可以在鼠标拖动中快速完成相应的编辑操作。

● 必要时，可以利用"基点（B）"选项，另外指定基准点或旋转的中心等。

● 与 ROTATE（旋转）、SCALE（比例缩放）命令一样，在旋转与比例缩放模式中也可采用"参照（R）"选项，用来间接确定旋转角或比例因子。

● 通过"复制（C）"选项，可进入复制方式下的多重拉伸、多重移动、多重缩放等状态。

【示例 12】　将图 1-82a 所示图形用夹点编辑功能修改为如图 1-82b 所示形状。

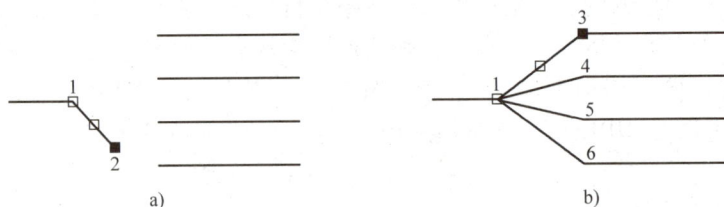

图 1-82　多重拉伸

操作步骤如下：

1）拾取直线 12，出现夹点。

2）拾取 2 点使其成为热点，进入夹点编辑模式。

3）把 2 点拉伸到新位置 3，直线 12 变成 13。

4）拾取 3 点使其成为热点，再次进入夹点编辑模式。

5）选择"C"选项，进入多重拉伸模式。

6）在多重拉伸模式下，把 3 点拉伸到与其余 3 条直线左端点连接。

7）选择"X"，退出多重拉伸模式，完成图形。

技能归纳

1）能利用 AutoCAD 基本编辑命令修改图形。

2）能利用夹点编辑功能修改图形。

3）能根据绘图需要选择恰当的编辑命令来提高图形绘制的效率和技巧。

本任务相关主要技能点归纳见表1-8。

表1-8　技能归纳

技能点	主要内容	主要命令或操作
对象的选取	对象的单个拾取 对象的多个拾取	用拾取框逐个点取 框选 BOX 选择全部 ALL 栏选 F 扣除方式 R
常用编辑命令	各命令的功能 各命令的操作步骤 各命令的操作技巧	ERASE（删除命令） COPY（复制命令） MIRROR（镜像命令） OFFSET（偏移命令） ARRAY（阵列命令） MOVE（移动命令） ROTATE（旋转命令） SCALE（缩放命令） TRIM（修剪命令） EXTEND（延伸命令） CHAMFER（倒角命令） FILLET（圆角命令） EXPLODE（分解命令）
夹点编辑	夹点编辑操作步骤	夹点"拉伸"模式 夹点"移动"模式 夹点"旋转"模式 夹点"比例缩放"模式 夹点"镜像"模式

思育启智园：

专业文化——热爱祖国，爱护五星红旗

中华人民共和国国旗是五星红旗，是中华人民共和国的象征和标志。每个公民和组织都应当尊重和爱护国旗。旗上的五颗五角星及其相互联系象征着共产党领导下的中国革命人民大团结。四颗小五角星各有一尖正对大五角星的中心，代表着围绕一个中心的团结。1949 年 10 月 1 日，在中华人民共和国的开国大典上，五星红旗首次在北京天安门广场升起。

专业文化——热爱祖国，爱护五星红旗

根据《中华人民共和国国旗法》规定，国旗的长宽之比为 3∶2。国旗的五种尺度规格：

尺度	长高/cm×cm
1	288×192
2	240×160
3	192×128
4	144×96
5	96×64

任务拓展

请根据国旗的绘制标准，利用已学绘图和编辑命令绘制国旗。

将旗面划分为 4 个等分长方形，再将左上方长方形划分长宽 15×10 个方格。大五角星的中心位于该长方形上 5 下 5、左 5 右 10 之处。大五角星外接圆的直径为 6 单位长度。四颗小五角星的中心点，第一颗位于上 2 下 8、左 10 右 5，第二颗位于上 4 下 6、左 12 右 3，第三颗位于上 7 下 3、左 12 右 3，第四颗位于上 9 下 1、左 10 右 5 之处。每颗小五角星外接圆的直径均为 2 单位长度。四颗小五角星均有一角尖正对大五角星的中心点。

提示：要做到小五角星角尖正对大五角星的中心点，可先绘制好大五角星，做辅助线连接大五角星和小五角星内接圆圆心，在小圆内绘制内接正五边形，选中辅助线与小圆交点为正五边形顶点位置，再绘制小五角星，即可使小五角星一角尖正对大五角星的中心点。

考核评价

1. 自我评价

1）此次操练是否顺利？

2）若不顺利，请列出遇到的问题。

3）分析出现问题的原因，并提出修正方案。

4）认为还需加强哪些方面的指导？

2. 学习任务评价（表 1-9）

表 1-9　学习任务评价表

考核项目	分数			学生自评	小组互评	教师评价	小计
	差	中	好				
团队合作精神	3	6	10				
活动参与是否积极	3	6	10				
基本概念理解是否正确	3	6	10				
命令执行过程是否顺畅	3	6	10				
绘图环境设置是否合理	6	13	20				
绘图结果是否正确	6	13	20				
基本技巧掌握是否良好	6	13	20				
总分	100						
教师签字：				年　月　日		得分	

作　业

1）以点（90，160）为圆心作一半径为 60 的圆，在圆周上均匀作出八个边长为 10 的正方形，且正方形的中心点落在圆周上，如图 1-83 所示。

2）按照所给尺寸绘制图形，如图 1-84 所示。

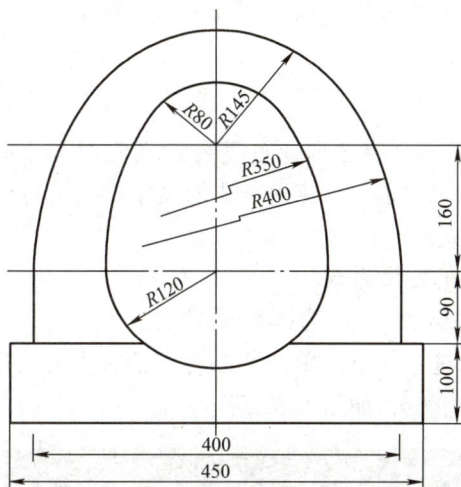

图 1-83　绘制图

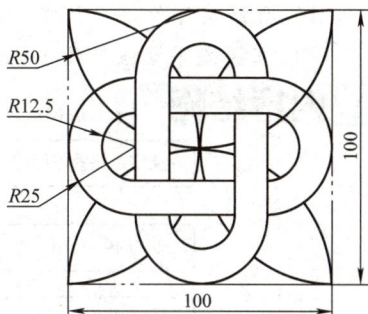

图 1-84　绘制图形 1

3）按照所给尺寸绘制图形（图 1-85）。

图 1-85　绘制图形 2

任务四　基本图形标注

任务描述

使用 AutoCAD 绘制的图形虽然已足够精确，但还无法完整地表达绘图者的思想和意图。因此，应根据需要在图形中添加一些必要的文字注释和尺寸标注，以表达有关绘图元素的尺寸和材料信息，或者对施工或设计进行注释。

在图形中，使用文字可标明图形的各个部分，或者给图形添加必要的注解。使用尺寸标注可以显示对象的测量值，例如基础的长度、柱的直径或建筑物的面积。通过向图形添加文

图形标注的概念及分类

字和尺寸标注，可向施工人员提供足够的图形尺寸、标高信息，帮助其准确理解设计者的整体构思，还可以由此得到工程效果的有关信息。

任务目标

1）理解文字标注与尺寸标注的概念。

2）掌握文字标注与尺寸标注的样式并能灵活运用。

内容结构 （图1-86）

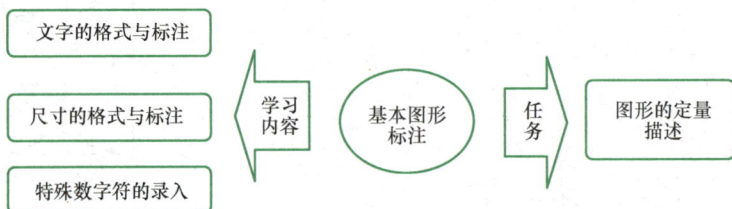

图1-86　内容结构

主要技能

能进行文字样式设置，完成单行文字、多行文字的标注；能独立解决道桥类设计图特殊字体设置与标注；能独立完成尺寸样式设置和各类尺寸标注。

基础知识

一、文字样式

在 AutoCAD 图形界面添加文字之前，首先要定义使用文字的样式，包括文字的字体、字高、文字倾角等参数。如果在创建文字之前未对文字样式进行定义，键入的所有文字都将使用当前文字样式。

1. 文字样式的激活方式

激活文字样式命令，可选择下列方式之一。

1）"默认"选项卡下，单击"注释"面板上的白色小三角 注释▼ ，选择"文字样式"图标按钮 A，如图1-87所示。

图1-87　"注释"面板上"文字样式"图标

2）在"注释"选项卡下，找到"文字"面板，选择右下角斜箭头 ↘ 。

3）命令行输入 STYLE 。

4）选择"格式"下拉菜单中的"文字样式"选项（"AutoCAD 经典"工作空间中可用）。

2. 文字样式名称

如图1-88所示，对样式名的操作主要包括下列几项内容。

1）创建新样式：单击"文字样式"对话框中的"新建（N）"按钮，弹出"新建文字样式"对话框，在样式名编辑框内输入新定义的样式名，单击"确定"按钮返回"文字样式"对话框。"样式"区域的下拉列表中将显示新定义的样式名。

2）改变当前样式：在"样式"栏下拉列表中，选择"所有样式"则"样式"框中包

文字样式

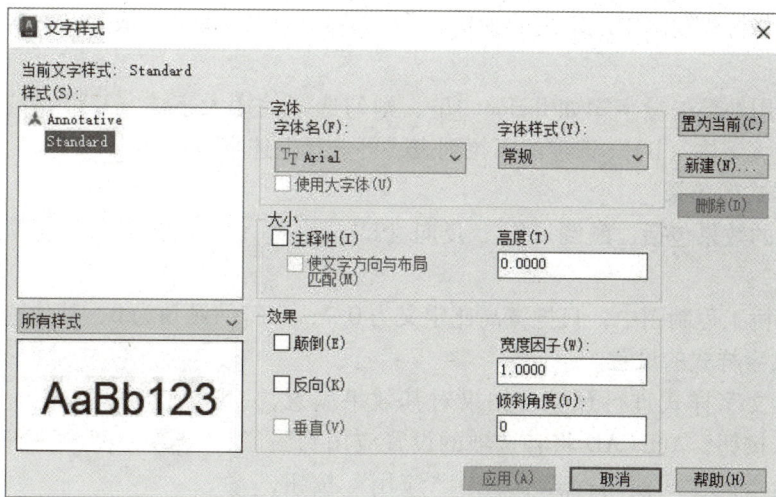

图 1-88　"文字样式"对话框

含有当前图形中已定义的样式名，当前样式则直接显示。从下拉列表中选择一个样式，单击"置为当前（C）"按钮，该样式即被选为当前样式。

3）样式改名：单击选择"样式"框列表中要修改样式，右击弹出"重命名"按钮，单击选择，即可在出现的对话框中输入新名字，按 < Enter > 键确定。需要注意的是缺省名 Standard，不可以对其改名。

4）删除闲置样式：在"样式"区域的下拉列表表中选择想删除的字型，单击"删除（D）"按钮，该字型即从当前图形中删除。Standard 字型和图中文字正使用的字型无法删除。

3. 文字样式的字体、大小

文字样式字体的操作包括：字体名（F）、字体样式（Y）及是否使用亚洲语种的大字体选项（U）；文字样式大小的操作包括：高度（T）、注释性（I）、指定文字为 Annotative，及指定图纸空间视口中的文字方向与布局方向匹配的使文字方向与布局匹配（M），如果清除选项"注释性"，则该选项不可用，如图 1-89 所示。

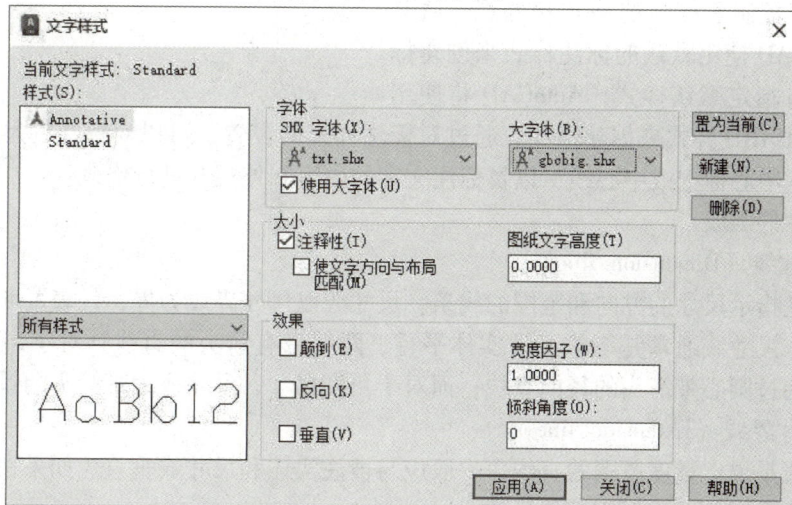

图 1-89　"字体""大小"栏

一般在公路桥梁制图中最常用的为仿宋字，字高根据实际需要从 2、3、5、7、10 中任选其一即可。

如果要使用外部矢量字库如 bigfont. shx，则勾选"使用大字体（U）"单选按钮后，单击其出现的"大字体（B）"选项的下拉列表，可选择上述字体。

4. 文字样式的效果

文字样式的效果包括：颠倒（E）、反向（K）、垂直（V）、宽度因子（W）、倾斜角度（O）。

一般在路桥工程制图中，只把宽高比定义为 0.7；字符的倾角为 0，其他选项一般不选。

5. 确认文字样式的设置

对设置的文字样式进行预览，如果对其效果满意，单击"应用"按钮，AutoCAD 将各选项的设置应用到图形中，并作为当前样式使用；若不单击"应用"按钮，则当选择改变当前样式时，弹出关闭"文字样式"对话框提示，如图 1-90 所示；单击"是（Y）"按钮，AutoCAD 即可保存对文字样式所做的更改，并切换到另一样式；若不单击"应用"按钮，则单击"关闭"，设置样式不能保存。

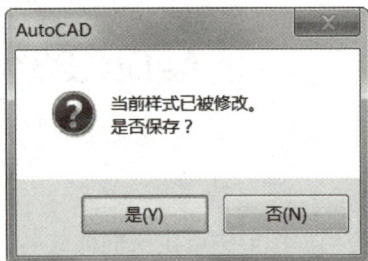

图 1-90　修改样式并切换对话框提示

二、尺寸标注与样式的概念

AutoCAD 的尺寸标注（DIMENSION）功能是通过测量被指定的两点或已绘制的目标，将测得的尺寸标注在指定的位置处。AutoCAD 提供了尺寸标注的三种基本类型，即线性尺寸（Linear，图 1-91 的水平尺寸和垂直尺寸）、半径尺寸（Radius，图 1-91 左端的半圆的半径标注）和角度尺寸（Angular，图 1-91 的右下角的直角标注）等。

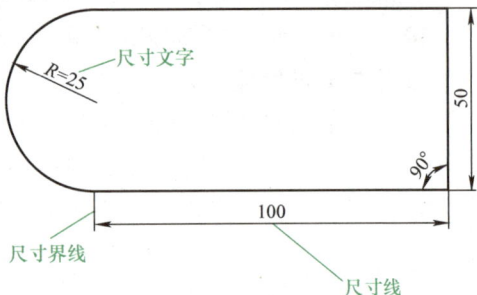

标注样式控制着标注的格式和外观。通常情况下 AutoCAD 使用默认的标注样式来创建标注。如果没有指定默认样式，AutoCAD 将使用默认的 STANDARD 样式来创建标注。通过对标注样式的设置，可以对标注的尺寸界线、尺寸线、箭头、中心标记或中心线，以及标注文字的内容和外观等进行修改。

图 1-91　尺寸的组成

三、尺寸的组成

（1）尺寸线（Dimension line）

尺寸线是指示尺寸的方向和范围的线条。尺寸线以尺寸界线为界，代表量度的范围。对于线性尺寸，尺寸线通常是与被标注实体平行、两端带有箭头的直线；对于半径和直径尺寸，尺寸线为过圆心带箭头的径向直线；而对于角度尺寸，尺寸线为带箭头的弧线。

（2）尺寸界线（Extension line）

尺寸界线是界定量度范围的直线，一般应与被注实体和尺寸线垂直。如果在某些特殊情况下垂直标注有困难，也允许倾斜标注。

尺寸界线一般应该与被标注的实体离开一定的距离，以便清楚地辨认图形的轮廓与尺寸界线。有的制图标准规定了尺寸界线离开轮廓线的最小距离为 2mm。

尺寸界线应超出尺寸线，制图标准规定了尺寸界线应超出尺寸线约为 2mm。

（3）尺寸箭头（Dimension arrow）

尺寸箭头位于尺寸线的端部。AutoCAD 支持国际标准中规定的三种箭头方式，即箭头（Arrow）、圆点（Dot）和短斜线（Tick）。不同行业、不同专业有不同的规定和习惯，如建筑工程制图中的尺寸起止符号习惯采用短斜线。AutoCAD 允许用户自己用块定义其他形式的尺寸起止符号。

（4）尺寸文字（Dimension text）

尺寸文字通常是用来表示图形实际尺寸大小的字符串。尺寸文字也可以附带前缀（Prefixes）、后缀（Suffixes）和公差。

（5）引出线（Leader）

引出线由从标注位置引出的带有箭头的直线或折线和注释文字组成（图 1-92a）。当图形实体比较密集，尺寸文字、注释和文字说明不能标注在被注实体附近时，使用引出线可将这些文字信息引出标注到合适的位置上。

提示：与尺寸标注命令不同，引出线并不测量距离。

（6）圆心标记（Center mark）和中心线标记（Center line）

圆心标记是标记圆和圆弧的圆心位置的十字标记（图 1-92b）。中心线是正交于圆心的两条在圆心断开的直线，与圆或弧相交于其象限点（图 1-92c）。

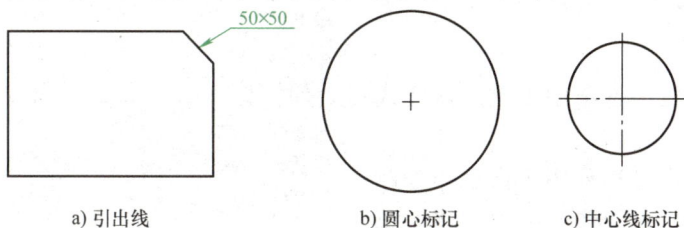

　　a) 引出线　　　　　　　　b) 圆心标记　　　　　c) 中心线标记

图 1-92　引出线、圆心标记和中心线标记

四、尺寸样式

1. 命令启动

激活尺寸样式的定义，可选择下列四种方式之一。

1）"默认"选项卡下，单击"注释"面板上的白色小三角 `注释`，选择"标注样式"图标按钮，如图 1-93 所示。

尺寸样式

图 1-93　"注释"面板上"标注样式"图标

2）在"注释"选项卡下，找到"标注"面板，选择右下角斜箭头 `⌄`。

3）命令行输入 DDIM 或 DIMSTYLE。

4）选择"格式"下拉菜单中的"标注样式"选项（"AutoCAD 经典"工作空间中可用）。

2. 尺寸样式创建

启动 DDIM 命令后，弹出"标注样式管理器"对话框（图 1-94）。

图 1-94   "标注样式管理器"对话框

在"标注样式管理器"对话框中单击"新建"按钮，即可打开"创建新标注样式"对话框，如图 1-95 所示。

"创建新标注样式"对话框中各项含义如下。

1）"新样式名"选项用于键入新样式的名字。

2）"基础样式"选项用于设定作为新样式的基础的样式。对于新样式，仅更改那些与基础特性不同的特性。

3）"用于"选项用于创建一种仅适用于特定标注类型的标注子样式。例如，可以创建一个 STANDARD 标注样式的版本，该样式仅用于直径标注。

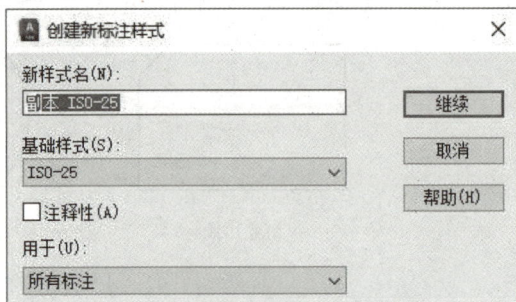

图 1-95   "创建新标注样式"对话框

在"创建新标注样式"对话框中确定新样式的名称后，可单击"继续"按钮，即可打开"新建标注样式"对话框，如图 1-96 所示。该对话框中共包括"线"（图 1-96）、"符号和箭头"（图 1-97）、"文字""调整""主单位""换算单位"和"公差"七个选项卡。选择相应的选项后，单击"确定"按钮，即可存储新尺寸样式的设置。单击"关闭"按钮，关闭对话框。

五、尺寸标注的几何特征

如图 1-96 所示，在"新建标注样式"对话框中的"线"选项卡可对直线尺寸的几何特征进行设置，"符号和箭头"选项卡可对箭头尺寸的几何特征进行设置。

1. 设置控制尺寸线的参数

"尺寸线"一栏用来设置尺寸线的格式，其各项含义如下。

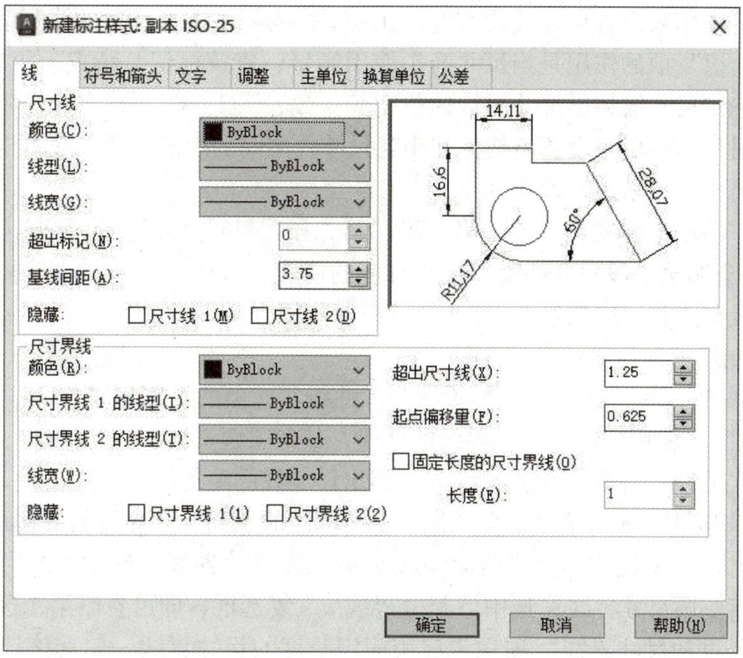

图 1-96　"新建标注样式"对话框"线"标签

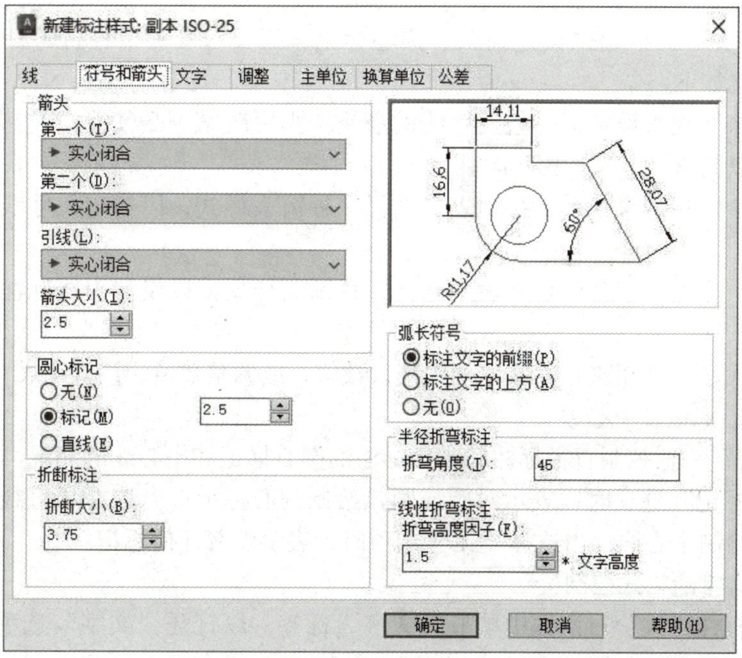

图 1-97　"新建标注样式"对话框
"符号和箭头"标签

①"颜色"项用来设置尺寸线和箭头的颜色。在其下拉列表中选择一种颜色，或选择"选择颜色"选项，在弹出的"选择颜色"对话框中选择需要的颜色。

②"线型"项用来设置尺寸线的类型，在其下拉列表中选择合适的线类型即可。

③"线宽"项用来设置尺寸线的宽度,在其下拉列表中选择合适的线宽值即可。

④"超出标记"项的作用是当尺寸箭头使用倾斜、建筑标记、小点、积分或无标记时,使用该选项来确定尺寸线超出尺寸界线的长度。

⑤"基线间距"项用来设置基线标注中各尺寸线之间的距离,在该文本框中键入数值或通过单击上下箭头按钮来进行设置。

⑥"隐藏"项用来控制是否省略第一段、第二段尺寸线及相应的箭头。选中"尺寸线1"复选框,将省略第一段尺寸线及与之相对应的箭头;选中"尺寸线2"复选框,将省略第二段尺寸线及与之相对应的箭头。

2. 设置控制尺寸界线的参数

"颜色""线型"和"线宽"项的设置与尺寸线相应项的设置相同。

"尺寸界线"一栏用来设置尺寸界线的格式,其各项含义如下。

①"超出尺寸线"项用于设置尺寸界线超出尺寸线的距离。

②"起点偏移量"项用于设定自图形中定义标注的点到尺寸界线的偏移距离。

③"隐藏"项用来控制是否省略第一段和第二段尺寸界线。选中"尺寸界线1"复选框,即可省略第一段尺寸界线;选中"尺寸界线2"复选框,即可省略第二段尺寸界线。

④"固定长度的尺寸界线"项用于启用固定长度的尺寸界线。勾选该选项,可在"长度"选项设定尺寸界线的总长度,起始于尺寸线,直到标注原点。

3. 设置控制尺寸箭头的参数

"符号和箭头"一栏用来设定箭头、圆心标记、弧长符号和半径折弯标注的格式和位置,其各项含义如下。

①"第一个"用来设定第一条尺寸线的箭头。当更改第一个箭头的类型时,第二个箭头将自动更改以同第一个箭头相匹配。

②"第二个"项用来在其下拉列表中选择一种箭头样式,以指定尺寸线另一端的箭头样式。

③"引线"项用来在其下拉列表中选择一种箭头样式,以设置引线标注时引线起点的样式。

④"箭头大小"项用来在其文本框中键入数值,或调整数值,以确定尺寸箭头的大小。

4. 设置圆心标记和中心线

"圆心标记"一栏控制直径标注和半径标注的圆心标记和中心线的外观。

当选择"标记"选项时,表示对圆或圆弧绘制圆心标记;当选择"直线"选项时,表示对圆或圆弧绘制中心线;当选择"无"选项时,表示没有任何标记。

六、尺寸文字的格式控制

在"新建标注样式"对话框中单击"文字"标签,以打开"文字"选项卡,如图1-98所示。

1. 文字外观

"文字外观"一栏用来设置标注文字的格式和大小,其各项含义如下。

① 在"文字样式"项的下拉列表中选择一种文字样式,以指定标注文字的样式。单击该选项右边的按钮,从弹出的"文字样式"对话框可对文字样式进行设置。

② 从"文字颜色"项下拉列表中选择一种颜色,以指定标注文字的颜色。

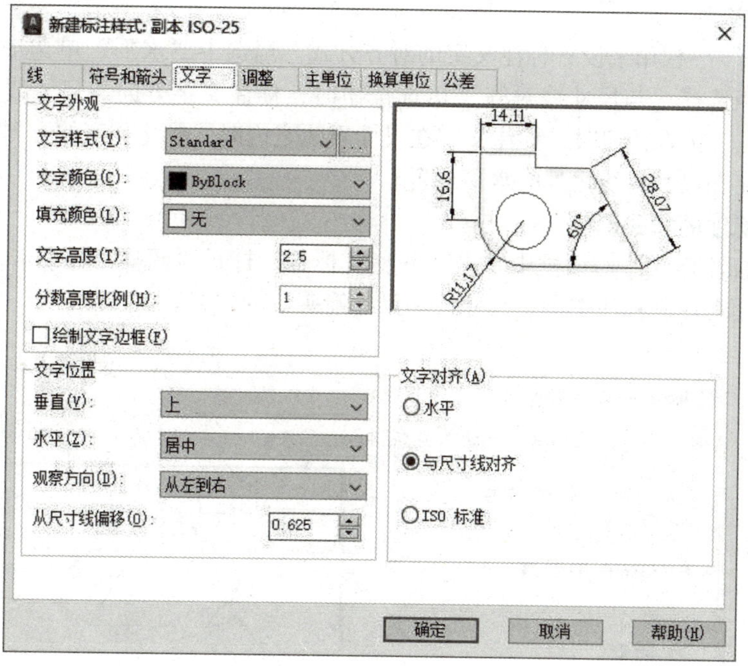

图 1-98　"文字"选项卡

③ 从"填充颜色"项下拉列表中选择一种颜色，以指定标注文字背景的颜色。

④ 在"文字高度"文本框中键入数值或调整数值，可以设置文字的高度。

⑤ "分数高度比例"项用来设置标注文字中的分数相对于其他标注文字的缩放比例，并将该比例值与标注文字高度的乘积作为分数的高度。

⑥ 选中"绘制文字边框"复选框，将给标注文字加上边框。

2. 文字位置

"文字位置"一栏用来设置标注文字的位置，其各项含义如下。

① "垂直"项来控制标注文字相对于尺寸线在垂直方向上的放置方式。该下拉列表中共提供了"居中""上""外部""JIS"和"下"五个选项，用户可从中选择。当选择"居中"选项时，AutoCAD 将标注文字放在尺寸线的中间；当选择"上"或"下"选项时，AutoCAD 将标注文字放在尺寸线的上方或下方；当选择"外部"选项时，AutoCAD 将标注文字放在远离第一定义点的尺寸线的外侧；当选择"JIS"选项时，AutoCAD 将标注文字按 JIS 规则放置。

② "水平"项用来控制标注文字相对于尺寸线和尺寸界线在水平方向上的位置。该下拉列表提供了"居中""第一条尺寸界线""第二条尺寸界线""第一条尺寸界线上方"和"第二条尺寸界线上方"五个选项。

③ "观察方向"项用来控制标注文字的观察方向。该选项系统变量为 DIMTXTDIRECTION，变量"0"表示按从左到右阅读的方式放置文字，变量"1"按从右到左阅读的方式放置文字。

④ "从尺寸线偏移"项用来控制标注文字与尺寸线之间的间隙。

3. 文字对齐

"文字对齐"一栏用来设置标注文字的对齐方式。当选中"水平"单选按钮时，标注文字水平放置；当选择"与尺寸线对齐"单选按钮时，标注文字方向与尺寸线方向一致；当选择"ISO 标准"单选按钮时，标注文字在尺寸界线之内时，标注文字的方向与尺寸线方向一致，标注文字在尺寸界线之外时水平放置。

七、尺寸标注的样式调整

在"新建标注样式"对话框中单击"调整"标签，打开"调整"选项卡，如图 1-99 所示。该选项卡用来控制标注文字、尺寸线和尺寸箭头等的位置。

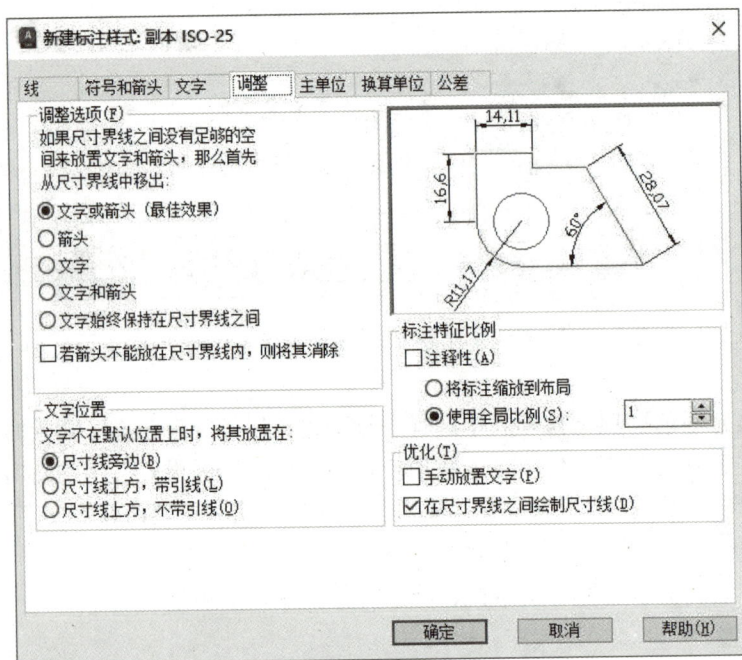

图 1-99 "调整"选项卡

1. 调整选项

如果有足够大的空间，文字和箭头都将放在尺寸界线内。否则，将按照"调整"选项放置文字和箭头。

"调整选项"一栏提供了"文字或箭头（最佳效果）""箭头""文字""文字和箭头"和"文字始终保持在尺寸界线之间"五个单选按钮，用户可从中选择。用户还可根据需要选择"若箭头不能放在尺寸界线内，则将其消除"单选按钮。

2. 文字位置

当文字不在默认位置时，用户可通过"文字位置"一栏中的选项来指定文字放置的位置。"文字位置"一栏包括"尺寸线旁边""尺寸线上方，带引线"和"尺寸线上方，不带引线"三个单选按钮。

3. 标注特征比例

"标注特征比例"一栏用来设置全局标注比例值或图纸空间比例。

当要给全部尺寸样式设置缩放比例时，可选中"使用全局比例"单选按钮，并在其文本框中键入数值或选择数值以设置全局比例值。当要以相对于图纸的布局比例来缩放尺寸标注，可选中"将标注缩放到布局"单选按钮。

4. 优化

"优化"一栏用来对标注尺寸进行附加调整，其附加选项包括"手动放置文字"和"在尺寸界线之间绘制尺寸线"，用户可根据需要对其单选按钮进行选择。

八、尺寸标注的样式主单位

"主单位"选项卡用来设置主单位的格式与精度，以及标注文字的前缀和后缀。其选项设置如图 1-100 所示。

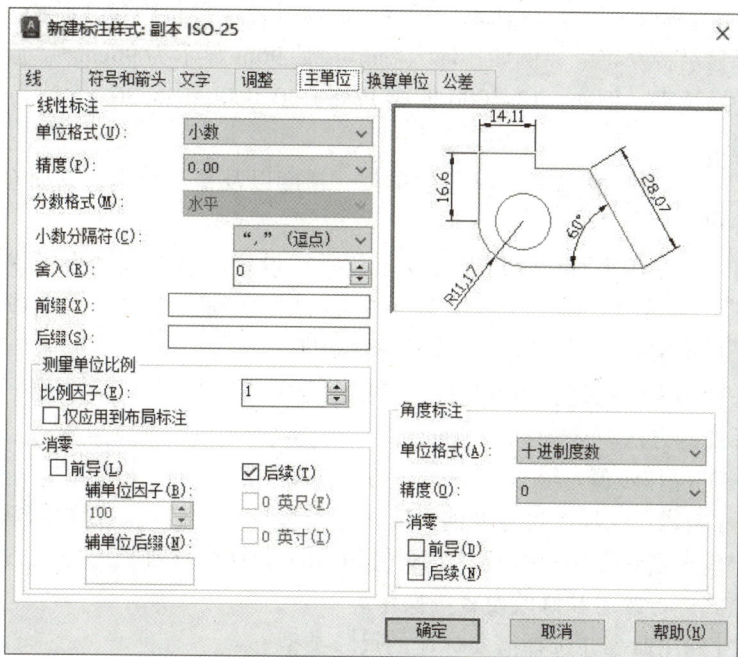

图 1-100　　"主单位"选项卡

1. 线性标注

"线性标注"一栏用来设置线性标注的格式与精度。以下是对该选项栏中的选项介绍。

①"单位格式"项可为各个标注类型（角度标注除外）选择尺寸单位。该下拉列表提供"科学""小数""工程""建筑""分数"和"Windows 桌面"六个选项，用户可从中选择。

②"精度"项用来指定标注尺寸（除了角度标注尺寸之外）的小数位数。

③"分数格式"项的作用是当标注单位是分数时，用来指定分数的标注格式。可从其下拉列表中选择"水平""对角"或"非堆叠"选项，来指定分数的标注格式。

④"小数分隔符"项用来指定小数之间的分隔符类型。用户可在其下拉列表中选择"句点""逗点"和"空格"选项来对分隔符进行设置。

⑤"舍入"项用来设置尺寸测量值（角度尺寸除外）的舍入值。可在舍入文本框中直

接键人值或通过右边的上下箭头按钮调整舍入值。

⑥"前缀"项用来在其文本框中键入标注文字的前缀。

⑦"后缀"项用来在其文本框中键入标注文字的后缀。

⑧在"测量单位比例"栏中的"比例因子"文本框中键入测量尺寸的缩放比例值。如果要将设置的比例关系仅适用于布局，可选中"仅应用到布局标注"单选按钮。

⑨"消零"栏用来设置是否禁止输出前导零和后续零以及零英尺和零英寸部分。用户可选择"前导"或"后续"单选按钮，或两者都选。"前导"表示不输出所有十进制标注中的前导零。例如，0.5000变为.5000。"辅单位因子"将辅单位的数量设定为一个单位。它用于在距离小于一个单位时以辅单位为单位计算标注距离。例如，如果后缀为m而辅单位后缀为以cm显示，则输入100。"辅单位后缀"在标注值子单位中包含后缀。可以输入文字或使用控制代码显示特殊符号。例如，输入cm可将.96m显示为96cm。"后续"不输出所有十进制标注的后续零。例如，12.5000变成12.5，30.0000变成30。

2. 角度标注

"角度标注"一栏用来设置角度标注的单位、精度以及是否消零，下面对该选项组中的选项功能逐一介绍。

①"单位格式"项用来对标注角度时的单位进行设置。该下拉列表提供了"十进制度数""度/分/秒""百分度"和"弧度"四个选项，用户可根据需要从中选择。

②"精度"项用来确定标注角度尺寸时的精确度。

③"消零"项用来确定是否消除角度尺寸的前导零或后续零。

九、尺寸标注的方法

1. 尺寸标注的操作步骤

1）选择尺寸格式。在标注尺寸之前，应该首先选择尺寸格式。否则默认使用当前尺寸格式。如果用户尚未创建任何尺寸格式，则使用AutoCAD的标准尺寸格式STANDARD，可以对标准尺寸格式进行改名和修改设置等操作。

2）启动尺寸标注命令并选择需要标注的尺寸类型。

3）指定尺寸界线的原点。直线段、多义线线段和弧，尺寸界线的默认原点为它们的端点；对于圆，尺寸界线的默认原点为指定角度直径的两端点。

4）确定尺寸线的位置。

5）输入尺寸文字。

2. 尺寸标注命令的启动

激活尺寸标注命令，可选择下列方式之一。

1）在"默认"选项卡下，"注释"面板中，选择"线性""引线"，可以单击白色小三角，选择相应的工具按钮，如图1-101所示。

2）在"注释"选项卡下，"标注"面板中选择相应的工具按钮，如图1-102所示。

3）直接输入尺寸标注命令。

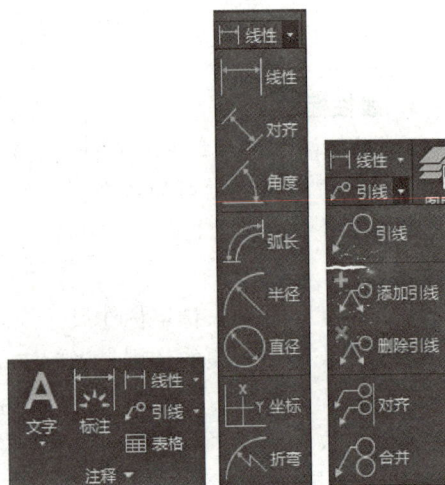

图1-101　"注释"面板选项卡（一）

4）选择下拉菜单"标注"中相应的菜单项。

提示：可以点击"快速访问"工具栏，选择"显示菜单栏"将菜单栏调出，单击下拉菜单"标注"，所有尺寸标注有关的命令均列于其中，如图1-103所示。

图1-102　"注释"面板选项卡（二）　　　　图1-103　"标注"工具条

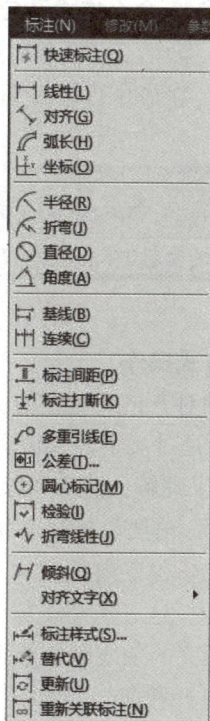

5）在命令行输入尺寸标注命令。AutoCAD提供的尺寸标注命令有：

- 水平和垂直尺寸标注命令　　　　DIMLINEAR
- 对齐尺寸标注命令　　　　　　　DIMALIGNED
- 连续尺寸标注命令　　　　　　　DIMCONTINUE
- 基线尺寸标注命令　　　　　　　DIMBASELINE
- 角度尺寸标注命令　　　　　　　DIMANGULAR
- 弧长尺寸标注命令　　　　　　　DIMARC
- 直径尺寸标注命令　　　　　　　DIMDIAMETER
- 半径尺寸标注命令　　　　　　　DIMRADIUS
- 引出线标注命令　　　　　　　　LEADER
- 坐标标注命令　　　　　　　　　DIMORDINATE
- 圆心半径和中心线标注命令　　　DIMCENTER

技能训练

一、单行文字的录入

对于不需要使用多种字体的简短内容，可使用 AutoCAD 提供的 TEXT、－TEXT 或

MTEXT 命令来创建。TEXT、－TEXT、MTEXT 命令可创建单行或多行文字，在结束每行文字时按＜Enter＞键，创建的每行文字都是一个独立的对象，可以对其重新定位、调整格式或进行其他修改等操作。下面就"TEXT"命令作介绍。

1. 命令格式及启动

激活 TEXT 单行文字命令，采用下列方式：

在命令行输入 TEXT 命令，按＜Enter＞键，则出现如图 1-104 所示的命令行。

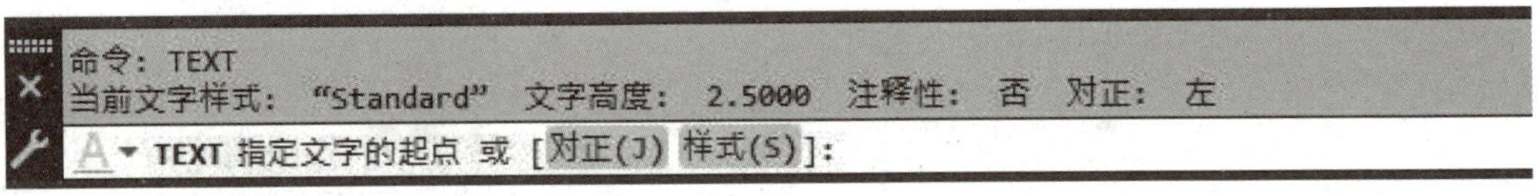

```
命令: TEXT
当前文字样式: "Standard"  文字高度: 2.5000  注释性: 否  对正: 左
TEXT 指定文字的起点 或 [对正(J) 样式(S)]:
```

图 1-104　TEXT 命令显示窗口

2. 对齐方式操作

（1）各种对齐格式对应的文字插入点

图 1-105 是对文字插入位置的详细描述。例如，对于英文字体可以在文字高度方向用"四线三格"来理解：这四条线从上到下依次为 Top、Middle、Base Line 和 Bottom，但是三个格并不等距，前两个格高度相等（即 Middle 中线与顶线和基线的距离相等），最后一个格高度较小。在左右方向把文字范围等分为两份——左中右三条线用英文分别表示为 Left、Center 和 Right，这三条竖线与刚才讲的"四线三格"共有 12 个交点，各交点（基线交点除外）分别以相交两条线名称的第一个字母组合命名，如 MC 就是 Middle（上下方向）、Center（左右方向）和在一起的缩写。

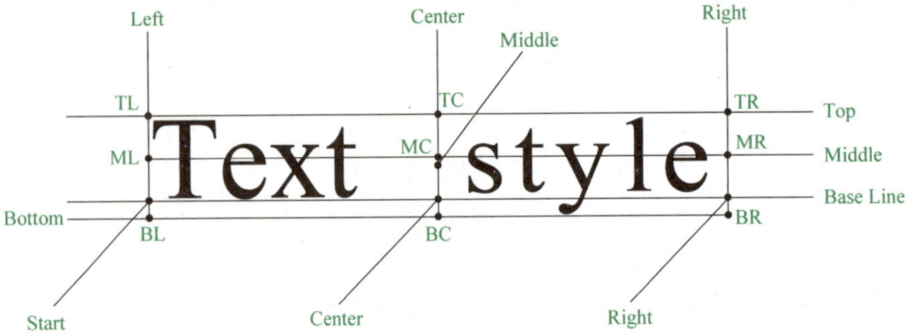

图 1-105　文字插入位置示意图

图 1-105 中的各标出点为文字的插入点，各符号的意义如下：

- TL——顶部左侧。
- TC——顶部中间。
- TR——顶部右侧。
- ML——中间左侧。
- MC——中间中间。
- MR——中间右侧。
- BL——底部左侧。
- BC——底部中间。

- BR——底部右侧。
- M（Middle）——中心。
- Start——基线左端。
- Center——基线中心。
- Right——基线右端。
- Left——基线左端。

对于单行汉字文字不必掌握的象英文字体那么复杂，一般能记住与基线有关的三个点（Start、Center、Right）和 Middle 就能满足常用的要求。在这儿需要强调的一点就是文字的高度并不是从 Top 到 Bottom 的高差，对于英文字体和汉字要区别对待。从图1-105 可以看出一般的英文字体的高度为：大写字母介于 Top（顶线）和 Base Line（基线）之间，小写字母的下边界为 Bottom。而从图1-106 看出常用汉字的高度（仿宋体、宋体）与英文的高度有较大差别，汉字下部从 Bottom 起直到超出 Top 以上大约为 Bottom 至 Base Line 的高差，换句话讲，汉字的指定高度要小于其实际高度；汉字体中唯一实际高度与指定高度完全一致的为隶书字体。

图 1-106　汉字高度与英文高度的对比

（2）各种格式的操作

1）选择当前文字字型。其在命令行的执行过程如下：

命令：TEXT↙（启动"TEXT"命令）
指定文字的起点或［对正(J)/样式(S)］：S↙（键入 S 选择 STYLE 选项）
输入样式名或［?］＜Standard＞：（输入字型名）

用户可以输入字型名，或按＜Enter＞键沿用当前字型，可查询当前图形中已定义的字型及其相关参数。这样，所指定的字型即成为系统的当前字型。

2）对齐方式的选择。对正（J）选项用来控制文字的方式。所谓文字的对齐方式是指文字上的哪一点对准用户指定的对齐点（图1-105）。其在命令行的执行过程如下：

命令：TEXT↙（启动"TEXT"命令）
指定文字的起点或［对正(J)/样式(S)］：J↙（键入 J 选择对正选项）
输入选项
［对齐(A)/布满(F)/居中(C)/中间(M)/右对齐(R)/左上(TL)/中上(TC)/右上(TR)/左中(ML)/正中(MC)/右中(MR)/左下(BL)/中下(BC)/右下(BR)］：

键入关键字选择相应的对齐方式，然后根据提示指定对齐点。选择不同的对齐方式，系统的提示有所不同。

① 两端变高对齐（ALIGN）：

指定文字的起点或［对正(J)/样式(S)］：A↙（键入 A 选择两点变高对齐方式）

输入文字基线的第一个端点：5,5✓（输入文字基线起点 5,5）

输入文字基线的第二个端点：6,9✓（输入文字基线终点 6,9）

这种方法将根据当前字型的宽度因子、指定两点的距离及输入文字的字符个数，计算文字字符的高度，使所输入的文字正好嵌入在这两点之间。文字串越长，文字的高度就越小。文字的倾斜角度也由这两点决定。

② 两点变宽对齐（F）：

指定文字的起点或[对正(J)/样式(S)]：F✓（键入 F 选择两点变宽对齐方式）

输入文字基线的第一个端点：8,5✓（输入文字基线起点 8,5）

输入文字基线的第二个端点：9,5✓（输入文字基线终点 9,5）

指定高度<2.5>：0.4✓（输入文字高度 0.4）

输入文字：FIT✓（输入文字内容 FIT）

这种对齐方式将根据输入两点的距离、文字高度及文字串的长度决定文字的宽度因子，在指定的两点间写出文字，文字的倾斜角度也由这两点决定。

③ 其他对齐方式：

默认对齐方式（Strat）、Center 对齐方式和 Right 对齐方式都是相当于基线而言的，Middle 对齐方式与底线和顶线距离相等。其他对齐方式如图 1-105 所示。

例如：键入 C 选择 Center 对齐方式后，系统提示：

指定文字的中心点：（输入基线中心对齐点）

3）确定字符高度、旋转角度并输入文字字符。

指定字高<0>：0.5✓（输入文字高度 0.5）

指定文字的旋转角度<0>：30✓（输入文字旋转角度 30°）

输入文字：AutoCADtext✓（输入文字 "AutoCADtext"）

输入文字：✓（结束文字录入工作）

提示：如果选用字体为固定高度（即定义该样式时指定了非 0 字高），或者对齐方式为对齐（A），TEXT命令不会提示字高；如果指定的当前方式为两端变高对齐（A）或两点变高对齐（F），TEXT命令不会提示旋转角度。

【示例 1】 完成如图 1-107 所示的文字录入。

命令：TEXT✓（启动"TEXT"命令）

指定文字的起点或[对正(J)/样式(S)]：M✓（键入 M 直接选择 Middle 选项）

指定文字的中间点：105,115✓（插入点坐标为 105,115）

指定高度<2.5000>：7✓（给定文字高度）

指定文字的旋转角<0>：90✓（文字旋转角度）

输入文字：设计✓（输入文字）

输入文字：✓（结束该操作）

提示：动态文字录入命令可参照 –TEXT 命令执行。

二、多行文字的录入

一个多行文字具有统一的宽度，可以由任意一个文字行和文字段落（Para-

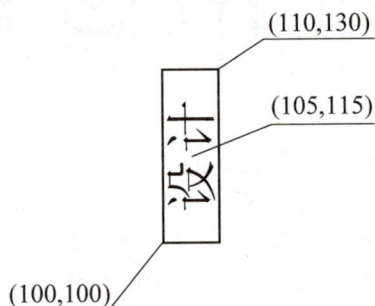

图 1-107　旋转文字录入

多行文字录入

graph）组成。不管文字有多少行，一次 MTEXT 命令产生的若干段落只是一个实体，实体类型为 MTEXT。用户可以对多行文字中的词汇和字符进行格式控制。

1. 命令启动及命令的功能

1）启动 MTEXT 命令。要启动 MTEXT 命令，可选择下列方式之一：

① 单击"注释"面板＼"文字"＼"多行文字" Ａ 。

② 选择下拉菜单的"绘图"＼"文字"＼"多行文字"菜单项。

③ 在命令行输入 MTEXT 命令或命令缩写 MT。

2）命令的功能。创建多行文字实体，并为设置多行文字实体的整体格式和选择文字的字符格式，提供了快捷方便的方法。图形中比较长或比较复杂的文字，可以使用 MTEXT 命令进行标注。

2. 多行文字录入步骤及常见问题

命令：MT

MTEXT 当前文字样式："Standard" 文字高度：2.5 注释性：否

指定第一角点：

指定对角点或［高度(H)／对正(J)／行距(L)／旋转(R)／样式(S)／宽度(W)／栏(C)］：

命令：MT(MTEXT)✓

MTEXT 当前文字样式："Standard" 文字高度：2.5 注释性：否

指定第一角点：(输入第一角点)

指定对角点或［高度(H)／对正(J)／行距(L)／旋转(R.)／样式(S)／宽度(W)／栏(C)］：

1）指定文字边界的宽度和文字流的方向。

① 可用两个对角点确定的边界框指定文字边界的宽度和文字流的方向。左右拖拽边界框确定文字边界的宽度，上下拖拽边界框确定文字流的方向。边界框中的箭头指示在当前对齐方式下输入文字流的方向。

指定第一角点：第一角点坐标

指定对角点或［高度(H)／对正(J)／行距(L)／旋转(R)／样式(S)／宽度(W)／栏(C)］：第二角点坐标

② 选择："宽度（W）"选择项在命令行输入宽度。

指定第一角点：第一角点坐标

指定对角点或［高度(H)／对正(J)／行距(L)／旋转(R)／样式(S)／宽度(W)／栏(C)］：W✓(选择宽度项)

指定宽度：50✓(输入文字边界的宽度)

2）确定多行文字的字符高度、对齐方式、流动方向、旋转角度和当前字型。分别使用高度（H）、栏（C）、对正（J）、旋转（R）、样式（S）选项可完成相应设置。在确定新文字或选择的文字相对于文字边界矩形的对齐方式和流动方向时，默认对齐方式为 TL，即标注多行文字第一行的左上角对准边界矩形的左上角，其他各行向下标注，与第一行左边对齐。利用矩形上的九个对齐点中的一个，在矩形内对齐文字。

在矩形的宽度方向，文字可以左齐（Left）、右齐（Right）或居中（Center）对齐。文字流动方向控制一个段落中的文字自顶向下（Top）、自底向上（Bottom）还是从中间向上下（Middle）流动。即在最后的多行文字实体的高度方向上，文字是上齐、下齐还是中间对齐。

3）"文字格式"对话框。指定对角点或进行设置后，弹出文字格式多行文字的"文字格式"对话框（图1-108）。

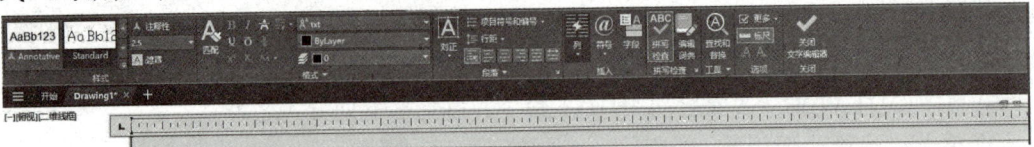

图1-108 "文字格式"对话框

在"文字格式"对话框中，可以输入多行文字。在输入完文字后，AutoCAD 把在对话框中输入的文字，插入到段落宽度范围内。

4）多行文字特性修改。当选择多行文字时，在"特性"对话框中的"文字"特性中选择"内容"选项，并单击其右列的按钮，弹出"文字格式"对话框，如图1-109 所示。

用户可在"文字格式"编辑器中对多行文字进行编辑，也可以在"特性"对话框中进行编辑。在"特性"对话框中，与编辑单行文字相同的选项就不再多介绍了。

下面针对多行文字的特性选项做一下介绍。

● 方向：从该下拉列表中选择"水平""垂直"或"随样式"，以确定多行文字与显示字符的对齐方式。

● 行距比例：在该文字框中键入比例值以确定多行文字行距的宽度。

● 行距样式：从该下拉列表中选择"至少"或"精确"选项。

图1-109 "特性"对话框

【示例2】 进行图1-110 所示的多行文字录入。

命令：MTEXT↙

MTEXT 当前文字样式："Standard" 文字高度：2.5 注释性：否

指定第一角点：100，50↙

指定对角点或［高度(H)/对正(J)/行距(L)/旋转(R)/样式(S)/宽度(W)/栏(C)］：W↙

指定宽度：180↙

出现图1-108 所示的对话框后，录入文字后出现图1-110 所示的样式，在文字区录完文字后可以选择"确定"退出对话框，在图形工作区的对应位置得到了所需要的文字。

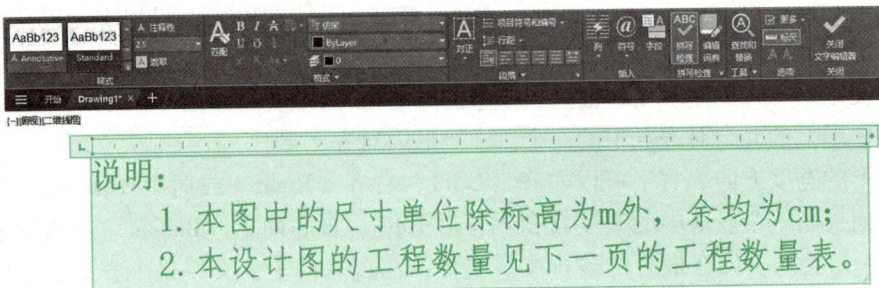

说明：
1.本图中的尺寸单位除标高为m外，余均为cm；
2.本设计图的工程数量见下一页的工程数量表。

图1-110 多行文字录入示例

三、线性尺寸的标注

线性尺寸是水平尺寸、垂直尺寸、对齐尺寸和旋转尺寸的总称，它们之间的区别只是尺寸线的角度不同。

1. 水平尺寸和垂直尺寸的标注

1）水平尺寸的标注。选择"注释"\"标注"面板，单击"线性"，启动线性标注选项，交互内容见【示例3】。

【示例3】 标注图1-111的水平尺寸。

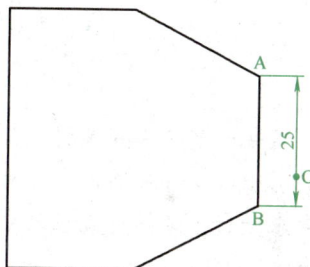

命令：_DIMLINEAR　　　　（启动线性尺寸的标注）

指定第一条尺寸界线原点或<选择对象>：（选择第一根尺寸界线的原点，在端点捕捉模式下，用鼠标选择"A"点）

指定第二条尺寸界线原点：　　（选择第二根尺寸界线的原点，用鼠标选择"B"点）

指定尺寸线位置或[多行文字(M)/文字(T)/角度(A)/水平(H)/垂直(V)/旋转(R)]：（输入尺寸线的位置，用鼠标在AB下侧点取"C"点）

标注文字=100　　　　（输入尺寸"100"，计算机自动标注文字）

2）垂直尺寸的标注。选择"注释"\"标注"面板，单击"线性"，启动线性标注选项，交互内容见【示例4】。

【示例4】 完成图1-112的垂直尺寸的标注。

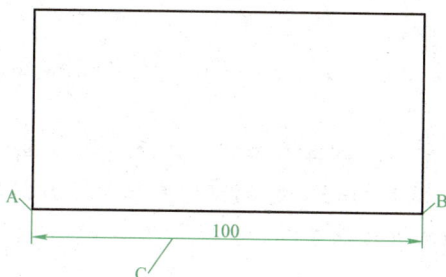

图1-111　水平尺寸标注图　　　　图1-112　垂直尺寸的标注

命令：_DIMLINEAR　　　　（启动线性尺寸的标注）

指定第一条尺寸界线原点或<选择对象>：（选择第一根尺寸界线的原点，在端点捕捉模式下，用鼠标选择"A"点）

指定第二条尺寸界线原点：　　　　（选择第二根尺寸界线的原点，用鼠标选择"B"点）

指定尺寸线位置或[多行文字(M)/文字(T)/角度(A)/水平(H)/垂直(V)/旋转(R)]：@7.5，-7（输入尺寸线的位置，此处为用键盘输入"C"点相对于被标注对象"AB"的位置——C相对于AB直线向右7.5个单位、向下7个单位，此处的两个数值主要是水平相对位移起作用）

标注文字=25　　　　（输入尺寸的文字"25"，此处由计算机自动标注文字）

2. 对齐尺寸的标注

选择"注释"\"标注"面板，单击"线性"后白色小三角，选择"对齐"，启动选择对齐标注选项，交互内容见【示例5】。

【示例5】 完成图1-113的对齐尺寸标注。

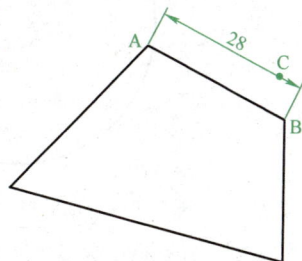

图1-113　对齐尺寸标注

命令：_DIMALIGNED

指定第一条尺寸界线原点或＜选择对象＞：（选择第一根尺寸界线的原点，在端点捕捉模式下，用鼠标选择"A"点）

指定第二条尺寸界线原点：（选择第二根尺寸界线的原点，用鼠标选择"B"点）

指定尺寸线位置或［多行文字(M)/文字(T)/角度(A)］：（输入尺寸线的位置，用鼠标在 AB 下侧点取"C"点）

标注文字 = 28（输入尺寸的文字"28"，此处由计算机自动标注文字）

由【示例 5】可见，DIMALIGNED 命令的功能是创建对齐尺寸，对齐尺寸其实是旋转线性尺寸的特例，尺寸线的旋转角度由指定两点（图 1-113 中的 A、B 两点）或被标注实体（AB 直线）的角度确定。在对齐尺寸中，尺寸线平行于两尺寸界线原点的连线（图 1-113 中的尺寸线∥AB）。选择标注实体或指定尺寸界线原点后，对齐尺寸线自动画出。

四、直径尺寸和半径尺寸的标注

1. 直径尺寸的标注

选择"注释"\"标注"面板，单击"线性"后白色小三角，选择"直径"，启动直径尺寸标注命令，交互内容见【示例 6】。

【示例 6】 完成图 1-114 的直径尺寸的标注。

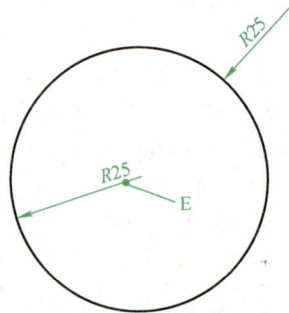

命令：_DIMDIAMETER

选择圆弧或圆：   （用鼠标单击图 1-114 中的圆周）

标注文字 = 50   （软件自动测试的直径值）

指定尺寸线位置或［多行文字(M)/文字(T)/角度(A)］：（用鼠标单击圆周外的一点如图 1-114 中的"E"点，完成指定尺寸线的位置）

提示：系统的默认设置是将直径尺寸标注箭头指向圆或弧的选择点，朝向选择的圆弧。直径尺寸的引出线既可在圆内，也可在圆外（图 1-114）。如果希望直径尺寸标注的形式按照用户的要求进行，必须对直径尺寸的标注模式进行设置。

2. 半径尺寸的标注

选择"注释"\"标注"面板，单击"线性"后白色小三角，选择"半径"，启动半径尺寸标注 DIMRADIUS 命令后，交互内容见【示例 7】。

【示例 7】 完成图 1-115 的半径尺寸的标注。

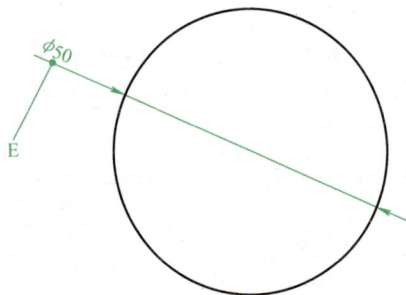

图 1-114　直径尺寸的标注

图 1-115　半径尺寸的标注

命令：_DIMRADIUS

选择圆弧或圆：   （选择圆或弧）

标注文字 = 25   （系统自动测试到的数据）

指定尺寸线位置或［多行文字(M)/文字(T)/角度(A)］：（确定尺寸线的位置，半径的标注放在圆的内部如图 1-115 所示，可以在圆周内随意点取）

标注圆或弧的半径尺寸时，尺寸文字前冠以符号"R"。选择圆或弧的选择点决定了尺寸线的方向。半径尺寸的标注过程与直径尺寸完全相同。半径尺寸线只有一个箭头，半径尺寸的引出线既可在圆内，也可在圆外（如图 1-115 右上侧的半径标注）。

角度尺寸标注

五、角度尺寸标注

选择"注释"\"标注"面板，单击"线性"后白色小三角，选择"角度"，启动角度标注命令。

角度的标注包括两条直线的夹角、三点（角的顶点及射线终点）决定的角、弧对应的圆心角和圆上两点间对应的圆心角的标注，下面将分别对其进行说明。

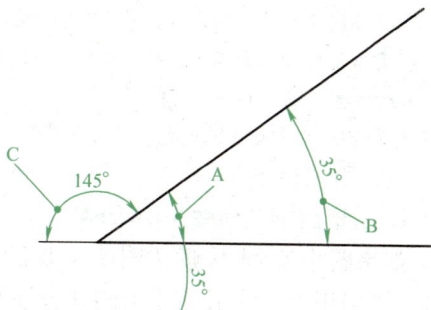

1. 标注两条不平行直线的夹角

完成图 1-116 所示的两相交直线的夹角角度标注。

图 1-116 标注两相交直线的夹角角度

命令：_DIMANGULAR　　　　　　　　　（从菜单上启动角度标注命令）

选择圆弧、圆、直线或＜指定顶点＞：　　（选择所标注的第一条直线）

选择第二条直线：　　　　　　　　　　（选择所标注的第二条直线）

指定标注弧线位置或［多行文字(M)/文字(T)/角度(A)/象限点(Q)］：（指定尺寸线的位置，如图 1-116 的"A""B""C"三点中的任一点）

标注文字＝35　　　　　　　　　　　　（系统自动测试的数值）

2. 标注弧的圆心角及其弧长

1）圆心角标注。启动角度标注命令后，依据提示进行操作即可完成圆心角的标注工作。完成图 1-117a 的圆心角标注。

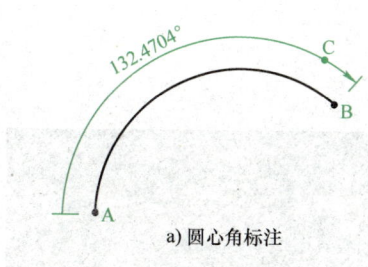

a) 圆心角标注

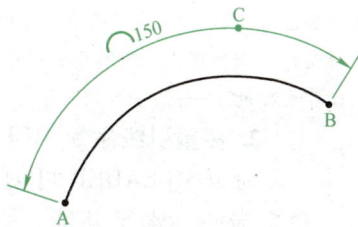

b) 弧长标注

图 1-117　圆心角及弧长标注

命令：_DIMANGULAR

选择圆弧、圆、直线或＜指定顶点＞：　　（用鼠标点取圆弧 AB，系统自动捕捉 A、B 为端点，并根据圆心位置计算该圆弧的圆心角大小）

选择圆弧、圆、直线或＜指定顶点＞：　　（缺省为输入尺寸线位置，用鼠标单击图 1-117a 中"C"点）

指定标注弧线位置或［多行文字(M)/文字(T)/角度(A)］：

标注文字 ＝ 132.4704　　　　　　　　（系统自动测试的圆弧角度——单位为度）

弧的圆心和弧的两端点为定义点。两端点为尺寸界线的原点。一段弧有两个圆心角,定义尺寸线的位置点决定了要标注的是哪一个圆心角和尺寸线的位置。当图 1-117a 的尺寸线位置点向 AB 圆弧内侧时,所标注的角度为(360°－圆弧的实际圆心角)。

2)弧长标注。选择"注释"\"标注"面板,单击"线性"后白色小三角,选择"弧长",启动弧长标注,详细操作见下述【示例 8】的说明。

【示例 8】 完成图 1-117b 的弧长标注。

命令:_DIMARC(启动弧长尺寸的标注)

选择弧线段或多段线弧线段:(用鼠标左键选择图 1-117a 中的圆弧 AB 上任一点即可)

指定弧长标注位置或[多行文字(M)/文字(T)/角度(A)/部分(P)/引线(L)]:(缺省为输入尺寸线位置,用鼠标单击图 1-117b 中"C"点)

标注文字 = 150(系统自动测试的圆弧长度,如果需要人工输入,应在上一步中输入"T"选项)

六、引线标注

1. 引出线标注命令 LEADER

如果图中空间不够(图 1-118 的桥台帽的倒角尺寸标注),可以用引出线引到适当的地方注写文字说明。引出线是把注释连接到某图形中的一线条。引出线和注释是关联的,也就是说,修改注释引出线会自动更新。

【示例 9】 完成图 1-118 上的引出线标注。

在命令行输入"LEADER"命令启动引出线标注命令,交互内容如下:

图 1-118 引出线标注

命令:LEADER ↙   (启动命令)

指定引线起点: (选择引出原点为倒角斜线的中点)

指定下一点: (用鼠标选择恰当的"B"点,或用相对"A"点坐标输入相对位置即可)

指定下一点或[注释(A)/格式(F)/放弃(U)]<注释>:<正交 开>(打开正交模式,用鼠标在距"B"点适当距离水平向选择一点)

指定下一点或[注释(A)/格式(F)/放弃(U)]<注释>:↙

输入注释文字的第一行 或 <选项>:2×2↙(缺省选项直接输入文字,在提示的多行文字编辑器中输入 2×2,确认后即得到图 1-118 所示的引出线标注。)

输入注释文字的下一行:↙

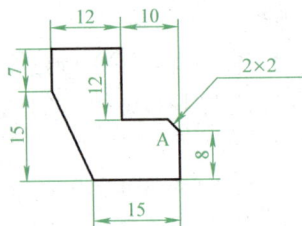

2. 多重引线命令 MLEADER

命令 MLEADER 可创建多重引线对象,包含箭头、水平基线、引线或曲线和多行文字对象或块。多重引线可以方便进行引线的"添加""删除""对齐""合并"。

图 1-119 "多重引线"面板

在"注释"选项卡下,"引线"面板,选择"多重引线" ,即可启动多重引线命令,如图 1-119 所示。

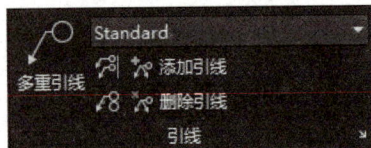

多重引线标注

提示:多重引线样式不能用尺寸样式命令来设置。激活多重引线样式,可选择下列两种方式之一。

1)单击"注释"选项卡下,"引线"面板右下角斜箭头。

2)在命令行输入 MLEADERSTYLE 命令。

如图 1-120 所示，在"多重引线样式管理器"对话框中可以新建样式，可以对当前样式进行修改。单击"新建"创建新样式，如图 1-121 所示，弹出"修改多重引线样式"对话框，如图 1-122 所示，多重引线样式可以控制多重引线的基本外观，包含三个选项卡。

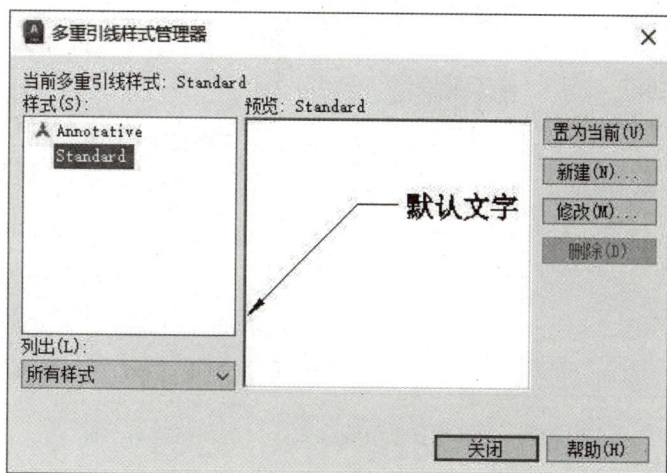

图 1-120　"多重引线样式管理器"对话框

①"修改多重引线样式"—引线格式对话框，如图 1-122 所示，各项含义如下。

"常规"控制箭头的基本设置，包含"类型""颜色""线型""线宽"。引线类型可以选择直引线、样条曲线或无引线三种。

"箭头"控制多重引线箭头的外观，包括"符号"和"大小"，可以直接选择合适的箭头外观或自定义。

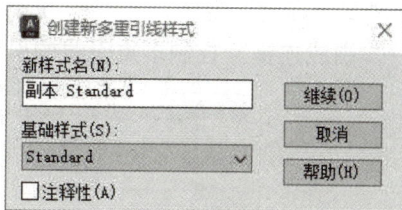

图 1-121　"创建新多重引线样式"对话框

"引线打断"控制将折断标注添加到多重引线时使用的设置，可以显示和设置选择多重引线后用于 DIMBREAK 命令的折断大小。

②"修改多重引线样式"—引线结构对话框，如图 1-123 所示，各项含义如下。

"约束"控制多重引线的约束，可以指定最大引线点数、指定引线中的第一段角度、指定多重引线基线中的第二段角度。

"基线设置"中，"自动包含基线"将水平基线附着到多重引线内容，"设置基线距离"确定多重引线基线的固定距离。

"比例"控制多重引线的缩放，其中"注释性"中"将多重引线缩放到布局"根据模型空间视口和图纸空间视口中的缩放比例确定多重引线的比例因子，当多重引线不为注释性时，此选项可用。

③"修改多重引线样式"—内容对话框如图 1-124 所示，各项含义如下。

"多重引线类型"确定多重引线是包含文字还是包含块。此选择将影响此对话框中其他

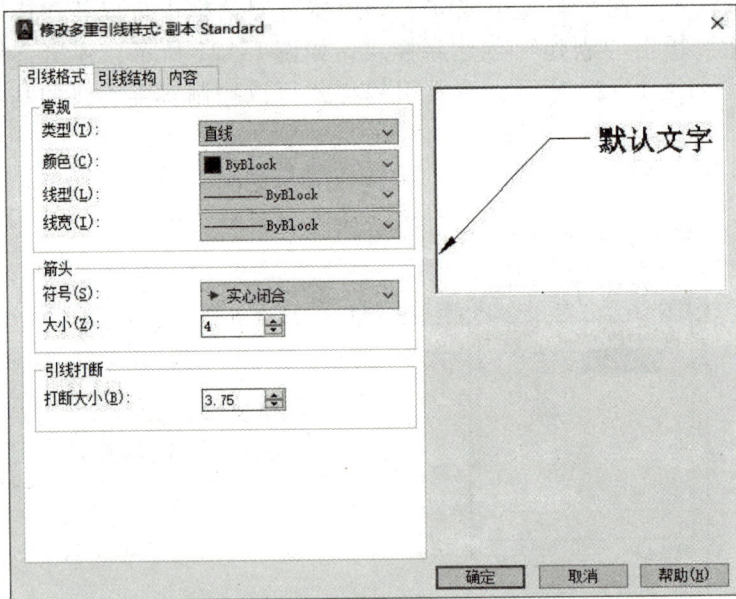

图 1-122 "修改多重引线样式"—引线格式对话框

可用选项。

"文字选项"控制文字的外观，包括"默认文字""文字样式""文字角度""文字颜色""文字高度"等。

"引线连接"控制多重引线的引线连接设置。引线可以水平连接或垂直连接。

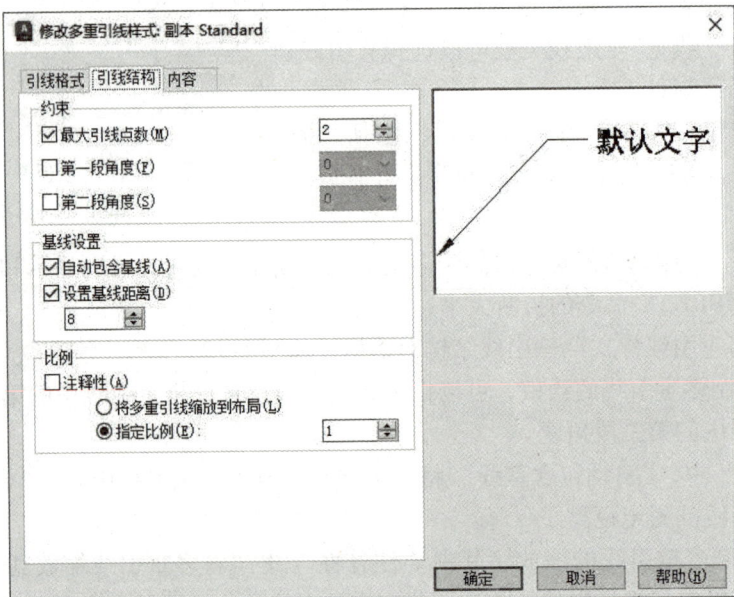

图 1-123 "修改多重引线样式"—引线结构对话框

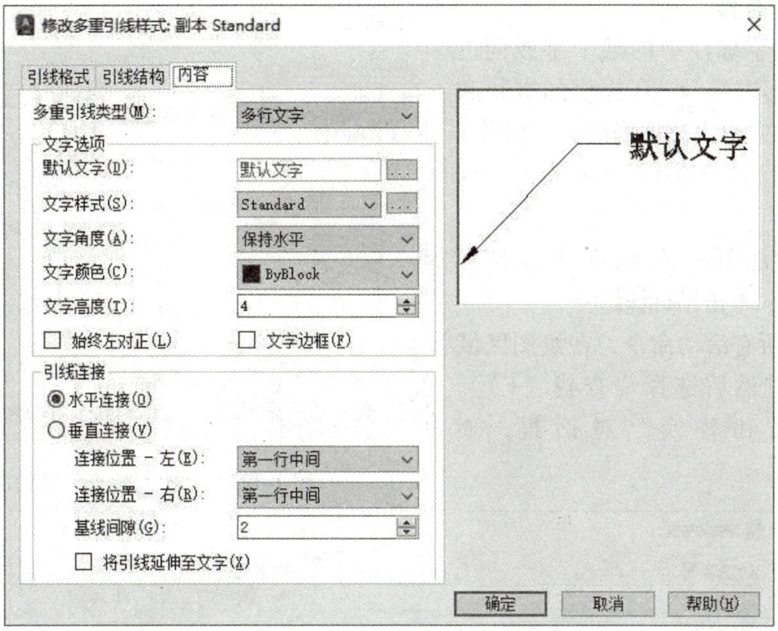

图 1-124 "修改多重引线样式"—内容对话框

七、坐标尺寸标注命令 DIMORDINATE

坐标尺寸用来测量从一个原点（Origen Point）到被标注尺寸位置的垂直距离。

启动命令的方法，选择"注释"\\"标注"面板，单击"线性"后白色小三角，选择"坐标"，按照系统的提示即可完成坐标的标注，系统自动测试的坐标值依次只能标注一个坐标即 X、Y 只能选择其一，所以实际使用时反而不如用文字录入命令（MTEXT 和 –TEXT）来得更简捷实用。为了知道屏幕某图形特征点的坐标，可以采用查询点坐标的方法，然后再采用 –TEXT 命令录入查询值。

技能深化

一、文字的拼写检查、查找和替换

1. 拼写检查

AutoCAD 虽然是一个专业的绘图软件，但对于有些图形，文字起到举足轻重的作用。因此，对标注的文字进行拼写检查就显得非常有必要。AutoCAD 具有拼写检查的功能，它可以检查图形中所有文字的拼写，包括单行文字、多行文字、属性值中的文字、块参照及其关联的块定义中的文字，以及嵌套块中的文字。

文字的拼写检查、查找和替换

在"注释"选项卡下，选择"文字"面板，点击图标 ，或在命令行中键入 SPELL 按 < Enter > 键，AutoCAD 都会出现"拼写检查"对话框，如图 1-125 所示。

选择"要进行检查的位置（W）"下拉列表中的"整个图形"\\"当前空间/布局"\\"选定的对象"菜单项，然后单击"开始"进行检查。如果 AutoCAD 找不到拼错的词语，会出现一条"拼写检查完成"的信息。如果 AutoCAD 找到错误拼写，就会在"拼写检查"对话框中标出拼错的词语。

2. 查找和替换

当要对文字标注中的某个字或词进行修改时，使用 AutoCAD 提供的查找和替换功能可以方便快捷地修改文字对象。

激活查找和替换命令，可选择下列方式之一。

1）在"注释"选项卡下，选择"文字"面板，单击图标🔍。

2）终止所有活动命令，在绘图区域单击鼠标右键然后选择"查找（F）"。弹出"查找和替换"对话框，如图 1-126 所示。

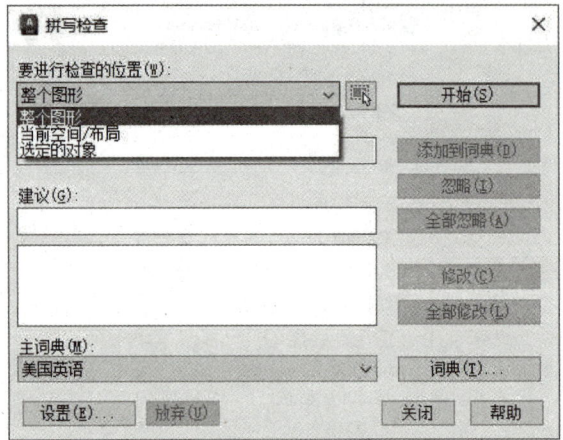

图 1-125 "拼写检查"对话框

图 1-126 "查找和替换"对话框

下面对该对话框中各个选项的功能及设置做简要介绍。

①"查找内容（W）"选项用来键入要查找的字符，或在下拉列表中选择最近常用的字符串。

②"查找位置（H）"指定是搜索整个图形、当前布局还是搜索当前选定的对象。如果已选择一个对象，则默认值为"所选对象"。如果未选择对象，则默认值为"整个图形"。可以用"选择对象"按钮临时关闭该对话框，并创建或修改选择集。

③"替换为（I）"选项用来键入要替换的字符串，也可以在其下拉列表中选择要替换的字符串。

④ 单击"搜索选项"按钮，可打开"搜索选项"对话框，该选项定义要查找的对象和文字的类型。如图 1-127 所示，"搜索选项"对话框中各项含义如下：

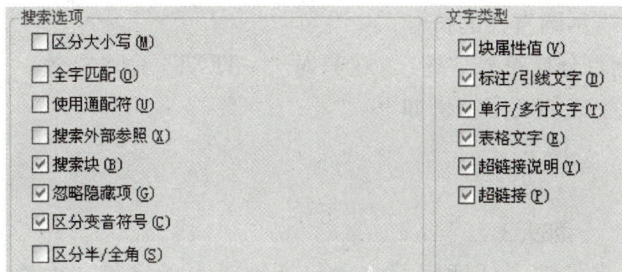

图 1-127　　"搜索选项"对话框

- 区分大小写——将"查找"中的文字的大小写包括为搜索条件的一部分。
- 全字匹配——仅查找与"查找"中的文字完全匹配的文字。例如，如果选择"全字匹配"然后搜索"Front Door"，则 FIND 找不到文字字符串"Front Doormat"。
- 使用通配符——可以在搜索中使用通配符。
- 搜索外部参照——在搜索结果中包括外部参照文件中的文字。
- 搜索块——在搜索结果中包括块中的文字。
- 忽略隐藏项——在搜索结果中忽略隐藏项。隐藏项包括已冻结或关闭的图层上的文字、以不可见模式创建的块属性中的文字以及动态块内处于可见性状态的文字。
- 区分变音符号——在搜索结果中区分变音符号标记或重音。
- 区分半/全角——在搜索结果中区分半角和全角字符。
- 文字类型——指定要包括在搜索中的文字对象的类型。默认情况下，选定所有选项。
- 块属性值——在搜索结果中包括块属性文字值。
- 标注/引线文字——在搜索结果中包括标注和引线对象文字。
- 单行/多行文字——在搜索结果中包括文字对象（例如单行和多行文字）。
- 表格文字——在搜索结果中包括在 AutoCAD 表格单元中找到的文字。
- 超链接说明——在搜索结果中包括在超链接说明中找到的文字。
- 超链接——在搜索结果中包括超链接 URL。

⑤ 列出结果。在显示位置（模型或图纸空间）、对象类型和文字的表格中列出结果。可以按列对生成的表格进行排序。

- 替换——单击该按钮，AutoCAD 将以"替换为"选项中指定的替换内容替换查找的内容。
- 全部替换——单击该按钮，AutoCAD 将以"替换为"选项中指定的字符串替换整个文字或所选文字中查找的字符串。

在"查找和替换"对话框中完成要查找和替换的文字内容后，可单击"完成"按钮关闭该对话框。

二、特殊字符的录入

1. 百分号导引法

双百分号打头的字符串，对应的格式及输入结果如下。

特殊字符的录入

%%D—— 绘制度数符号"°"。

%%P—— 绘制正负公差符号"±"。

%%C—— 绘制表示圆直径的符号"Φ"。

%%%—— 绘制百分比符号"%"，这只对"–TEXT"命令有效。

例如，下述输入生成的文字结果如下。

37.5%%D   37.5°

%%P37.5   ±37.5

%%C89.3   Φ89.3

%%nnn 控制方式可输入任意字符，也包括键盘上的字符。如输入"A"，可用%%065，但这种方法通常只在需要输入专用字符时使用它。

2. 键盘输入法

利用智能狂拼和紫光拼音输入法等汉字输入法，可以利用其自带的多种符号软键盘输入希腊字母、数学符号、标点符号、罗马数字等符号；使用完毕后要注意返回 PC 键盘。

3. 粘贴法

有些特殊符号如"≥""~""√""∞"等可以从 Word、Wps、Mathcad（美国 Math-Soft 出版的数学软件）中复制或剪切后再粘贴到 AutoCAD 的文字录入位置（单行、多行均可），在确认后即可以在图形工作区得到所需的字符。

4. 图形法

AutoCAD 是一款功能十分丰富的图形软件，绘制图形是它的强项，所以对于十分复杂的符号也可以用软件直接绘制，这时要求使用者要有熟练的操作技巧。

5. 装入特殊字体

将"SJQY.tff"文件（可以在互联网上下载）拷贝到"X：\windows\Fonts"下（X：为系统盘符），在想写钢筋符号的时候，先定义当前字体为"SJQY"字体（在 Excel、Word 中也可以选择 SJQY 字体），然后可以输入特殊符号。也就是说只要输入 ABCDE，再选择 sjqy.tff 字体，分别代表 1、2、3、4、5 级钢筋即 A、B、C、D、E。

三、尺寸标注的修改

尺寸标注的修改

尺寸可以使用 AutoCAD 编辑命令，在"默认"选项卡下选择"特性"面板右下角斜箭头和标注编辑命令（DIMTEDIT 和 DDEDIT）进行编辑。尺寸格式的修改可以参照本学习情境任务二的格式定义进行。下面只介绍标注编辑命令的几个常用编辑功能。

1. 尺寸文字位置改变

DIMTEDIT 命令用来改变一个尺寸的尺寸线的位置以及尺寸文字的水平位置和旋转角度。

启动 DIMTEDIT 的方式有三种，在此介绍"注释"选项卡下"标注面板"上图标 方式。

【示例 10】 对图 1-128a 的尺寸标注进行居左、居右和旋转修改。

1）文字居左的修改。其操作如下：

命令：_DIMTEDIT   （启动命令，并在随后的二级菜单选项中选择"Left"）

选择标注：   （选择图 1-128a 的尺寸文字，此处只要用鼠标点取标注的任意部分即可）

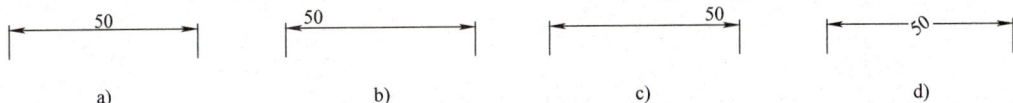

图 1-128　尺寸文字位置的变化

指定标注文字的新位置或[左对齐(L)/右对齐(R)/居中(C)/默认(H)/角度(A)]：L ✓（自动显示为左对齐形式，得到图 1-128b)

2）文字居右的修改。其操作如下：

命令：_DIMTEDIT　　　（启动命令，并在随后的二级菜单选项中选择"Right"）

选择标注：　　　　　（选择图 1-128a 的尺寸文字）

指定标注文字的新位置或[左对齐(L)/右对齐(R)/居中(C)/默认(H)/角度(A)]：R ✓（自动显示为右对齐形式，得到图 1-128c)

提示：如果想由图 1-128b 或图 1-128c 返回图 1-128a 的格式，可以启动命令后，在随后的二级菜单选项中选择"中"即可。

3）文字旋转的修改。操作如下：

命令：_DIMTEDIT　　　（启动命令，并在随后的二级菜单选项中选择"Angle"）

选择标注：

指定标注文字的新位置或[左对齐(L)/右对齐(R)/居中(C)/默认(H)/角度(A)]：A ✓

指定文本角度：30 ✓　　（键盘输入 30，尺寸文字逆时针旋转 30°，如图 1-128d 所示）

提示：还可以通过"注释"选项卡下"标注"面板上"左对正"图标 ⊢⊣、"居中对正"图标 ⊢⊣、"右对正"图标 ⊢⊣ 对尺寸标注文字位置直接进行操作。

2. 尺寸文字内容的改变

选择"默认"选项卡下"特性"面板，单击右下角斜箭头，按提示选择所要修改的对象后，弹出图 1-129 所示的对话框，单击 🔳（选择对象）按钮后，选择所需修改的尺寸文字后，在图 1-130 的"特性"对话框中单击"文字替换"项后，再输入所需的文字即可。

提示：在图 1-130 所示的"特性"对话框中，可以修改所选中的尺寸标注的各种能表示出来的属性，而不只是单纯的尺寸文字。

图 1-129　尺寸修改对话框

图 1-130　文字替换

3. 尺寸的倾斜

在标注尺寸时，尺寸界线垂直于尺寸线。然而，如果尺寸和图中其他实体发生碰撞，可以使用 DIMEDIT 命令使整个尺寸倾斜一定角度。而且现有尺寸倾斜，不会影响新标注的尺寸（图 1-131）。

在命令行输入 DIMEDIT，将启动尺寸修改命令，在此命令下即可实现使尺寸标注倾斜的操作见【示例 11】。

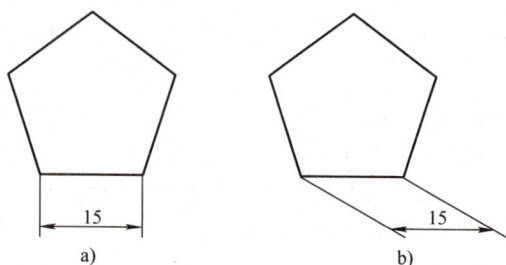

图 1-131　尺寸的倾斜改正

【示例 11】　将图 1-131a 的尺寸标注倾斜成图 1-131b 的形式。

命令：_DIMEDIT

输入标注编辑类型［默认(H)/新建(N)/旋转(R)/倾斜(O)］＜默认＞：O ↙

选择对象：找到 1 个　　　　　　　　　（选择一个或多个尺寸，选择 1-131a 的水平尺寸）

选择对象：

输入倾斜角度（按＜Enter＞键表示无）：－30 ↙（输入倾斜角度－30°）

操作完成后看到在图 1-131b 中尺寸界线的向右倾斜了 30°。

提示："注释"选项卡下，"标注"面板上，选择图标 H，也可以完成对尺寸标注倾斜的修改。但此时操作只能完成尺寸标注倾斜的修改，无法进行旋转等其他操作。

技能归纳

1）能利用 AutoCAD 进行单行文字、多行文字标注。

2）能利用 AutoCAD 进行符合要求的线性、角度、半径、引出标注。

本任务相关主要技能点归纳见表 1-10。

表 1-10　技能归纳

技能点	主要内容	主要命令或操作
文字标注	1. 文字格式定义 2. 单行文字的录入方法 3. 多行文字录入方法 4. 特殊字符的录入	STYLE（文字格式命令） －TEXT（单行文字命令） MTEXT（多行文字命令）
尺寸标注样式	1. 尺寸的组成 2. 尺寸样式 3. 尺寸标注的几何特征 4. 尺寸标注文字的格式控制 5. 尺寸标注的样式调整 6. 尺寸标注的样式主单位	DDIM、DIMSTYLE（尺寸样式命令） MIEADERSTYLE（多重引线样式命令）
尺寸标注	1. 尺寸标注的方法 2. 各种类型尺寸的标注	DIMLINEAR（水平和垂直尺寸标注命令） DIMALIGNED（对齐尺寸标注命令） DIMCONTINUE（连线尺寸标注命令） DIMBASELINE（基线尺寸标注命令） DIMANGULAR（角度尺寸标注命令） DIMDIAMETER（直径尺寸标注命令） DIMRADIUS（半径尺寸标注命令） LEADER（引出线标注命令） MLEADER（多重引线标注命令） DIMORDINATE（坐标标注命令） DIMCENTER（圆心半径和中心线标注命令）

（续）

技能点	主要内容	主要命令或操作
尺寸标注的修改	1. 尺寸文字位置变化 2. 改变尺寸文字内 3. 使尺寸倾斜	DIMTEDIT（尺寸标注的修改命令） DIMEDIT（尺寸标注倾斜命令）

思育启智园：

专业文化——中华文化璀璨瑰宝仿宋字

专业文化——中华文化璀璨瑰宝仿宋字

　　道路工程制图规范要求道路工程制图使用长仿宋字，通过对仿宋字的由来和特点的了解，养成自觉使用长仿宋字的习惯，培养严谨求实的工作作风。

　　仿宋字是印刷字体的一种，仿照宋版书上所刻的字体，笔画粗细均匀，有长、方、扁三体，也称为仿宋体字、仿宋字体或仿宋体，简称仿宋，是出现于20世纪初的一种刻板印刷字体。仿宋字出现于1916年前后，钱塘人丁辅之、丁善之兄弟模拟北宋欧体刊本字体，将楷书笔画和宋体字的间架结构融合在一起，设计了一种新的印刷字体，名曰"聚珍仿宋"。这种字体笔画粗细均匀、出锋犀利、刚柔相济、结体严谨，颇具欧柳风韵。横平竖直，字体方正，大小一致，是老宋字的基本特征。

　　最初的仿宋字都是方形的，高宽相近。为适应竖排左行和正文夹注的需要，丁辅之又设计了一种长仿宋字，高三宽二，体形修长，愈发瘦硬清秀。夹注字要比正文小些，排成双行，这样既丰富了版面，又可与正文明显区别开来。

　　仿宋体诞生和完善过程中，正值西方科学技术涌入我国。机械、建筑、桥梁、铁路等专业的技术成果都需要用大量的设计图纸来表达，仿宋体成为了在图纸上书写汉字的首选用字。仿宋字便于用钢笔书写，其端庄、工整的法度和严格的规范性，更加烘托出技术成果的严肃性、科学性和权威性。

　　汉字是承载文化的重要工具，是汉民族几千年文化的瑰宝，更是中华民族灵魂的纽带，中国人的情思已经浓缩为最简单的横竖撇捺。我们了解汉字历史，认真学写仿宋字体，制图中正确使用仿宋字体，不仅要满足国家标准、行业的相关规定和要求，更是对我国汉字文化的传承。

❀ 考核评价

1. 自我评价

1）此次操练是否顺利？

2）若不顺利，请列出遇到的问题。

3）分析出现问题的原因，并提出修正方案。

4）认为还需加强哪些方面的指导？

2. 学习任务评价（表 1-11）

表 1-11 学习任务评价表

考核项目	分 数			学生自评	小组互评	教师评价	小计
	差	中	好				
团队合作精神	3	6	10				
活动参与是否积极	3	6	10				
基本概念理解是否正确	3	6	10				
命令执行过程是否顺畅	3	6	10				
文字样式、尺寸样式设置是否合理	6	13	20				
文字标注是否正确	6	13	20				
尺寸标注是否正确	6	13	20				
总分	100						
教师签字：				年　月　日		得分	

作 业

1）请在 AutoCAD 2024 中绘制如图 1-132 所示的表格并填写文字（仿宋体，宽高比 0.7∶1），其中字高 5mm，表头字高 3.5mm，其他文字字高 2.5mm。

2）用多行文本命令，在 AutoCAD 2024 界面录入图 1-133 所示的文字，其中标题字高 5mm，其他字高 3.5mm，宽高比 0.7∶1，字体均采用仿宋体。

3）请在 AutoCAD 2024 界面录入"Ⅰ-Ⅰ断面""Ⅱ-Ⅱ断面""Ⅲ-Ⅲ断面"的字样。

提示：可以在 Word 中录入文本后，剪贴至 AutoCAD 2024 界面即可。

编号	直径(mm)	每根长(cm)	根数	共长(m)	单位重(kg/m)	共重(kg)	总重(kg)
1	φ20	992	14	138.88	2.466	342.5	
2	φ20	958	4	38.32	2.466	94.5	455.1
3	φ20	92	8	7.36	2.466	18.1	
4	φ16	74	32	23.68	1.578	37.4	
5	φ16	1082	4	43.28	1.578	68.3	105.7
6	φ10	167	79	131.93	0.617	81.4	81.4
7	φ8	207	79	163.53	0.395	64.6	
8	φ8	162	79	127.98	0.395	50.6	
9	φ8	60	79	47.40	0.395	18.7	149.6
10	φ8	78	51	39.79	0.395	15.7	
11	φ10	992	1	9.92	0.617	6.1	
12	φ10	64	79	50.56	0.617	31.2	80.1
13	φ10	992	7	69.44	0.617	45.85	
25号混凝土(m³)						4.2	

图 1-132　表格绘制练习

附注：
1. 本图尺寸除钢筋直径以毫米计外，余均以厘米计。
2. 焊接钢筋均采用双面焊，焊缝长度不小于5d。
3. 图中未示锚拴孔，与锚栓孔干扰钢筋应绕过锚拴孔。
4. 空心板采用钢绳捆绑吊装，钢绳捆绑位应设在距空心板两端65cm处，不准利用抗震锚栓孔捆绑吊装。
5. 底板平面图中未示N10号钢筋，间距20cm。

图 1-133　多行文字录入练习

4）请参照图 1-134 绘制图中钢筋骨架并按图中的标注完成标注。

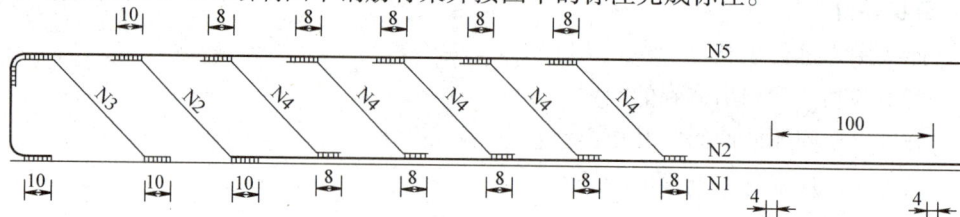

图 1-134　钢筋骨架标注

5）请完成下面两图的尺寸标注，其中图 1-135 为空心板断面，图 1-136 为几种钢筋的尺寸标注。

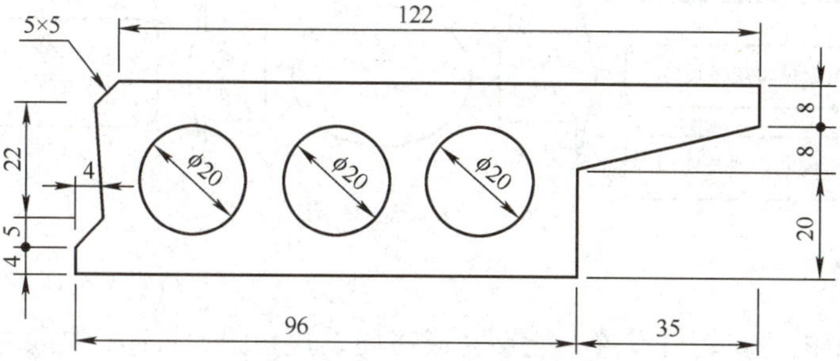

图 1-135　空心板断面

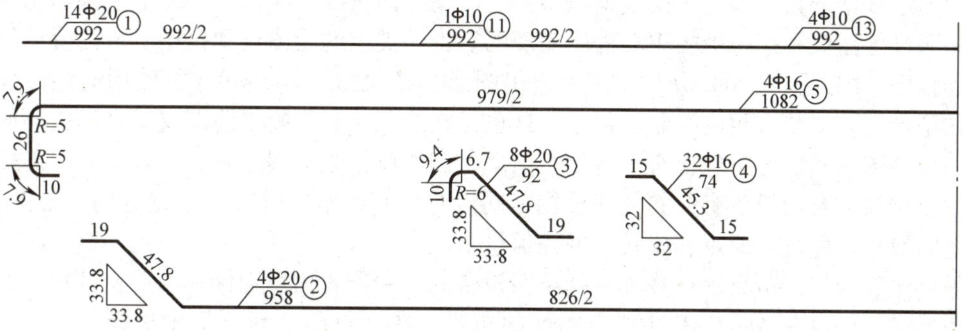

图 1-136　钢筋尺寸标注

提示：为了使图 1-135 中的右侧尺寸对齐，在尺寸线位置选择时要用捕捉前一个的尺寸线端点为宜。图 1-136 中的圆弧长度标注可参照角度标注中介绍的方法进行。

任务五　图形打印

任务描述

同其他土木工程一样，公路桥梁设计图纸是设计思想的最终载体，仍将在公路桥梁设计、交流、施工和建造中发挥重要作用。因此，与字表处理系统一样，图形编辑系统也都提供了图形输出功能，以实现图形信息从数字形式向模拟形式的转换、从数字设计媒体向传统设计媒体的转移。

任务目标

1）掌握为 AutoCAD 系统配置输出设备的方法。

2）掌握利用 PLOT 命令进行各种绘图参数设置的方法。

3）了解图形输出的一般方法和步骤。

4）了解布局使用方法。

📖 内容结构 （图1-137）

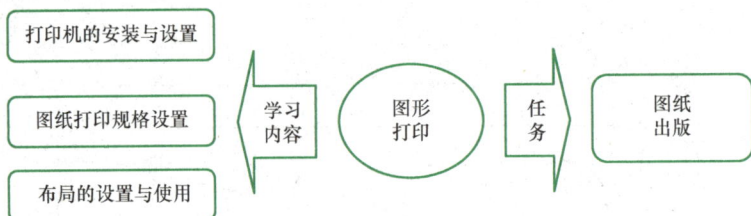

图 1-137　内容结构

📖 主要技能

能够完成打印机的安装与设置，能够完成布局设置和图形打印，能够完成图形出版前颜色、线条粗细、比例设置等。

📖 基础知识

把图形数据从数字形式转换成模拟形式、驱动绘图仪或打印机在图纸上绘制出图形这一过程是通过绘图仪和打印机的驱动程序实现的。不同类型的绘图仪和打印机，需要使用不同的驱动程序，因此要在 AutoCAD 系统中输出图形，必须知道 AutoCAD 所使用的绘图仪或打印机的型号，以便装入相应的驱动程序。这也是在绘图前必须配置绘图仪或打印机的原因。

一个绘图设备配置中包含有设备相关信息，例如设备驱动程序名、设备型号、连接该设备的输出端口以及与设备有关的各种设置；同时包含有图纸的尺寸、放置方向、绘图比例、绘图笔的参数、优化、原点和旋转角度等信息。

需要注意的是，AutoCAD 并没有把绘图设备的相关配置信息存储在图形文件中。在准备输出图形时，可以在 AutoCAD 中进行图面的布置，在"打印"对话框中选择一个现有配置作为基础，对其中的某些参数进行必要的修改。用户也可以把当前配置存储成新的绘图设备默认配置。

1. 使用系统默认打印机

在 Windows10 系统中，如果不加任何说明，直接打印图形时，AutoCAD 2024 将使用默认的系统打印机，一般激光打印机和喷墨打印机不用做特殊设置，可以直接输出图形。对于针式打印机，由于打印图形的效果不佳，在此不作介绍。对于各种绘图机的设置则见后文专门介绍。

2. 在 AutoCAD 2024 中设置绘图仪或打印机

在 Windows10 系统下，对于常见的激光打印机本地连接时，使用系统打印机（默认设备）就可以完成打印任务，不用做特殊设置。在 AutoCAD 2024 所提供的预设绘图仪或打印机的驱动程序都是比较常用或是当时已有的机型，对于比较新的机型，Windows 的驱动程序就不一定适用了。

大多数可以用于 AutoCAD 的绘图仪或打印机多附有它们自己的驱动程序，只要在购买时确认该绘图仪或打印机的驱动程序可以支持 AutoCAD 2024，然后，再按安装软件的说明将该驱动程序安装到 AutoCAD 2024 中。安装完绘图仪或打印机的驱动程序后，将使 AutoCAD 2024 里的绘图仪或打印机的列表里多一项该驱动程序的名称，选取此驱动程序来设置就可以利用此绘图仪或打印机来出图。

在 AutoCAD 2024 里，要配置绘图仪和打印机可参照下列步骤。

1）进入 AutoCAD 2024 的主操作画面中。

设置绘图仪
或打印机

2）在"输出"选项卡下"打印"面板，选择"绘图仪管理器"，将出现"Plotters"（打印机）对话框（图1-138）。

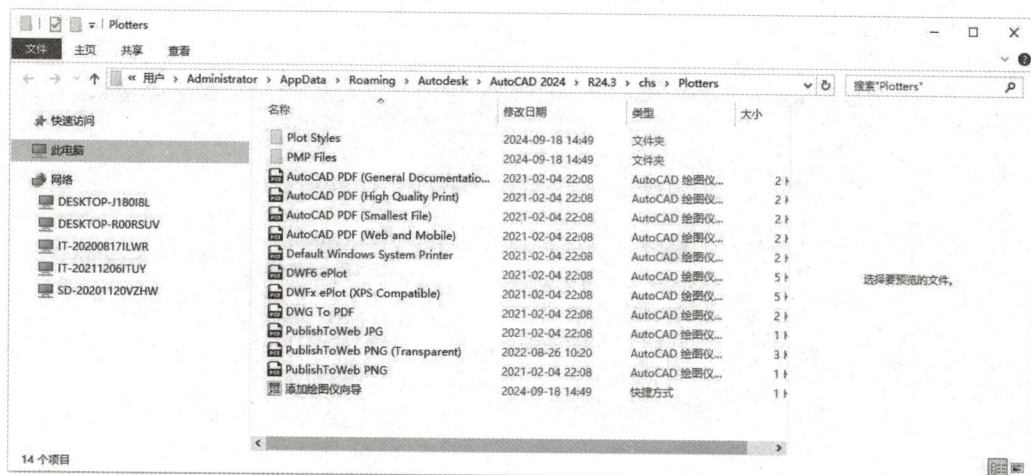

图1-138 "Plotters"对话框

3）在图1-138对话框中双击鼠标左键"添加绘图仪向导"标签并在图1-139中单击"下一步"，将出现如图1-140a所示的对话框（"我的电脑"单选按钮用于选择系统打印机以外的本地设备，"网络绘图仪服务器"单选按钮则用于选择网络打印机，"系统打印机"单选按钮用于选择系统默认打印机——直接与本机连接的激光打印机选择此项），为了选择

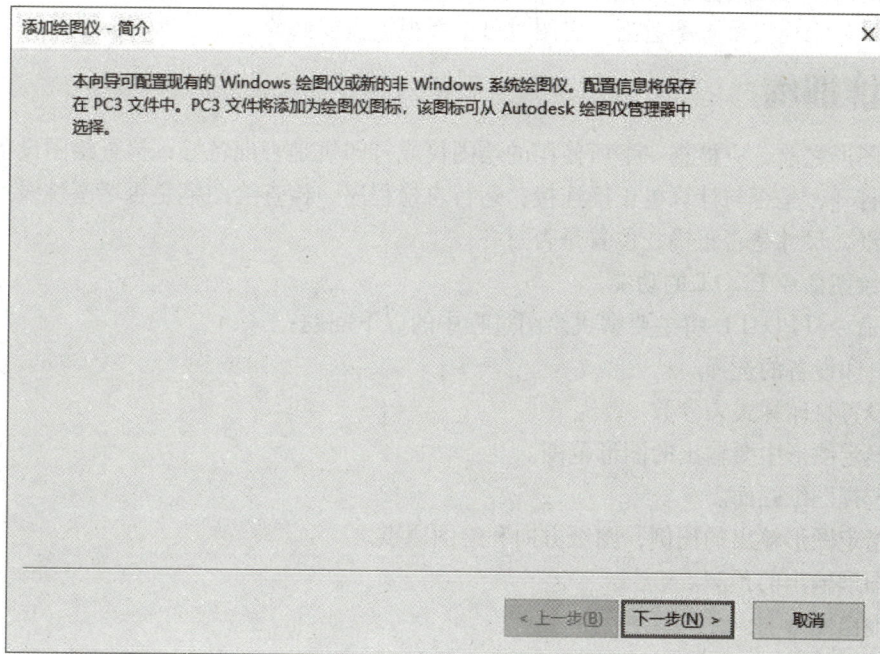

图1-139 "添加绘图仪-简介"对话框

本地的非默认设备（如滚筒绘图仪），选择"我的电脑"单选按钮，从图 1-140b 中选择需要的设备。（图 1-140b 中选择了惠普的 LaserJet 4V 绘图仪，该打印机是系统自带打印机，虽然是款老打印机，但因其不需要安装驱动程序，方便学习者自学；如果在实际中可以根据自己的硬件条件选择）。

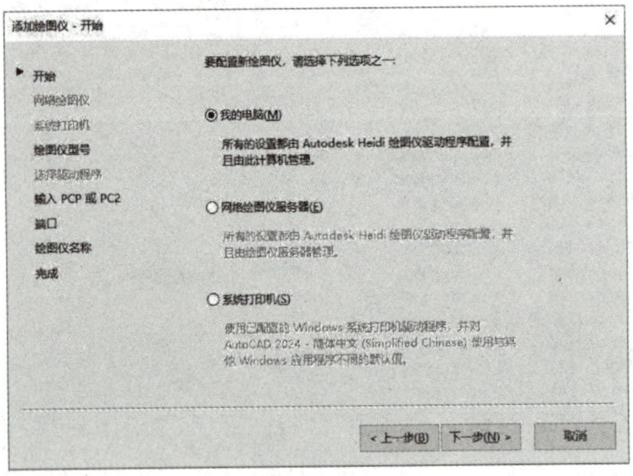

a）"添加绘图仪-开始" 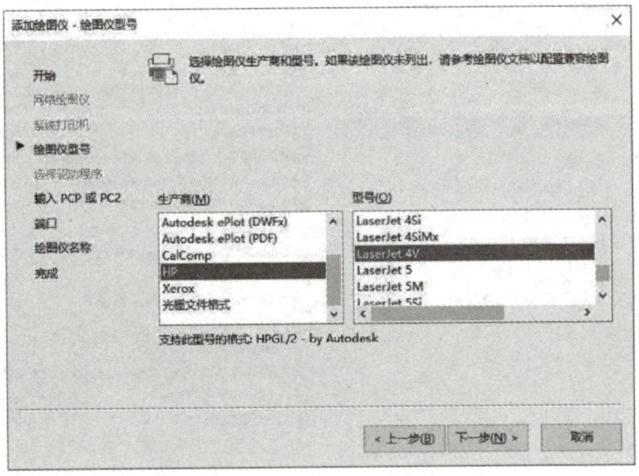　　　　　　　　　　　　b）"添加绘图仪-绘图仪型号"

图 1-140　　"添加打印机"对话框

所有 AutoCAD 2024 的打印机或绘图仪驱动程序都会出现在图 1-140b 所示的框中。新购买的打印机或绘图仪连接到计算机后，在图 1-140b 中如果有对应的驱动程序，只要单击选取该驱动程序，然后再依提示安装即可。

4）当选取某绘图仪或打印机的驱动程序后，系统就会针对该绘图仪或打印机的连接与其他设置询问相关的信息。可以说，只要连接设置正确，其他有关绘图输出的设置就可以按提示完成；如果连接设置不适当，出图时可重新根据需要修改。

技能训练

打印图形之前，应检查一下所使用的绘图仪或打印机是否准备好；检查绘图设备的电源开关是否打开，是否与计算机正确连接；运行自检程序，检查绘图笔是否堵塞跳线；检查是否装上图纸，尺寸是否正确，位置是否对齐。

一、绘图命令 PLOT 的功能

绘图命令（PLOT）将主要解决绘图过程中的以下问题：

1）打印设备的选择。

2）设置打印样式表参数。

3）确定图形中要输出的图形范围。

4）选择图纸幅面。

5）指定图形输出的比例，图纸方向和绘图原点。

6）图形输出的预演。

7）输出图形。

二、命令的启动方法

启动 PLOT 命令，可选择下列方式之一。

1）在"输出"选项卡下"打印"面板，选择打印工具按钮📠。

2）单击左上角"A"字的图标，选择"打印"。

3）在命令行输入 PLOT 命令。

三、图形输出参数设置

启动 PLOT 命令后，弹出"打印-模型"对话框（图 1-141）。

1. 选择绘图设备

在图 1-141 的"打印机/绘图仪"栏中，显示系统当前默认绘图设备的型号。单击下拉按钮可以选择其他绘图设备。

2. 设置打印样式表参数

"输出"选项卡下"打印"面板，选择"页面设置管理器"，弹出如图 1-142 对话框，选择"新建"按钮，在弹出的对话框中的"新页面设置名"文本框修改名称为需要的设置名（如本例的"A3"），按"确定"按钮进入"页面设置-模型"对话框（图 1-143）。从"打印机/绘图仪"下拉列表中可以选择绘图设备，从"图纸尺寸"下拉列表中可以选择图纸大小为 A3，按"确定"按钮返回"页面设置管理器"对话框，选择"A3"，并点取"置为当前"按钮，关闭该对话框。

图形的输出

图 1-141　"打印-模型"对话框

单击图 1-143 中的"打印样式表"栏的下拉按钮，选择打印样式名称（当前选择 acad.ctb），接着单击右侧"编辑"按钮，出现图 1-144 的"打印样式表编辑器"对话框，单击"表格视图"选项卡，可以根据实体颜色指定绘图特性，或改变当前图形各线条显示颜色对应的打印图样的线条颜色（图 1-145 把所有颜色均按黑色输出）、颜色深浅、线型、

图 1-142　页面设置管理器

线宽等参数，这些手段对复杂图纸的输出有较大帮助。为了确保打印按"打印样式表"格式打印，应该从图 1-143 中的打印选项栏中勾选"按样式打印"选项。

　　线型参数是旧式绘图技术的遗迹。由于早期的 CAD 只能画出连续实线，只好依靠绘图仪所定义的线型来绘制非连续线。现在，AutoCAD 已经提供了十分丰富的线型，因此，不再需要设置绘图仪的线型。

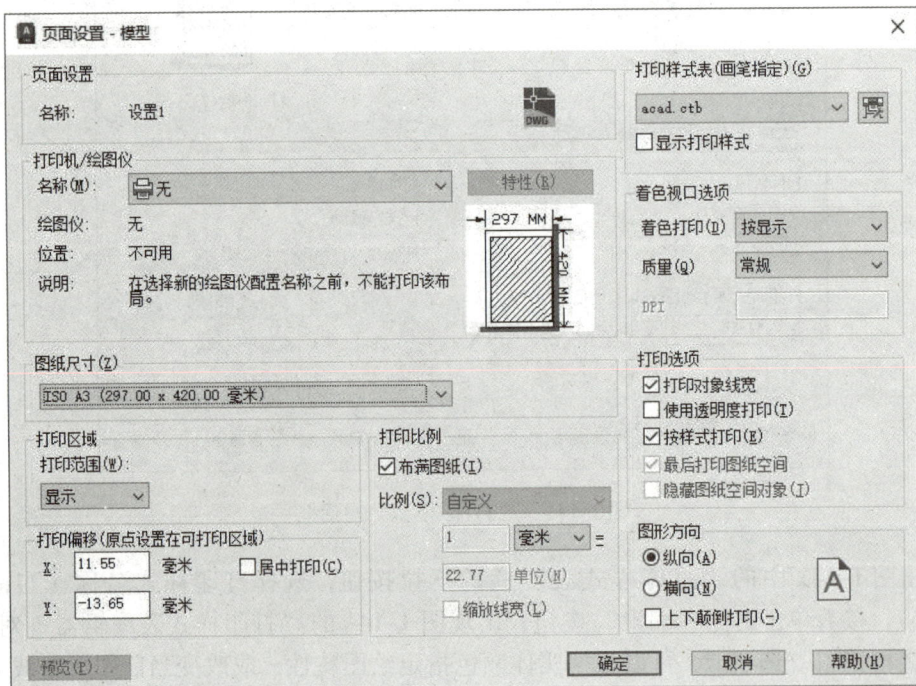

图 1-143　"页面设置-模型"对话框

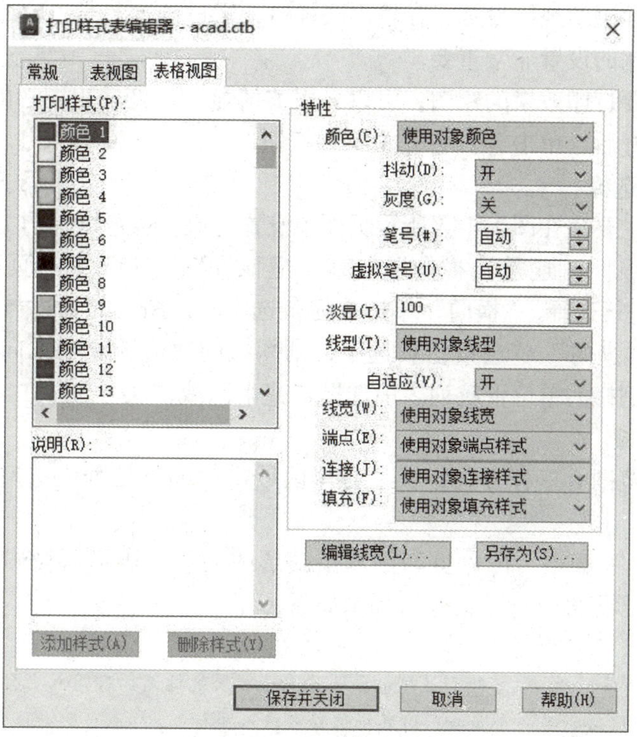

图 1-144　改变图形的打印颜色

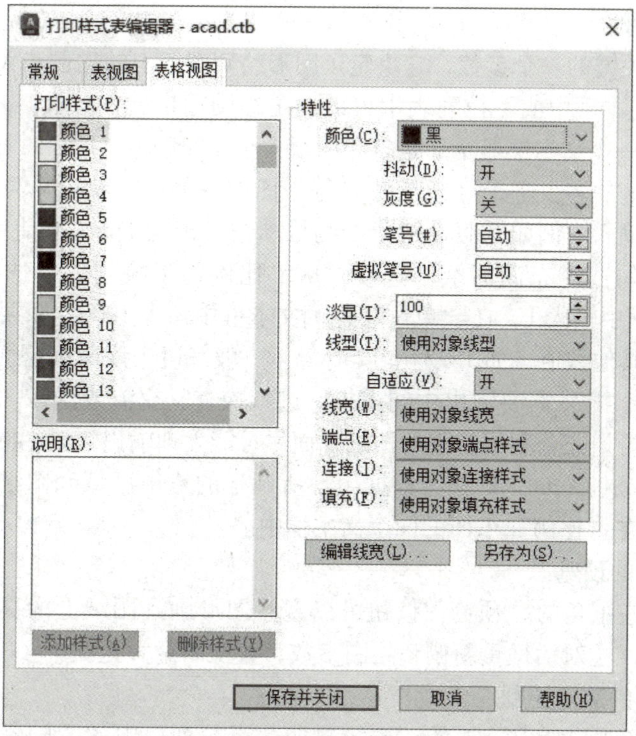

图 1-145　改变图形的打印颜色为黑色

线宽应根据实际出图规格设置。在输出图样时，通过设置各线条的线宽，可以达到线条粗细有别，所以线宽的设置非常重要。

对于有特殊需要打印效果的绘图，可以采用"淡显"改变输出图形的浓淡。

所有格式定义好后，单击"保存并关闭"按钮。

3. 图纸幅面的选择

选择图纸幅面主要是在图 1-143 所示页面中设置完成，也可以在图 1-141 的打印对话框中完成。图纸按"纵向"还是"横向"打印，应该在图 1-143 中的页面设置对话框中的"图形方向"栏中进行选择，"横向"单选按钮被选中时，图纸的长边与 AutoCAD 图形区的 x 轴方向平行；若"纵向"单选按钮被选中，则图纸的短边与 x 轴方向平行。图纸单位从图 1-143 的打印比例栏的单位下拉列表中选择"毫米"或"英寸"。

4. 确定打印区域

确定图形输出范围有三种方法，从"打印区域"栏的下拉列表选定（如图 1-143 的打印区域）。

1）选择"窗口"选项，可以打印欲输出图形中的某一矩形区域内的图形。单击"窗口"选项后进入图形界面，屏幕命令行提示如下：

指定打印窗口

PAGESETUP 指定第一个角点：（矩形区域的第一个角点，用鼠标选择或输入坐标）

指定对角点：矩形区域的另一个角点，用鼠标选择或输入坐标）

2）选择"图形界限"选项，则输出图形极限范围内的全部图形。

3）选择"显示"选项，则输出当前视窗内显示的全部图形。

5. 确定绘图比例

绘图比例是最关键的一个参数，它决定了图形绘到图纸上的比例和大小。在图 1-146 中"打印比例"栏的文本框中或下拉列表中可以选定绘图输出比例。图 1-146 中"打印比例"栏下"比例"下第一个文本框显示的是打印图纸大小，"比例"下第二个文本显示的是绘图单位大小，即图纸上的多少毫米（或英寸）等于图形中的多少绘图单位。它们的数值分别在这两个文本框中输入。例如，假设把图纸测量单位设定为 mm，欲使用 1:1000 的比例绘图，则应首先取消勾选"布满图纸"选项，从"比例"下拉列表中选择自定义，然后在"毫米"左侧文本框中输入 1，在"单位"左侧文本框中输入 1000。只要保证两者的比值为 1/1000，也可输入其他数值，如 1.23 和 1230 等。一般来讲，该比例在绘图之前就确定了。

在设计过程中，常常需要输出中间成果，进行检查、交流或送审。在这种情况下，比例并不太重要，只希望充分利用有限的图纸幅面尽可能大地输出需要的图形。这时，只需勾选"布满图纸"选项，AutoCAD 就会根据用户所确定的输出区域和图纸幅面，自动计算出绘图比例，并显示在"比例"下面的两个文本框中。

6. 图形输出前的预览

利用图 1-143 左下角的"预览"按钮可以观看图形画到图纸上的真实效果。如果输出效果不理想，可返回主对话框重新调整绘图参数，直至满意为止。

7. 图形输出时的消隐控制

图 1-146"着色视口选项"栏的"着色打印"下拉列表中的"隐藏"选项用来控制从模型空间输出当前视窗中的三维图形时是否消除隐藏线。只要选择"隐藏"选项，则在输

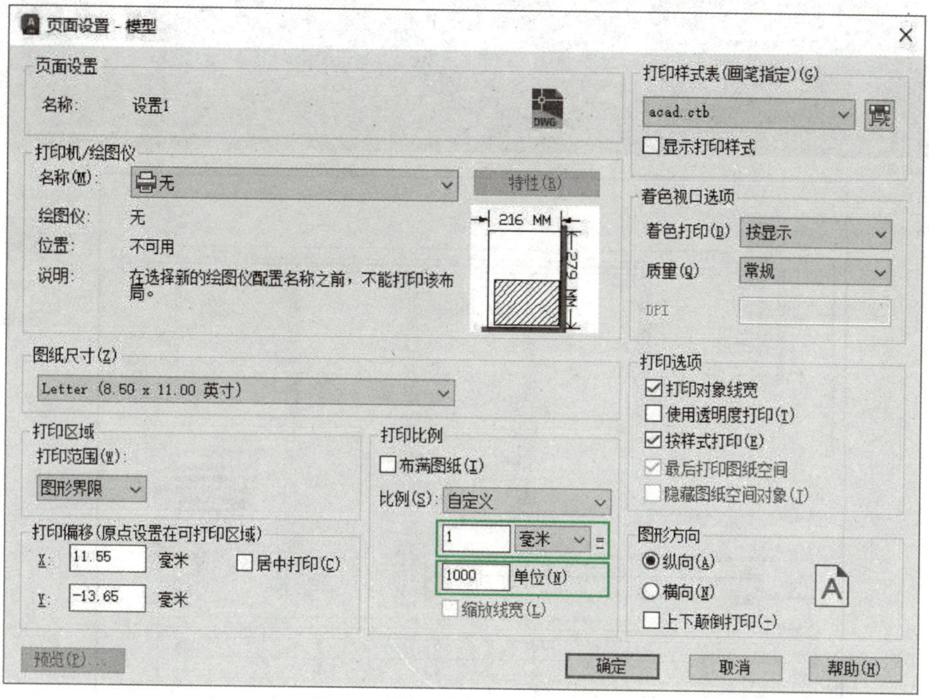

图 1-146　打印比例及着色视口的设置

出图形时，系统会消除当前视窗中三维图形的隐藏线，而无须事先用"HIDE"命令消除当前视窗内三维图形的隐藏线。从图纸空间环境出图时，浮动视窗内的图形是否隐藏与是否选定"隐藏"状态无关。

8. 输出到绘图文件

如果当前没有连接合适的绘图设备，可先把图形输出为一个绘图文件，以后再打印出来。在图 1-141 的"打印机/绘图仪"栏中勾选"打印到文件"单选按钮，打印时根据弹出的对话框选定图形文件的路径和绘图文件名。绘图文件的默认文件名为"当前图形文件名- Model. plt"，默认扩展名为 plt。对于在网络环境下工作的用户，可利用这一功能进行脱机绘图。

四、图形输出

当全部图形输出的选择均完成后，按"打印"对话框的"确定"按钮即可从绘图设备绘出图形。

在模型空间内，使用 PLOT 命令即可将图形绘制到图纸上。它适合于输出图形各部分的绘图比例相同，图形方向也一致的情况。

【示例】　输出图 1-147 所示图形界面中的图形。

操作步骤：

1）打印机选择。在"输出"选项卡下"打印"面板中，选择"页面设置管理器"选项，新建页面设置名为"A3"的页面设置，弹出如图 1-143 所示的对话框，在"打印机/绘图仪"栏的"名称"右侧按钮项选择 LaserJet 4V . pc3，则绘图仪同时被设定。继续左击"特性"按钮，在下拉列表中选择"修改标准图纸尺寸（可打印区域）"选项（图 1-148），

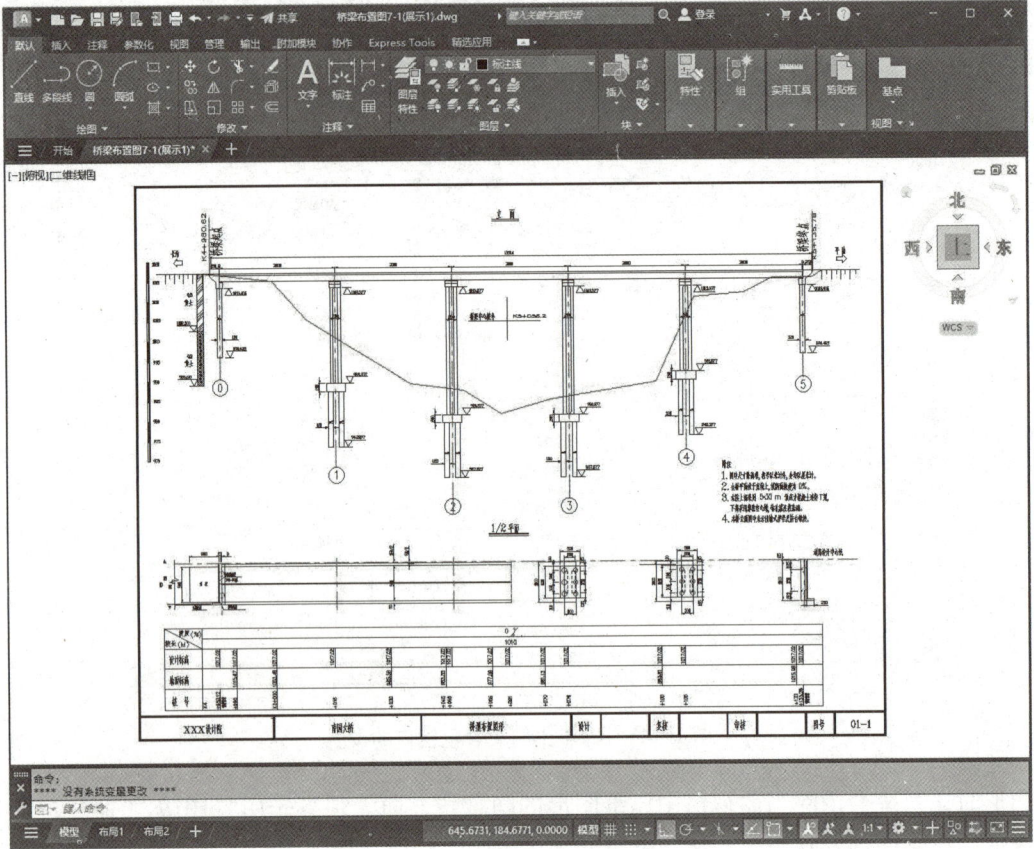

图 1-147 图形输出示例

将 A3 图纸的上下左右边界均设为 0（图 1-149），并把"图纸尺寸名"设为"用户 1（420.00mm×297.00mm）"，单击下一步，文件名自动设为"LaserJet 4V"，单击下一步完成设定。

2）指定图形输出范围。参照图 1-143 打印范围选择"窗口"，按照命令交互区提示，依次输入第一个角点（0，0）和右上角（420，297）的坐标。打印偏移框选择"居中打印"选项。

3）设置打印线条颜色、线型、线宽。参照图 1-145，在列表框内选择所有颜色的打印颜色为黑色（先单击图 1-144 的"颜色 1"选项，按住<Shift>键拖动图 1-144 中的下拉滑条至底部，再选择右侧"特性"栏"颜色"下拉表中的"黑色"选项），"线

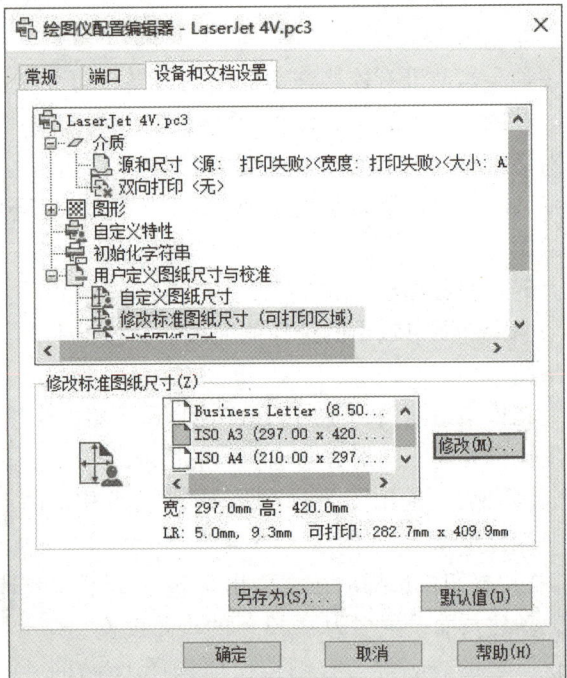

图 1-148 "绘图仪配置编辑器"对话框

型"下拉列表选择"使用对象线型"选项，"线宽"下拉列表选择"使用对象线宽"选项。设置好该项后必须在图 1-143 中选择该样式并勾选按"按样式打印"选项（否则样式设置无效）。

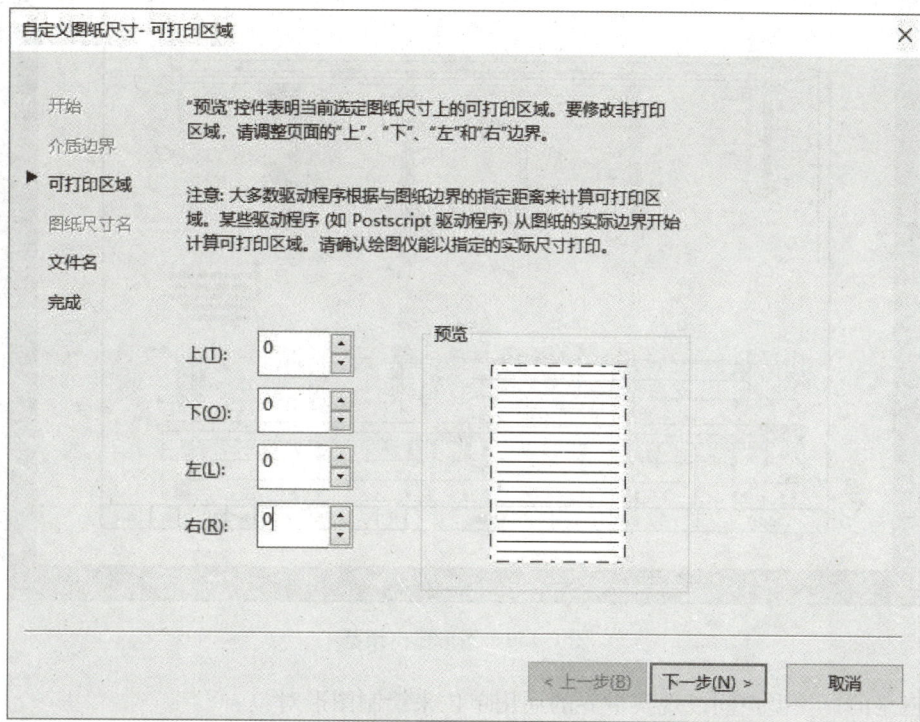

图 1-149　"自定义图纸尺寸-可打印区域"对话框

4）预览输出前的图形。单击页面设置的"预览"按钮，预览图形的输出效果（图 1-150）。输出效果认可后，返回图 1-142 对话框后单击"置为当前"按钮，这样可以将这一页面格式用于打印。

5）实施打印。注意开启打印机电源和通信线的正确连接。选择下拉菜单中的"文件"\"打印"选项，参照图 1-141 从对应下拉列表选择页面设置名称（本例为"A3"），单击"确定"按钮完成打印。

技能深化

AutoCAD 的工作空间分为模型空间和图纸空间，人们一般习惯在模型空间绘制图形，在图纸空间打印图形。一般情况下两者是独立的，即在图纸空间看不到模型空间中创建的实体，同时在模型空间看不到图纸空间的图形。作为设计者最关心的问题是模型空间图形能否完整、动态和实时地显示于图纸空间，模型空间的图形变化每次改动能否自动同步地显示于图纸空间。通过布局工具就可以完成这一任务。

一、布局的概念与作用

要理解布局，首先要理解布局与模型空间、图纸空间的关系。

模型空间是用户建立对象模型所在的环境。模型即用户所画的图形，可以是二维的，也

图 1-150　图形输出预览

可以是三维的，模型空间以现实世界的通用单位来绘制图形对象。

图纸空间是专门为规划打印布局而设置的一个绘图环境。作为一种工具，图纸空间用于安排在绘图输出之前设计模型的布局，在 AutoCAD 中，用户可以用许多不同的图纸空间来表现自己的图形。

广义概念上的布局包括两种：一种是模型空间布局（"模型"选项卡），用户不能改变模型空间布局的名字，也不能删除或新创建一个模型空间布局对象，每个图形文件中只能有一个模型空间布局；另外一种是图纸空间布局（"布局"选项卡），用于表现不同的页面设置和打印选项，用户可以改变图纸空间布局的名字，添加或删除（但至少保留 1 个）图纸空间布局。

狭义概念上的布局，单指图纸空间布局（除非特殊说明，否则下文中的"布局"均单指图纸空间布局）。

在模型空间绘制的图形对象属于模型空间布局（虽然这些对象可以在图纸空间的浮动视图区内显示出来）；在图纸空间绘制的图形对象仅属于其所在的布局，而不属于其他布局。例如，在布局 1 的布局内绘制了一个线段，它仅显示在布局 1 的布局内，在布局 2 的布局内并不显示。

二、建立新布局

可以采用菜单栏、工具栏、命令行和屏幕"布局 n（n 一般取 1、2）"选项卡四种方式之一使用布局功能。

利用布局打印

1. 用 LAYOUT 命令创建布局

LAYOUT 命令可以创建、删除、保存布局，也可以更改布局的名称。

1）新建布局

命令：LAYOUT↙

输入布局选项 [复制(C)/删除(D)/新建(N)/样板(T)/重命名(R)/另存为(SA)/设置(S)/?] <设置>：N↙

输入新布局名 <布局3>：创建布局举例↙

2）复制布局。用复制已有布局的方式建立新的布局。经过键入要复制的源布局和新建布局的名称（默认条件下，新布局名称为原布局名称后加括号，括号内为一个递增的索引数字号）即可以完成该操作。

3）删除布局。选择该选项后，AutoCAD 提示输入要删除的布局名称，然后删除该布局。当删除所有的布局以后，系统会自动生成一个名为"布局1"的布局，以保证图纸空间的存在。

4）以原型文件创建新布局。以样板文件（.DWT）、图形文件（.DWG）或 DXF 文件（.DXF）中的布局为原型创建新的布局时，新布局中将包含源布局内的所有图形对象和浮动视口（浮动视口本身就是图纸空间的一个图形对象），但不包含浮动视口内的图形对象。选择"样板（T）"选项后，如果系统变量 FIELDIA = 1，则显示"从文件选择样板"对话框，在对话框中选择相应的文件（.dwt、.dwg、.dxf）后，单击"打开"按钮，AutoCAD 将用"插入布局"对话框显示该文件中包含的布局。用户可以从中选择一个布局作为新布局的模板。

5）重命名布局。重命名布局就是更改布局的名称。选择"重命名（R）"选项后，系统首先提示输入布局的原名称，然后提示输入布局的新名称。

6）另存为布局。使用"另存为（SA）"选项可以将布局（包括布局内的图形对象和浮动视口）保存到一个模板文件（.DWT）、图形文件（.DWG）或 DXF 文件（.dxf）中，以备其他用户使用。

7）设置为当前布局。使用"设置（S）"选项可以将某一布局设置为当前布局。

8）显示布局。使用"?"选项可以显示图形中存在的所有布局。

2. 用 LAYOUTWIZARD 命令创建布局

激活 LAYOUTWIZARD 命令后，AutoCAD 先显示图 1-151 所示的对话框，该对话框的左面显示了向导的运行步骤和当前步骤，创建新布局的步骤如下。

1）在"创建布局-开始"对话框中输入一个布局的名字（缺省的名字为布局3）后，单击"下一步"按钮，打开如图 1-152 所示的对话框（注意选择需要的打印机，此处选择为 LaserJet 4V. pc3）。

2）在"创建布局-打印机"对话框中，选择该布局要使用的打印机（绘图仪），然后单击"下一步"按钮，打开如图 1-153 所示的对话框。

3）在"创建布局-图纸尺寸"对话框中指定纸张大小和单位。有效的纸张大小和单位是由打印机或绘图仪本身决定的。在确定了纸张大小和单位后，单击"下一步"按钮，打开如图 1-154 所示的对话框。

4）在"创建布局-方向"对话框中设置打印方向，单击"下一步"按钮，打开如图 1-155所示的对话框。

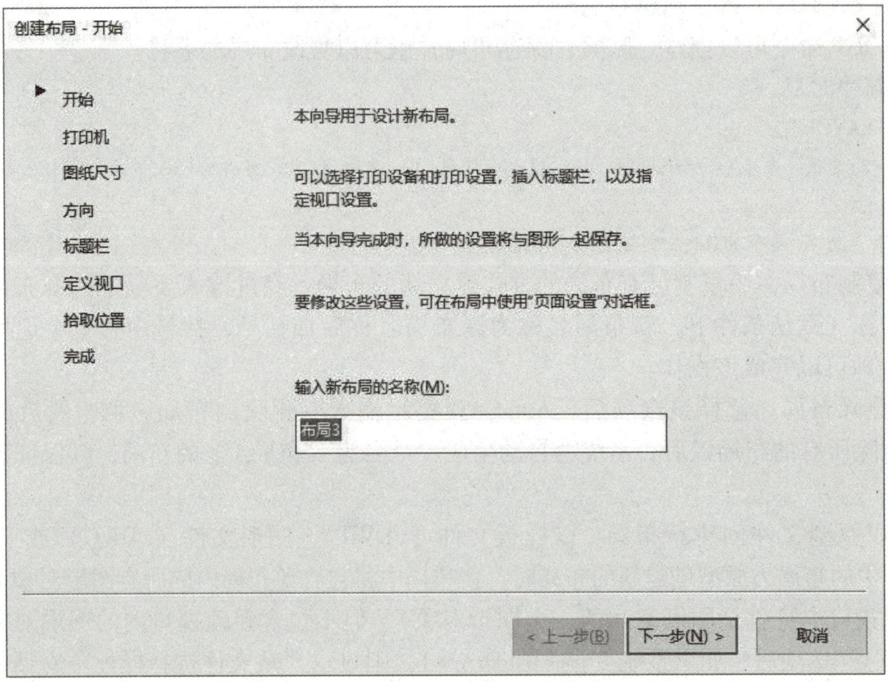

图 1-151 "创建布局-开始"对话框

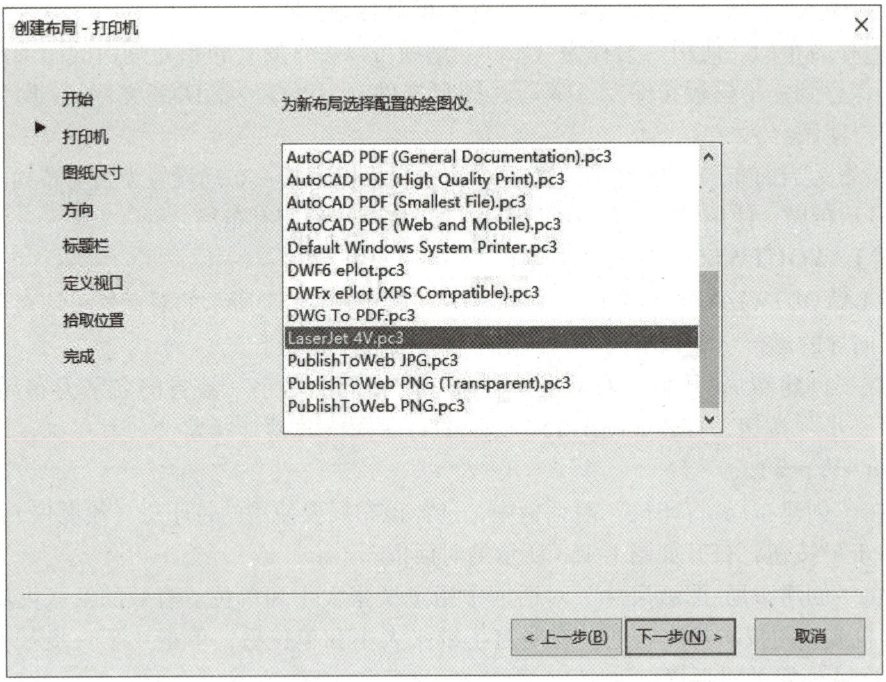

图 1-152 "创建布局-打印机"对话框

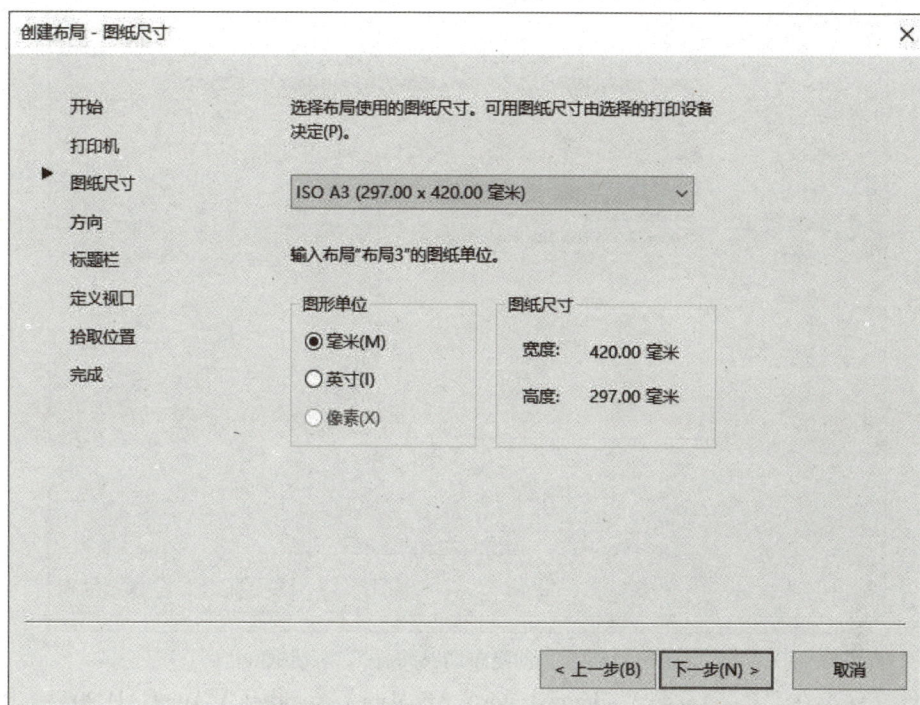

图 1-153　"创建布局-图纸尺寸"对话框

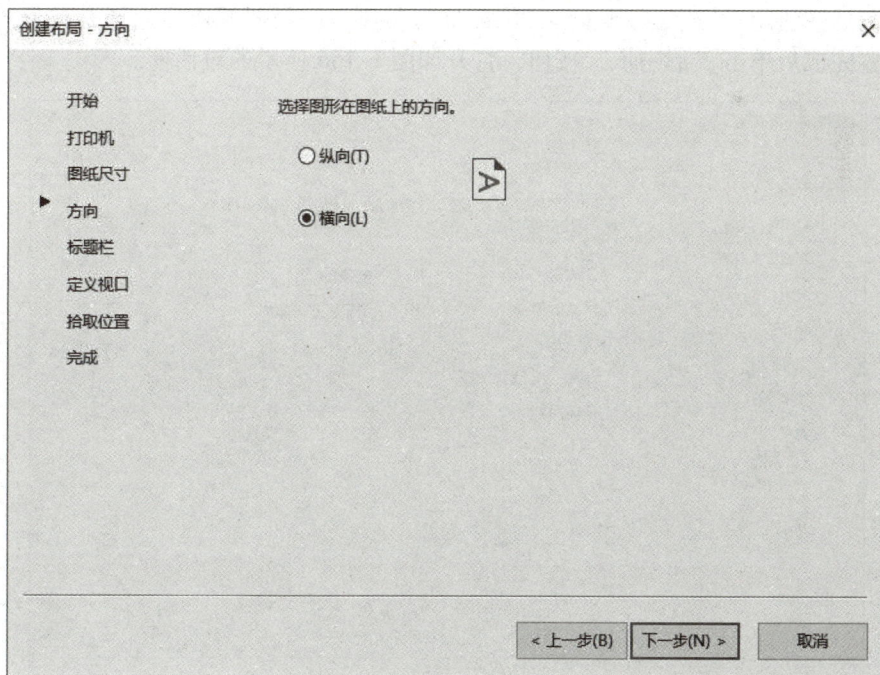

图 1-154　"创建布局-方向"对话框

5）在"创建布局-标题栏"对话框中，可以选择图纸边框和标题。边框和标题其实是一个

图 1-155　"创建布局-标题栏"对话框

.dwg 文件（保存在"C：\ user \ administrator \ AppData \ Autodesk \ AutoCAD 2024 \ R24.3 \ chs \ Template"目录下，这是 Windows10 64 位系统的目录，不同系统略有差异，可以通过另存为模板文件的方法找到该目录），右面的预览框中显示了相应的预览图形。"类型"部分的两个单选按钮用于指定".dwg"文件的插入类型——是按照块插入还是按照外部参照插入。设置完成后单击"下一步"按钮，打开如图 1-156 所示的对话框。

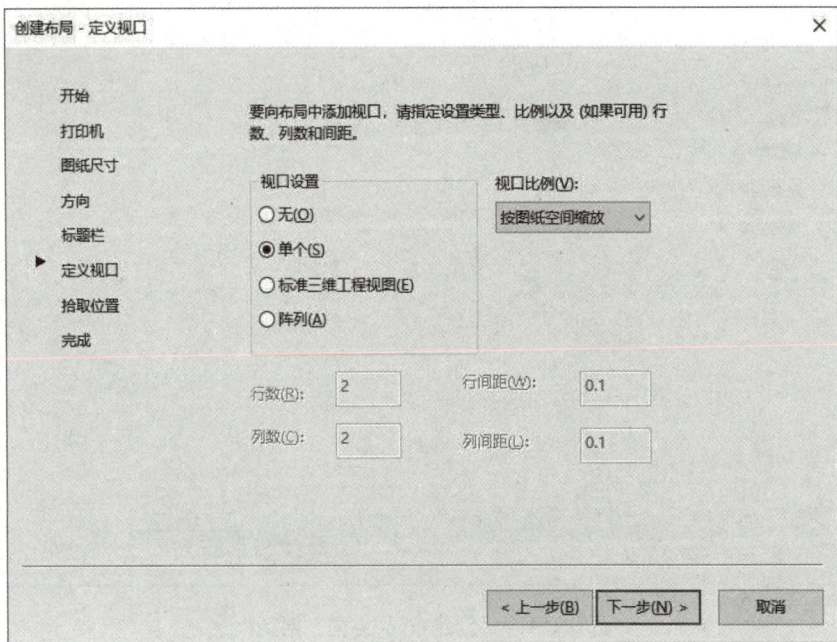

图 1-156　"创建布局-定义视口"对话框

6）在"创建布局-定义视口"对话框中指定布局中浮动视口设置和视口比例等有关参数后，然后单击"下一步"按钮，打开如图1-157所示的对话框。

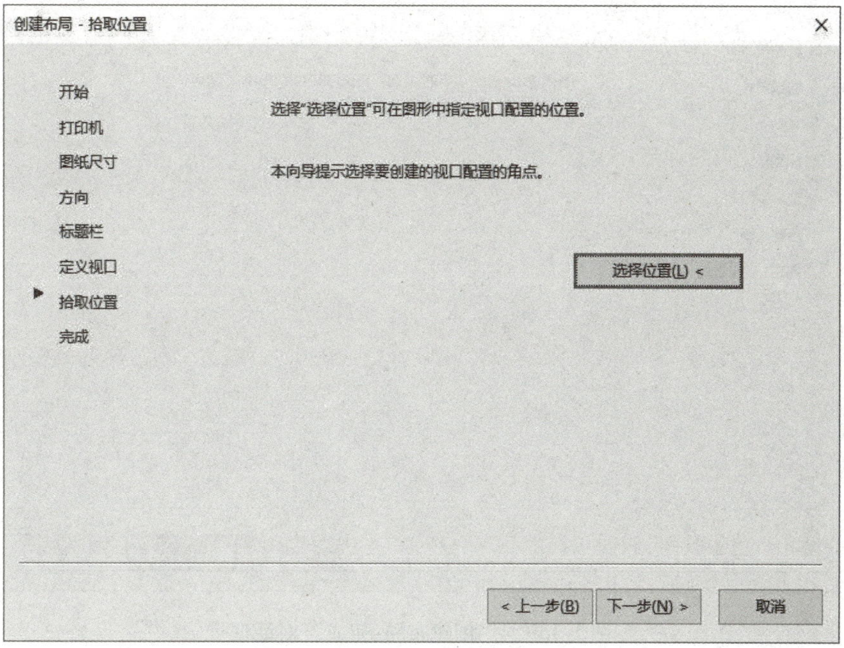

图 1-157　"创建布局-拾取位置"对话框

7）在"创建布局-拾取位置"对话框中，单击"选择位置"按钮设置浮动视口的位置和大小。如果不指定位置和大小，则 AutoCAD 认为是充满整个图纸布局（图 1-158 中指定 A3 内图框的左下角和右上角角标的左下角为视口，经过这样设置将来在模型空间图形可以自动缩入该视口）。设置完成后单击"下一步"按钮。

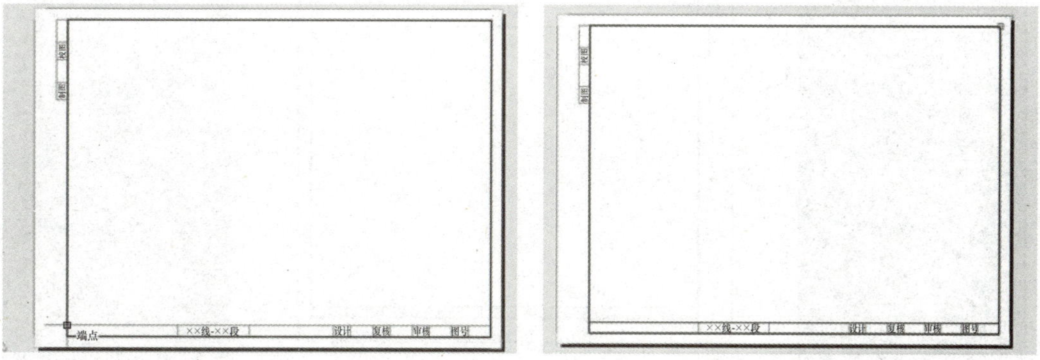

a)　　　　　　　　　　　b)

图 1-158　拾取矩形区域

8）按照上面的步骤设置布局以后，在"创建布局-完成"对话框中（图1-159），单击"完成"按钮，则创建了新的布局（图1-160）。在每一步骤中，可以单击"上一步"按钮返回前面的对话框，以便重新设置有关参数。

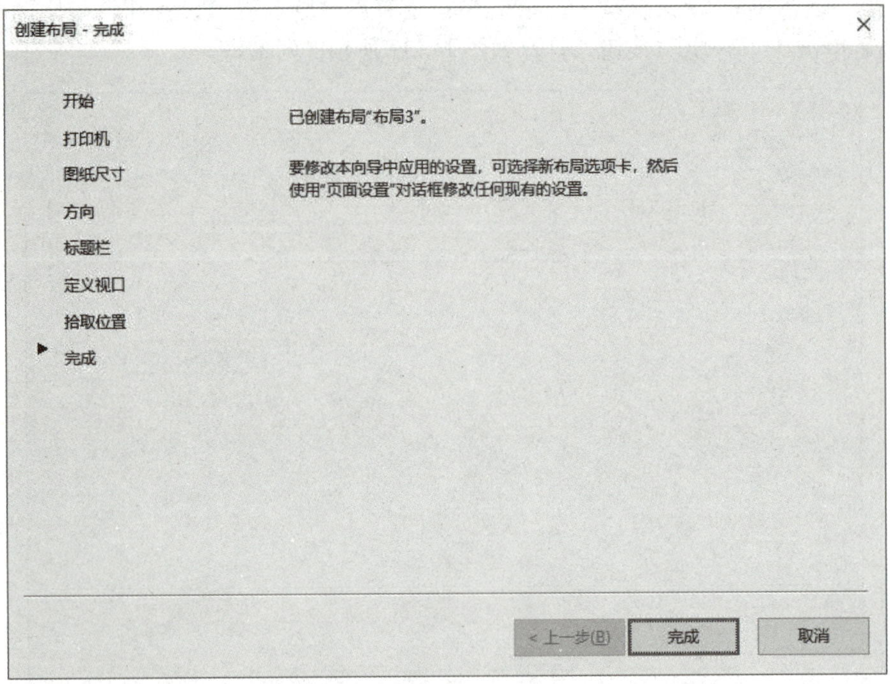

图 1-159　"创建布局-完成"对话框

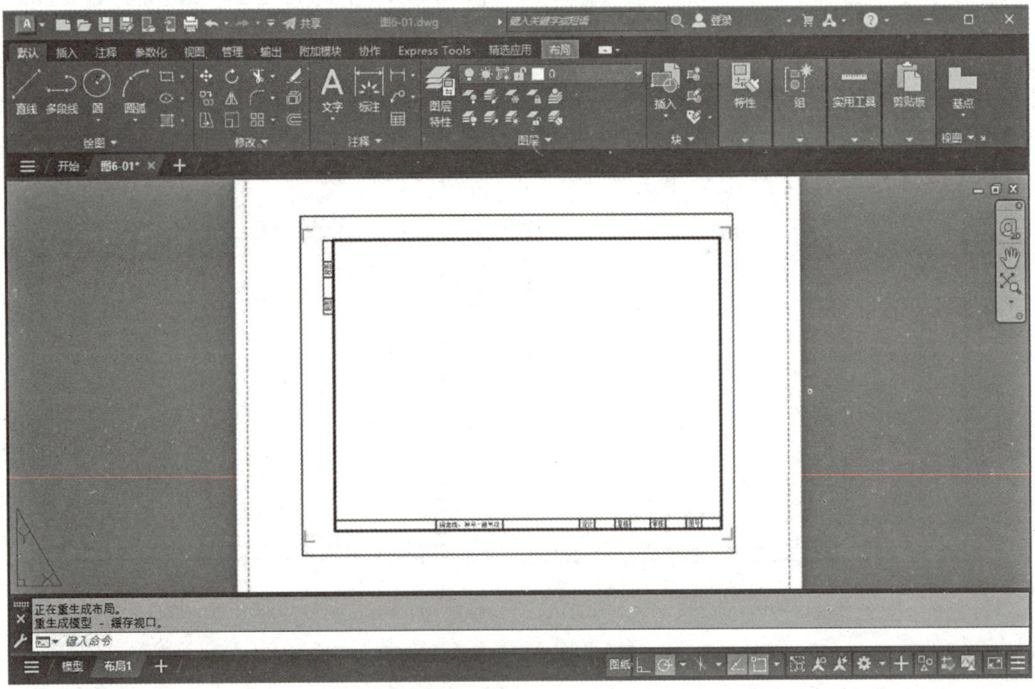

图 1-160　已经带有标题栏模板的布局

三、布局的页面设置

在当前布局的选项卡上单击鼠标右键，然后在弹出的快捷菜单（图1-161）中选择"页面设置管理器"命令。

打开布局3的"页面设置管理器"对话框可以设置布局的有关选项，包括打印设备、布局纸张大小、打印区域、打印比例等。这样，不用实际打印就可以看到打印后的结果。这种精确的、所见即所得的预览功能省去了打印时反复调整的工作量，大大提高了制图效率。

技能归纳

1）能完成打印机的安装与设置。

2）能进行图纸打印比例设置、图形颜色设置、线条宽度设置。

3）能进行布局的设置与使用，打印前的视口设置。

本任务相关主要技能点归纳见表1-12。

思育启智园：

专业文化——从活字印刷术到打印机

我国古代四大发明之一活字印刷术，以其精妙的设计、高效的生产方式，革新了书籍制作的传统工艺，推动了文化的广泛传播与文明的深度交流。这一伟大发明，是中国古代智慧的结晶，是人类文明史上的一座里程碑。时至今日，信息技术的飞速发展，数字化、智能化的打印机成为现代办公与生活中的重要工具，从黑白打印到彩色打印，从单一功能到多功能集成，从有线连接到无线传输，打印机的每一次迭代升级，都是科技创新与时代进步的直接体现。

从活字印刷到打印机，这一技术的飞跃，不仅见证了中华民族从古代文明向现代科技的华丽转身，更彰显了中国人民勇于探索、敢于创新的民族精神。在新时代的征程上，我们将继续秉承这份民族自豪感，以科技创新为引领，不断攀登科技高峰，让中华民族的科技创新之光，在世界科技舞台上持续闪耀。

图1-161　"页面设置管理器"对话框

专业文化——从活字印刷术到打印机

表1-12　技能归纳

技能点	主要内容	主要命令或操作
正确地设置绘图仪或打印机	使用系统默认打印机 AutoCAD 2024中绘图仪或打印机的安装方法	激光打印机和滚筒绘图仪的驱动程序安装
图形的输出操作	输出参数设置 图形输出	PLOT（打印命令） 打印线条颜色、线型、线宽的设置 打印图纸大小、打印范围及比例的设置
利用布局打印	布局的概念与作用 新布局的建立 布局的页面设置	LAYOUT（布局命令） LAYOUTWIZARD（新的布局选项卡并指定页面和打印设置）

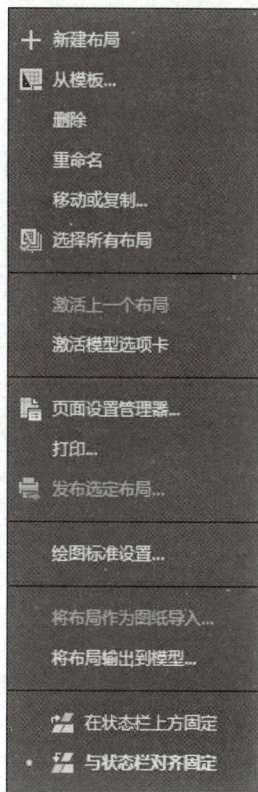

考核评价

1. 自我评价

1）此次操练是否顺利？

2）若不顺利，请列出遇到的问题。

3）分析出现问题的原因，并提出修正方案。

4）认为还需加强哪些方面的指导？

2. 学习任务评价（表 1-13）

表 1-13　学习任务评价表

考核项目	分数			学生自评	小组互评	教师评价	小计
	差	中	好				
团队合作精神	3	6	10				
活动参与是否积极	3	6	10				
基本概念理解是否正确	3	6	10				
命令执行过程是否顺畅	3	6	10				
打印机设置	6	13	20				
图形打印结果是否符合要求	6	13	20				
布局使用是否完成	6	13	20				
总分	100						
教师签字：				年　　月　　日		得分	

作　业

1）总结打印机的设置步骤。

2）在图纸空间绘制专业图形并采用布局打印，上交 A3 图纸一张。

*任务六　高效绘图方法

任务描述

为提高 AutoCAD 绘图效率和加强专业技术交流能力，通过本任务的学习，能够学会利用 Excel、Word 与 AutoCAD 联合绘图方法，利用命令流、VBA（Visual Basic for Applications 的缩写）等进行程序化绘图。

任务目标

1）掌握 Excel 与 AutoCAD 联合绘图方法，理解命令流绘图。

2）熟悉 Word 文档中插入 AutoCAD 图形的方法。

3）了解 VBA 程序绘图方法。

内容结构 （图 1-162）

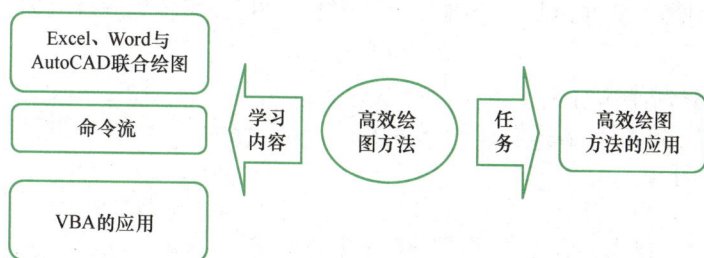

图 1-162　内容结构

🍀 主要技能

能使用 Excel 命令流与 AutoCAD 交互绘图，能够使用 AutoCAD VBA 进行绘图，能将 Excel 表格复制到 AutoCAD 内，能将 AutoCAD 图形插入到 Word 文档中。

📖 基础知识

在工程图形绘制过程中，经常碰到这样的情况：许多图形绘制过程相同（如道路横断面图、T 梁图等），但各部分尺寸不同。对于这样的情况，在 AutoCAD 中采用参数化绘图，即采用命令流（也称作脚本文件）、VBA、AutoCAD 自带的参数法等方法，输入不同的图形尺寸（参数），即可绘制对应尺寸的图形。这和数学中同一公式，输入不同的参数就输出相应的结果相似，所以称为参数化绘图。

1. 脚本文件方法

（1）基本概念

脚本文件方法，即把经常需要重复使用的命令序列编写成文本文件，在 AutoCAD 中用 SCRIPT 命令调用该文件，即可执行文件中的全部命令。

把一系列的 AutoCAD 命令和参数组合在一起构成一命令序列，相当于一个程序，调用这个程序，就可按指定顺序执行这些命令，这个命令序列称为脚本（或命令流）。

脚本文件方法

把脚本以文件的形式存储在磁盘上，就称为脚本文件，其文件类型为"．SCR"。脚本文件是一种 ASCII 码文本文件。

编写脚本文件，其格式应符合以下规则：

① 脚本文件以 ASCII 码格式建立。可以在任意编辑器里编写，也可以用任一种高级语言生成。正确编写脚本文件的前提是必须十分清楚所用 AutoCAD 命令的使用情况，并注意不同版本的同一命令的执行过程可能不同，故编辑脚本文本应进行相应调整。

② 字母大小写不限。

③ 空格即代表回车。每行结尾无论有无空格都自动加一空格。

④ 以";"开头的为注释行，注释不能与命令或其他输入位于同一行。

建立了脚本文件以后，在 AutoCAD 中用 SCRIPT 命令即可测试和运行此文件。脚本中如有错误，会自行中止并返回命令提示，此时应观看文本窗口以寻找出错处的线索，然后修改、保存并重新测试和运行脚本文件。

用户可通过按 <Backspace> 或 <Esc> 键停止脚本的运行，这时脚本命令会完成当前的命令并返回到命令提示。用户可运行其他命令，然后用 RESUME 命令继续执行脚本文件。

（2）任务示例

【示例 1】　用脚本文件绘制一个圆心为（100，100），半径为 50 的圆，并完成缩放。操作步骤如下：

① 编辑并存储脚本文件

用 Windows"记事本"程序建立一个文本文件，并存储为"LX-1. SCR"。文件内容如下：

CIRCLE□100,100 50

ZOOM□ALL

注意：为了更直观表示，本文中用□表示半角空格。

② 调用该脚本文件绘图

在 AutoCAD 命令提示符下，键入 SCRIPT，将显示图 1-163 所示"选择脚本文件"对话框。

图 1-163　"选择脚本文件"对话框

在对话框中文件选择区域选择"lx-1. SCR"文件，再用鼠标单击"打开"按钮，系统即可自动执行"lx-1. SCR"文件，绘制实例所要求的绘图过程。

2. VBA 方法

（1）基本概念

VBA（Visual Basic for Applications），基于 ActiveX Automation 方法调用 Auto-CAD 的对象体系结构实现 AutoCAD 图形绘制。

ActiveX Automation 是一套微软标准，该标准允许通过外显的对象由一个 Windows 应用程序控制另一个 Windows 应用程序。

VBA 基于 Visual Basic 高级程序语言的语法和基本功能，并依附于符合 ActiveX Automation 标准的 Windows 应用程序，如 Microsoft Office 办公软件（Word、Excel、PowerPoint）、AutoCAD 等。

VBA 代码开发周期短，而且代码执行速度较脚本文件大为提高。

要学会 AutoCAD VBA 编程方法，需要有 Visual Basic 编程基础，同时还要掌握 AutoCAD

VBA方法简介及示例

VBA 对象体系结构。

AutoCAD 2024 版本必须单独安装 VBA 模块，才可以运行。

从"管理"选项卡中应用程序面板上，单击"Visual Basic 编辑器"，出现 VBA 模块具体网址如图 1-164 所示，点击进入下载文件 Autodesk_AutoCAD_2024_VBA_Enabler. exe。

（2）任务示例

【示例 2】 利用 VBA 绘制基本图形（以直线为例）。

操作步骤如下：

① 编辑 VBA 代码

从下拉菜单中选择"工具"／"宏"／"Visual Basic 编辑器"命令（图 1-165），单击进入 VBA 编辑器。

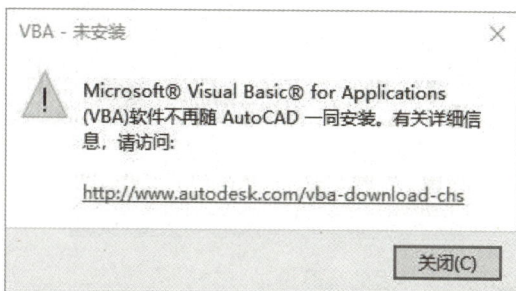

图 1-164　VBA 模块网址

图 1-165　打开 VBA 编辑器

单击"插入"／"用户窗体"按钮（图 1-166），可以看到编辑器窗口（图 1-167）增加了"UserForm2"窗体，从工具箱单击图标，并拖至窗体（图 1-168）。双击"Command-Button1"按钮见图 1-169 所示代码窗口，在代码窗口输入图中代码（图 1-170）。

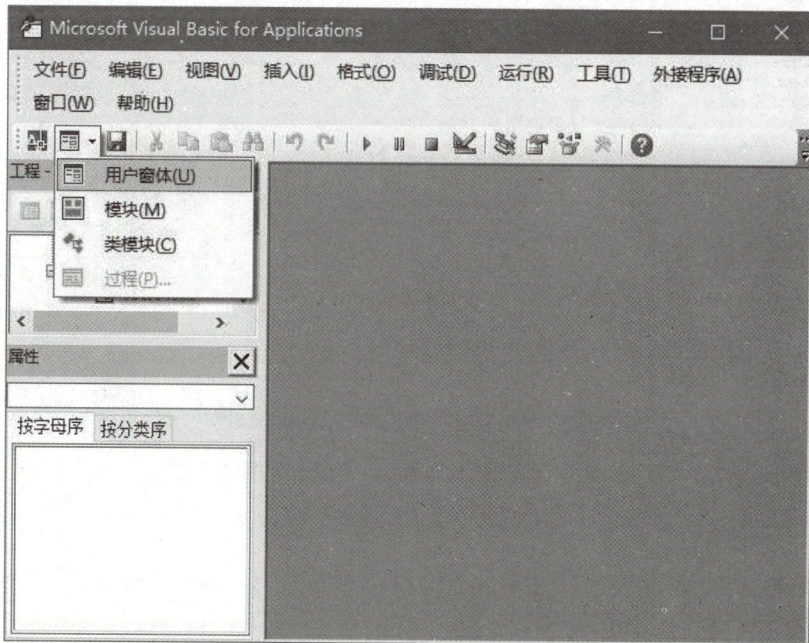

图 1-166　插入"用户窗体"

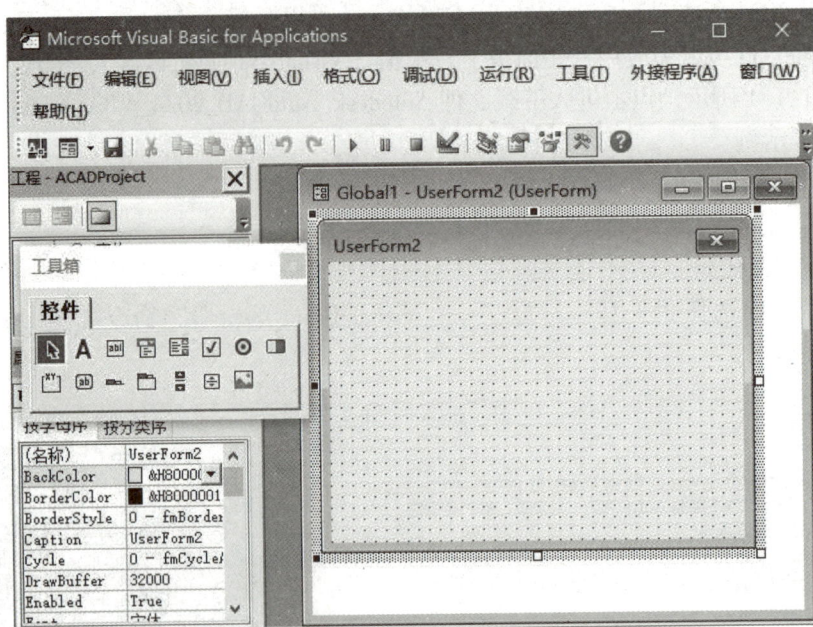

图 1-167　增加用户窗体后的情形

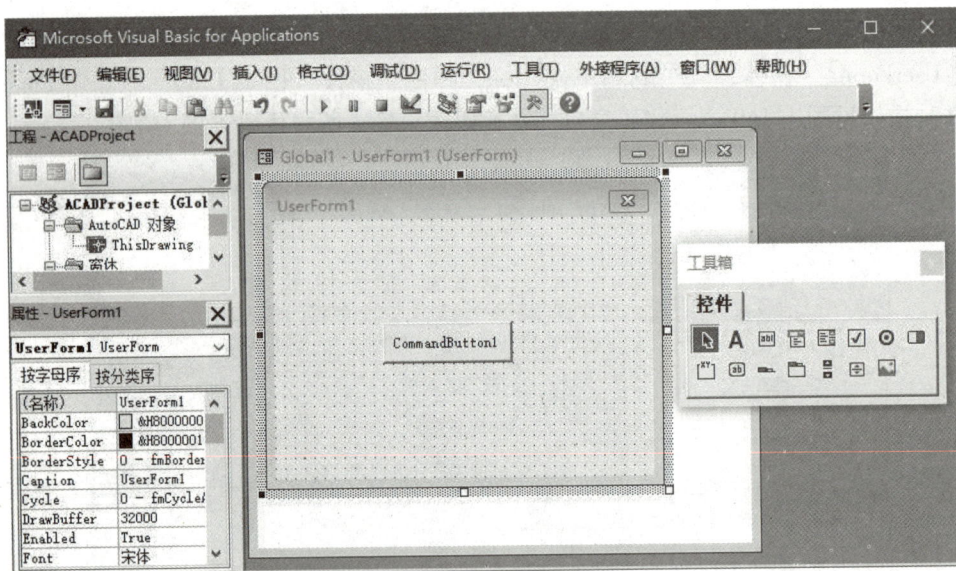

图 1-168　添加"命令"按钮后的情形

② 运行 VBA 代码

单击工具栏上的运行按钮，并单击图 1-171 中的"CommandButton1"按钮，则执行 VBA 代码在图形工作区画出直线。

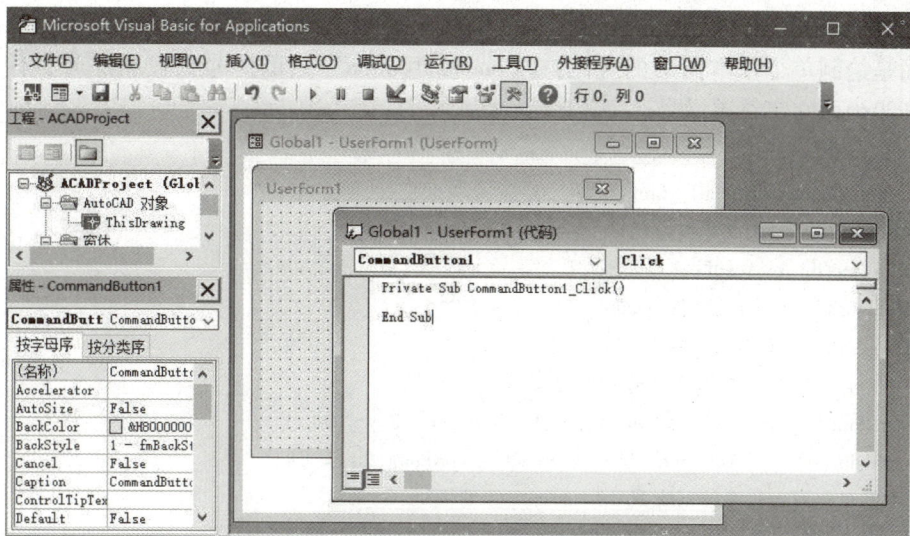

图 1-169　双击按钮后进入代码窗口

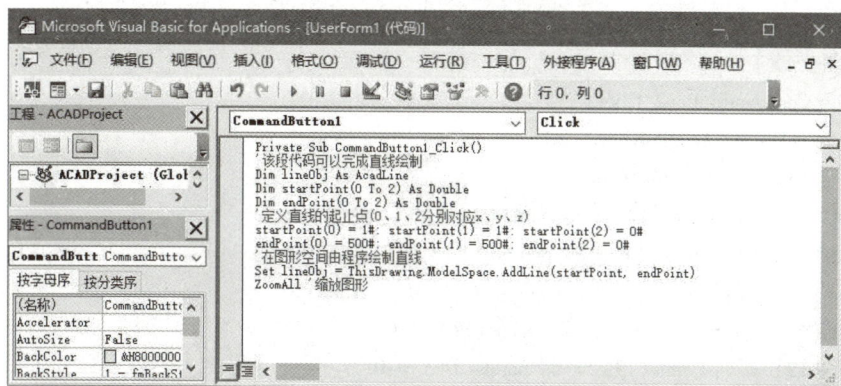

图 1-170　在代码窗口输入图中代码

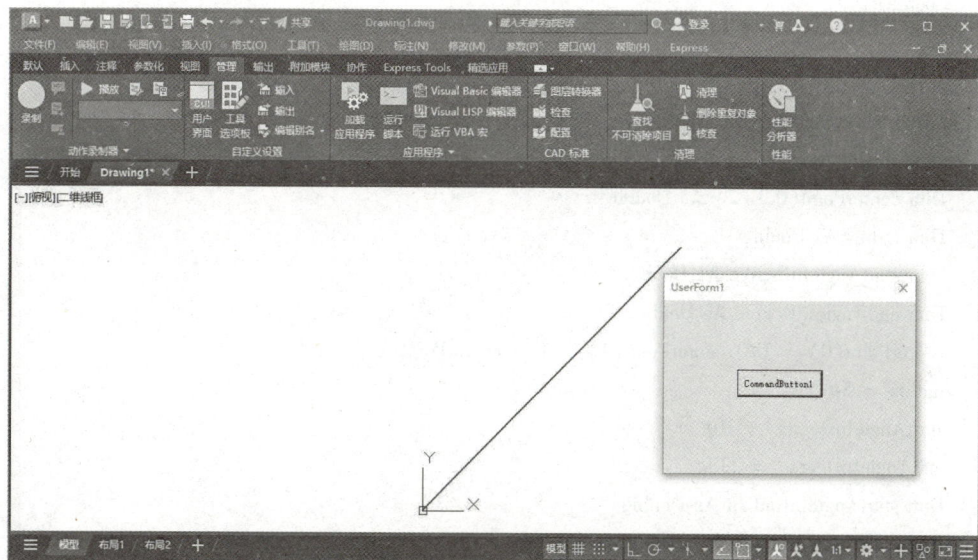

图 1-171　单击命令按钮后得到直线图形

（3）基本图形 VBA 代码

下面是绘制单个基本图形的代码，"CommandButton"后的序号为按钮序号，代码中说明语句开头为西文字符单撇号。

【绘制直线】

```
Private Sub CommandButton1_Click()
    '该段代码可以完成直线绘制
    Dim lineObj As AcadLine
    Dim startPoint(0 To 2) As Double
    Dim endPoint(0 To 2) As Double
    '定义直线的起止点(0、1、2分别对应x、y、z)
    startPoint(0) = 1#：startPoint(1) = 1#：startPoint(2) = 0#
    endPoint(0) = 500#：endPoint(1) = 500#：endPoint(2) = 0#
    '在图形空间由程序绘制直线
    Set lineObj = ThisDrawing.ModelSpace.AddLine(startPoint, endPoint)
    ZoomAll  缩放图形
End Sub
```

【绘制多义线】

```
Private Sub CommandButton2_Click()
    Dim plineObj As AcadPolyline
    Dim points(0 To 14) As Double
    points(0) = 1：points(1) = 1：points(2) = 0
    points(3) = 1：points(4) = 2：points(5) = 0
    points(6) = 2：points(7) = 2：points(8) = 0
    points(9) = 3：points(10) = 2：points(11) = 0
    points(12) = 4：points(13) = 4：points(14) = 0
    Set plineObj = ThisDrawing.ModelSpace.AddPolyline(points)
    ZoomAll
End Sub
```

【绘制圆弧】

```
Private Sub CommandButton3_Click()
    Dim arcObj As AcadArc
    Dim centerPoint(0 To 2) As Double
    Dim radius As Double
    Dim startAngleInDegree As Double
    Dim endAngleInDegree As Double
    centerPoint(0) = 0#：centerPoint(1) = 0#：centerPoint(2) = 0#
    radius = 5#
    startAngleInDegree = 10#
    endAngleInDegree = 230#
    Dim startAngleInRadian As Double
    Dim endAngleInRadian As Double
    startAngleInRadian = startAngleInDegree * 3.141592 / 180#
```

```
        endAngleInRadian = endAngleInDegree * 3.141592 / 180#
        Set arcObj = ThisDrawing.ModelSpace.AddArc(centerPoint, radius, startAngleInRadian, endAngleInRadian)
        ZoomAll
End Sub
```

【绘制圆】

```
Private Sub CommandButton4_Click()
        Dim circleObj As AcadCircle
        Dim centerPoint(0 To 2) As Double
        Dim radius As Double
        centerPoint(0) = 0#: centerPoint(1) = 0#: centerPoint(2) = 0#
        radius = 5#
        Set circleObj = ThisDrawing.ModelSpace.AddCircle(centerPoint, radius)
        ZoomAll
End Sub
```

【绘制单行水平文字】

```
Private Sub CommandButton5_Click()
        Dim textObj As AcadText
        Dim textString As String
        Dim insertionPoint(0 To 2) As Double
        Dim height As Double
        textString = "Hello, World. "
        insertionPoint(0) = 2: insertionPoint(1) = 2: insertionPoint(2) = 0
        height = 0.5
        Set textObj = ThisDrawing.ModelSpace.AddText(textString, insertionPoint, height)
        ZoomAll
End Sub
```

【绘制旋转文字】

```
Private Sub CommandButton6_Click()
        Dim textObj As AcadText
        Dim textString As String
        Dim insertionPoint(0 To 2) As Double
        Dim height As Double
        textString = "Hello, World. "
        insertionPoint(0) = 3: insertionPoint(1) = 3: insertionPoint(2) = 0
        height = 0.5
        Set textObj = ThisDrawing.ModelSpace.AddText(textString, insertionPoint, height)
        ZoomAll
        MsgBox "The Rotation is " & textObj.rotation, vbInformation, "Rotation Example"
        textObj.rotation = 0.707
        ZoomAll
        MsgBox "The Rotation is set to " & textObj.rotation, vbInformation, "Rotation Example"
End Sub
```

技能训练

1. Excel与AutoCAD联合作业绘制AutoCAD表格

Excel与AutoCAD联合作业绘制AutoCAD表格

AutoCAD尽管有强大的图形绘制功能，但表格处理功能相对较弱（虽然随着版本的提升，表格功能有所加强），而在实际工作中，往往需要在AutoCAD中制作各种表格（如工程数量表等）。例如，在桥梁设计中不仅要对每个构件的工程进行分项统计，还要对全桥总工程数量汇总统计。所以，在设计图样中插入表格是工程设计中不可缺少的。如何高效制作表格，是一个很实用的问题。

Excel的表格制作功能是十分强大的，我们可以在Excel中制表及统计，然后将表格放入AutoCAD 2024中。高版本的Excel可以很方便地复制至AutoCAD 2024，此处仅就“选择性粘贴”中的“AutoCAD图元”选项进行介绍。

【示例3】 绘制桥台盖梁钢筋构造图中的“桥台工程数量表”（图1-172）。

桥台工程数量表						
编号	直径(mm)	长度(m)	根数	总长(m)	单位重(kg/m)	总重(kg)
1	Φ32	103.20	18	1857.60	6.31	11721.46
2		128.04	2	256.08	6.31	1615.86
3		128.04	2	256.08	6.31	1615.86
4	Φ16	101.00	12	1212.00	1.58	1914.96
5	Φ10	50.40	190	9576.00	0.617	5908.39

图1-172 桥台工程数量表

操作步骤如下：

1）在Excel中绘制“桥台工程数量表”。

图1-173为钢筋数量表原始数据，为了求总长值，先单击“总长”所在列“总长(m)”下面一行的单元格，然后在Excel中选择“数据”/“合并计算”下拉菜单项，出现图1-175所示的对话框，在“函数”下拉列表中选择“乘积”选项（图1-176），并在图1-177中分别选择“长度”和“根数”两列为引用位置，单击“确定”按钮，即可得到图1-174中的各钢筋的总长值。再利用插入公式的方法求得各钢筋的总重，如图1-177所示。

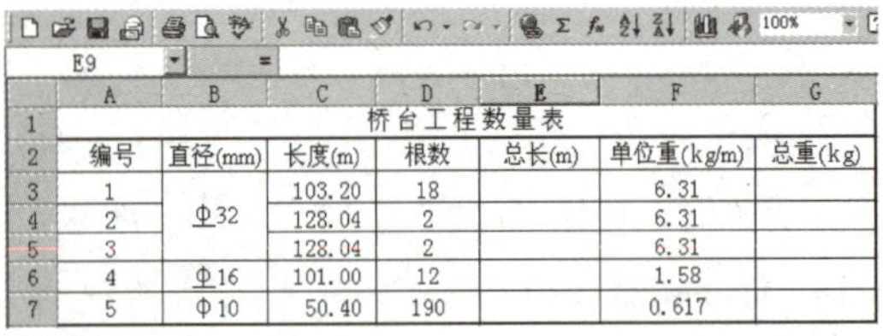

图1-173 钢筋数量表原始数据

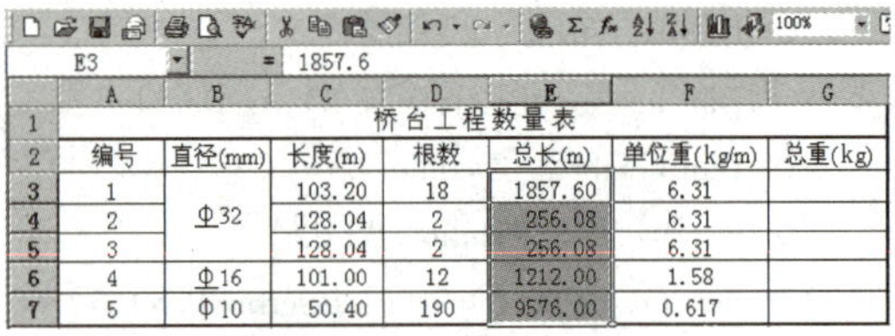

图1-174 计算后的钢筋总长表

2）复制Excel“桥台工程数量表”并粘贴到AutoCAD。

先复制图1-177中选中区域至剪切板，然后在AutoCAD中的菜单条中选择“编辑”下的“选择性粘贴”选项，选择AutoCAD图元（图1-178），单击“确定”，即可完成Excel表格的粘贴。

图 1-175　选择"函数"下拉式菜单中的
"乘积"选项

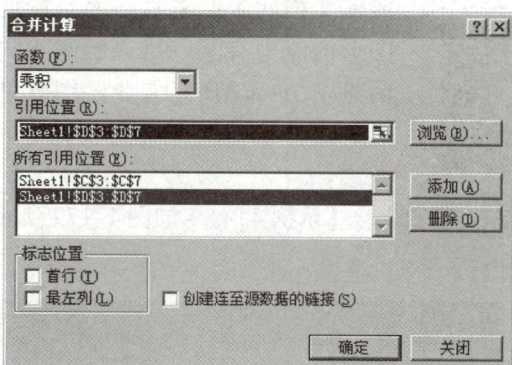

图 1-176　填加乘积项

图 1-177　在 Excel 中计算完的数量表

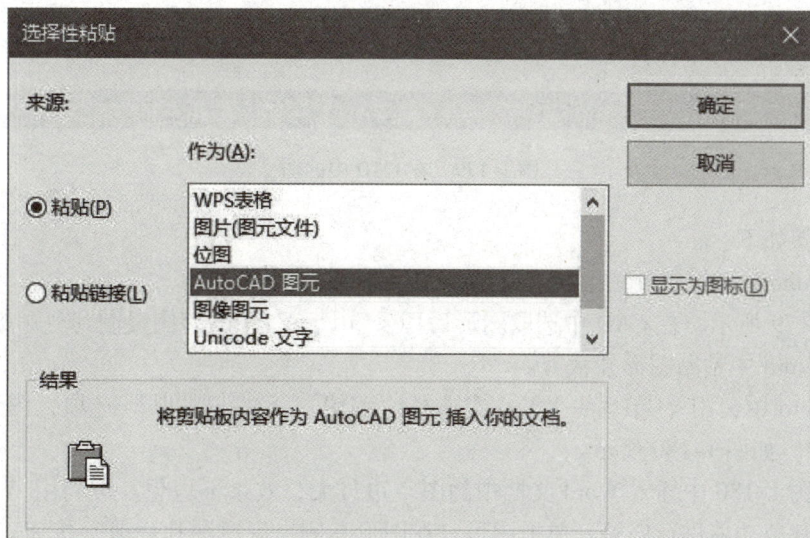

图 1-178　选择 AutoCAD 图元粘贴

2. 在 Word 文档中插入 AutoCAD 图形

Word 软件有出色的图文并排方式，可以把各种图形插入到所编辑的文档中，这样不但能使文档的版面丰富，而且能使所传递的信息更准确。但是，Word 本身绘制图形的能力有限，难以绘制正式的工程图，特别是复杂的图形，该缺点更加明显。AutoCAD 是专业绘图软件，功能强大，很适合绘制比较复杂的精确图形。用 AutoCAD 绘制好图形，然后插入 Word 制作复合文档是解决问题的好办法。

【示例 4】 将如图 1-179 所示图形插入 Word 中。

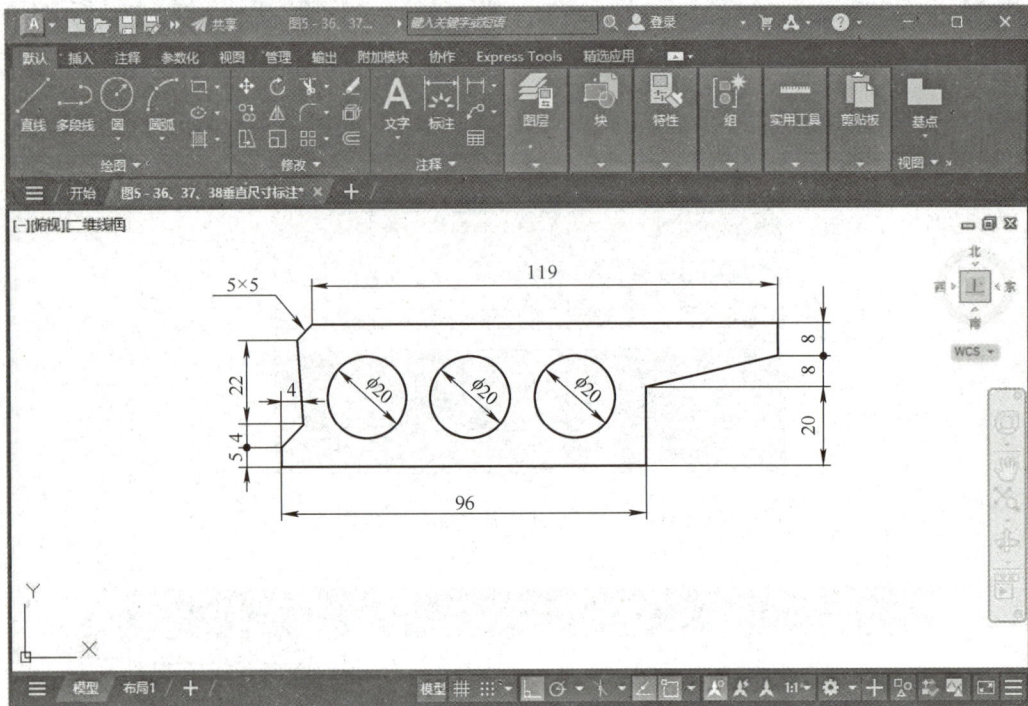

图 1-179　在 CAD 中的图

操作步骤如下：

1）在 AutoCAD 中复制图形。

如图 1-179 所示，在 CAD 中选取图形后用 < Ctrl > + < C > 将图复制到剪贴板中。

2）在 Word 中粘贴图形并裁剪。

进入 Word 中，用 < Ctrl > + < V > 或选择"编辑"下的"粘贴"选项，图形则粘贴在 Word 文档中，如图 1-180 所示。

显然，图 1-180 中插入 Word 文档中的图空边过大，效果不理想。可利用 Word"图片"工具栏上的裁剪功能进行修整：单击图形，在图形右侧出现"图片裁剪"按钮，如图 1-181 所示，单击此按钮进行裁剪即可得到理想图形。

注意：由于 AutoCAD 默认背景颜色为黑色，而 Word 背景颜色为白色，所以在复制图形时，应将 AutoCAD 图形背景颜色改成白色。

在 AutoCAD 中的绘图区域，单击鼠标右键选择"选项"，或单击左上角大 A 图标右侧白

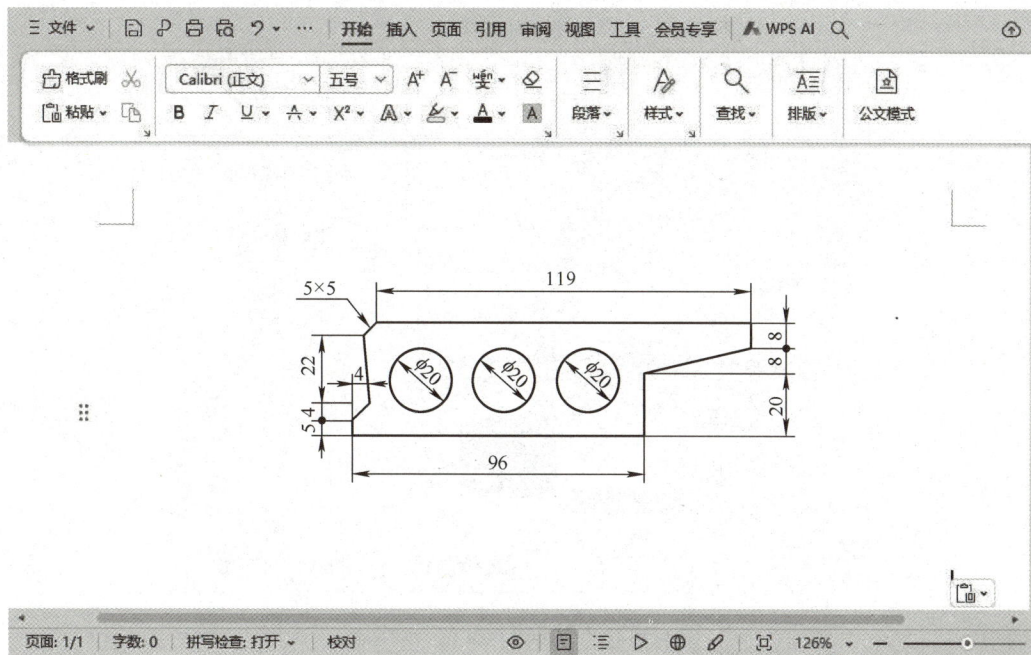

图 1-180 在 Word 中的图

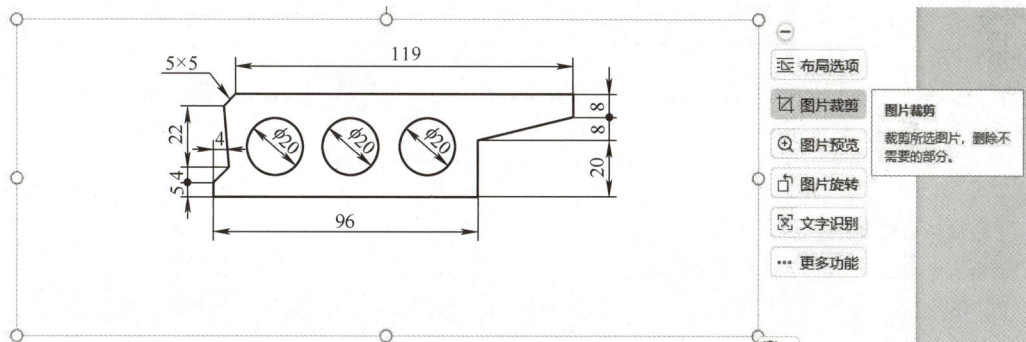

图 1-181 在 Word 中的图片裁剪

色小三角，选择菜单最下方"选项"，在弹出的"选项"对话框中，选择"显示"项，单击"颜色"按钮，系统弹出图 1-182 所示的对话框，从中选择"白色"即可。

3. 用脚本文件绘制复杂图形

【示例5】 编写脚本文件绘制如图 1-183 所示的图形。

操作步骤如下：

1）编辑并存储脚本文件。

在 AutoCAD 系统外，用文本编辑软件输入下述文件内容并保存为文件"LX-2. SCR"（该文件可由读者自定，但初学者最好把这个文件存放在 C 盘根目录下以方便调用）。

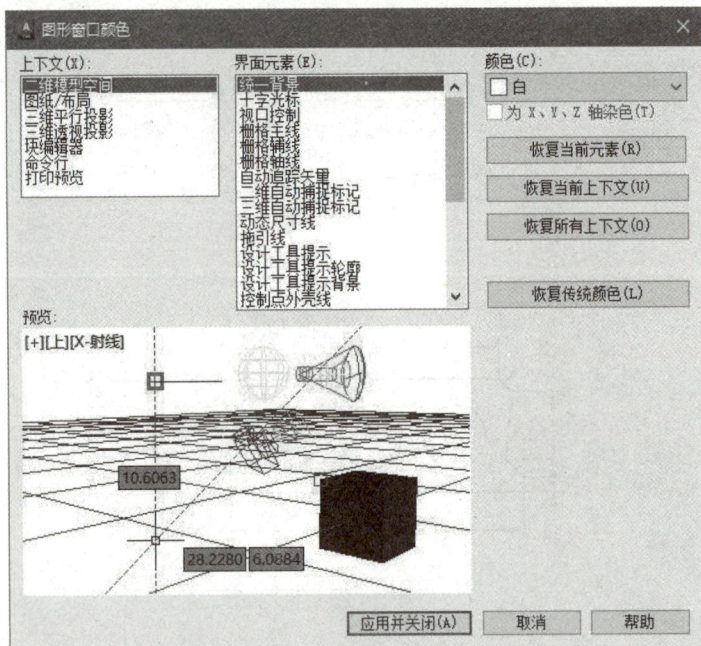

图 1-182 "图形窗口颜色"对话框

用脚本文件
绘制复杂图形

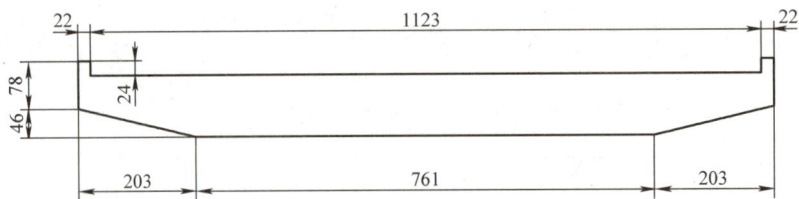

图 1-183 利用脚本文件得到的图形

```
; 绘制桥墩帽梁
; 输入命令
PLINE
; 输入起点坐标
100, 200
; 定义线宽
W
.3
.3
; 绘制梁顶
102.2, 200□102.2, 197.6□214.5, 197.6□214.5, 200□216.7, 200
; 绘制梁底和侧面
216.7, 192.2□196.4, 187.6□120.3, 187.6□100, 192.2□C
; 显示全图
ZOOM□ALL□
```

注意：所有文本行左侧不能留空格，所有标点符号均用半角字符格式。□表示半角空格。

2）调用该脚本文件绘图。

在 AutoCAD 命令提示符下，键入 SCRIPT；在出现的"选择脚本文件"对话框中选择文件"LX-2. SCR"并单击"打开"按钮，系统即可自动执行"LX-2. SCR"文件，绘制出实例所示图形。

执行 SCRIPT 命令后，交互区的内容（按 <F2> 功能键可查看）如下。

命令：SCRIPT↙

命令：PLINE

指定起点：100,200

当前线宽为：0. 0000

指定下一个点或［圆弧(A)/半宽(H)/长度(L)/放弃(U)/宽度(W)］：W

指定起点宽度 <0. 0000 >：. 3

指定端点宽度 <0. 3000 >：. 3

指定下一个点或［圆弧(A)/半宽(H)/长度(L)/放弃(U)/宽度(W)］：102. 2,200

指定下一个点或［圆弧(A)/闭合(C)/半宽(H)/长度(L)/放弃(U)/宽度(W)］：102. 2,197. 6

指定下一个点或［圆弧(A)/闭合(C)/半宽(H)/长度(L)/放弃(U)/宽度(W)］：214. 5,197. 6

指定下一个点或［圆弧(A)/闭合(C)/半宽(H)/长度(L)/放弃(U)/宽度(W)］：214. 5,200

指定下一个点或［圆弧(A)/闭合(C)/半宽(H)/长度(L)/放弃(U)/宽度(W)］：216. 7,200

指定下一个点或［圆弧(A)/闭合(C)/半宽(H)/长度(L)/放弃(U)/宽度(W)］：216. 7,192. 2

指定下一个点或［圆弧(A)/闭合(C)/半宽(H)/长度(L)/放弃(U)/宽度(W)］：196. 4,187. 6

指定下一个点或［圆弧(A)/闭合(C)/半宽(H)/长度(L)/放弃(U)/宽度(W)］：120. 3,187. 6

指定下一个点或［圆弧(A)/闭合(C)/半宽(H)/长度(L)/放弃(U)/宽度(W)］：100,192. 2

指定下一个点或［圆弧(A)/闭合(C)/半宽(H)/长度(L)/放弃(U)/宽度(W)］：C

命令：ZOOM

指定窗口角点，输入比例因子（nX 或 nXP），或

［全部(A)/中心点(C)/动态(D)/范围(E)/上一个(P)/比例(S)/窗口(W)］ <实时 >：ALL

技能深化

利用 VBA 绘制如图 1-184 所示互通立交的平面图，此处为了方便初学者采用了多段线函数调用（熟练的读者可以采用样条曲线的函数调用）绘制。

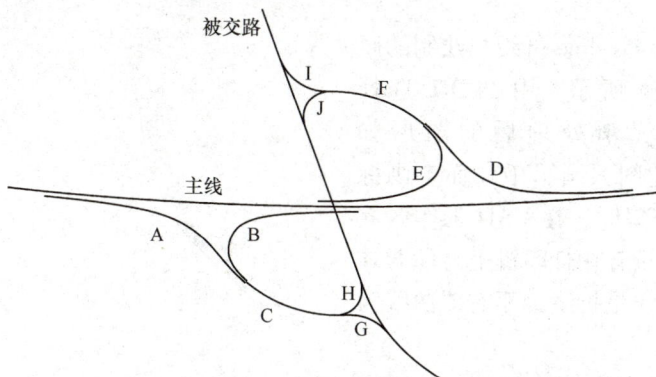

图 1-184　互通立交平面图

【示例 6】 利用 VBA 绘制如图 1-184 所示互通立交。

1. 绘制图 1-184 所示互通立交的 A 匝道。

1）A 匝道的逐桩坐标（放在数据文件"zzsj. a"中）。数据文件中每三个数据为一组，依次为桩号、X 坐标、Y 坐标（注意数据和逗号必须为英文状态）。

0. 000,185426. 998,648492. 130,20. 000,185407. 079,648490. 335 ,40. 000,185387. 162,648488. 508
60. 000,185367. 252,648486. 618 ,80. 000,185347. 351,648484. 632 ,100. 000,185327. 463,648482. 518
120. 000,185307. 592,648480. 246 ,125. 000,185302. 628,648479. 649 ,140. 000,185287. 744,648477. 785
160. 000,185267. 922,648475. 126 ,180. 000,185248. 127,648472. 269 ,200. 000,185228. 362,648469. 214
205. 000,185223. 426,648468. 419 ,220. 000,185208. 631,648465. 947 ,240. 000,185188. 960,648462. 336
260. 000,185169. 396,648458. 185 ,280. 000,185150. 003,648453. 303 ,300. 000,185130. 864,648447. 507
320. 000,185112. 090,648440. 620 ,340. 000,185093. 825,648432. 484 ,345. 000,185089. 358,648430. 237
360. 000,185076. 238,648422. 970 ,380. 000,185059. 468,648412. 082 ,400. 000,185043. 622,648399. 889
409. 098,185036. 747,648393. 931 ,420. 000,185028. 791,648386. 478 ,440. 000,185014. 870,648372. 121
460. 000,185001. 540,648357. 212 ,471. 598,184993. 936,648348. 455 ,480. 000,184988. 432,648342. 107
500. 000,184975. 163,648327. 143 ,515. 861,184964. 277,648315. 608 ,520. 000,184961. 360,648312. 672
540. 000,184946. 790,648298. 976 ,556. 923,184933. 871,648288. 046

2）绘制 A 匝道的源程序。

```
Open "c:\luxian\zzsj. a" For Input As #33
Dim points(0 To 30002) As Double
Dim pline3dObj As AcadPolyline
I = 0
Do until EOF(33)
Input #33, zh,x,y
points(i) = y
If (i +3) Mod 3 = 0 Then i = i + 1: points(i) = x
If (i +2) Mod 3 = 0 Then i = i + 1: points(i) = 0
i = i + 1
Loop
Set pline3dObj = ThisDrawing. ModelSpace. AddPolyline(points)
 ZoomAll
Close # 33
```

3）用多义线（Polyline 折线）绘制的匝道中线如图 1-185a 所示。用 PEDIT 选择"Spline"选项作光滑处理后的图形如图 1-185b 所示，此图只画了中线而未画标注。在桩号比较密集时，在 CAD 工作区看不出二者的区别，只有在打印机上打印时才可以看出左图中曲线是折线，而右图曲线为光滑的曲线。

2. 整个互通平面图的绘制（某互通立交的平面图线位图）

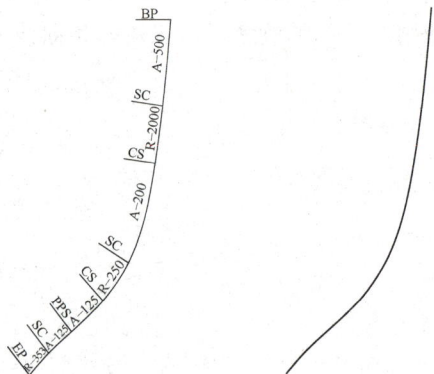

a)   b)

图 1-185　互通立交的 A 匝道
平面线位及曲线要素示意图

1）绘制用的数据。A 匝道的已在前文中给出，B、C、D、E、F、G、H、I、J 匝道的数据以及被交路数据见对应二维码。

2）绘制的互通立交范围主线被交路以及各匝道的中线如图 1-184 所示。

匝道数据

技能归纳

1）通过 Excel、Word 与 AutoCAD 的交换表格和图形提供了一种可行方法。

2）利用脚本文件和 VBA 进行高效绘图，对于复杂图形的大量绘制提供了可行方法。

思育启智园：

行业前沿与成就——AutoCAD二次开发技术进展与分析

行业前沿与成就——AutoCAD 二次开发技术进展与分析

AutoCAD 的二次开发技术已有很长的发展历史。在 R10 版本之前，开发人员使用的主要语言为 Autolisp，Autolisp 被嵌入到 AutoCAD 当中，是一种解释型过程语言，功能比较齐全，但程序执行效率低，不支持代码核验，不支持面向对象编程。因此，AutoCAD 在 R11 版本开始支持 AutoCAD 开发系统（ADS：AutoCAD Development System），这是一种基于 C 语言的结构化编程语言，相比 Autolisp 语言，其执行速度更快，支持代码检查，可读性好，而其缺点也同样明显，C 语言比 Lisp 语言复杂，较难掌握，源代码冗长复杂，同时也不支持面向对象编程。VBA 语言则为 R14 版本中内置的程序语言，该语言支持面向对象编程，语法结构相对简单，较容易掌握，在最近几年内也获得了广泛的应用，然而由于 VBA 语言内置到 AutoCAD 中，无法在外部调用，不能满足批量化作图的需要。

Python 语言是一种面向对象的动态语言，支持函数式、泛型等多种编程范式，可拓展性好，能在多种平台下运行，相比于 JAVA 语言和 C 语言等静态语言更加灵活方便，语法极其简单，能够与开发者友好交互。ARX 实时拓展接口是 AutoCAD 在 R13 版本中推出的以 C＋＋语言为基础的外部程序接口，任何语言在外部只需调用这个接口即可访问 AutoCAD 的核心函数。

经过多种语言对 AutoCAD 二次开发技术的适宜性进行分析，适合高职学生编程基础的 VBA 相对适宜，并适当介绍了脚本文件批处理方法为后续课程引入基于 Excel 命令流文件高效利用 AutoCAD 绘图打下良好的基础。

考核评价

1. 自我评价

1）此次操练是否顺利？

2）若不顺利，请列出遇到的问题。

3）分析出现问题的原因，并提出修正方案。

4）认为还需加强哪些方面的指导？

2. 学习任务评价（表 1-14）

作业

1）参照前例将某特定的 Excel 表格插入 AutoCAD。

2）分别利用脚本文件和 VBA 编制程序，绘制图 1-184 中的 A 匝道平面线位图。

表 1-14　学习任务评价表

考核项目	分数			学生自评	小组互评	教师评价	小计
	差	中	好				
团队合作精神	3	6	10				
活动参与是否积极	3	6	10				
Excel 与 AutoCAD 联合作业绘图	6	13	20				
在 Word 中插入 AutoCAD 图形	6	13	20				
利用脚本文件进行参数化绘图	6	13	20				
利用 VBA 进行参数化绘图	6	13	20				
总分	100						
教师签字：				年　　月　　日		得分	

过关练习

过关任务 1：完成下列图形的绘制（图 1-186）。

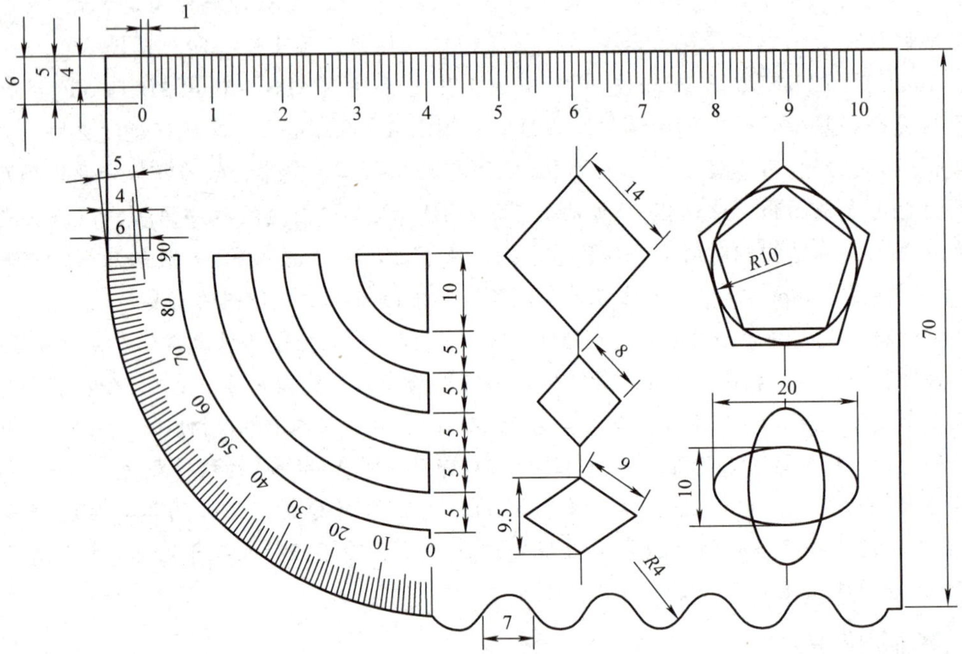

图 1-186　多功能绘图模板

过关任务 2：独立完成线上练习题。

学习情境一
线上练习题

学习情境二

道路工程图形绘制

学习目标

知识目标：

1. 掌握道路工程中路线、路基、路面、平面交叉设计等相关图形的绘制思路、方法和技巧。

2. 掌握命令流文件制作、图块等关键操作。

3. 掌握 CAD 规范化绘图的要求。

能力目标：

1. 能绘制道路工程中常用的各种图形。

2. 能熟练应用 AutoCAD 绘图平台解决实际工程绘图问题。

素质目标：

1. 具备交通强国的自豪感和学习内生动力。

2. 具备较好的脚踏实地、开拓进取的职业素养。

3. 具备一定的人与自然和谐共生的意识和社会责任感。

重 点

利用 AutoCAD 的命令绘制道路工程路线平面图、纵断面图、路面结构图和平面交叉设计图。

难 点

准确快速地解决道路工程设计中遇到的道路桥梁专业软件不能解决的各种绘图小问题。

课时安排 （表 2-1）

表 2-1 课时安排

任务一（4 学时）	路线工程图绘制
任务二（2 学时）	路基图形绘制
任务三（2 学时）	路面图形绘制
任务四（2 学时）	公路交叉口相关设计图绘制

任务一　路线工程图绘制

任务描述

针对施工单位完成竣工图和初学者技术交流等的需要，以公路路线平面设计图、纵断面设计图的绘制为切入点，能完成公路设计线形的三维形象描述。

任务目标

1）掌握平面设计图的绘制。
2）掌握纵断面设计图的绘制。
3）掌握占地图的绘制。

内容结构 （图 2-1）

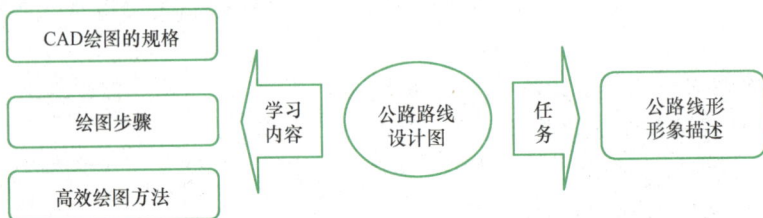

图 2-1　内容结构

主要技能

掌握路线平面图绘制步骤、规格，利用样条曲线绘制缓和曲线的技巧；掌握纵断面图绘制步骤、规格，利用图块方法绘制纵断地面线的技巧，完成里程（横坐标）、高程（纵坐标）不同比例的绘制；掌握用命令流高效绘制占地图的步骤、方法；掌握用定数等分和图块命令批量绘制示坡线方法。能够熟悉《道路工程制图标准》（GB 50162—1992）、《公路路线设计规范》（JTG D20—2017）。

基础知识

公路中线立体线形在施工图中分解为平面设计和纵断面设计两部分，竣工资料整理时（不管是否有设计变更）以往采用扫描后按图形方法编辑，效果偏差、效率低，技术交流、起草技术文件时达不到要求。针对这种情况，通过平面图、纵断面图、占地图、地形符号等绘制练习，来完成对公路路线的精确描述。

为了更好地进入角色，需要从绘图比例尺大小、线条粗细、文字格式、图框的绘制等方面做好基本知识准备工作。绘制道路工程图时，必须先对公路工程图形进行总体布局，然后再根据各种设计图的要求进行组织。道路工程制图的要点主要包括图纸大小、比例尺、线条粗细、文字高度的选择和尺寸标注等。

1. 比例尺

进行道路工程制图时，不同的比例尺对应不同的图形类型。一般情况下，地形图常用的比例尺为 1∶5000 和 1∶2000；路线平面图的比例尺为 1∶2000；纵断面图的比例尺水平方向为

1:2000，竖直方向为1:200；横断面图的比例尺一般为1:200；特殊工点地形图可根据实际情况进行选择，如1:500、1:1000等。

2. 线条粗细

如果图形是按照给定的比例尺绘制的，且打印图形时采用1:1比例，那么线条的粗细可以通过控制多段线的线宽或在图形输出时指定某一颜色的线宽控制。从实用角度和打印的效果出发，采用第一种方法较好。

3. 文字高度与格式的确定

在道路工程制图过程中，尺寸标注和文字注解都会涉及文字高度的设置问题。文字高度的确定最好是在图形已经按比例尺完成后确定，文字高度的定义要科学，不能忽大忽小，也不能喧宾夺主——文字高度不宜定得太大，更不能把文字高度定得太小，以至于打印出的图样看不清注解。

在绘图前，要定义好尺寸标注、注解文字等的文字格式，这样在录入文字或进行标注时才可以保持文字格式的一致，避免大量的格式修改，保持图样上的文字格式前后一致、整齐划一。

4. 《道路工程制图标准》（GB 50162—1992）规定的图框格式

根据道路工程所设计图样内容和性质的不同，可分为路线平面图、纵断面图、横断面图、路基路面结构图和特殊工点地形图等。但其基本的图框均是以A3图纸为基础，按照一定的比例适当地进行加长或加宽而形成的。《道路工程制图标准》（GB 50162—1992）规定，A3图纸的标题栏如图2-2所示。

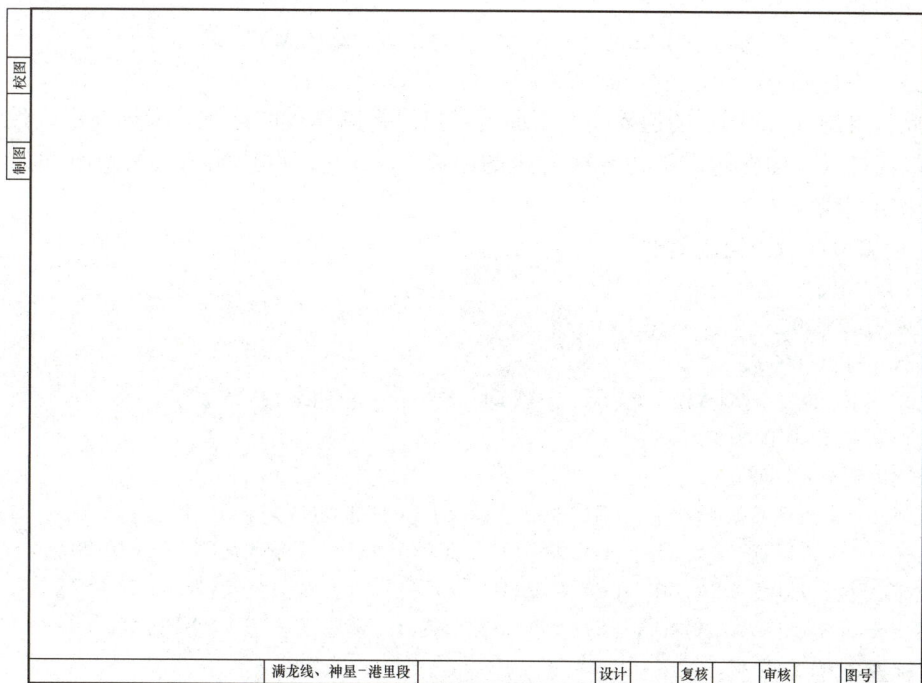

图 2-2　A3 图纸

提示：标题栏的尺寸与内容虽然有标准规定，但是并非强制的，只要不影响到绘图区的面积，都可以自行更改调整。

技能训练

一、道路工程图框的绘制

1. 图框的绘制

下面以 A3 图纸为例说明图框的绘制方法。

1）设置图形尺寸界限。在命令窗键入 LIMITS，按 < Enter > 键，设置 A3 图纸的尺寸界限 420×297。

命令：LIMITS ✓

重新设置模型空间界限：

指定左下角点或\[开（ON）/关（OFF）] < 0.0000，0.0000 >：0,0 ✓

指定右上角点 < 420.0000，297.0000 >：420,297 ✓

2）设置画板为 A3 图纸大小。在命令窗中键入 ZOOM 后，再键入 ALL，则画板显示为 A3 图纸的大小。

命令：Z ✓

ZOOM

指定窗口角点，输入比例因子（nX 或 nXP），或\[全部（A）/中心点（C）/动态（D）/范围（E）/上一个（P）/比例（S）/窗口（W）/对象（O）] < 实时 >：A ✓

3）用矩形命令，绘制 A3 图纸界限线。

命令：RECTANG ✓

指定第一个角点或\[倒角（C）/标高（E）/圆角（F）/厚度（T）/宽度（W）]：0,0 ✓

指定另一个角点或\[面积（A）/尺寸（D）/旋转（R）]：420,297 ✓

至此就绘制好 A3 图纸的边界线，下面就可以进行图框线的绘制。根据规定，带装订线的图纸幅面样式，图框距图纸边界线左边的距离为 25mm，距其他三边的距离均为 10mm，图框线为粗实线。

4）用多段线命令绘制图框。

命令：PLINE ✓

指定起点：25,10 ✓

当前线宽为：0.0000 ✓

指定下一个点或\[圆弧（A）/半宽（H）/长度（L）/放弃（U）/宽度（W）]：W ✓

指定起点宽度 < 0.0000 >：0.8 ✓

指定端点宽度 < 0.8000 >：✓

指定下一个点或\[圆弧（A）/半宽（H）/长度（L）/放弃（U）/宽度（W）]：410,10 ✓

指定下一个点或\[圆弧（A）/闭合（C）/半宽（H）/长度（L）/放弃（U）/宽度（W）]：410,287 ✓

指定下一个点或\[圆弧（A）/闭合（C）/半宽（H）/长度（L）/放弃（U）/宽度（W）]：25,287 ✓

指定下一个点或\[圆弧（A）/闭合（C）/半宽（H）/长度（L）/放弃（U）/宽度（W）]：C ✓

2. 标题栏的编写

绘制好 A3 图纸的边界线和图框后，就可以进行标题栏的绘制了。标题栏采用粗实线，下面简述其绘制及填写过程。以图 2-2 中的标题栏为例，其从右至左的水平尺寸依次为 20mm、15mm、20mm、15mm、20mm、15mm、20mm、15mm、75mm、65mm、105mm，竖

向尺寸为 10mm。

1）绘制标题栏的横向分割线。

命令：PLINE ↙

指定起点：25,20 ↙

当前线宽为：0.8000

指定下一个点或\[圆弧(A)/半宽(H)/长度(L)/放弃(U)/宽度(W)]：410,20 ↙

指定下一个点或\[圆弧(A)/闭合(C)/半宽(H)/长度(L)/放弃(U)/宽度(W)]：↙

2）绘制标题栏的竖向分割线。根据标题栏内规定的标题栏格式大小，从右至左逐一绘制各竖向分割线。

命令：PLINE ↙

指定起点：390,20 ↙

当前线宽为 0.8000

指定下一个点或\[圆弧(A)/半宽(H)/长度(L)/放弃(U)/宽度(W)]：390,10 ↙

指定下一个点或\[圆弧(A)/闭合(C)/半宽(H)/长度(L)/放弃(U)/宽度(W)]：↙

命令：PLINE ↙

指定起点：375,20 ↙

当前线宽为：0.8000

指定下一个点或\[圆弧(A)/半宽(H)/长度(L)/放弃(U)/宽度(W)]：375,10 ↙

指定下一个点或\[圆弧(A)/闭合(C)/半宽(H)/长度(L)/放弃(U)/宽度(W)]：↙

命令：PLINE ↙

指定起点：355,20 ↙

当前线宽为 0.8000

指定下一个点或\[圆弧(A)/半宽(H)/长度(L)/放弃(U)/宽度(W)]：355,20 ↙

指定下一个点或\[圆弧(A)/闭合(C)/半宽(H)/长度(L)/放弃(U)/宽度(W)]：↙

……

3）在标题栏内填写适当大小的文字，完成标题栏的填写。如果没有定义文字样式，必须先定义，否则不能正常显示输入的汉字。在道路工程制图中，字体样式一般选择仿宋。图 2-2 标题栏中文字高度采用 6 个单位。

命令：- TEXT ↙

当前文字样式："Standard"　文字高度：6.0000　注释性：否

指定文字的起点或\[对正(J)/样式(S)]：　　　　（用鼠标左键点取合适的位置）

指定高度 <6.0000 >：6 ↙　　　　（键入合适的文字高度）

指定文字的旋转角度 <0 >：↙　　　　（字体旋转角度为0）

输入文字：设计 ↙

命令：- TEXT ↙

当前文字样式："Standard"　文字高度：6.0000　注释性：否

指定文字的起点或\[对正(J)/样式(S)]：　　　　（用鼠标左键点取合适的位置）

指定高度 <6.0000 >：6 ↙　　　　（键入合适的文字高度）

指定文字的旋转角度 <0 >：↙　　　　（字体旋转角度为0）

输入文字：复核 ↙

……

3. 建立样本图框样式

若每次绘图时，都采用相同的图框，可以将所用的图框另存为一个"样本图形文件"，这样每次就可直接调用此图框而不必重复绘制同样式的图框。AutoCAD 称这类图形文件为"样本图形文件"。"样本图形文件"的绘制步骤如下：

1）进入 AutoCAD 2024 中，打开一个新图形文件。

2）按上述步骤，以实际尺寸将图框与标题栏绘出。

3）使用 STYLE（指定使用何种字型）与 – TEXT 命令（写字）写出标题栏内的文字内容。

4）保存。当按步骤 1）~3）画好一张 A3 图纸的图框并检查无误后，单击"文件（F）"下拉式菜单内的"另存为（A）"选项，将出现如图 2-3 所示的对话框。

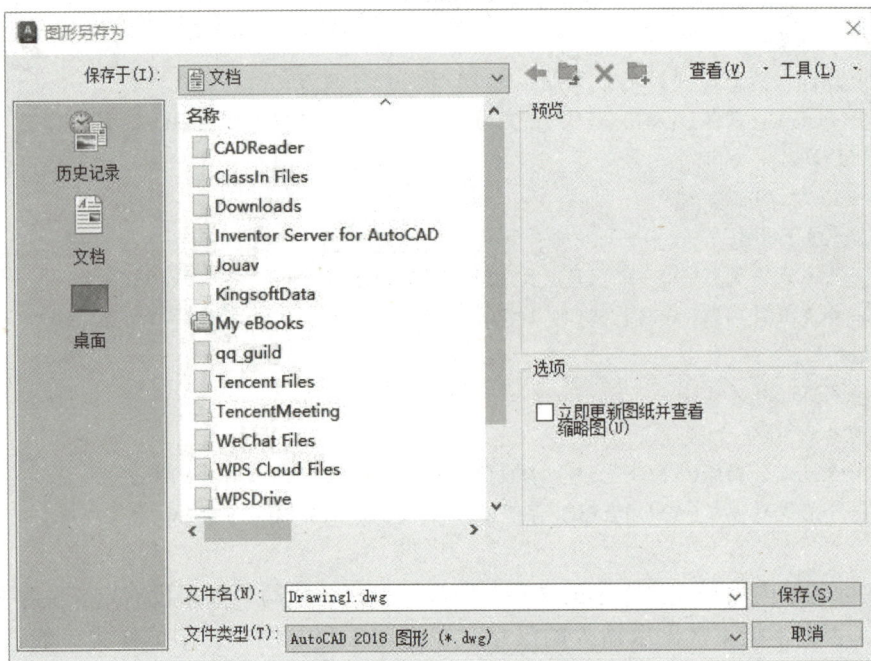

图 2-3　"图形另存为"对话框（一）

在 AutoCAD 2024 中，所有的"样板图形文件"都被放在"C：\ Users \ Administrator \ Local \ Autodesk \ AutoCAD 2024 \ R24. 3 \ chs \ Template"（Win10 64 位操作系统）文件夹（即目录区）内。单击"文件类型（T）"后的下拉按钮，选择"AutoCAD 图形样板（∗. dwt）"选项，将出现如图 2-4 所示的对话框，在"文件名（N）"文本框中输入样本图形文件的文件名，如"A3 图框"，最后再单击"保存（S）"按钮可建立一个"A3 图框. dwt"的"样本图形文件"。

在 AutoCAD 2024 中，所有"样板图形文件"的扩展名都是 dwt。若这个图形文件是初次建立的，则还会出现如图 2-5 所示的"样板选项"对话框。

提示：在实际工作中，为方便绘图，可将不同的样板图框绘制好，将这些样板图框复制到"Program Files \ AutoCAD 2024 \ Template"文件夹内，即可在后面使用时直接调用这些样板图框。

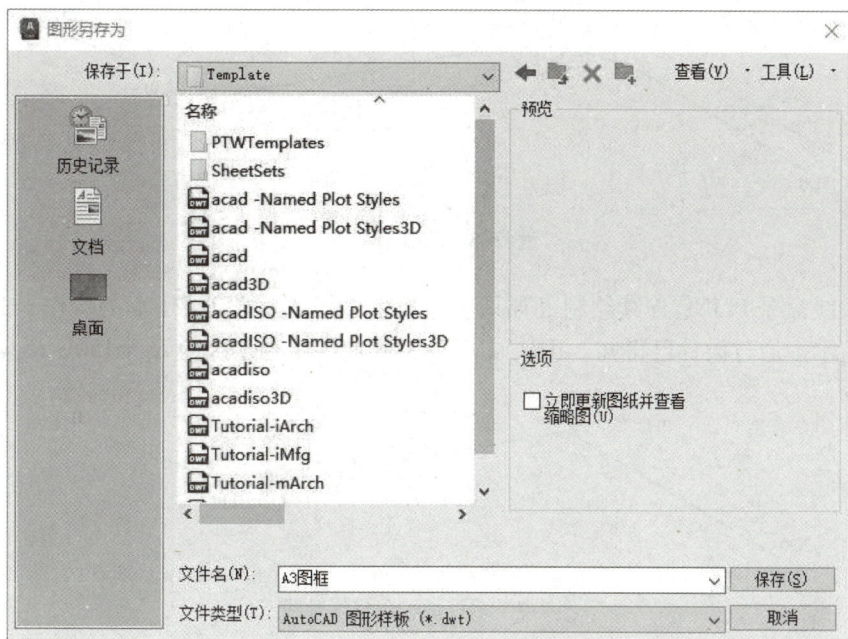

图 2-4　"图形另存为"对话框（二）

二、公路平面设计图的绘制

路线平面图由地形图、线位图和标注等部分组成。道路的平面线型是由直线和曲线构成的，其曲线的形式一般可分为圆曲线、复曲线、缓和曲线、回头曲线等，统称为平曲线。平曲线最主要的形式是圆曲线和缓和曲线。在进行道路路线设计时，一般应沿路线进行里程桩的标注，以表达该里程桩至路线起点的水平距离。下面就平面线位图的绘制和里程桩的标注做一简单介绍。

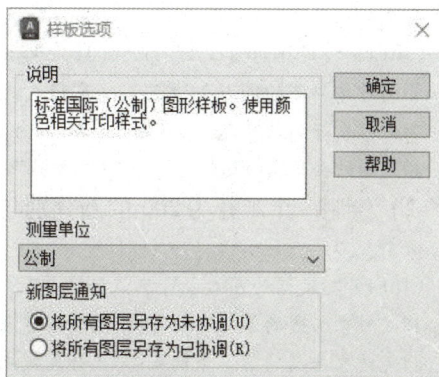

图 2-5　"样板选项"对话框

1. 圆曲线的绘制

平曲线中的圆曲线，在绘制以前，已知若干曲线要素，有许多绘制方法，绘制的效果和效率最高的是 TTR 作圆法。其具体的做法是先根据路线导线的交点坐标绘制路线导线，然后根据各交点的圆曲线半径作与两条导线相切的圆，裁剪圆，从而得到圆曲线和路线设计线。

【示例 1】　如图 2-6 所示，已知路线导线有两个交点，加上起点和终点共有四个顶点，数据如下。

JD0：$X = 48.3423$，$Y = 109.5000$。

JD1：$X = 178.2461$，$Y = 184.5000$，$\alpha_1 = 40°$，JD0 ~ JD1 $= 150$。

JD2：$X = 375.2077$，$Y = 149.7704$，$\alpha_2 = 30°$，JD1 ~ JD2 $= 200$。

JD3：$X = 469.1770$，$Y = 183.9724$，JD2 ~ JD3 $= 100$。

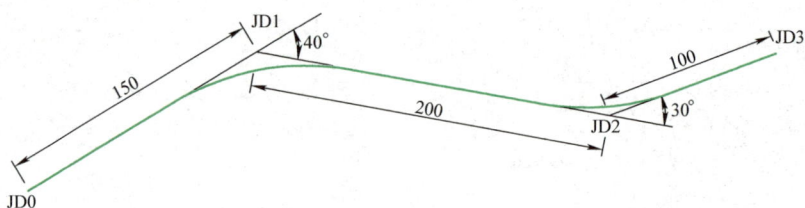

图 2-6　路线平面图

用多段线命令 PLINE 连续绘制（如果不是连续绘制，无法完成下面的操作）JD0～JD3，如图 2-7 所示。通过设计已得知，JD1、JD2 处的圆曲线半径依次为 $R_1 = 150$、$R_2 = 200$。

图 2-7　多段线绘制路线导线

操作步骤如下：

1）绘制一个半径为 150 的圆分别与 JD0～JD1 和 JD1～JD2 线段相切。

命令：C ↙　　　　　　　　（输入画圆命令）

CIRCLE 指定圆的圆心或\[三点(3P)/两点(2P)/相切、相切、半径(T)]：TTR ↙（输入 TTR 选项）

指定对象与圆的第一个切点：　（鼠标左键点取 JD0-JD1 的连线）

指定对象与圆的第二个切点：　（鼠标左键点取 JD1-JD2 的连线）

指定圆的半径：150 ↙　　　（输入圆半径 150）

2）绘制一个半径为 200 的圆分别与 JD1～JD2 线段和 JD2～JD3 线段相切。

命令：↙　　　　　　　　　　（按＜Enter＞键继续执行画圆命令）

CIRCLE 指定圆的圆心或\[三点(3P)/两点(2P)/相切、相切、半径(T)]：TTR ↙（输入 TTR 选项）

指定对象与圆的第一个切点：（鼠标左键点取 JD1-JD2 的连线）

指定对象与圆的第二个切点：（鼠标左键点取 JD2-JD3 的连线）

指定圆半径＜150.0000＞：200 ↙　　（输入圆半径 200）

3）裁剪按 1）、2）步骤绘制的圆，结果如图 2-8 所示。

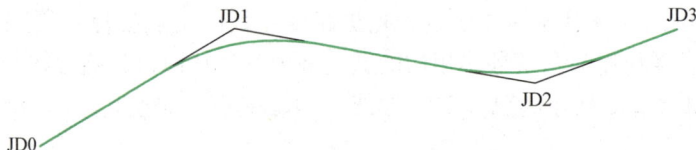

图 2-8　用作圆法绘制导线间的圆曲线

命令：TRIM ↙　　　　　　（输入裁剪命令）

当前设置：投影＝UCS，边＝无，模式＝快速

选择要修剪的对象，或按住〈Shift〉键选择要延伸的对象或[剪切边(T)/窗交(C)/模式(O)/投影(P)/删

除(R)]：　　　　　　　　　　　（鼠标左键点取第一个圆的下部圆周）

选择要修剪的对象，或按住〈Shift〉键选择要延伸的对象或［剪切边(T)/窗交(C)/模式(O)/投影(P)/删除(R)/放弃(U)]：　　　　　　　（鼠标左键点取第二个圆的上部圆周）

选择要修剪的对象，或按住〈Shift〉键选择要延伸的对象或［剪切边(T)/窗交(C)/模式(O)/投影(P)/删除(R)/放弃(U)]：↙　　　　（按＜Enter＞键结束）

如果导线是连续绘制的多段线，则上述方法得到的是三个图元，其中两个圆弧也是多段线，但不能与导线连接为一个图元。也有采用倒角方法绘制圆曲线的，因 FILLET 命令不能保留倒角圆弧以外的被倒角线，所以当倒角完成后，需要补上原导线，同时由于多段线不能延伸，因此需要重新绘制导线。倒角方法的优点是所绘制的路线为一个图元，但要注意导线必须是连续绘制的多段线，否则多段线的倒角无法完成。

2. 缓和曲线的绘制

【示例 2】 已知如图 2-9 所示的公路平曲线，偏角为左偏 $\alpha_{左} = 30°47'28''$，缓和曲线长 $LS = 53$，切线长 $T = 81.32$，外距 $E = 8$，圆曲线半径 $R = 198.51$，中间圆曲线长 $LY = 53.68$，平曲线总长 $L = 159.68$。试绘制该曲线。

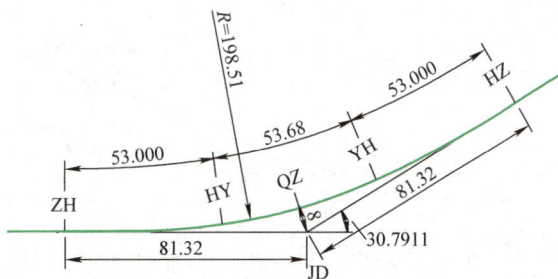

图 2-9　公路平曲线

由于 AutoCAD 不能直接绘制缓和曲线，在 AutoCAD 中既可以用多段线命令绘制通过 ZH、HY、QZ、YH、HZ 五点的折线，然后再用 PEDIT 命令选择"S"选项；也可以采用真样条曲线命令绘制。一般情况下，AutoCAD 中的真样条曲线最接近公路平曲线的形状，在常用比例尺的情况下，肉眼分辨不出二者在图样上的区别，因此绘制通过 ZH、HY、QZ、YH、HZ 五点并与两路线导线分别相切于 ZH 和 HZ 点的真样条曲线即为所求的曲线。

操作步骤如下：

1）绘制路线导线。利用 PLINE 命令绘制 1、2、3 各点，各点的对应坐标（以下数据仅供练习参考）值如下。

1：X1 = 213.7748，Y1 = 92.1117

2：X2 = 313.7748，Y2 = 92.1117

3：X3 = 399.6787，Y3 = 143.3026

绘制结束时得到图 2-10。

2）绘制通过 ZH、HY、QZ、YH 和 HZ 点，与路线导线相切的含缓和曲线的平曲线。通过计算，五个主点的直角坐标值如下。

ZH：X = 232.9548，Y = 92.1117

HY：X = 285.3608，Y = 94.4667

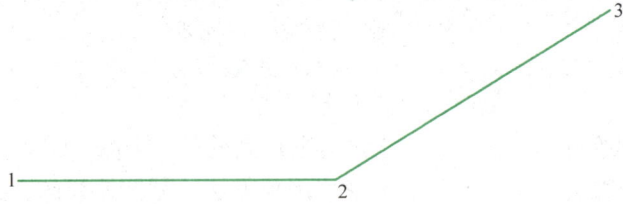

图 2-10 绘制路线导线

QZ：X = 311.8101，Y = 99.2371

YH：X = 336.9780，Y = 108.6801

HZ：X = 383.6319，Y = 133.7401

利用真样条曲线命令 SPLINE 绘制含缓和曲线的平曲线（图 2-11）。

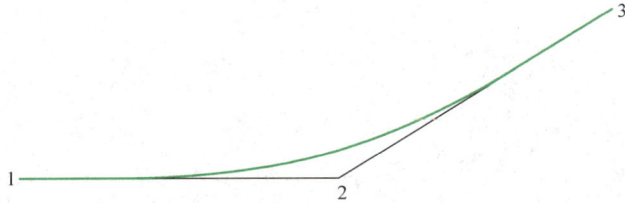

图 2-11　绘制通过 ZH、HY、QZ、YH 和 HZ 点的平曲线

命令：SPLINE ↙（启动真样条曲线命令）

当前设置：方式 = 拟合　节点 = 弦

指定第一个点或 [方式(M)/节点(K)/对象(O)]：232.9548,92.1117 ↙（通过 ZH）

输入下一个点或 [起点切向(T)/公差(L)]：T ↙（选择输入起点切点的模式）

指定起点切向：232.9548,92.1117 ↙（输入起点切点）

输入下一个点或 [起点切向(T)/公差(L)]：285.3608, 94.4667 ↙（通过 HY）

输入下一个点或 [端点相切(T)/公差(L)/放弃(U)]：311.8101, 99.2371 ↙（通过 QZ）

输入下一个点或 [端点相切(T)/公差(L)/放弃(U)/闭合(C)]：336.9780, 108.6801 ↙（通过 YH）

输入下一个点或 [端点相切(T)/公差(L)/放弃(U)/闭合(C)]：383.6319, 133.7401 ↙（通过 HZ）

输入下一个点或 [端点相切(T)/公差(L)/放弃(U)/闭合(C)]：T ↙（选择输入终点切点的模式）

指定端点切向：383.6319,133.7401 ↙（输入终点切点）

3）绘制 5 个特征点的位置线并标注各点文字、曲线要素。此部分留给读者自己完成，结果应如图 2-9 所示。

3. 卵形曲线的绘制

绘制卵形曲线时，利用平曲线上各点的坐标，用多段线命令绘制连续折线，然后用 PEDIT 命令的"S"选项进行修改即可。

4. 里程桩的标注和图形的文字注解

1）图形的文字注解（略）。

2）里程桩的标注。里程桩的标注包括里程标注线和里程的文字注解及公里桩符号的绘制。

【示例3】 进行图 2-12 所示桩号的标注。

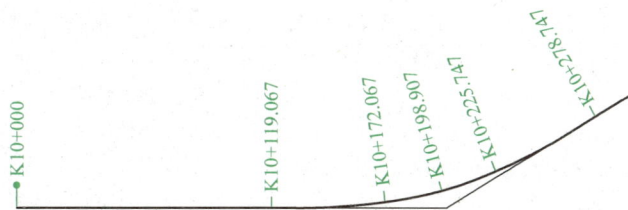

图 2-12　桩号的标注

里程桩的标注和文字注解

操作步骤如下：

1）绘制需要标注里程的中线的法线时，先以图 2-13 为基础，利用偏移命令作绘制法线的辅助线，具体操作如下（图 2-14）。

命令：OFFSET ↙	（启动偏移命令）
指定偏移距离或［通过(T)/删除(E)/图层(L)］：5 ↙	（偏移的距离为5）
选择要偏移的对象，或［退出(E)/放弃(U)］＜退出＞：	（用鼠标左键点取路线导线A）
指定要偏移的那一侧上的点，或［退出(E)/多个(M)/放弃(U)］＜退出＞：	
	（用鼠标左键点在A上方取任一点）
选择要偏移的对象，或［退出(E)/放弃(U)］＜退出＞：↙	（结束，得到B）
命令：OFFSET ↙	（启动偏移命令）
指定偏移距离或［通过(T)/删除(E)/图层(L)］＜5＞：15 ↙	（偏移的距离为15）
选择要偏移的对象，或［退出(E)/放弃(U)］＜退出＞：	（用鼠标左键点取路线导线A）
指定要偏移的那一侧上的点，或［退出(E)/多个(M)/放弃(U)］＜退出＞：	
	（用鼠标左键点在A上方取任一点）
选择要偏移的对象，或［退出(E)/放弃(U)］＜退出＞：↙	（结束，得到C）

图 2-13　标注前的平面图

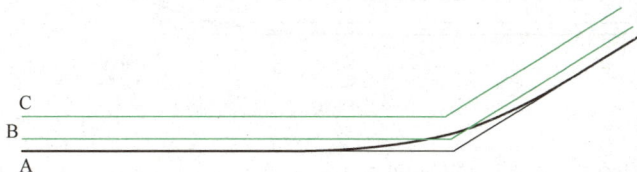

图 2-14　利用偏移命令作绘制法线的辅助线

2）绘制直线路段的公里桩、百米桩的标注线（图 2-15 左端的路线法线和百米桩的法线），具体操作如下。

命令：PLINE ↙

指定起点：END ↙ 　　　　　　　　　　　　　　　（用鼠标左键点取中线A上的K10＋000点）

当前线宽为 0.0000

指定下一个点或[圆弧(A)/半宽(H)/长度(L)/放弃(U)/宽度(W)]:<对象捕捉开>

（用鼠标左键点取 C 的左端）

指定下一个点或[圆弧(A)/半宽(H)/长度(L)/放弃(U)/宽度(W)]:✓

（结束第一根法线绘制）

命令：OFFSET✓   （启动偏移命令）

指定偏移距离或[通过(T)/删除(E)/图层(L)]<15>：100✓

（平行移动 100 个单位）

选择要偏移的对象，或[退出(E)/放弃(U)]<退出>：（用鼠标左键拾取刚绘出的法线）

指定要偏移的那一侧上的点，或[退出(E)/多个(M)/放弃(U)]<退出>：

（用鼠标左键单击法线右侧一点）

选择要偏移的对象，或[退出(E)/放弃(U)]<退出>：✓（结束，得到右侧法线，结果如图 2-15 所示）

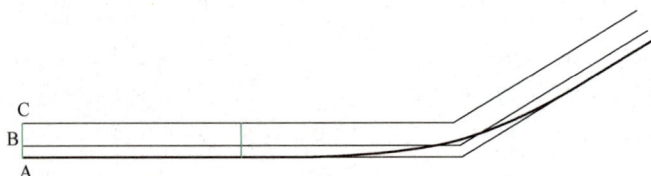

图 2-15　绘制法线后剪切前的情况

利用 B 为边界，剪切后一根法线。

命令：_TRIM✓   （输入修剪命令）

当前设置：投影 = UCS，边 = 无，模式 = 快速

选择要修剪的对象，或按住〈Shift〉键选择要延伸的对象或[剪切边(T)/窗交(C)/模式(O)/投影(P)/删除(R)]：   （用鼠标左键单击右侧法线上端超出 B 的部分）

选择要修剪的对象，或按住〈Shift〉键选择要延伸的对象或[剪切边(T)/窗交(C)/模式(O)/投影(P)/删除(R)/放弃(U)]：✓   （结束，结果如图 2-16 所示）

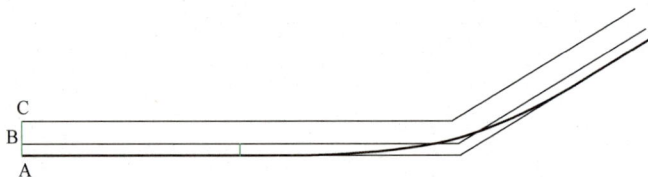

图 2-16　法线被剪切后的情况

利用删除命令删除 B、C 线，得到图 2-17。

图 2-17　整理后的情况

3）绘制曲线路段的主点法线。ZH 点处的法线长度为 5 个单位，先利用平曲线和偏移命令作法线的辅助线。

命令：OFFSET ↙　　　　　　　　　　　　　　　　　　　（启动偏移命令）

指定偏移距离或[通过(T)/删除(E)/图层(L)]＜100.0000＞：　5 ↙

选择要偏移的对象，或[退出(E)/放弃(U)]＜退出＞：　　　（用鼠标左键拾取平曲线）

指定要偏移的那一侧上的点，或[退出(E)/多个(M)/放弃(U)]＜退出＞：

　　　　　　　　　　　　　　　　　　　　　　　　　　　（用鼠标左键单击弯道内侧）

选择要偏移的对象，或[退出(E)/放弃(U)]＜退出＞：↙　　（结束）

绘制 ZH 处的法线。

命令：PLINE ↙

指定起点：END ↙　　　　　　　　　　　　（用鼠标左键拾取平曲线的 ZH 点）

当前线宽为 0.0000

指定下一个点或[圆弧(A)/半宽(H)/长度(L)/放弃(U)/宽度(W)]：＜对象捕捉开＞

　　　　　　　　　　　　　　　　　　　　于(用鼠标左键拾取辅助线左端点)

指定下一个点或[圆弧(A)/半宽(H)/长度(L)/放弃(U)/宽度(W)]：↙

　　　　　　　　　　　　　　　　　　　　（结束，结果如图 2-18 所示）

图 2-18　绘制 ZH 点处的法线

利用类似的方法绘制其他主点的法线，法线起点可以采用直接输入对应主点的中线坐标的方法。最后去掉辅助线后得到图 2-19。

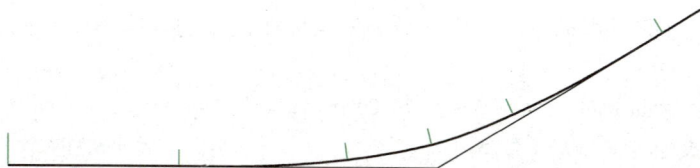

图 2-19　绘制完法线后的情况

4）标注公里桩和百米桩。

① 绘制公里桩符号。

命令：DONUT ↙　　　　　　　　（启动圆环命令）

指定圆环的内径＜0.5000＞：0 ↙　　（圆环内径为 0）

指定圆环的外径＜1.0000＞：5 ↙　　（圆环外径为 5）

指定圆环的中心点或＜退出＞：END ↙

　　　　　　　　　　　　于(用鼠标左键拾取最左端法线的上端点作为圆环圆心位置)

指定圆环的中心点或＜退出＞：↙　　（结束后得到图 2-20 的公里桩的完整符号）

② 公里桩的里程标注（图 2-21）。

图 2-20　公里桩符号的绘制

命令：－TEXT ↙

当前文字样式："Standard"　文字高度：　6.0000　注释性：　否

指定文字的起点或[对正(J)/样式(S)]：　　　　　　　　　　（用鼠标左键拾取合适的位置）

指定高度 <6.0000>：10 ↙　　　　　　　　　　　　　　　（键入合适的文字高度）

指定文字的旋转角度 <0>：90 ↙　　　　　　　　　　　　（字体旋转角度为 90°）

输入文字：K10 +000 ↙

③ 百米桩的里程标注。

命令：－TEXT ↙

当前文字样式："Standard"　文字高度：　10.0000　注释性：　否

指定文字的起点或[对正(J)/样式(S)]：　　　　　　　　　　（用鼠标左键拾取合适的位置）

指定高度 <10.0000>：↙　　　　　　　　　　　　　　　（按 <Enter> 键表示采用当前值）

指定文字的旋转角度 <90>：0 ↙　　　　　　　　　　　　（字体旋转角度为 0°）

输入文字：1 ↙（结束，结果如图 2-21 所示）

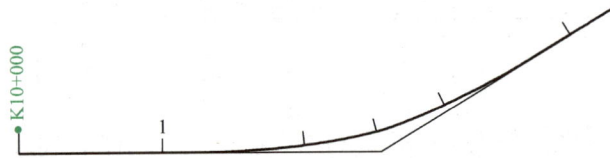

图 2-21　绘制公里桩和百米桩后的平曲线

5）曲线主点桩的里程标注。下面介绍 HY 点标注桩号的具体操作（图 2-22）。

命令：－TEXT ↙

当前文字样式："Standard"　文字高度：　10.0000　注释性：　否

指定文字的起点或[对正(J)/样式(S)]：　　　　　　　　　　（用鼠标左键拾取合适的位置）

指定高度 <10.0000>：↙　　　　　　　　　　　　　　　（按 <Enter> 键表示采用当前值）

指定文字的旋转角度 <0>：　　　　　　　　　　　　　　（用鼠标左键拾取恰当的角度，文字方向将与起点和此点连线方向一致）

输入文字：K10 +172.067 ↙　　　　　　　　　　　　　　（结束，结果如图 2-22 所示）

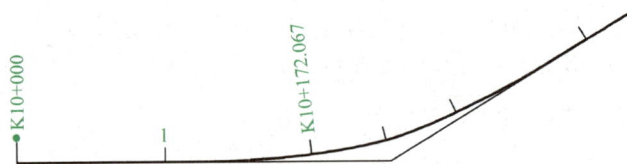

图 2-22　标注 HY 点的平曲线

因为操作过程相同，下面的操作过程省略，请读者自行完成。

三、公路纵断面设计图的绘制

1. 路线纵断面图（图 2-23）的绘制步骤

1）绘制图框、底部标题栏、右上角角标。

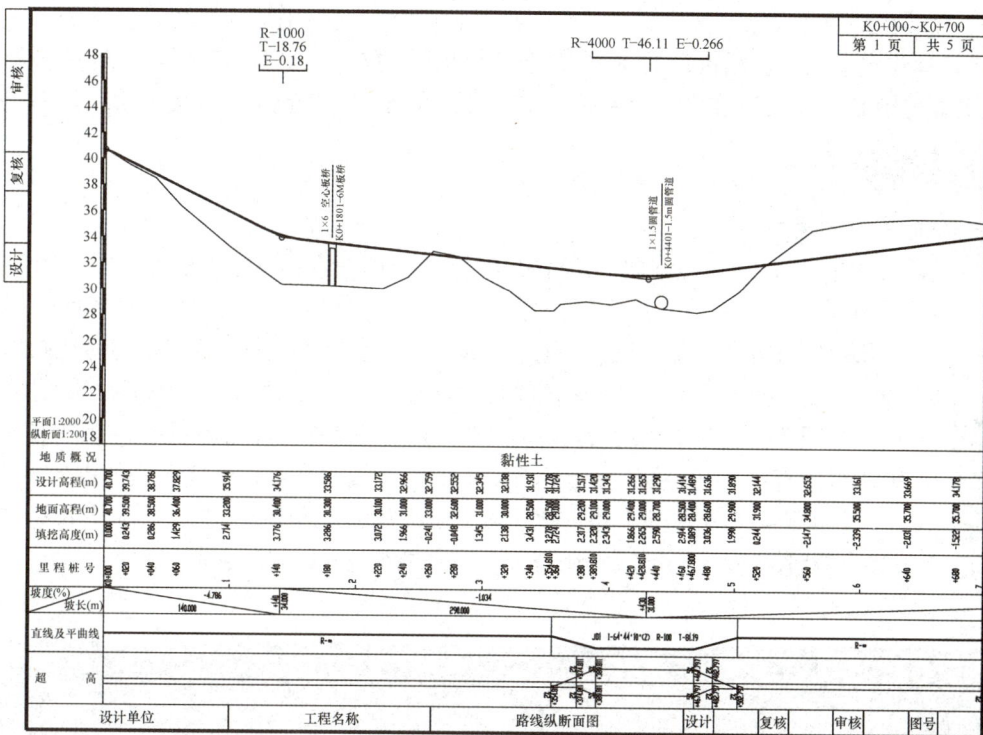

图 2-23　纵断面图

2）绘制纵断面图标题栏。

3）逐桩填写纵断面图标题栏的内容。

4）绘制标尺，并填写绘图比例。

5）绘制纵断地面线。

6）绘制纵断设计线。

7）绘制竖曲线及其标注。

8）标注水准点、桥涵构造物等。

2. 绘图要点

绘制公路纵断面图的要点如下。

1）绘图时设计好比例尺（一般里程方向 1∶2000，高程方向 1∶200）。

2）绘制纵断面图标题栏时，要注意各栏高度以填写项所占尺寸为准。

3）逐桩填写纵断面图标题栏的内容时，一般先填写一行内容，可采用阵列方法或平行复制方法复制该行到其他行，采用 DDEDIT 命令逐个修改数值，这样不但文字格式统一，而且便于对齐控制。

4）标尺采用多段线绘制（宽度为 1 个单位），先绘制两节，然后用阵列方法制作其他部分。

公路纵断面设计图绘制(一)

公路纵断面设计图绘制(二)

5）以相对坐标方式，采用多段线绘制（宽度为 0 个单位）纵断地面线，要注意标尺的起始刻度和比例变换。

6）纵断面设计线可以参照地面线的方法绘制，线宽采用 0.5 个单位。

7）竖曲线绘制采用三点圆弧绘制，三点依次是竖曲线起点、变坡点桩号与其对应设计高处、竖曲线终点。

8）标注水准点、桥涵构造物时要注意其与桩号的对应，标注圆管涵、箱涵、盖板涵时，最好先绘制好标准符号并定义为图块，利用图块插入命令绘制，以提高绘制效率。

技能深化

一、命令流的运用

在公路工程中，竣工时经常要对公路占地线进行测量，绘制公路实地占地图（图 2-24）。由于占地图要对公路两侧用地边线实测坐标，数据较多，在 CAD 中输入起来就麻烦，而且容易出错。如果利用 Excel 来保存数据，并与 CAD 巧妙地结合起来，就能很容易地画出公路的占地线。众所周知，Excel 软件是见长于统计和公式计算的软件，利用它的特点，按照 AutoCAD 所要求的坐标格式生成绝对坐标是非常方便的，操作上也较简单。可用直线 LINE 将这些坐标所对应的点连接起来，则形成公路的占地界线。

地形图之占地线绘制

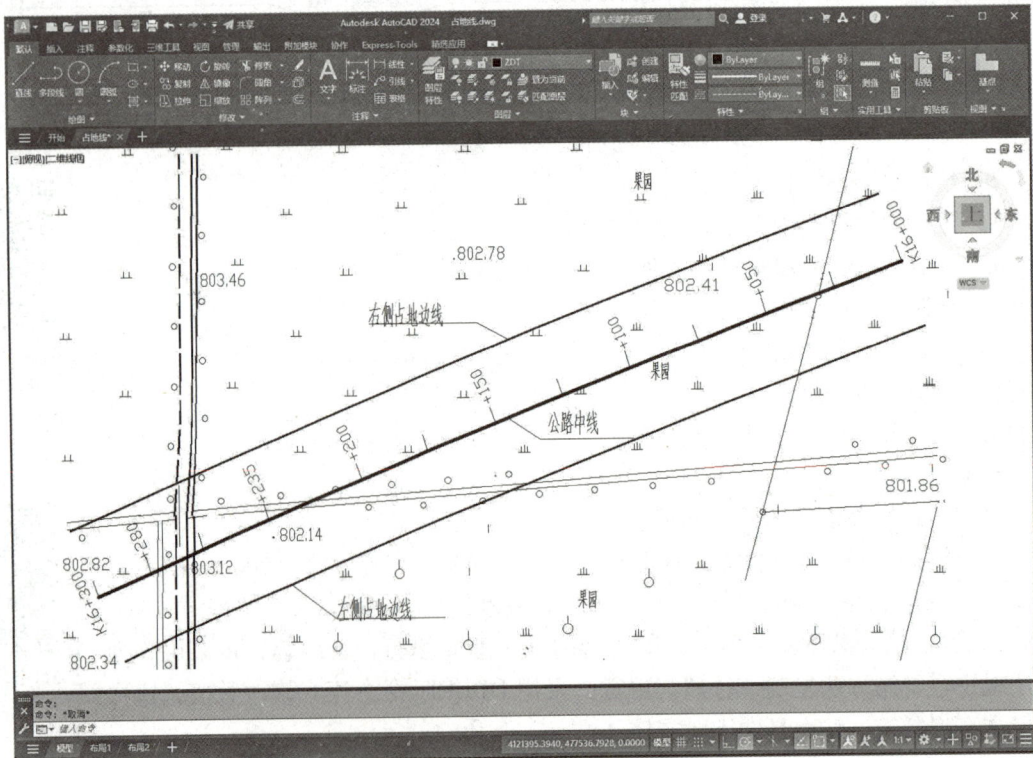

【示例 4】 某高速公路占地线实测坐标数据见表 2-2（这里截取从 K16 + 000 ～ K16 + 300 长度段），通过 Excel 与 AutoCAD 的组合来绘制占地线。

图 2-24 K16 + 000 ～ K16 + 300 占地图

表2-2中数据包括了原公路中线及公路左、右侧的实测坐标数据。公路中线已绘在图中，如图2-24所示。下面以公路左侧占地边线绘制为例进行说明。

表2-2　某高速公路占地线实测坐标数据　（单位：m）

桩号	左侧		公路中线		右侧	
	X	Y	X	Y	X	Y
+16000	4121756.70	477592.36	4121748.99	477613.92	4121740.85	477636.66
+16025	4121733.27	477583.98	4121725.47	477605.43	4121717.25	477628.07
+16050	4121709.91	477575.38	4121702.00	477596.84	4121693.65	477619.46
+16075	4121686.56	477566.75	4121678.56	477588.14	4121670.11	477610.72
+16100	4121663.33	477557.82	4121655.17	477579.32	4121646.54	477602.04
+16125	4121640.08	477548.94	4121631.82	477570.39	4121623.11	477593.00
+16150	4121616.88	477539.93	4121608.51	477561.35	4121599.66	477583.99
+16175	4121593.65	477530.97	4121585.24	477552.19	4121576.35	477574.63
+16200	4121570.47	477521.91	4121562.03	477542.93	4121553.05	477565.26
+16235	4121538.22	477508.71	4121529.59	477529.77	4121520.49	477552.00
+16260	4121515.22	477499.20	4121506.48	477520.24	4121497.26	477542.44
+16280	4121496.90	477491.40	4121488.02	477512.54	4121478.76	477534.60
+16300	4121478.77	477483.15	4121469.60	477504.76	4121460.26	477526.78

首先将表2-2中左侧的数据分别输入Excel表中，如图2-25所示。因为坐标在Excel中，所以应按照Excel的表示方法，绝对坐标的公式是X& “,” &Y。选中D2单元格，在上部的公式栏中输入 = B2& “,” &C2（其中逗号是西文字符），输入公式后按 < Enter > 键，则在D2单元格中自动生成了绝对坐标，即显示了K16 +000左侧占地线坐标X及Y的组合，如图2-26所示。选中D2单元格，将鼠标指针指向D2单元格右下角。系统出现黑色十字标记，如图2-27所示。此时，按住鼠标左键并向下拖动十字标记，一直到本例的D14为止，如图2-28所示。在D栏中自动生成了K16 +000 ~ K16 +300的绝对坐标。

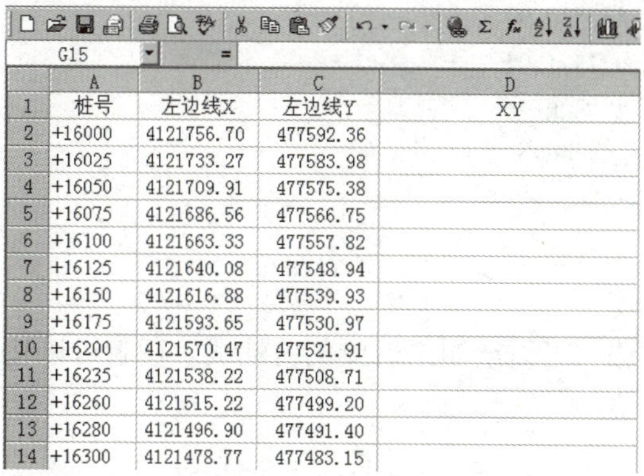

G15　=

	A	B	C	D
1	桩号	左边线X	左边线Y	XY
2	+16000	4121756.70	477592.36	
3	+16025	4121733.27	477583.98	
4	+16050	4121709.91	477575.38	
5	+16075	4121686.56	477566.75	
6	+16100	4121663.33	477557.82	
7	+16125	4121640.08	477548.94	
8	+16150	4121616.88	477539.93	
9	+16175	4121593.65	477530.97	
10	+16200	4121570.47	477521.91	
11	+16235	4121538.22	477508.71	
12	+16260	4121515.22	477499.20	
13	+16280	4121496.90	477491.40	
14	+16300	4121478.77	477483.15	

图2-25　输入桩号与左侧坐标后的表格

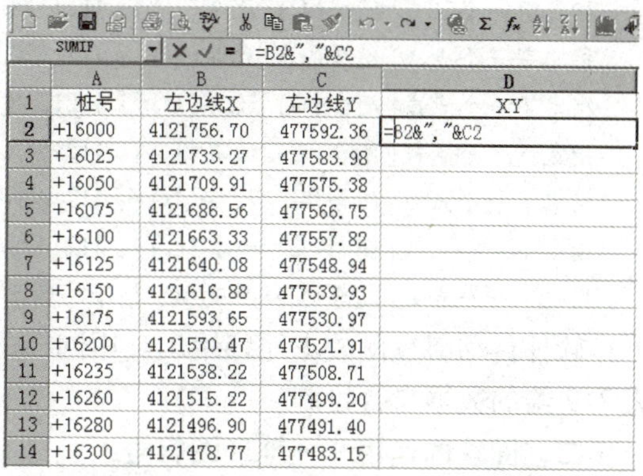

SUMIF　=B2&","&C2

	A	B	C	D
1	桩号	左边线X	左边线Y	XY
2	+16000	4121756.70	477592.36	=B2&","&C2
3	+16025	4121733.27	477583.98	
4	+16050	4121709.91	477575.38	
5	+16075	4121686.56	477566.75	
6	+16100	4121663.33	477557.82	
7	+16125	4121640.08	477548.94	
8	+16150	4121616.88	477539.93	
9	+16175	4121593.65	477530.97	
10	+16200	4121570.47	477521.91	
11	+16235	4121538.22	477508.71	
12	+16260	4121515.22	477499.20	
13	+16280	4121496.90	477491.40	
14	+16300	4121478.77	477483.15	

图2-26　在D2栏中输入公式后的表格

接着，用 < Ctrl > + < C > 组合键或单击鼠标右键快捷方式，复制图 2-28 中所选对象。回到 AutoCAD 中，建立"边线图层"并选中该图层，在命令行输入 LINE 命令后，界面上的命令栏如图 2-29 所示。

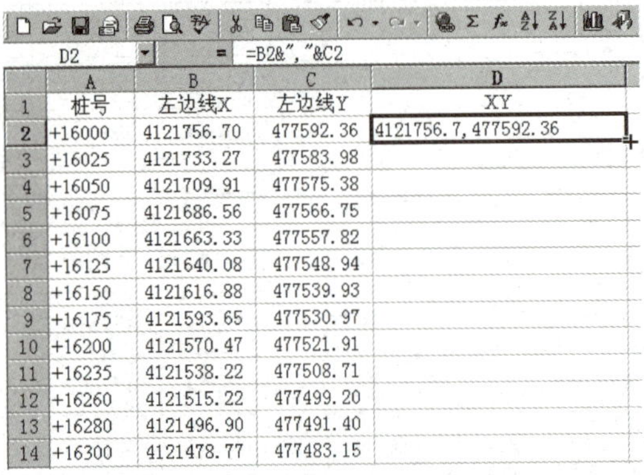

图 2-27　出现黑色十字标记

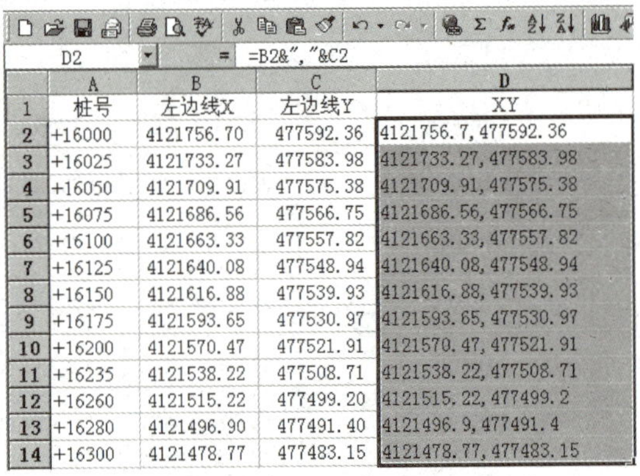

图 2-28　拖动十字标记后选中的数据

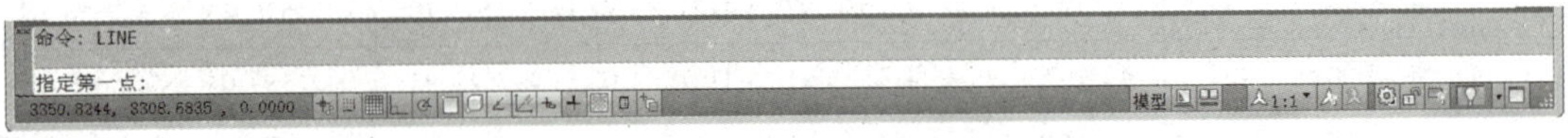

图 2-29　输入 LINE 命令后的命令栏界面

在光标处，用 < Ctrl > + < V > 或单击鼠标右键的快捷方式将在 Excel 中所复制的数据复制到鼠标指针后面，命令栏自动进行通过 13 个点的折线的连接。AutoCAD 2024 命令交互区显示如下：

命令：LINE↙

指定第一个点：4121756.7, 477592.36(此处为 Excel 中粘贴过来的数据)

指定下一个点或[放弃(U)]：4121733.27, 477583.98

指定下一个点或[放弃(U)]：4121709.91, 477575.38

指定下一个点或[闭合(C)/放弃(U)]：4121686.56, 477566.75

指定下一个点或[闭合(C)/放弃(U)]：4121663.33, 477557.82

指定下一个点或[闭合(C)/放弃(U)]：4121640.08, 477548.94

指定下一个点或[闭合(C)/放弃(U)]：4121616.88, 477539.93

指定下一个点或[闭合(C)/放弃(U)]：4121593.65, 477530.97

指定下一个点或[闭合(C)/放弃(U)]：4121570.47, 477521.91

指定下一个点或[闭合(C)/放弃(U)]：4121538.22, 477508.71

指定下一个点或[闭合(C)/放弃(U)]：4121515.22, 477499.2

指定下一个点或[闭合(C)/放弃(U)]：4121496.9, 477491.4

指定下一个点或[闭合(C)/放弃(U)]：4121478.77, 477483.15

指定下一个点或[闭合(C)/放弃(U)]：↙(结束命令)

软件自动将左侧的占地线绘出。用同样的方法，可以绘制出右侧的占地线。读者可以按表 2-2 给的数据自行绘制。

二、图块的运用——地形图符号

【示例 5】　利用块绘制示坡线，绘制如图 2-30 所示的陡坎示坡线。

首先绘制半径为 80 个单位，长度约为 100 个单位的一段圆弧，再绘制长度为 5 个单位竖直线。定义图 2-30 上部的竖直线为图块，图块名为"spx"，基点为其下端，接着执行下列命令行中的操作，完成图 2-30 中示坡线的绘制。

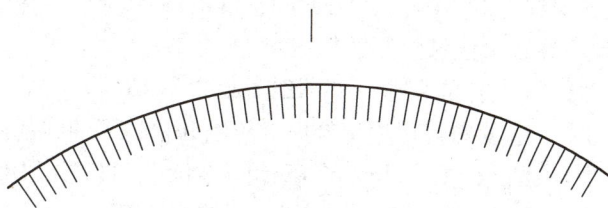

图 2-30　绘制陡坎示坡线

1. 定义图块过程

命令：BLOCK↙（出现图 2-31）

选择对象：（单击上图"对象"框下的"选择对象"选项，用鼠标左键拾取图 2-30 中的独立短直线）

选择对象：↙

指定插入基点：（单击上图"基点"框下的"拾取点"选项，用鼠标左键拾取图 2-30 中的独立短直线的下端，单击图 2-31 中的确定按钮返回工作界面）

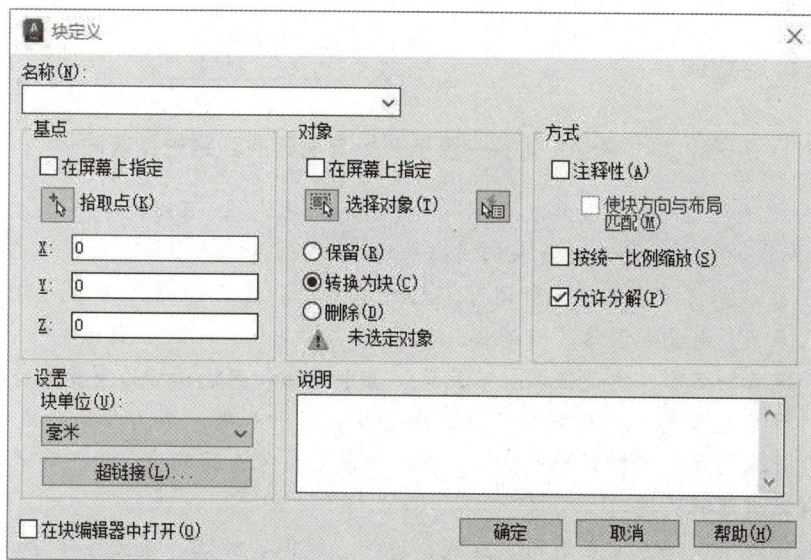

图 2-31　"块定义"对话框

2. 完成示坡线绘制

命令：DIVIDE↙

选择要定数等分的对象（用鼠标左键拾取图 2-30 中的圆弧）

输入线段数目或［块（B）］：B↙（选择图块模式）

输入要插入的块名：spx↙（输入图块名"spx"）

是否对齐块和对象？［是（Y）/否（N）］＜Y＞：↙（保持图块与插入的位置的切线垂直）

输入线段数目：50↙（长直线的分段个数，分为 50 段，结果如图 2-30 所示）

三、命令流和图块的组合运用绘制纵断面图

首先用命令流 1∶1 比例尺绘制纵断地面线，然后把它转换为图块，最后按纵横比例尺插入图快。提高纵断地面线绘制效率。

技能归纳

图框的绘制，主要用到了 PLINE、RECTANG、LIMITS 等命令，其中主要锻炼运用 LIMITS 命令的能力，确保只在指定区域绘制图形。

公路平面设计图的绘制，主要用到了 PLINE、LINE、CIRCLE、TRIM、PEDIT、SPLINE、DOUNT、–TEXT 等命令，主要锻炼运用组合命令绘制和描述平曲线的能力。

公路纵断面设计图的绘制，主要用到了 PLINE、LINE、TEXT、DDEDIT 等命令，主要锻炼严格按规定格式对齐写入大量标注数据的能力，使用 DDEDIT 容易理解和操作，但绘图效率很低；如果采用基于 Excel 的 Text 命令流将会大大提高绘图效率。

公路占地图的绘制，主要用到了用 Excel 制作命令流等命令，主要锻炼高效、准确绘制由多段直线组成的连续折线能力。

公路地形图中地形符号的绘制，主要用到了图块等命令，主要锻炼绘制数量庞大且按一定规律排布复杂地形符号的能力。

由于路线纵断面设计图的纵横向比例不一致，涉及绘制工作量又很大，直接绘制十分烦琐，运用图块的组合操作会带来极大方便。

思育启智园：

专业文化——勇于开拓与探索的开路先锋精神

"道行之而成，物谓之而然"（庄子·齐物论），可以简单解释为：道路是行走而成的，万物的名称是人们叫出来的。

"我想：希望本是无所谓有，无所谓无的。这正如地上的路；其实地上本没有路，走的人多了，也便成了路。"（鲁迅·故乡）

两句关于道路的名言，均是强调永不放弃、勇于开拓和实践精神的重要性。在开辟新道路的过程中，难免会遇到挫折和失败，但正是这些挫折和失败，成为了通往成功的必经之路；同时，也让我们看到了创新的重要性，在未知或未被探索的领域，勇于尝试新路径、新方法，是开辟新道路的关键。

道路工程图形绘制任务重点用到了直线、延伸、镜像、标注、填充等命令的综合应用，所绘图形复杂、所用命令多、难度高，学习者坚持不懈、克服难度，最终完成整个任务，正是契合了道路中蕴含的永不放弃、勤于探索的开路先锋精神，这也是当代交通建设者应具备的精神。

任务拓展

《道路工程制图标准》（GB 50162—1992），是由中华人民共和国交通运输部主编、中华人民共和国建设部批准的一项国家标准，于 1993 年 5 月 1 日开始实施。该标准旨在统一我国道路工程的制图方法，确保图面质量，提高工作效率，便于技术交流。该标准适用于公路、城市道路、林区道路、厂矿道路工程的设计、标准设计和竣工制图。它详细规定了图幅及图框、图标及会签栏、字体及书写方法、图线、坐标、比例、尺寸标注、视图、工程计量单位和图纸编排等各方

面的要求，并对道路制图、桥涵、隧道等结构制图以及交通工程制图提供了详细规定。

《公路路线设计规范》（JTG D20—2017），由交通运输部发布的公路工程行业标准，自 2018 年 1 月 1 日起施行，取代了原《公路路线设计规范》（JTG D20—2006）。这是我国公路路线设计的权威指导性文件，该规范涵盖了公路分级与等级选用、通行能力、总体设计、选线、横断面、平面、纵断面、线形设计、公路交叉设计以及沿线设施等方面的详细规定，公路几何设计的设计方法、控制要素、指标参数、设计要点、各专业协调等内容，是公路工程设计的重要技术文件。

《公路路线设计规范-节选》(JTG D20—2017)

考核评价

1. 自我评价

1）此次操作是否顺利？

2）若不顺利，请列出遇到的问题。

3）分析出现问题的原因，并提出修正方案。

4）认为还需要加强哪些方面的指导？

2. 学习任务评价（表 2-3）

表 2-3　学习任务评价表

考核项目	分数			学生自评	小组互评	教师评价	小计
	差	中	好				
团队合作精神	6	13	20				
活动参与是否积极	6	13	20				
图框绘制	6	13	20				
平面图形绘制	6	13	20				
纵断面图形绘制	6	13	20				
总分	100						
教师签字：				年　月　日		得分	

作 业

请参照图 2-23 图形练习绘制路线纵断面图。

任务二　路基图形绘制

任务描述

根据施工单位工作需求和对专业技术人员的要求，以路基横断面图、干密度和含水率关系曲线图为切入点，掌握路基工程图的绘制和试验曲线的绘制方法。

任务目标

1）掌握路基横断面图的绘制。

2）掌握干密度和含水率关系曲线图的绘制。

3）掌握挡土墙横断面绘制与面积求解方法。

内容结构 （图 2-32）

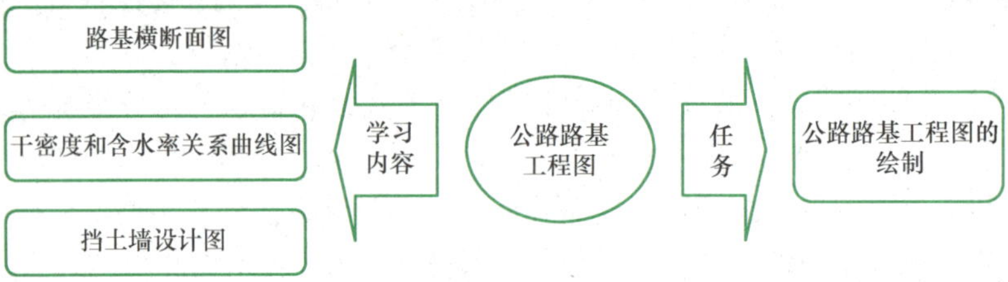

图 2-32   内容结构

主要技能

路基横断面图的绘制方法和步骤；干密度和含水率试验曲线的绘制方法。能够熟悉《公路路基设计规范》（JTG D30—2015），了解《公路路基施工技术规范》（JJG/T 3610—2019）。

基础知识

路基设计图有很多，涉及的有路基横断面设计图、路基防护与支挡、路基排水、地基处理等。在施工过程中，绘制最多的是路基横断面设计图。这是因为施工单位实际使用的横断面地面线是清表碾压后的数值（一般与图 2-33 中的虚线有差距，有时差距很大，【示例 1】中假定现场清表压实后的高程为 130.645m），而设计院提供的横断地面线仅是原地面线或估计的（统一清表厚度和碾压下沉厚度，图 2-33 中的虚线，虚线高程为 130.852m）数值，二者有差异，甚至由于自然和人为因素发生比较大的差异，这就要求施工技术人员在路堤边桩放样和土石方计量时均要重新戴帽以获得边桩距离中桩的水平距离和本桩的填方面积，从而指导施工放样和土石方计量或设计变更。路基横断面戴帽工作每个桩号均需要单独完成，手工绘制工作量大而且易出错，购买商业软件价格昂贵且需要较长的学习和准备时间。基于此，引入 AutoCAD 2024 进行路基横断面戴帽并进行有关查询是施工单位相关工作的高效、快捷实现的方法。

路基施工中有很多实验曲线需要处理，其中使用最多的就是土的击实曲线的绘制，采用 AutoCAD 2024 进行土的击实曲线的绘制与查询是一个简单实用的方法。

技能训练

一、道路路基横断面图的绘制

【示例 1】   绘制如图 2-33 所示填方路基横断面图。绘制内容包括：

1. 线条部分

路基横断面设计线、路基横断面地面线（图 2-33 中与虚线平行的实线）、填前碾压横断面地面线（图 2-33 中虚线，采用施工时实测填前碾压高程为 130.645m）、边沟部分（沟深、沟宽均为 0.5m）、路面结构层部分（厚度为 0.40m）、界碑等。

2. 标注部分

作为施工单位竣工图，可以进行较为简单的标注：边坡、桩号、设计高（中桩，131.609m）、地面高（中桩，130.645m），填方面积，挖方面积。

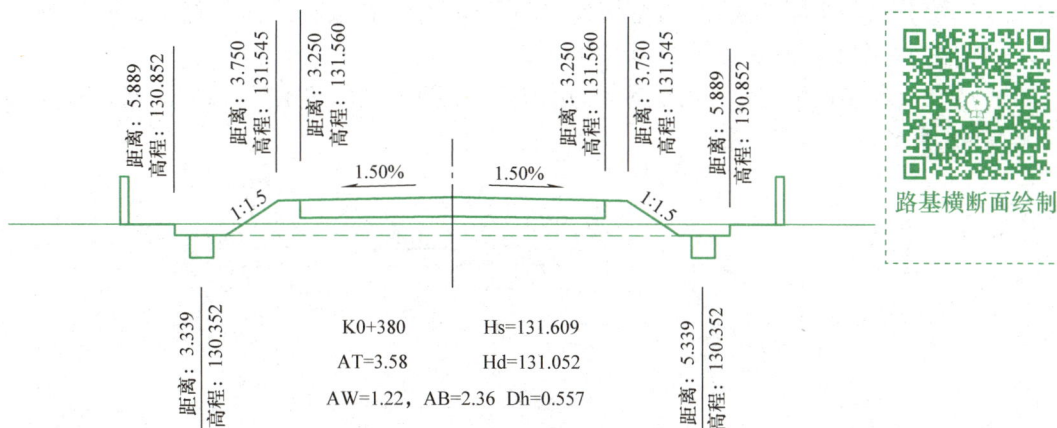

图 2-33　路基横断面设计图

（图中距离单位为 m，面积单位为 m²）

为了方便查询，本次绘制采用 1:1 比例绘制（1m 对应 1 个绘图单位），打印图时可以按比例缩放。本设计图为对称图形，所以只需绘制右半部分，然后利用镜像（MIRROR）命令得到左半部分。路基横断面图操作步骤如下。

1）绘制中桩位置点划线：确定公路中桩的位置（图 2-34 中 A 点），用多段线命令绘制横断面中心轴线（线条特性选择为点划线）。

2）绘制清表后的地面线（图 2-34 中 AE 射线）：选用多段线命令绘制，绘制范围要尽可能大一些。

3）绘制设计线：根据路基的填挖高度值、路基宽度、边坡大小进行绘制。

具体操作参数为：中桩处填高（131.609 - 130.645）m = 0.964m，中桩处的设计高程为131.609m，路面边缘、路肩边缘的距离和高程以及边坡大小见图 2-33，定义路基横断面帽子。AutoCAD 的具体操作如下：

① 中桩设计高位置绘制（图 2-34 中 B 点）：把步骤 2）绘制的地面线向上复制 0.964个单位，得到中桩设计高位置。

② 路面边缘绘制（图 2-34 中 C 点）：以中桩设计高位置为基础，根据路面边缘距离中桩的水平距离（3.25）和高差（131.560 - 131.609 = -0.049）绘制，用多段线命令相对坐标绘制（即 X、Y 方向的坐标增量分别为 +3.25、-0.049），得到路面边缘位置。

③ 土路肩绘制（图 2-34 中 D 点）：以路面边缘为基础，根据土路肩边缘距离路面边缘的水平距离（3.75 - 3.25 = 0.5）和高差（131.545 - 131.560 = -0.015）绘制，用多段线命令相对坐标绘制（即 X、Y 方向的坐标增量分别为 +0.5、-0.015），得到土路肩边缘位置。

④ 边坡绘制：以土路肩边缘为基础，根据路基边坡大小绘制，绘制时采用多段线命令相对坐标绘制，绘制时可以把坐标增量定义大一些（如：+150，-100，即边坡大小的1:1.5），此时边坡线很长，可以用 TRIM 命令进行修剪，得到坡脚位置（图 2-34 中 E 点）。

4）绘制边沟：利用矩形绘制命令绘制，尺寸大小为 0.5m × 0.5m，具体位置参照图 2-33。

5）绘制路面结构层：先用复制（COPY）命令把设计线向下复制 0.4 个单位，然后再按路面宽度进行截取（图 2-34 中 BCGF）。

6）绘制占地边界：占地界碑为图 2-33 中两个对称的矩形（15cm 宽，50cm 高），此处为示意图，绘制方法略。

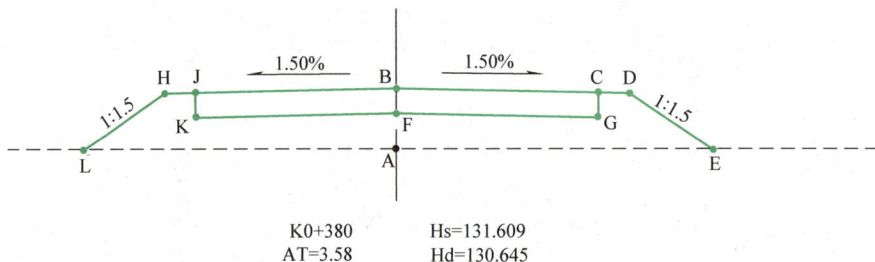

图 2-34   施工阶段路基横断面设计图
（图中距离单位为 m，面积单位为 m²）

二、绘制含水率和干密度关系曲线图

【示例 2】   根据表 2-4 绘制含水率和干密度关系曲线图。

表 2-4   含水率与干密度实验数据

含水率（%）	干密度	绘图数据（含水率采用小数）
10.2	1.71	0.102，1.71
11.8	1.75	0.118，1.75
13.0	1.80	0.130，1.80
15.8	1.83	0.158，1.83
19.0	1.76	0.190，1.76

以上数据恰好为五点，确定最佳含水率和最大干密度时，先用 PLINE 命令绘制五点的折线，然后再用曲线拟合命令进行曲线拟合，即可绘制含水率和干密度最佳关系图，如图 2-35 所示。

五点法绘制干密度和含水率关系曲线图

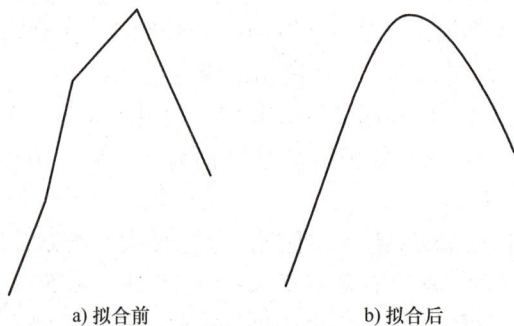

a) 拟合前   b) 拟合后

图 2-35   五点法绘制曲线图

省略坐标轴的绘制，主要通过多段线命令绘制图 2-35a 的折线，然后再用多段线拟合命令进行拟合。具体操作步骤如下：

1）绘制通过五点的一条多段线（为了简便采用了绝对坐标的形式），如图 2-35a 所示。

命令：PLINE ↙

指定起点：0.102,1.71 ↙

当前线宽为 0.001

指定下一个点或 [圆弧(A)/半宽(H)/长度(L)/放弃(U)/宽度(W)]：0.118,1.75 ↙

指定下一个点或 [圆弧(A)/闭合(C)/半宽(H)/长度(L)/放弃(U)/宽度(W)]：0.13,1.8 ↙

指定下一个点或 [圆弧(A)/闭合(C)/半宽(H)/长度(L)/放弃(U)/宽度(W)]：0.158,1.83 ↙

指定下一个点或 [圆弧(A)/闭合(C)/半宽(H)/长度(L)/放弃(U)/宽度(W)]：0.19,1.76 ↙

指定下一个点或 [圆弧(A)/闭合(C)/半宽(H)/长度(L)/放弃(U)/宽度(W)]：↙

2）将 1）所绘制的多段线用曲线拟合命令 PEDIT 进行拟合。

命令：PEDIT ↙

选择多段线或 [多条(M)]：（用鼠标左键点取步骤 1）所绘制的多段线）

输入选项 [闭合(C)/合并(J)/宽度(W)/编辑顶点(E)/拟合(F)/样条曲线(S)/非曲线化(D)/线型生成(L)/反转(R)/放弃(U)]：S ↙

输入选项 [闭合(C)/合并(J)/宽度(W)/编辑顶点(E)/拟合(F)/样条曲线(S)/非曲线化(D)/线型生成(L)/反转(R)/放弃(U)]：↙（结果如图 2-35b 所示）

3）可以选择"默认-实用工具-点坐标"查询，捕捉到图 2-35b 最高点处，就可以得到最佳含水量和最大干密度（凭视觉操作）。

🌀 技能深化

一、土方面积的查询

【示例 3】　以图 2-34 为基础查询土方填方面积（图 2-34 中 LHJKFGCDEAL 围成的闭合图形面积）。因为该图是按着 1∶1 比例绘制，所查询得到的面积 5.6301m² 即为所得。

具体操作如下：

单击下拉菜单"工具 \ 查询 \ 面积"屏幕显示如下：

命令：_MEASUREGEOM（自动显示）

输入选项 [距离(D)/半径(R)/角度(A)/面积(AR)/体积(V)] <距离>：_area（自动显示）

指定第一个角点或 [对象(O)/增加面积(A)/减少面积(S)/退出(X)] <对象(O)>：（鼠标左键拾取 L）

指定下一个点或 [圆弧(A)/长度(L)/放弃(U)]：（鼠标左键拾取 L）

指定下一个点或 [圆弧(A)/长度(L)/放弃(U)]：（鼠标左键拾取 H）

指定下一个点或 [圆弧(A)/长度(L)/放弃(U)/总计(T)] <总计>：（鼠标左键拾取 J 点）

指定下一个点或 [圆弧(A)/长度(L)/放弃(U)/总计(T)] <总计>：（鼠标左键拾取 K 点）

指定下一个点或 [圆弧(A)/长度(L)/放弃(U)/总计(T)] <总计>：（鼠标左键拾取 F 点）

指定下一个点或 [圆弧(A)/长度(L)/放弃(U)/总计(T)] <总计>：（鼠标左键拾取 G 点）

指定下一个点或 [圆弧(A)/长度(L)/放弃(U)/总计(T)] <总计>：（鼠标左键拾取 C 点）

指定下一个点或 [圆弧(A)/长度(L)/放弃(U)/总计(T)] <总计>：（鼠标左键拾取 D 点）

指定下一个点或 [圆弧(A)/长度(L)/放弃(U)/总计(T)] <总计>：（鼠标左键拾取 E 点）

指定下一个点或 [圆弧(A)/长度(L)/放弃(U)/总计(T)] <总计>：（鼠标左键拾取 A 点）

指定下一个点或 [圆弧(A)/长度(L)/放弃(U)/总计(T)] <总计>：（鼠标左键拾取 L 点）

区域 = 5.6301，周长 = 21.7480（屏幕提示，闭合图形面积为 5.6301m^2，此时可以按 < Esc > 键退出)

采用上述操作方法查询面积准确性高，效率偏低。如果想提高速度，可以用多段线命令把 LHJKFGCDEAL 围成的闭合图形绘制成闭合图形面积，在指定第一角点提示时选择"对象（O）"选项，按 < Enter > 键后，鼠标左键拾取前述闭合图形面积，即可以得到所需面积。

二、曲线的光滑

采用样条曲线拟合时，由于缺省值设置主要偏向于图形显示速度，如果要得到理想的效果，就必须使用 SPLINESEGS 命令修改有关系统变量。

可以使用 SPLINESEGS 系统变量检查或更改样条曲线近似的精细度或粗糙度，其默认值是 8。值设定得越高，绘制的线段数越多，就越接近理想样条曲线。但所生成的样条曲线在图形文件中将占据更多的空间，生成时间也会更长。

要先运行 SPLINESEGS 命令（把图 2-35 的对应值由默认值 8 改为 100），再运行 PEDIT 命令，曲线的显示效果才会生效，曲线光滑后的效果如图 2-36 所示，发现曲线光滑程度明显改善。

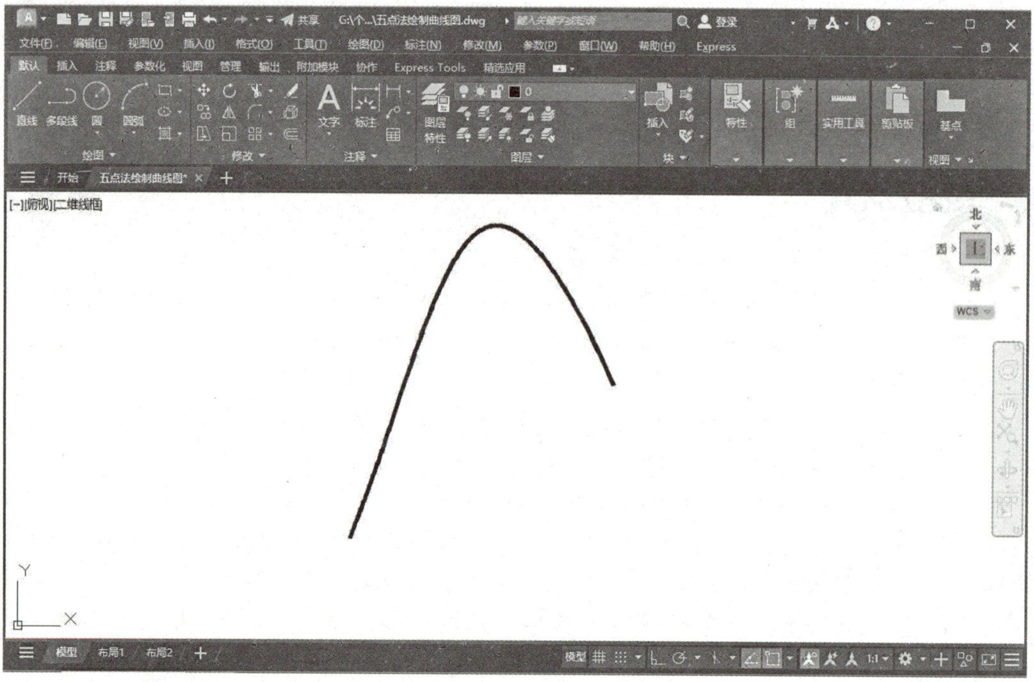

图 2-36 SPLINESEGS 值改为 100 后，曲线拟合效果

为了准确捕捉曲线顶点的坐标值，可以单击下拉菜单"默认 \ 实用工具 \ 点坐标"命令，选择点时采用 NEAR 选项凭视觉捕捉顶点即可（本例中得到最佳含水率和最大干密度分别为 15.09% 和 1.8117）。通过与手工方法对比此种方法仍然有较大的误差。为此，要精确完成该工作还需要通过样条曲线命令（SPLINE），具体操作过程如下：

命令：_SPLINE（启动命令，单击下拉菜单"绘图 \ 样条曲线 \ 拟合点"）

当前设置：方式＝拟合　节点＝弦

指定第一个点或[方式(M)/节点(K)/对象(O)]：_M

输入样条曲线创建方式[拟合(F)/控制点(CV)]<拟合>：_FIT(拟合点的模式)

当前设置：方式＝拟合　节点＝弦

指定第一个点或[方式(M)/节点(K)/对象(O)]：(鼠标左键拾取第一点)

输入下一个点或[起点切向(T)/公差(L)]：(鼠标左键拾取第二点)

输入下一个点或[端点相切(T)/公差(L)/放弃(U)]：(鼠标左键拾取第三点)

输入下一个点或[端点相切(T)/公差(L)/放弃(U)/闭合(C)]：(鼠标左键拾取第四点)

输入下一个点或[端点相切(T)/公差(L)/放弃(U)/闭合(C)]：(鼠标左键拾取第五点)

输入下一个点或[端点相切(T)/公差(L)/放弃(U)/闭合(C)]：↙(结果如图2-37所示)

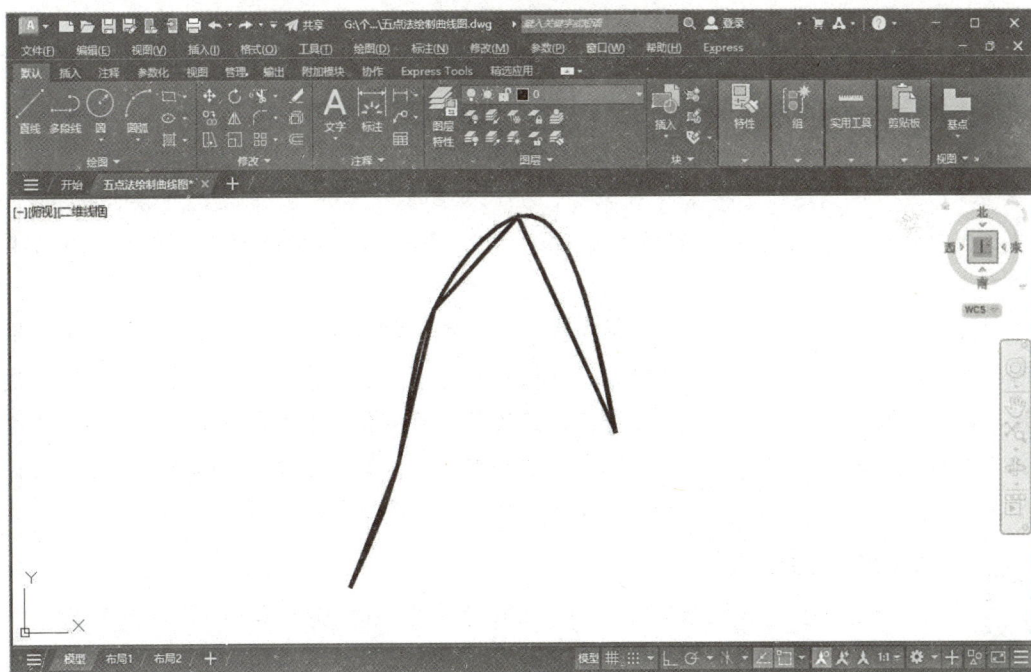

图2-37　采用SPLINE曲线拟合形式查询方式查坐标

从图2-37中查询得到最佳含水率和最大干密度分别为：16.01%和1.836，与手工绘制曲线结果十分接近。所以进行击实曲线分析采用通过试验点的样条曲线模拟比多段线样条曲线拟合的精度高，能达到使用结果。

技能归纳

通过本任务的学习主要掌握以下技能：

1）路基横断设计图的绘制与查询，主要用到了PLINE、COPY、MIRROR、MEASURE-GEOM等命令。

2）路基土击实曲线的绘制与使用，主要用到了PLINE、SPLINE、PEDIT等命令。

思育启智园：

行业前沿与成就
——道路建设
技术与成就

行业前沿与成就——道路建设技术与成就

公路的道路工程包含路基、路面实体，道路设计绘图主要涉及路线、路基、路面和交叉口绘图。计算机辅助设计（CAD）已在公路设计中普遍应用，遥感、航测等先进技术在公路勘测中也有多年的实践，GPS、GIS、航测遥感技术集成设计、无人机等已经投入使用。大数据、云计算、物联网、移动互联网等新一代信息技术，在公路建设、养护、运输组织和管理领域广泛应用，在车联网、物流信息平台、出行信息服务等方面取得显著进展。

1988 年 10 月 31 日，我国首条高速公路——沪嘉高速公路建成通车。截至 2024 年，我国最长的 5 条高速公路有：①连霍高速，连接连云港和霍尔果斯，全长 4395km，是我国最长的高速公路。②京藏高速：全长约 3718km，起点北京，终点拉萨，是西藏地区唯一一条纳入国家高速网的公路项目。③沈海高速，连接沈阳和海口，全长 3710km，是我国最长的沿海高速。④长深高速，连接长春和深圳，全长 3585km。⑤大广高速，连接大庆和广州，全长 3550km。2023 年，我国公路总里程 543.68 万 km，高速公路里程达到了 18.36 万 km，全球排名第一。

道路建设方面的成果，展示了我国在基础设施建设方面取得的巨大成就，这些都离不开工程技术的不断进步和创新能力的提升，科技创新对于国家发展起到了重要作用；道路建设促进了经济发展，改善了人民的出行条件，提高了生活质量，更加体现了国家对于社会责任的担当和对于人民福祉的关注。同时，我们也要意识到，虽然建设方面取得了显著成就，但仍面临着诸多挑战，如环境保护、资源节约、交通安全等问题。

任务拓展

《公路路基设计规范-节选》(JTG D30—2015)

《公路路基设计规范》（JTG D30—2015），自 2015 年 5 月 1 日起施行，取代了原《公路路基设计规范》（JTG D30—2004）及其英文版和法文版。其主要技术内容由 7 章、10 个附录组成，包括一般路基、路基排水、路基防护与支挡、路基拓宽改建以及特殊路基等多个方面，涵盖了公路新建和改扩建工程所涉及的全部路基工程项目的路基设计的技术标准，旨在确保公路路基的安全可靠、技术先进、经济合理。《公路路基设计规范》（JTG D30—2015）的管理权和解释权归交通运输部，日常解释和管理工作由主编单位中交第二公路勘察设计研究院有限公司负责。

考核评价

1. 自我评价

1）此次操作是否顺利？

2）若不顺利，请列出遇到的问题。

3）分析出现问题的原因，并提出修正方案。

4）认为还需要加强哪些方面的指导？

2. 学习任务评价（表 2-5）

表 2-5　学习任务评价表

考核项目	分数			学生自评	小组互评	教师评价	小计
	差	中	好				
团队合作精神	6	13	20				
活动参与是否积极	6	13	20				
路基横断面图的绘制	6	13	20				
路基土击实曲线的绘制	6	13	20				
数据查询	6	13	20				
总分	100						
教师签字：				年　月　日		得分	

作业

绘制完成图 2-38 衡重式挡土墙的断面设计图，并查询其面积。

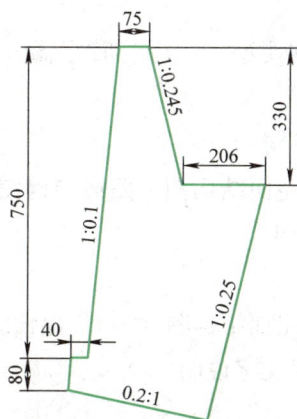

图 2-38　衡重式挡土墙的断面设计图（尺寸单位：cm）

任务三　路面图形绘制

任务描述

根据施工单位工作需求和对专业技术人员的要求，以沥青路面结构图、水泥混凝土路面横向施工缝构造图为切入点，掌握路面工程图的绘制。

任务目标

1）掌握路面结构图的绘制。

2) 掌握水泥混凝土路面横向施工缝构造图的绘制。

🌱 内容结构 （图2-39）

图 2-39　内容结构

🌿 主要技能

能够绘制沥青路面结构图，能够绘制水泥混凝土路面横向施工缝构造图，能够熟练运用图案填充命令完成多种材料图案绘制。能够熟悉《公路沥青路面设计规范》（JTG D50—2017）、《公路水泥混凝土路面设计规范》（JTG D40—2011）。

📖 基础知识

公路路面主要有两种类型，一类是沥青混凝土路面（图2-40），另一类则是水泥混凝土路面（图2-41）。

一、沥青混凝土路面结构图绘制

图2-40中图形有四部分，即路面结构图、路面结构图例、中央分隔带护栏大样图、路肩石大样图；另外还有少量文字说明。

二、水泥混凝土路面结构图绘制

图2-41中图形有四部分，即路面结构图（一）、路面结构图（二）、路面结构图例、胀缝构造图及数量表；另外还有少量文字说明。

🌿 技能训练

1. 沥青路面结构图

绘制沥青路面结构图（图2-42）时，可先用多段线绘制四条路面结构分层界线，再用矩形命令按结构层绘三个小矩形，然后用图案填充命令选择适当的填充图，最后用单行文字标注完成文字的标注（图2-42）。

【示例1】　绘制图2-42所示的沥青路面结构图。

操作步骤如下：

1）用多段线命令绘制沥青路面结构层的分界线。

路面结构图介绍

沥青路面结构图绘制

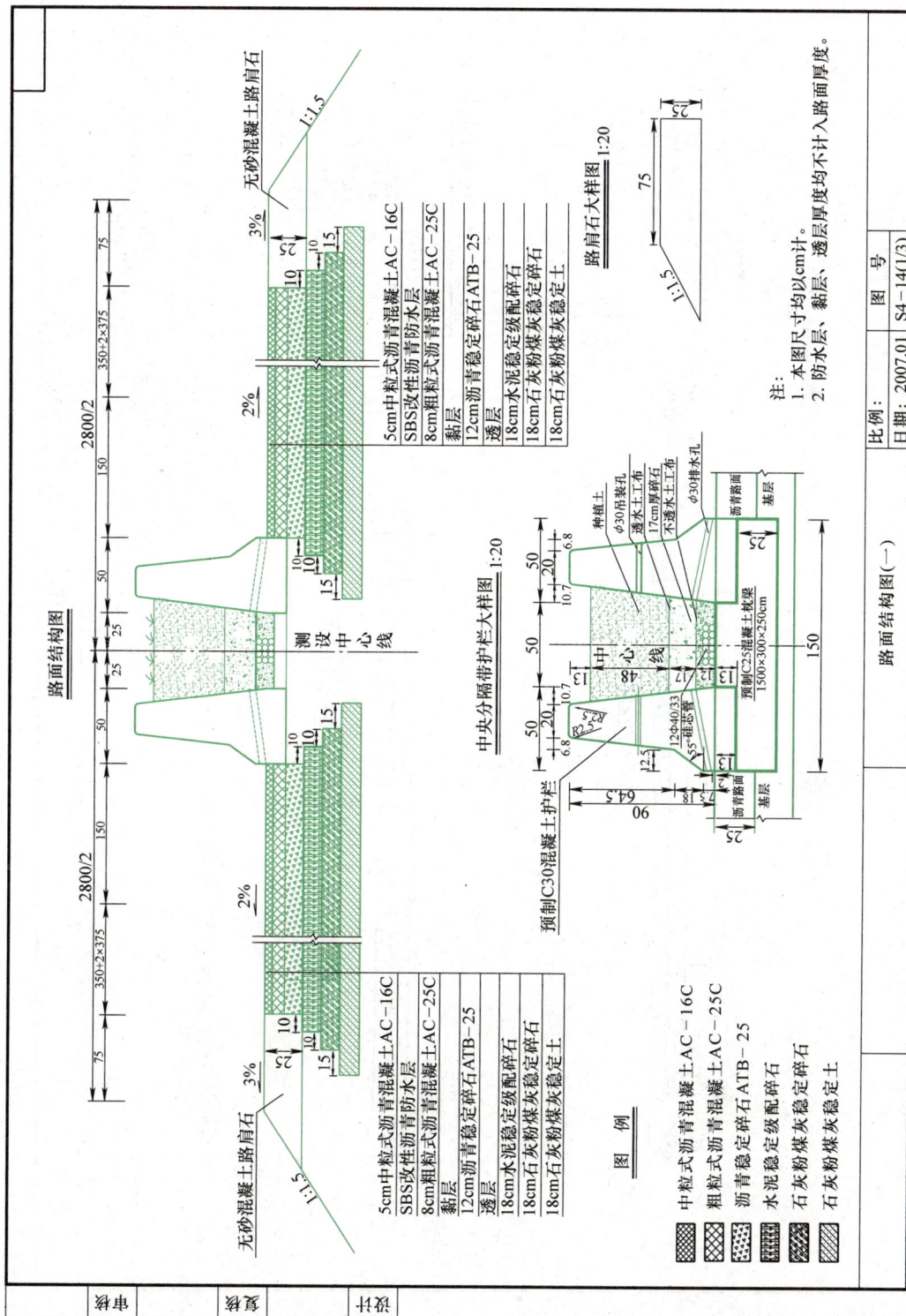

图 2-40 沥青混凝土路面结构图

第1页　共3页

胀缝构造

涂沥青并裹敷聚乙烯膜　填缝料

填缝板

长100mm的小套子留30mm空隙填以纱头等

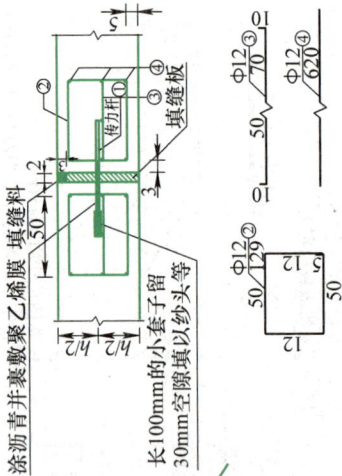

一条胀缝的钢筋尺寸及数量表

序号	直径(mm)	每根长(cm)	单位重(kg/m)	总长(m)
1	Φ28	40	4.83	8.4
2	Φ12	129	0.888	85.14
3	Φ12	70	0.888	46.2
4	Φ12	620	0.888	86.8

注:
1. 本图尺寸除钢筋直径以mm计外，余均以cm计。
2. 传力杆采用直径28mm的光面钢筋，长40cm，间距30cm，距离自由边距离15～25cm。
3. 边坡坡度由结合边沟形边沟的实际尺寸确定。
4. 过村段设矩形边沟侧的土路肩面的厚度采用与行车道面层等厚，其基层宜与行车道基层相同。

路面结构图(一)
适用于一般路段

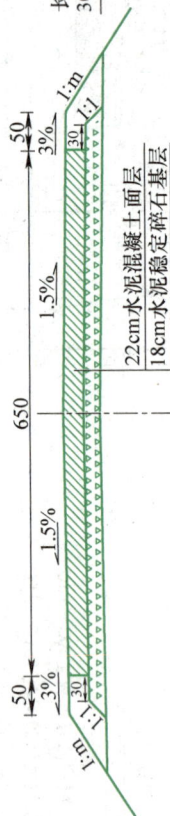

22cm水泥混凝土面层
18cm水泥稳定碎石基层

矩形边沟

路面结构图(二)
适用于过村路段

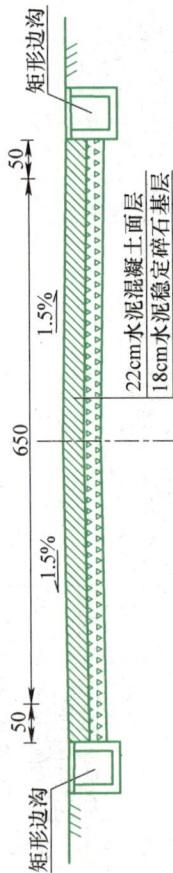

22cm水泥混凝土面层
18cm水泥稳定碎石基层

矩形边沟

图　例

水泥混凝土
水泥稳定碎石

比例:
日期: 2010.08
图号 SIII-15
xxxxxx设计院

路面结构设计图(一)

图 2-41　水泥混凝土路面结构图

命令：PLINE ↙

指定起点：　　　　　　　　　　　　　　　　　　　　　（在绘图区任点一点）

当前线宽为 0.4000　　　　　　　　　　　　　　　　（选择合适的线宽）

指定下一个点或[圆弧(A)/半宽(H)/长度(L)/放弃(U)/宽度(W)]：@50，0 ↙

　　　　　　　　　　　　　　　　　　　　　　　　（与前点的相对坐标——绘制宽度）

指定下一个点或[圆弧(A)/闭合(C)/半宽(H)/长度(L)/放弃(U)/宽度(W)]：↙

　　　　　　　　　　　　　　　　　　　　　　　　　　　　（结束命令）

提示：采用 OFFSET 命令三次完成另外三个分界线（相互间隔——路面厚度分别为 8、12、20）的绘制。

2）用 RECTANG 命令绘制矩形边界线，用以填充图案。

命令：RECTANG ↙

指定第一个角点或[倒角(C)/标高(E)/圆角(F)/厚度(T)/宽度(W)]：（采用对象捕捉功能，选择所绘矩形的一个端点——前述第一条多段线的左端点）

指定另一个角点或[面积(A)/尺寸(D)/旋转(R)]：（采用对象捕捉功能，选择所绘矩形的另一个端点——第二条多段线的右端点）

重复 RECTANG 命令两次（依次选取不同的端点）完成另外两个矩形图的绘制，如图 2-42 所示。

3）选择合适的填充图案，用填充命令进行填充图案。

单击图案填充命令，命令行选择"设置(T)"，系统弹出如图 2-43 所示的"图案填充和渐变色"对话框，选择合适的填充图案、角度和比例，单击"添加：拾取点"按钮，或单击"添加：选择对象"按钮，选择需填充的对象后单击"确定"按钮，完成图案的填充。

沥青路面上面层
沥青路面下面层
灰土基层

图 2-42　沥青路面结构示意图

命令：_BHATCH

拾取内部点或[选择对象(S)/放弃(U)/设置(T)]：T

拾取内部点或[选择对象(S)/放弃(U)/设置(T)]：　　　　　　　　（点取最上边的矩形内部一点）

拾取内部点或[选择对象(S)/放弃(U)/设置(T)]：正在选择所有对象…

正在选择所有可见对象…

正在分析所选数据…

正在分析内部孤岛…

拾取内部点或[选择对象(S)/放弃(U)/设置(T)]：↙（得到图 2-42 所示最上部的填充图案）

将 BHATCH 命令重复两次（在更换填充图案的基础上，依次选择第二个、第三个矩形），即可完成路面结构图的填充。

4）完成文字标注并绘制引出线。文字的标注可以采用单行文字分三次完成标注和绘制引出线；也可以只标注一行文字和绘制一个引出线后，利用复制的方法复制文字和引出线两次至合适位置，再修改文字内容以提高绘图速度。

2. 水泥混凝土路面横向施工缝构造图

【示例 2】　绘制图 2-44 所示水泥混凝土路面横向施工缝构造图。

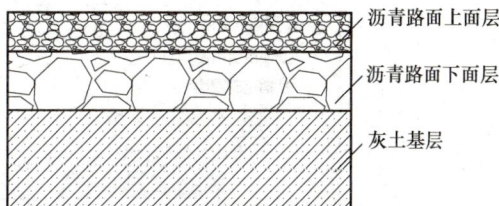

水泥混凝土路面
结构图绘制

水泥混凝土路面横向施工缝构造图（图2-44）主要由两块板和一根传力杆组成，两块板用多段线绘制，具体操作步骤如下：

图2-43 "图案填充和渐变色"对话框

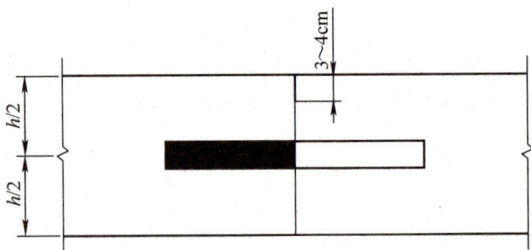

图2-44 水泥混凝土路面横向施工缝构造图

1）用多段线命令绘制水泥混凝土路面的上下界线及填缝料。

命令：PLINE↙（绘制上边界线）

指定起点： （用鼠标左键在绘图区左上角任点取一点）

当前线宽为 0.0000

指定下一个点或[圆弧(A)/半宽(H)/长度(L)/放弃(U)/宽度(W)]：W↙

指定起点宽度 <0.0000>：0.6↙

指定端点宽度 < 0.6000 > ：↙

指定下一个点或［圆弧(A)/半宽(H)/长度(L)/放弃(U)/宽度(W)］：@180,0↙

指定下一个点或［圆弧(A)/半宽(H)/长度(L)/放弃(U)/宽度(W)］：↙

下边界线（距上边界线60个单位）利用复制命令完成。完成下边界线后可再利用多段线命令绘制填缝料。

命令：PLINE ↙（绘制填缝料）

指定起点：< 对象捕捉　开 >（打开捕捉命令，用鼠标捕捉上边界中点，线宽改为3个单位）

指定下一个点或［圆弧(A)/半宽(H)/长度(L)/放弃(U)/宽度(W)］：@0,-10↙

指定下一个点或［圆弧(A)/半宽(H)/长度(L)/放弃(U)/宽度(W)］：↙

2）绘制折断线。先用 LINE 命令在上下边界左端绘制一段80个单位长的直线，长出部分要对称于上下边界。然后继续用 LINE 命令在刚才绘制的直线中点处绘制大小恰当的锯齿线，锯齿线要绘制得长一些，利用修剪命令剪去多余的部分，即可得到图2-44左侧折断线。利用镜像命令，以路面上下边界线中心为对称轴完成右侧折断线的绘制。

3）绘制横向施工缝部位设置的（传力杆）钢筋及涂沥青部位。用 LINE 命令绘制施工缝（直线端点为上下边界线的中点）；然后用矩形命令以施工缝中点为中心绘制长度为100个单位、高度为10个单位的矩形；最后以刚绘制的矩形左侧边线中点为起点，利用 PLINE 命令绘制宽度为10个单位、长度为50个单位的线段。

4）用标注尺寸命令标注图2-44中的尺寸。

🌀 技能深化

图2-45中路面材料的填充图案较多，个别的图案还需要两种填充图案的组合才能完成，此处仅指出图案名称和角度，具体操作见情境一有关内容。

图　例

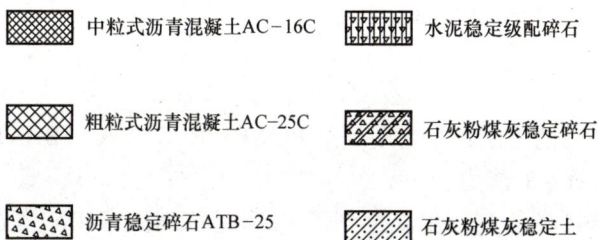

图2-45　路面材料图例

1）中粒式沥青混凝土 AC-16C 选择"其他预定义"选项卡下的"net"选项（图2-46a），角度为45°（图2-46b），比例尺选择根据图面大小和比例尺而定。

2）粗粒式沥青混凝土 AC-25C 选择"其他预定义"选项卡下的"net"选项，角度为45°，比例尺为中粒式沥青混凝土 AC-16C 的1.5~2倍。

3）沥青稳定碎石 ATB-25 选择"其他预定义"选项卡下的"triang"选项，角度为45°，比例尺选择根据图面大小和比例尺而定。

4）水泥稳定级配碎石需要两种填充图案的组合，即先选择"其他预定义"选项卡下的

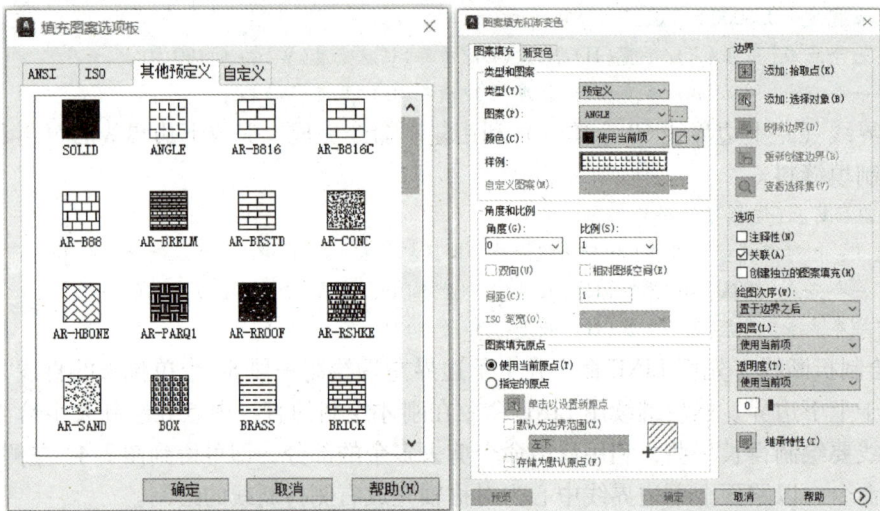

a) 填充图案的选择   b) 角度、比例修改

图 2-46 填充图案的选择与参数修改

"triang"选项进行填充（角度为 45°，比例尺选择根据图面大小和比例尺而定），然后再选择"ANSI"选项卡下的"ANSI32"选项进行填充（角度为 45°，比例尺选择根据图面大小和比例尺而定）。

5）石灰粉煤灰稳定碎石需要两种填充图案的组合，即先选择"其他预定义"选项卡下的"triang"选项进行填充（角度为 45°，比例尺选择根据图面大小和比例尺而定），然后再选择"ANSI"选项卡下的"ANSI32"选项进行填充（角度为 0°，比例尺选择根据图面大小和比例尺而定）。

6）石灰粉煤灰稳定土选择"其他预定义"选项卡下的"SACNCR"选项，角度为 0°，比例尺选择根据图面大小和比例尺而定。

技能归纳

1）沥青路面结构图的绘制，主要用到了 PLINE、RECTANG、BHATCH 等命令，其中主要锻炼使用 BHATCH 命令的能力。

2）水泥路面结构图的绘制，主要用到了 PLINE、LINE、TRIM 等命令，主要锻炼多段线绘制涂刷沥青的传力杆的能力。

3）由于路面结构图为示意图，图形绘制比例建议按 1:1 绘制，打印图形前，采用页面布局加上图框和有关标注。

4）图形绘制规格方面处理技巧：首先是绘图比例，图 2-40、图 2-41 中所有图形均为示意图，多数图形没有比例，绘制时可以按 1:1 比例尺绘制，布图时再进行比例修正。其次是路拱横坡的示意画法，图 2-40 中沥青混凝土路面结构图中所展示的路拱横坡（2%）、路肩横坡（3%）及图 2-41 中水泥混凝土路面结构图中所展示的路拱横坡（1.5%）、路肩横坡（3%）仅为示意，对应坡度均按平坡（0）绘制，只是在绘制完成后进行标注即可。最后是填充图案的规格，填充图案每个设计部门对于同一种材料统一使用一种填充图案，不要随意更改。

思育启智园：

专业名人——道路工程专家郑健龙

专业名人——道路工程专家郑健龙

新中国成立以来，几代人逢山开路、遇水架桥，建成了无数条纵横千里的"中国路"。中国工程院院士、长沙理工大学教授郑健龙就是其中一位卓越贡献者。

"做修路人，唯愿神州道路通达天下；当铺路石，为求中华民族畅行五洲。"这是郑健龙的心语，也是他一生成就的写照。从小到大，郑健龙都对新知识、新领域有很强的探索欲，甚至在中学时被迫辍学后，还去学过修铁路、炼钢铁。他拥有"南征北战"的传奇经历，从一名"辍学少年"边工边读逆袭成长为道路工程领域专家，他诠释了坚毅进取、敢为人先的优异品质，树立了催人奋进的励志榜样。

郑健龙为中国公路交通事业的发展做出了杰出贡献。他用了十多年的时间，反复研究与实践，克服了"公路工程中的癌症"，成功解决了公路、铁路、水利与建筑工程面临着膨胀土遇水迅速膨胀、失水急剧开裂的难题。在这之后，郑健龙带领团队继续攻坚克难、孜孜探索，为加快建设交通强国努力奋斗。如今，郑健龙院士依然对科研保持着一丝不苟、身体力行、立足实干的态度。面向祖国交通事业的未来，郑健龙满怀期待。

郑健龙的事迹向我们展现了关注国家发展大局、将个人成长与国家需求相结合、具有高度的社会责任感和使命感的榜样力量，攻坚克难、勇于创新、科学思维和严谨态度是我们应该向郑健龙学习的优秀品质。

任务拓展

《公路沥青路面设计规范》（JTG D50—2017），是由中华人民共和国交通运输部发布的公路工程行业标准，自2017年9月1日起施行，取代了原《公路沥青路面设计规范》（JTG D50—2006）。该规范详细规定了公路沥青路面设计的要求和方法，由中交路桥技术有限公司主持编制。标准的管理权和解释权归中华人民共和国交通运输部，日常管理和解释工作由中交路桥技术有限公司负责。

《公路沥青路面设计规范-节选》（JTG D50—2017）

《排水沥青路面设计与施工技术规范》（JTG/T 3350-03—2020），这是中华人民共和国交通运输部发布的行业推荐性标准，自2020年9月1日起施行。该规范涉及排水沥青路面的设计与施工技术要求。

《公路水泥混凝土路面设计规范》（JTG D40—2011），适用于各等级新建和改（扩）建公路的水泥混凝土路面设计。该规范包括结构组合设计、结构层厚度设计、材料组成设计、接缝构造设计、钢筋配置设计等内容。

《公路水泥混凝土路面设计规范-节选》（JTG D40—2011）

这些规范和标准为沥青路面和混凝土路面的设计、施工提供了详细的指导和技术要求，确保了工程的质量和安全。

考核评价

1. 自我评价

1）此次操作是否顺利？

2）若不顺利，请列出遇到的问题。

3）分析出现问题的原因，并提出修正方案。

4）认为还需要加强哪些方面的指导？

2. 学习任务评价（表2-6）

表2-6 学习任务评价表

考核项目	分数			学生自评	小组互评	教师评价	小计
	差	中	好				
团队合作精神	6	13	20				
活动参与是否积极	6	13	20				
沥青路面结构图绘制	6	13	20				
水泥路面结构图绘制	6	13	20				
绘图规格	6	13	20				
总分	100						
教师签字：				年　月　日		得分	

作业

1）请绘制图2-47中央分隔带大样图（图中尺寸单位为cm）。

中央分隔带护栏大样图
1:20

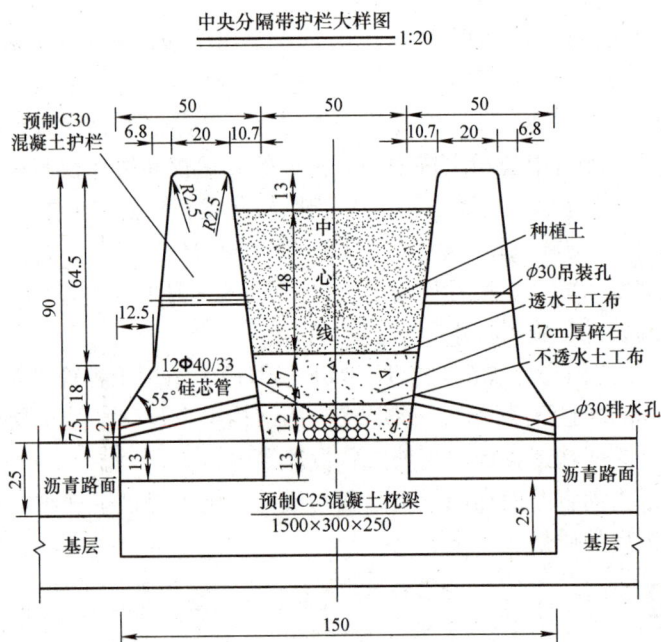

图2-47 中央分隔带大样图

2）绘制路面结构图（图 2-48）。

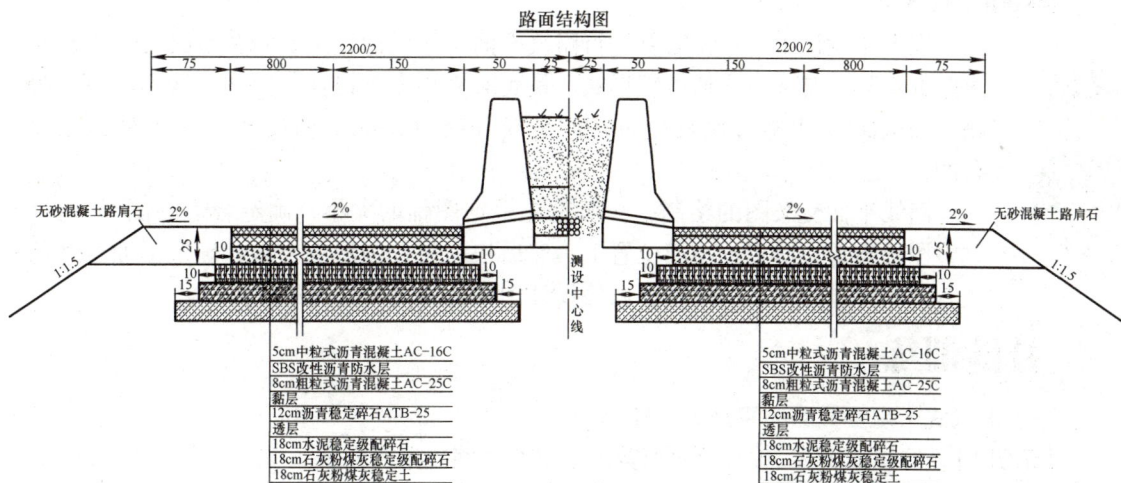

图 2-48　路面结构图

任务四　公路交叉口相关设计图绘制

任务描述

针对施工单位完成竣工图和初学者技术交流等的需要，以绘制公路标线等设施为切入点，能完成对公路交通设施的形象描述。

任务目标

1）掌握十字交叉口图的绘制。

2）掌握环形交叉口图的绘制。

3）熟悉标线的绘制方法。

内容结构 （图 2-49）

图 2-49　内容结构

主要技能

能够掌握十字交叉口、环形交叉口平面图的绘制方法；能够掌握不同类型交通标线的绘制方法；能够熟悉《道路交通标志和标线　第 3 部分：道路交通标线》（GB 5768.3—2009）、《城市道路交通标志和标线设置规范》（GB 51038—2015）。

📖 基础知识

在道路设计中，常常需要进行路线平面交叉设计，主要涉及道路交叉口相交道路的条数、交叉口交通组织形式，是否有专用车道设计等。在一般情况下，公路平面交叉设计相对比较简单，但是高等级公路的平面交叉设计还是比较复杂的。

路线平面交叉图的绘制，一般是先根据图幅的大小，确定合适的图形比例，并将图形布置在适当的平面位置上，然后根据设计图形的要求，确定平面交叉的主骨架，再进行细节的绘制，以使设计图样能满足公路施工的要求。

道路交通标线的简介

🌿 技能训练

一、加宽式十字交叉路线平面图的绘制

【示例1】 绘制如图 2-50 所示的加宽式十字交叉路线平面图。

首先选择合适的线型绘制路线交叉的十字中线（点划线），后根据实际数据绘制路线交叉口的外侧边线（粗实线），再选择合适的曲线半径值圆滑连接相邻的直线，最后用修剪命令剪去多余的线条完成图形的绘制。

操作步骤如下：

1）根据实际数据先用点划线绘制路中线十字路口平面图。单击"特性"窗口中的"线型"对

图 2-50　加宽式十字交叉路线平面图

话框下三角，单击"其他…"，弹出"线型管理器"（图 2-51a），单击"加载（L）"按钮后，选择"可用线型"选项卡下的"ACAD_ISO04W100"线型，单击"确定"按钮返回"线型管理器"对话框，在此对话框中选择该线型后再单击"确定"按钮，这样可以在 AutoCAD 2024 的工具栏中选取"ACAD_ISO04W100"线型（图 2-51b）用点划线进行绘图了。

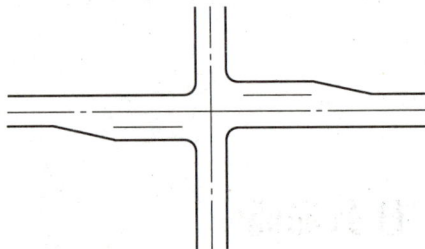

选用点划线为当前线型，用 LINE 命令绘制十字路口中线，水平长度为 110 个单位，竖直长度为 65 个单位；十字路口中心坐标为（1000，400）。

2）用多段线命令绘制交叉路口的粗边线。

① 绘制左上角边线。

命令：PLINE✓

指定起点：946.1857，404.0914 ✓

当前线宽为：0.0000

指定下一个点或[圆弧(A)/半宽(H)/长度(L)/放弃(U)/宽度(W)]：W✓

指定起点宽度 <0.0000 >：0.6 ✓

指定端点宽度 <0.6000 >：✓

指定下一个点或[圆弧(A)/半宽(H)/长度(L)/放弃(U)/宽度(W)]：996.0435，404.0914 ✓

指定下一个点或[圆弧(A)/半宽(H)/长度(L)/放弃(U)/宽度(W)]：996.0435，427.3970 ✓

指定下一个点或[圆弧(A)/半宽(H)/长度(L)/放弃(U)/宽度(W)]：✓

② 绘制左下角边线。

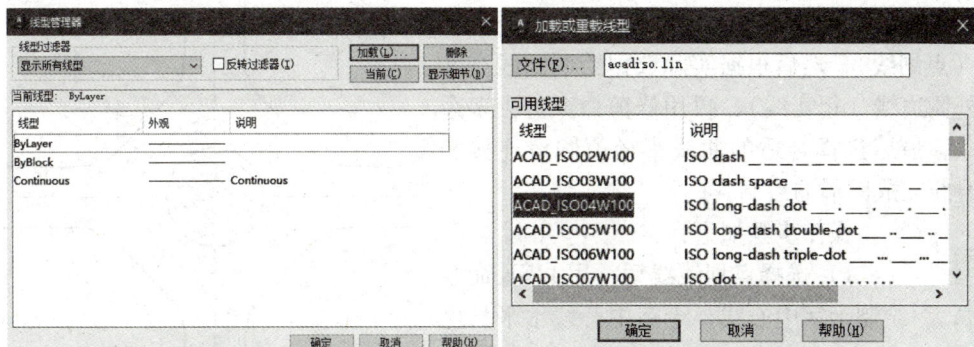

a) "线型管理器"对话框

b) "加载或重载线型"子对话框

图 2-51 "线型管理器"对话框和"加载或重载线型"子对话框

命令：PLINE✓

指定起点：946.185, 396.3229✓

当前线宽为：0.6

指定下一个点或[圆弧(A)/半宽(H)/长度(L)/放弃(U)/宽度(W)]：958.6558, 396.3229✓

指定下一个点或[圆弧(A)/半宽(H)/长度(L)/放弃(U)/宽度(W)]：974.4841, 392.6671✓

指定下一个点或[圆弧(A)/半宽(H)/长度(L)/放弃(U)/宽度(W)]：996.0435, 392.6671✓

指定下一个点或[圆弧(A)/半宽(H)/长度(L)/放弃(U)/宽度(W)]：996.0435, 364.1826✓

指定下一个点或[圆弧(A)/半宽(H)/长度(L)/放弃(U)/宽度(W)]：✓

③ 绘制右上角边线。

命令：PLINE✓

指定起点：1003.8185, 427.3970✓

当前线宽为 0.6

指定下一个点或[圆弧(A)/半宽(H)/长度(L)/放弃(U)/宽度(W)]：1003.8185, 407.4426✓

指定下一个点或[圆弧(A)/半宽(H)/长度(L)/放弃(U)/宽度(W)]：1027.1278, 407.4426✓

指定下一个点或[圆弧(A)/半宽(H)/长度(L)/放弃(U)/宽度(W)]：1042.6395, 404.0914✓

指定下一个点或[圆弧(A)/半宽(H)/长度(L)/放弃(U)/宽度(W)]：1057.3284, 404.0914✓

指定下一个点或[圆弧(A)/半宽(H)/长度(L)/放弃(U)/宽度(W)]：✓

④ 绘制右下角边线。

命令：PLINE✓

指定起点：1003.8185 Y = 364.1826✓

当前线宽为 0.6

指定下一个点或[圆弧(A)/半宽(H)/长度(L)/放弃(U)/宽度(W)]：1003.8185, 396.3229✓

指定下一个点或[圆弧(A)/半宽(H)/长度(L)/放弃(U)/宽度(W)]：1057.3284, 396.3229✓

指定下一个点或[圆弧(A)/半宽(H)/长度(L)/放弃(U)/宽度(W)]：✓

3）整理图形。利用 FILLET 命令，采用 2.82 个单位修整出四个圆角；利用 PLINE 命令绘制两个端点分别为（974.0117, 396.0345）和（992.1934, 396.0345）的直线；利用 PLINE 命令绘制两个端点分别为（1008.4613, 403.9568）和（1026.6430, 403.9568）的直线。

完成上述步骤后得到图 2-50。

二、环形十字交叉路口平面设计图

【示例 2】 绘制如图 2-52 所示的环形十字交叉路线平面图。

首先选择合适的线型绘制路线交叉的十字中心线（点划线），然后根据实际数据绘制路线交叉口的外侧边线（粗实线），再用修剪命令剪去多余的线条，最后选择合适的曲线半径值圆滑连接相邻的直线完成图形的绘制。

操作步骤如下：

1）选择点划线线型，用 LINE 命令绘制十字中心线，十字中心线水平长度为 290 个单位，竖直长度 250 个单位，如图 2-53 所示。

图 2-52　环形十字交叉路线平面图

环形交叉口图的绘制

2）选择"bylayer"线型，用多段线命令绘制十字路边线（两个边线对称于中心线，水平和竖直两边线的间距均为 40 个单位，线宽为 1 个单位），如图 2-53 所示。

3）用圆环命令绘制环形交叉路线的圆环（圆环内径 58 个单位，外径 60 个单位，线宽为 1 个单位，中心在中心线交点处），如图 2-54 所示。

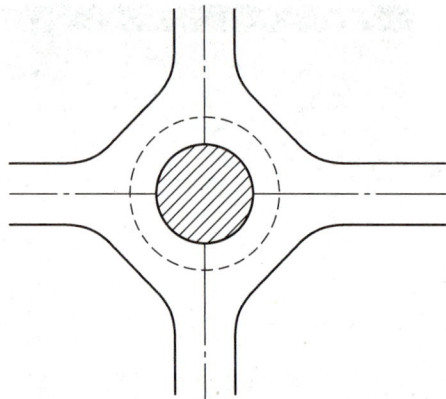

十字交叉口图的绘制

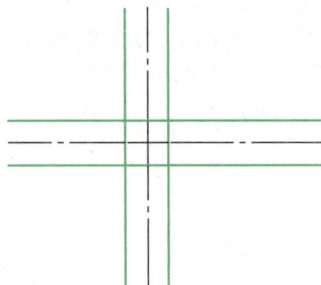

图 2-53　环形十字交叉路线（一）

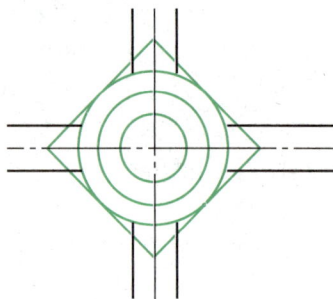

图 2-54　环形十字交叉路线（二）

4）用偏移命令绘制另外两个圆环（行车道分界线），其偏移距离各为 20 和 37.5 个单位。

5）用正多边形命令绘制图 2-54 中大圆的外切正方形，注意中心在中心线交点处，四个角都要落在路中线上。

6）用多段线编辑命令修改上一步正方形的线宽（线宽为 1 个单位）。

7）用修剪命令剪切十字中心多余的多段线。

8）用圆角命令选择合适的圆曲线半径，将不相交的相邻道路圆顺地连接。

9）利用"修改"\ "特性"命令，将行车道分割线线型改为虚线。

10）用图案填充命令将中心岛内用阴影线填充，如图 2-52 所示。

提示：在做重复操作的时候大家可以试着运用"空格或 Enter（回车）"命令。

三、平面交叉口交通岛及人行道交通设施图的绘制

在城市道路交叉口设计中，考虑到行人的需求，设置交通岛和人行道是在城市交通中应当认真考虑的问题。可根据平面交叉口的交通特点，绘制交通设施图，如图 2-55 所示。

此图看起来较【示例 1】和【示例 2】复杂，但只要分清楚是由哪几部分组成的，然后将各组成部分按不同的线型区分即可。在绘图时，在书上量距弄清楚图样各部分尺寸，采用 1∶1 的比例绘图即可。

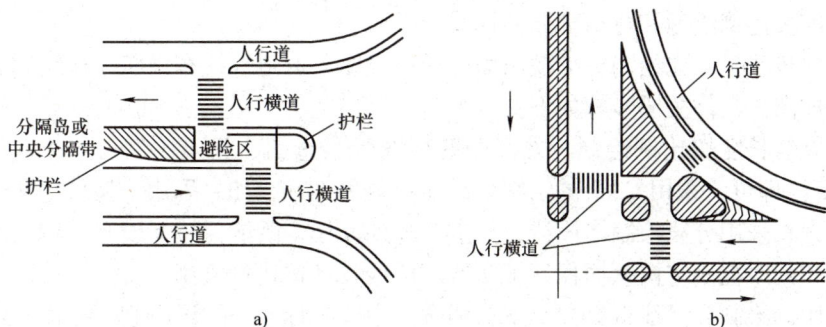

图 2-55　交通岛及人行道交通设施图

　　先进行图形的定位，然后根据线型情况进行绘制。一般先绘直线后绘曲线，绘制曲线时，可采用三点法绘制。绘制完成后，进行修剪，再进行填充。人行横道绘制时，可先绘制一条粗线，然后采用阵列命令绘制出一条完整的人行横道，再采用阵列命令或复制命令、旋转命令完成其他人行横道的绘制工作。填充阴影部分时，只有封闭的图形才能填充，因此，应先把图形做封闭处理，填充完成后再将不需要的线条去掉。斑马线（交通岛的粗斜线）的绘制，应采用多段线改变线条的粗细度，逐一绘制（由于图中每一条线的角度不同），其绘制长度应超过所绘图界，后采用修剪命令，剪去界外不需要的线条即可。图中的方向箭头可采用多段线命令，分段连续绘制不同粗细的线条即可。文字的标注，采用 DTEXT 命令定位确定，如果位置不对，可采用平移命令，平移标注文字的位置。

技能深化

　　某三级公路标线的设计图（图 2-56）绘制。标线大样图中最为困难的部分是标线中实

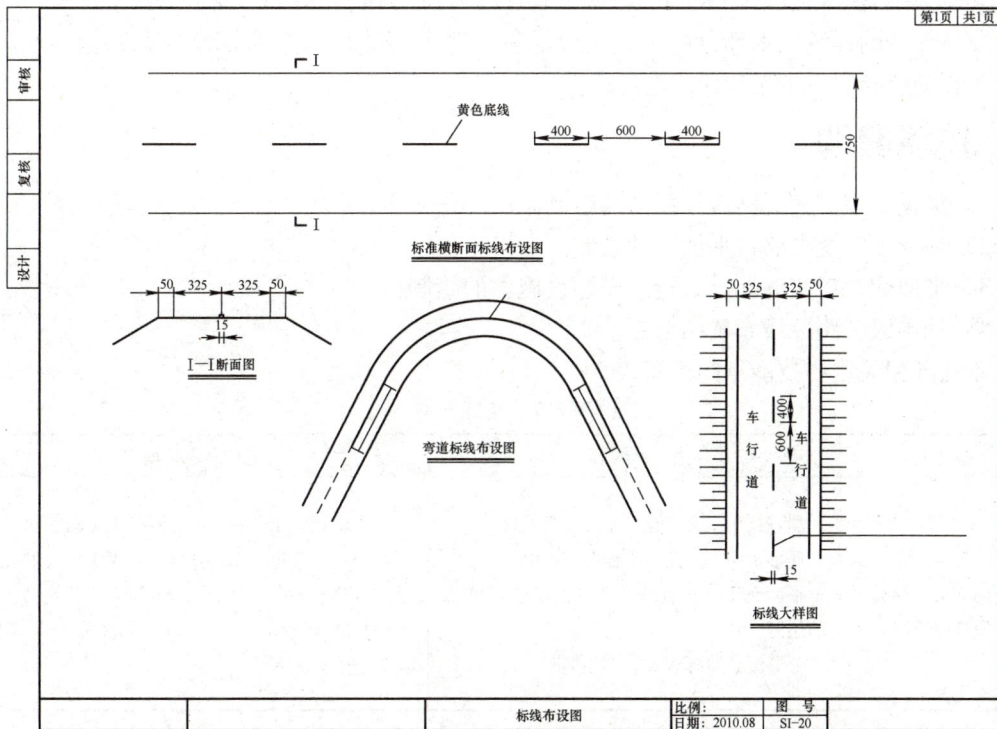

图 2-56　某三级公路标线的设计图

线、虚线长度按比例绘制和弯道部分的标线。

绘图总体步骤是：先绘制标准横断面标线布设图、弯道标线布设图，再绘制 I—I 断面图和标线大样图。具体关键步骤如下：

实线、虚线长度按比例绘制。本部分的标线为示意图，只要比例为 400∶600（实线长度∶虚线长度）即可。采用 CAD 的绘制虚线命令效果不好，如果采用线型自定义功能需要较高的开发能力；采用分段绘制多段线，并进行阵列操作，既能保持标线有一定宽度，又能通过阵列行距和列距控制空白从而保证了实线、虚线长度按比例绘制。

按 1∶1 比例绘制多段线（包括线长、线宽，按 cm 计），采用下述阵列命令后得到标线效果，最后根据布图需要进行缩放。

操作步骤如下：

命令：_ARRAYRECT↙
选择对象：（选择前述绘制的标线，提示找到 1 个）
选择对象：↙
类型 = 矩形关联 = 是
选择夹点以编辑阵列或［关联（AS）基点（B）计数（COU）间距（S）列数（COL）行数（R）层数（L）退出（X）］
＜退出＞：COU↙
输入列数或［表达式（E）］＜4＞：1↙（标线只有一排）
输入行数或［表达式（E）］＜4＞：5↙（标线 5 列）
选择夹点以编辑阵列或［关联（AS）基点（B）计数（COU）间距（S）列数（COL）行数（R）层数（L）退出（X）］
＜退出＞：S↙
指定列之间的距离或［单位单元（U）］＜＞：1000↙（标线列间距）
指定列之间的距离或［单位单元（U）］＜＞：1000↙（标线列间距）
按＜Enter＞键结束或［关联（AS）/基点（B）/行数（R）/列数（COL）/层数（L）/退出（X）］＜退出＞：↙

弯道部分的标线。本部分的标线为示意图，弯道部分标线中曲线部分按圆曲线绘制即可，不要刻意绘制成带缓和曲线的形式。

技能归纳

1）加宽式十字交叉路口平面图的绘制。
2）环形十字交叉路口平面图的绘制。
3）平面交叉口交通岛及人行道交通设施图的绘制。
4）低等级公路标线布置图绘制。
本任务相关主要技能点归纳见表 2-7。

表 2-7　技能归纳

技能点	主 要 内 容	主要命令或操作
任务四 公路交叉口相关设计图绘制	加宽式十字交叉路口平面图的绘制 环形十字交叉路口平面图的绘制 平面交叉口交通岛及人行道交通设施图的绘制 低等级公路标线布置图绘制	PLINE（多段线命令）、DTEXT（动态文字命令）、TEXT（单行文字命令）、MOVE（移动命令）、LINE（直线命令）、FILLET（圆角命令）、CIRCLE（圆命令）、DONUT（圆环命令）、OFF-SET（偏移命令）

思育启智园：

专业文化——提升安全意识、遵守交通规则

道路千万条，安全第一条。行人过十字路口要"看、等、行、让"。

"看"：行人通过路口前，要提前观察路口，对人流、车流复杂或车速快的，要提高警惕、做好预判，要注意观察交警指挥手势。要走过街天桥或地下通道，或按"红灯停，绿灯行"的规则走斑马线。"等"：红灯时行人应该在等待区等待通行；没有等待区的，要在路肩（马路牙子）上等候。等候时不要与过往车辆距离太近，既要保证自身安全，又要避免影响车辆正常通行。"行"：行人通过斑马线要尽量匀速通行，增加周围人员车辆的预见性，避免急停、猛然加速或者转弯、掉头，造成避让不及，发生碰撞。"让"：行人、非机动车在通过斑马线前，可采用"招招手""点点赞"的文明手势，提醒司机停车让行，同时也要警惕行驶速度过快的非机动车。

上述规则，强调了安全意识的重要性，这种安全意识不仅适用于交通出行，还提醒我们要时刻保持警觉，防范各种潜在的危险；行人在过马路时，不仅是对自己负责，也是对他人负责，遵守交通规则，不闯红灯，不随意穿行，是对其他交通参与者的尊重和保护；文明出行是文明社会的重要标志，展示了良好的文明素养，体现了对他人和社会的尊重；遵守交通规则不仅是一种行为准则，还是一种道德品质的表现。遵守交通规则，诚实守信、尊重他人、勇于承担责任，这些品质对于个人成长和社会发展都具有重要意义。

行人过十字路口要"看、等、行、让"，你做到了吗？

✿ 任务拓展

《道路交通标志和标线 第3部分：道路交通标线》（GB 5768.3—2009），现行国家标准，详细规定了道路交通标线的分类、颜色、形状、字符、图形、尺寸等一般要求，包含了交通标线的设计、设置要求，以确保标线能够有效地引导交通流，提高了道路交通的安全性和效率。其适用于公路、城镇道路和虽在单位管辖范围但允许社会机动车通行的地方，包括广场、公共停车场等用于公众通行的场所等的交通标线的制作和设置。

✿ 考核评价

1. 自我评价

1）此次操作是否顺利？

2）若不顺利，请列出遇到的问题。

3）分析出现问题的原因，并提出修正方案。

4）你认为还需要加强哪些方面的指导？

2. 学习任务评价（表2-8）

表2-8 学习任务评价表

考核项目	分数			学生自评	小组互评	教师评价	小计
	差	中	好				
团队合作精神	6	13	20				
活动参与是否积极	6	13	20				
绘图的规范性	6	13	20				
绘图的完整性	6	13	20				
绘图速度	6	13	20				
总分	100						
教师签字：				年　月　日		得分	

作 业

1）绘制图2-52所示环形十字交叉路线平面图。

2）请完成图2-56所示公路标线设计图。

过关练习

过关任务1：绘制下列图形。

1）路基断面图（图2-57）。

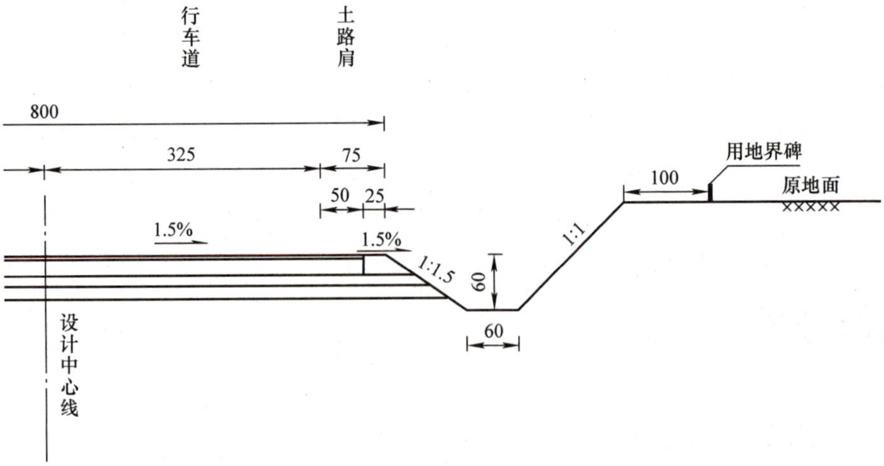

图2-57　路基断面图

2）路面结构设计图（图2-58和图2-59）。

3）绘制下列图形（图2-60和图2-61），并完成图案填充。

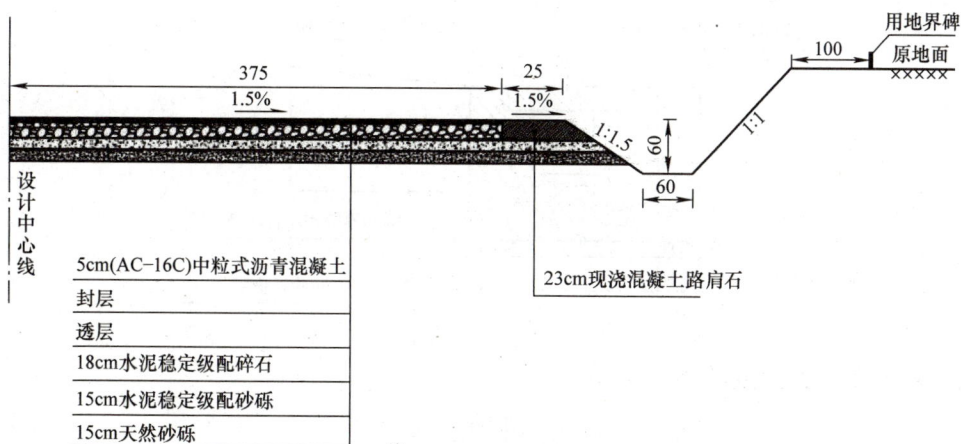

5cm(AC-16C)中粒式沥青混凝土

封层

透层

18cm水泥稳定级配碎石

15cm水泥稳定级配砂砾

15cm天然砂砾

23cm现浇混凝土路肩石

注:

1. 图中尺寸除注明外,其余均以cm单位计。

2. 设计依据交通部公布《公路沥青路面设计规范》(JTG D50–2017)、
《公路沥青路面施工技术规范》(JTG F40–2023)中的有关规定。

3. 路肩石采用C25现浇混凝土。

图 2-58　路面结构设计图

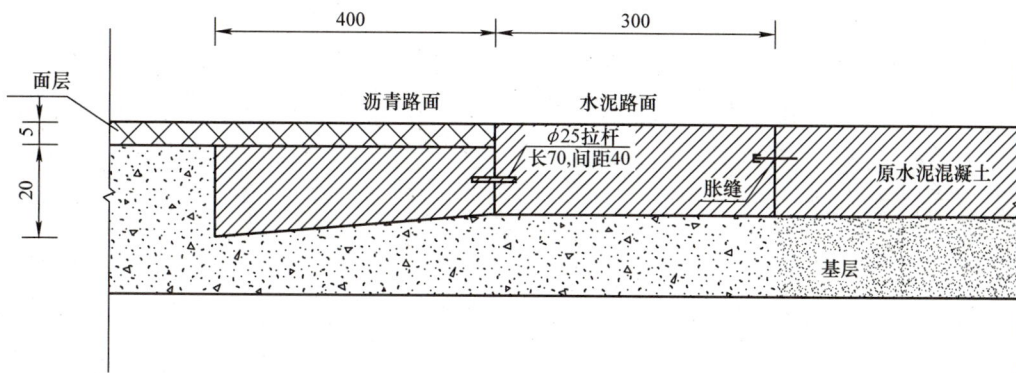

图 2-59　路面刚柔搭接构造图

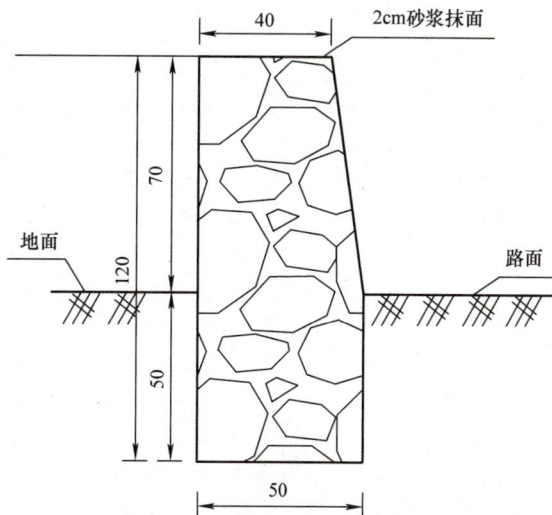

图 2-60　矮挡墙断面图

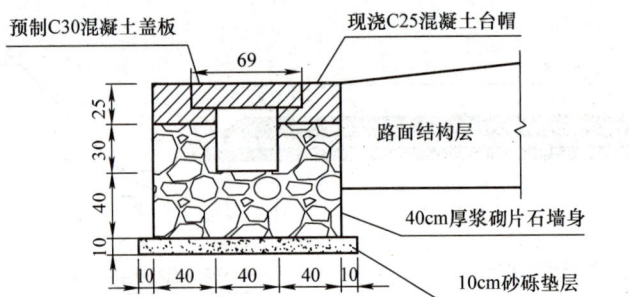

图 2-61 盖板边沟断面图

过关任务 2：独立完成线上练习题。

学习情境二
线上练习题

学习情境三

桥涵工程图形绘制

⚒ 学习目标

知识目标：

1. 了解桥涵中诸如桥梁地面线、桥梁中心标线、桥梁标尺、地质柱状图剖面等附属部分绘制的一般方法。

2. 掌握桥梁桥型布置图、桥梁钢筋混凝土构件图以及小桥涵图样的绘制步骤、绘制的基本思路以及标注方法。

3. 掌握用 AutoCAD 2024 常用命令精确绘制桥梁、涵洞主要构部件的方法。

能力目标：

1. 能较熟练绘制桥梁桥型布置图、桥梁钢筋混凝土构件图以及小桥涵的布置图。

2. 能精准绘制桥梁、涵洞主要构部件。

3. 具备解决桥涵工程图形绘制中问题的能力。

素质目标：

1. 具备精益求精的工匠精神和攻坚克难的科学素养。

2. 具备勇往直前、敢于担当的职业精神。

3. 具备浓厚的民族自豪感和爱国情怀。

🔶 重　点

在桥涵绘制过程使用辅助轴线的方法；桥梁墩台的绘制及标注方法；钢筋混凝土构件中钢筋断面的绘制方法；涵洞常用的八字翼墙洞口及锥坡洞口的绘制方法。

🔵 难　点

绘图比例的确定方法；钢筋弯钩的绘制方法；涵洞洞口绘制及锥坡洞口示坡线的绘制方法。

🔘 课时安排　（表3-1）

表3-1　课时安排

任务一（4学时）	桥梁布置图绘制
任务二（2学时）	钢筋混凝土构件配筋图形绘制
任务三（2学时）	小桥涵布置图绘制

任务一 桥梁布置图绘制

任务描述

桥梁在工程项目中占据非常重要的位置，其各方面都要求非常严格。尤其是前期的设计工作中，图形的绘制起着关键的作用。因此，在学习过程中应当认真、细心、逐步按要求进行操作。在施工现场，一般对于大中桥均需绘制其形象进度图和竣工图，这都需要掌握桥梁的立面图、平面图的绘制，这样既可以指导施工，又可以绘制竣工图。

任务目标

1）掌握桥梁桥型布置图绘制步骤以及标注方法。
2）掌握桥梁桥型布置图绘制的基本思路。
3）了解桥梁中地面线、中心标线、标尺、地质柱状剖面图等附属部分绘制的方法。

内容结构 （图 3-1）

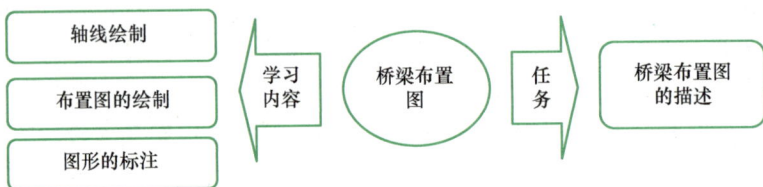

图 3-1　内容结构

主要技能

掌握大中桥布置图绘制的思路与步骤，绘制比例的确定，图层、线型、标注格式的设定；能够绘制桥台、桥墩的布置图；掌握不同高度桥墩墩身的拉伸绘制方法；掌握桥梁标高的标注方法。能够熟悉《公路桥涵设计通用规范》（JTG D60—2015）、《公路装配式混凝土桥梁设计规范》（JTG/T 3365—05—2022）。

基础知识

桥梁按上部结构有很多分类，以钢筋混凝土梁桥为例，大中桥桥梁施工图主要包括桥梁布置图、钢筋混凝土梁构造图、墩台构造图（含一般构造图和配筋图）及附属设施等设计图。

如图 3-2 所示为一座大桥桥型布置图，其中桥梁上部为 5 孔 30m T 形连续梁，下部为空心双薄壁式墩、桩基加承台墩基础，采用桩柱式桥台。在绘图之前，读者要进行下列工作。

• 以现有成图为参考，读懂其中各部分的含义。对所绘图形对象需要形成一个比较清晰的认识，能基本知道绘图的主要内容及基本的形态。这一步在绘图中是非常重要的环节。有助于在随后的绘图中减少错误，同时也可以加快绘图速度。

• 要使在 AutoCAD 中的绘图对象与通过打印机出图的图样进行协调，计算好各部分尺寸或在缩放后的值。需要考虑在 AutoCAD 制图过程中采用何种绘图比例。绘图比例在图中是一个比较难处理的问题，尤其是初学者。希望通过本任务的学习使读者对比例有一个深刻的认识。

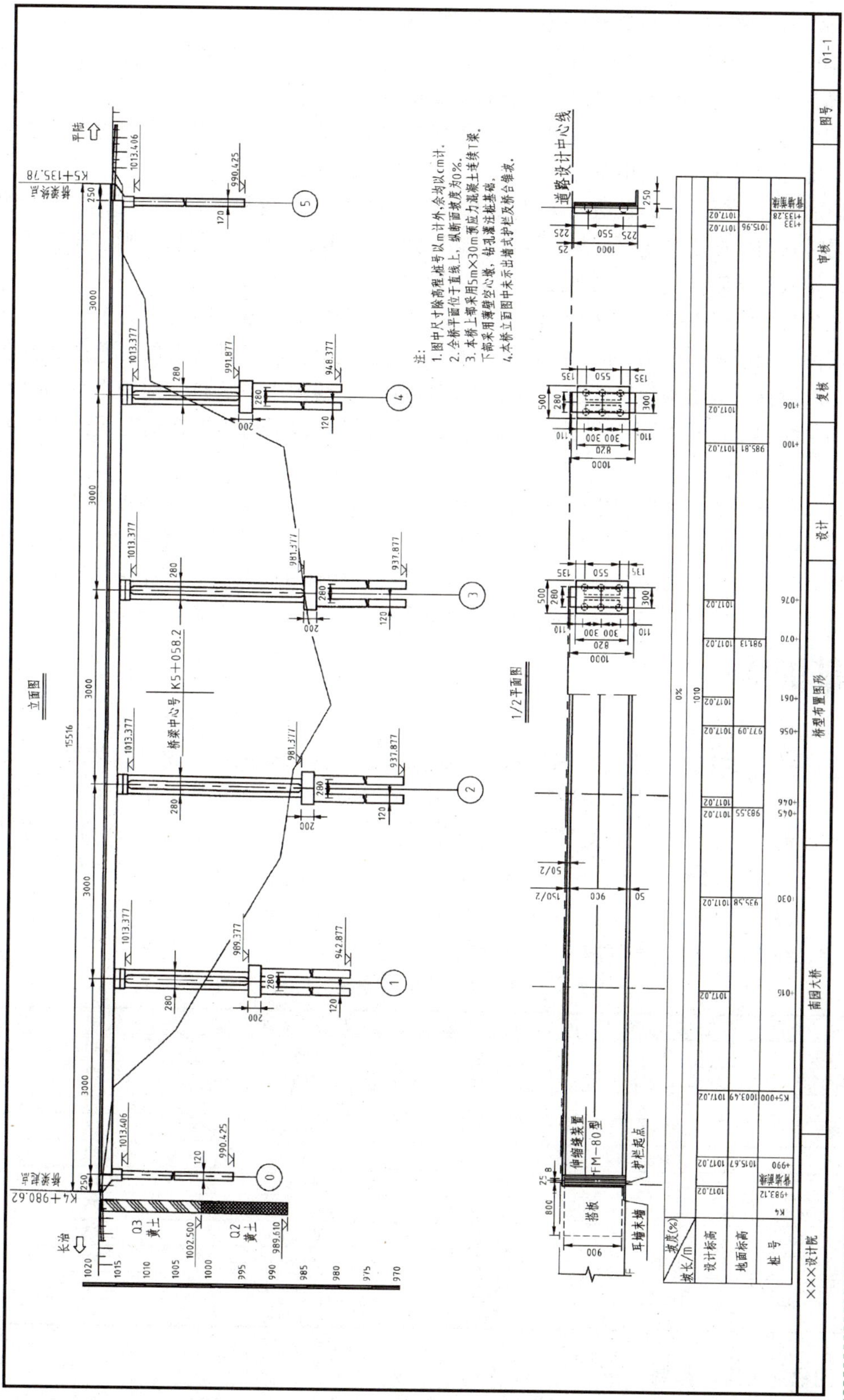
立面图
1/2平面图
桥梁中心桩号 K5+058.2
K4+980.62
K5+135.78
注：
1.图中尺寸除高程、桩号以m计外，余均以cm计。
2.全桥平面位于直线上，纵断面坡度为0%。
3.本桥上部采用5m×30m预应力混凝土连续T梁，下部采用薄壁空心墩，钻孔灌注桩基础。
4.本桥立面图中未示出墙式护栏及桥台锥坡。
道路设计中心线
伸缩缝装置
FM-80型
护栏起点
耳墙末端
搭板
坡度(%)
坡长/m
设计标高
地面标高
桩号
南园大桥
桥型布置图形
设计
复核
审核
图号
01-1
×××设计院

图 3-2　桥型布置图

桥梁布置图
图层设置

在 AutoCAD 绘图中，图形比例一般用两种方法来实现。

1）以图样大小为参考，即先绘制出图样尺寸，其后图形各个部分均按其在图中布局大小按比例缩小绘制。出图时再通过出图设备按 1∶1 的比例来出图。

2）以 1∶1 的比例绘图，然后再考虑将图形缩放，放入选定的图样中。或在通过出图设备出图时再将所绘图按比例来出图。

后者特别要注意标注中的数值、文字尺寸大小、标注尺寸界线和箭头等的变化，因为图形缩放的同时它们也按比例变化，易导致图形和标注不协调甚至失真。最后，则需要思考从什么地方开始入手绘制、各部分的画法以及所要建立的图层。

绘制图 3-2 时，考虑采用上述的第一种方法来绘制桥型布置图，即图样大小一定，在 AutoCAD 绘图中的绘图单位为 mm，并采用 1∶500 的比例绘制该桥型的布置图。选用此方法的好处在于对设计图的结构物尺寸以 m 计时，在 AutoCAD 绘图中只需将结构物本身的尺寸放大一倍则是绘图单位长，既有利于绘图中的尺寸换算又延续了初学者在用图板绘图中的思维。

在图 3-2 所示的桥型布置图中，分为立面图和平面图及下方的纵向坡度示意表三个主要内容。在立面图中大致包含了主梁、桥墩、桥台、桥头搭板、水准标尺、桥梁中心、地面线及地质说明；平面图中大致包含桥墩、桥台、桥头搭板等构件在平面上与公路中心线的关系及各构件在平面上的尺寸；另外在立面图、平面图中还有标注及文字说明等部分。

🌀 技能训练

下面开始绘制图 3-2。

打开 AutoCAD 2024 应用程序，按默认的模板进入程序的默认图样，此时图名为默认的"Drawing1. dwg"，为方便保存，将图形以自己设定的名称存于一个文件夹中，为了以后的绘图以及修改的方便，需要设置好图层并进行线型设置，在命令行中输入 LAYER 或单击"图层"面板上的图标🔲，打开"图层特性管理器"对话框可见其中只有默认的"0"号图层。单击"新建"按钮，在其中的栏中输入相应的部分名称。结合图 3-2 所示的内容需要设置的图层、线型、颜色、线宽按表 3-2 设置。

表 3-2　桥型布置图图层设置

图层	图层名称	图层颜色	图层线型	线宽
中实线层	0	白色	continuous	0.30
轴线编号层	轴线编号	白色	continuous	0.18
粗实线层	粗实线	白色	continuous	0.70
细实线层	线实线	白色	continuous	0.18
虚线层	虚线	蓝色	dashed2	0.30
点划线层	中心线	粉红色	center	0.18
尺寸标注层	标注线	白色	continuous	0.25
文字层	标注文字	白色	continuous	0.25
图框层	图框	白色	continuous	1.0
地面线层	地面线	红色	continuous	0.18
其他层	其他	白色	continuous	0.18

一、图框的设定与绘制

目前我国公路桥梁设计图多用 A3 图幅，其图纸大小为 420mm × 297mm。有关图框的设定与绘制内容详见情境二的任务一。

二、桥梁墩、台轴线的绘制与编号的标注

在桥梁布置图中绘制桥梁墩、台轴线，用来确定桥墩及桥台在图中的位置。桥梁墩、台轴线也是绘制过程中的参考线。图 3-2 中的桥梁墩、台轴线用细点划线绘制，也就是用图层中设置的"中心线"层绘制，其编号标注在轴线端部用细实线绘制的圆圈内。

1. 轴线的绘制方法

将"中心线"图层设置为当前图层，使用 LINE 命令，在绘图区域的左侧绘制一条竖直直线及一条水平线。竖直直线就是桥梁最左边的桥台台身中心线，水平线为桥梁平面布置图中的桥梁中心线。然后用 COPY 命令生成竖向的其他桥墩、桥台的位置线。具体绘制步骤如下。

1）绘制 0 号桥台台身中心线。

命令：COPY↙

选择对象：找到 1 个　　　（用鼠标单击上一命令绘制完的直线）

选择对象：↙（结束选择）

指定基点或［位移(D)/模式(O)］＜位移＞：O（选择模式）

输入复制模式选项［单个(S)/多个(M)］＜多个＞：M（输入 M，表示要重复复制）

指定基点：__endp 于（捕捉左侧第一条轴线上某点）

指定第二个点或［阵列(A)］＜使用第一个点作为位移＞：60（用将鼠标移动到右侧，输入 60，这条竖垂线为 1 号桥墩墩身轴线位置）

指定第二个点或［阵列(A)/退出(E)/放弃(U)］＜退出＞：120↙（复制距离 120，这条竖垂线为 2 号桥墩墩身轴线位置）

指定第二个点或［阵列(A)/退出(E)/放弃(U)］＜退出＞：180↙（复制距离 180，这条竖垂线为 3 号桥墩墩身轴线位置）

指定第二个点或［阵列(A)/退出(E)/放弃(U)］＜退出＞：240↙（复制距离 240，这条竖垂线为 4 号桥墩墩身轴线位置）

指定第二个点或［阵列(A)/退出(E)/放弃(U)］＜退出＞：300↙（复制距离 300，这条竖垂线为 5 号桥台台身轴线位置）

指定第二个点或［阵列(A)/退出(E)/放弃(U)］＜退出＞：↙（结束复制）

2）绘制平面图中的桥梁中心线。

命令：LINE↙　　　　　（绘制平面图中的桥梁中心线）

指定第一点：　　　　　（在图框中用鼠标靠近左下边框处单击）

指定下一点或［放弃(U)］：　（在前点的右侧保证与所有竖线都相交后用鼠标单击）

绘制完成如图 3-3 所示。

2. 轴线编号的标注

为了显示桥墩及桥台在桥梁立面图中位置关系，其墩、台轴线应编号并在轴线的下端进行标注（写在一定直径的圆内），但在绘图前期为了绘图的方便，先将其放到中心线的上方。轴线编号圆用细实线绘制，直径为 4~8mm。进入"轴线编号"图层，轴线编号具体绘制步骤如下。

1）在 AutoCAD 的绘图区域内，首先任意绘制一个半径为 4mm 的圆。并在该圆中标注数字，其结果应如图 3-4 所示。

桥梁墩、台轴线的绘制

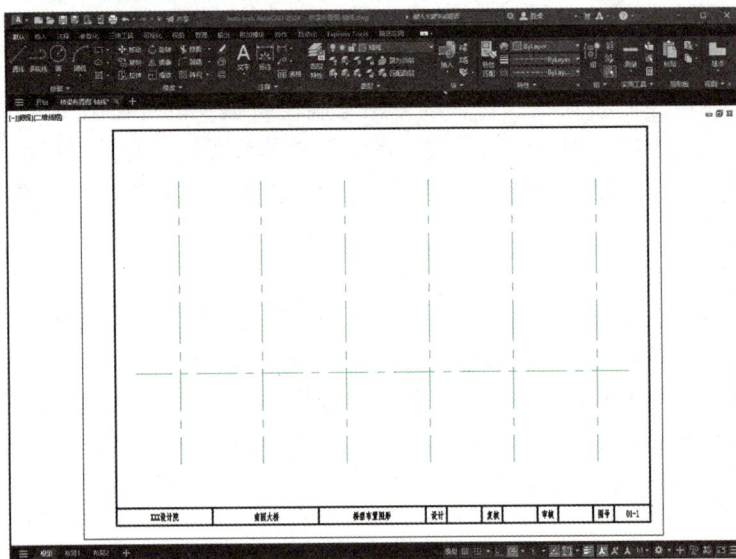

图 3-3　桥梁轴线绘制完后图形

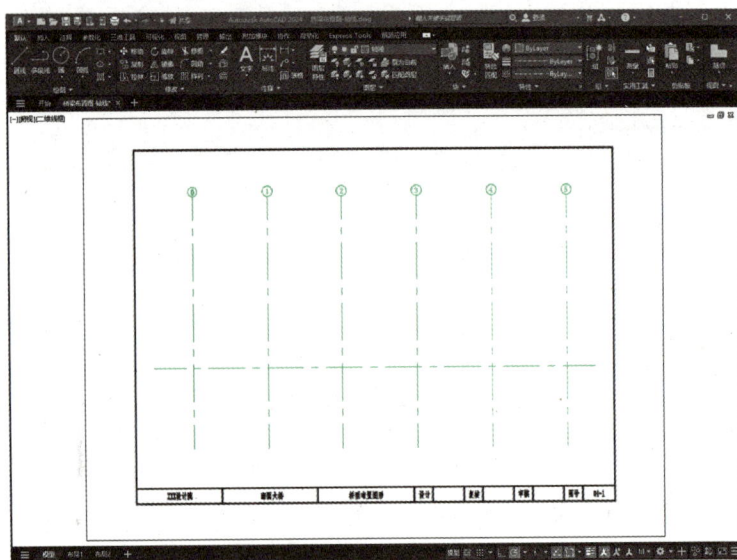

桥梁墩、台轴
线编号的标注

图 3-4　轴线编号绘制完后图形

命令：CIRCLE ↙（画圆命令）

指定圆的圆心或[三点(3P)/两点(2P)/相切、相切、半径(T)]：（用鼠标任意单击绘图区域中的空白处）

指定圆的半径或[直径(D)]：4 ↙（绘制半径为 4mm 的圆）

命令：TEXT ↙（标注数字）

当前文字样式：STANDARD　当前文字高度：2.5　（默认模式）

指定文字的起点或[对正(J)/样式(S)]：J(选择对正)↙

输入选项[左(L)/居中(C)/右(R)/对齐(A)/中间(M)/布满(F)/左上(TL)/中上(TC)/右上(TR)/左中(ML)/正中(MC)/右中(MR)/左下(BL)/中下(BC)/右下(BR)]：MC(标注数字放置于圆中心)

指定文字的中间点：_cen 于（用鼠标右键 + <Shift> 的方法，捕捉圆心并用鼠标左键单击）↙

指定高度 <2.5000>：4 ↙　　　　　（输入标注数字的字高）

指定文字的旋转角度 <0>：↙　　　　（字体水平书写）

输入文字：0 ↙　　　　　（输入数字 0，指 0 号台）

输入文字：↙　　　　　（结束命令）

2）将这个有标注的圆移动至桥墩及桥台的轴线上。

命令：MOVE ↙

选择对象：指定对角点：找到 2 个（选择圆及标注的数字）

选择对象：↙（结束选择）

指定基点或[位移(D)]<位移>：_qua 于（用鼠标右键 + <Shift> 的方法，捕捉圆的下象限点）

指定位移的第二点或<用第一点作位移>：_endp 于（用鼠标右键 + <Shift> 的方法，捕捉第一根竖向直线的上端点，即 0 号台的轴线的上端点）

结束 MOVE 命令后，通过 COPY 命令分别标出其余桥墩的编号。

3）用 DDEDIT 命令对标注进行修改。复制到各轴线上圆内的数字都为 0，需用 DDEDIT 命令来对各轴线上的编号进行改正。

命令：DDEDIT ↙

当前设置：编辑模式 = Multiple

选择注释对象或[放弃(U)/模式(M)]：　　　（用鼠标单击第二根竖线上圆内的数字）

则在文字的原来位置出现可编辑的光标块提示（图 3-5），在光标块中输入数字"1"，然后双击 <Enter> 键，则完成了数字的修改，可用同样方法对 2、3、4 号墩及 5 号台轴线上的数字进行修正。绘制结果如图 3-4 所示。

提示：在完成上述轴线及其编号的工作后，建议将轴线图层锁定，以便在以后的绘图中利于操作。将鼠标移动在轴线标号上，双击也可进入编辑状态，可直接修改数字。

图 3-5　单击圆圈内 0 后出现的光标块

三、桥梁立面图的绘制

1. 主梁的绘制

选定"0"图层，本桥上部为 5m×30m 的 T 形梁连续结构，总长 150m，利用已绘好的桥梁墩台轴线，用 LINE 命令绘制主梁。

1）绘制桥面线。

命令：LINE ↙

指定第一点：_endp 于（用鼠标右键 + <Shift> 的方法，捕捉 0 号桥台台身轴线上端点）

指定下一点或[放弃(U)]：_endp 于（用鼠标右键 + <Shift> 的方法，捕捉 5 号桥台台身轴线上端点）

2）绘制主梁翼缘板和主梁的底面线。采用 OFFSET（偏移）命令，翼缘板厚为 0.2m，主梁梁高为 1.765m，桥面铺装层为 0.16m。根据上述方法换算得"翼缘板和桥面铺装层总厚度""翼缘板和主梁梁高"绘图数据分别为 0.72 和 3.93 个单位（比例为 1∶500）。

命令：OFFSET ↙

当前设置：删除源 = 否　图层 = 源　OFFSETGAPTYPE = 0

指定偏移距离或[通过(T)/删除(E)/图层(L)]<通过>：3.93 ↙　　（梁底至桥面的距离）

选择要偏移的对象，或 [退出(E)/多个(M)/放弃(U)] <退出>：[选择主梁上顶面(即桥面线)，用鼠标左键单击]

指定要偏移的那一侧上的点，或 [退出(E)/多个(M)/放弃(U)] <退出>：(在该直线的下部用鼠标左键单击)

选择要偏移的对象，或 [退出(E)/放弃(U)] <退出>：　　　　　　(结束命令)

同理，可绘制出翼缘板的立面位置。然后将桥面线及底面线的两端点用 LINE 命令相连。这两条线为连续梁边跨的梁端线（分别在 0 号及 5 号轴线上）。绘制完的图形如图 3-6 所示。

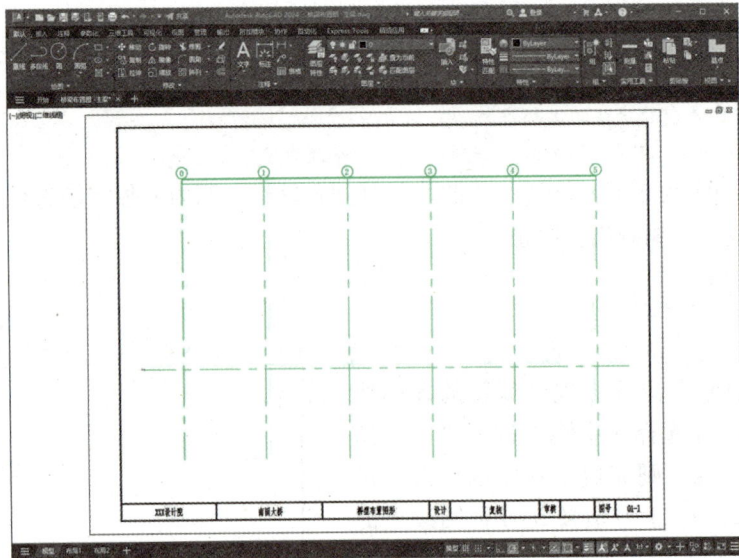

图 3-6　主梁绘制后图形

2. 桥台的绘制

在立面图中，梁端与桥台接头处绘制内容较多，包括台支座、桥台和耳墙。绘制桥台部分时，为方便绘图可将桥台处的主梁端局部放大，考虑桥台形态，采用 RECTANG 命令绘制。具体绘制步骤如下。

1）先绘制支座，其尺寸为 10cm×30cm×50cm，支座中心线离梁端为 40cm。以 5 号桥台上的主梁右下角为例进行绘制。

命令：RECTANG↙

指定第一个角点或[倒角(C)/标高(E)/圆角(F)/厚度(T)/宽度(W)]：FROM↙

基点：_int 于 <偏移>：@-1.1,0↙（用鼠标右键 + <Shift> 的方法，捕捉主梁下角点后，相对主梁右下角偏移找到支座的上左对角点）

指定另一个角点或[面积(A)/尺寸(D)/旋转(R)]：@0.6,-0.2↙（支座的下右对角点，对应支座尺寸 30cm 和 10cm）

绘制完的图形如图 3-7 所示。

2）再用 RECTANG 命令绘制桥台，桥台立面图尺寸为 170cm（宽）×160cm（高），而且以桥台轴线为中心对称，以 5 号台轴线进行绘制。

命令：RECTANG↙

指定第一个角点或[倒角（C）/标高（E）/圆角（F）/厚度（T）/宽度（W）]：FROM

基点：_nea 到＜偏移＞：@－1.7，0（用鼠标右键＋＜Shift＞的方法，在5号台轴线捕捉一最近点，偏移找到桥台的上左对角点）

指定另一个角点或[面积（A）/尺寸（D）/旋转（R）]：@3.4，－3.2✓（桥台的下右对角点）

3）当然，这样画完后桥台轮廓未与支座接合，需将桥台移动至支座的下方正确位置上，在移动时要注意点的捕捉位置应准确对应。

图 3-7　桥台支座绘制后图形

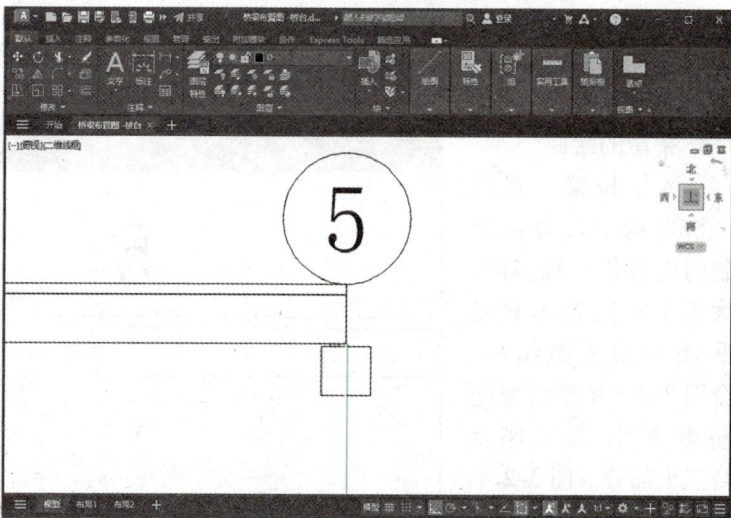

命令：MOVE✓

选择对象：找到1个（选择已绘制的桥台）

选择对象：✓　（结束选择）

指定基点或[位移（D）]＜位移＞：_nea 到指定位移的第二点或＜用第一点作位移＞：_per 到（用鼠标右键＋＜Shift＞的方法，在桥台上选最近点时要捕捉桥台上方且在竖向与支座的底线能够进行垂直相交的位置，然后将鼠标移至支座底线处，同样用鼠标右键＋＜Shift＞的方法，捕捉支座底线处的垂足）

绘制完成的图形如图 3-8 所示。

3. 耳墙的绘制

在桥台绘制完后，接着就应绘制耳墙，图 3-2 设计的耳墙顺桥向长为250cm、总高为 192.5cm、耳墙尾部高为 70cm、耳墙尾端与桥台的右上角相连。耳墙的前背墙与主梁梁端设置 8cm 的桥梁伸缩缝。

1）首先用 LINE 命令绘制耳墙轮廓线。

图 3-8　绘制完桥台后图形

命令：LINE✓

指定第一点：FROM✓

基点：_endp 于＜偏移＞：@0.16，0✓（选桥面线的上右角点，偏移 0.16 个单位即伸缩缝间隔长作为绘制耳墙的起始点位置）

指定下一点或[放弃（U）]：@5，0✓（相对进行偏移绘出耳墙长）

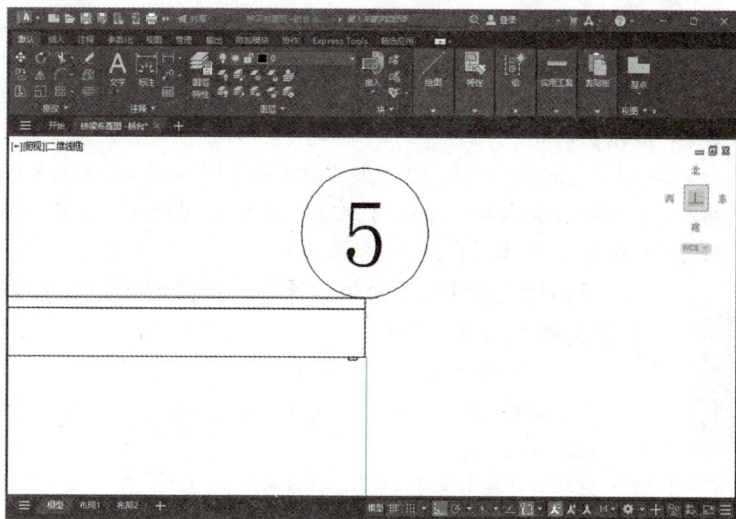

指定下一点或[放弃(U)]：@0，-1.4✓(向下绘出耳墙尾端高)

指定下一点或[闭合(C)/放弃(U)]：_int 于　（用鼠标右键 + ＜Shift＞的方法，捕捉桥台的右上角点）

指定下一点或[闭合(C)/放弃(U)]：✓　（结束命令）

命令：LINE✓

指定第一点：_endp 于　　（用鼠标右键 + ＜Shift＞的方法，捕捉耳墙的起始点）

指定下一点或[放弃(U)]：_per 到(用鼠标右键 + ＜Shift＞的方法，捕捉桥台上顶面的垂足点)

指定下一点或[放弃(U)]：✓　（结束命令）

2）接着用 TRIM 命令对耳墙与桥台盖梁处的连线进行修剪，使耳墙侧面与桥台盖梁侧面形成一个面。

命令：TRIM✓

当前设置：投影 = UCS，边 = 无，模式 = 快速

选择剪切边…

选择对象或［模式(O)］＜全部选择＞：O

输入修剪模式选项［快速(Q)/标准(S)］＜标准(S)＞：S(选择标准模式)

选择对象或［模式(O)］＜全部选择＞：找到 1 个(用鼠标选取耳墙前墙线)

选择对象：找到 1 个，总计 2 个(用鼠标选取耳墙尾墙的斜线)

选择对象：✓

选择要修剪的对象，或按住＜Shift＞键选择要延伸的对象或［剪切边(T)/栏选(F)/窗交(C)/模式(O)/投影(P)/边(E)/删除(R)］：(用鼠标选取介于耳墙前墙线与耳墙尾墙斜线间桥台盖梁顶部的线段)

选择要修剪的对象，或按住＜Shift＞键选择要延伸的对象或［剪切边(T)/栏选(F)/窗交(C)/模式(O)/投影(P)/边(E)/删除(R)/放弃(U)］：✓(结束命令)

小贴士：此处修剪命令也可选择"快速"模式，单击选择要修剪掉的部分即可。

桥台耳墙绘制的结果如图 3-9 所示。

4. 桥墩的绘制

在大桥桥梁布置图中，桥墩构造部分需要绘制的内容是比较多的，但大部分桥梁基本只是一种类型的桥墩结构。结合图 3-2，桥墩需要绘制桥墩盖梁、墩支座及墩身三大部分。图 3-2 中桥墩各部分尺寸如下。

① 桥墩盖梁平面尺寸为 300cm × 1000cm，桥墩盖梁高为 160cm，渐变段长为 80cm。

图 3-9　绘制完耳墙后图形

桥梁立面图绘制之耳墙的绘制

桥梁立面图绘制之桥墩的绘制

② 桥墩支座尺寸为 10cm × 30cm × 50cm，支座中心线离桥墩盖梁中心线距离为 40cm，并以桥墩盖梁中心线为对称轴线两边均有设置。

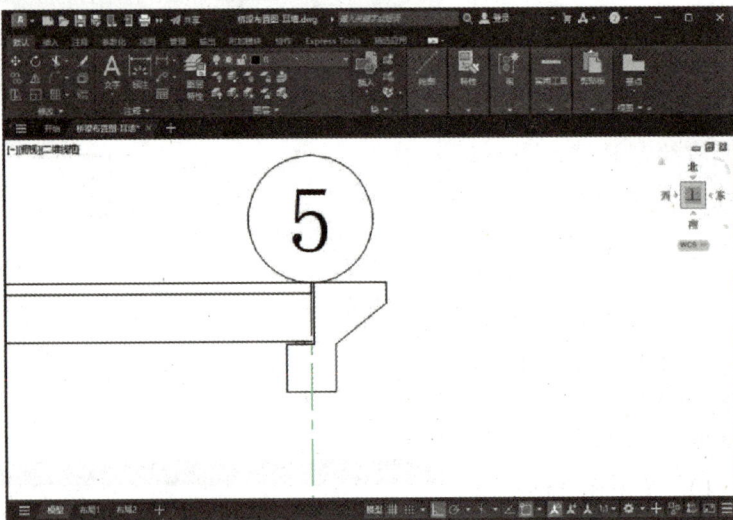

③ 桥梁墩身为空心双薄壁式墩、墩身单侧壁厚为80cm、壁外缘距墩轴线为140cm；在内壁上下均设置高为50cm、宽为30cm的承托。

仍然用"0"号图层，以4号桥墩为例，具体操作步骤如下。

1）首先在4号轴线上任意绘制一条与轴线重合的直线，用LINE绘制墩身的薄壁。

命令：LINE↙

指定第一个点：_nea 到（在4号墩轴线上用鼠标右键 + <Shift>的方法，任意捕捉一点）

指定下一个点或[放弃(U)]：@0，−20（向下绘制10m长的换算值即20个单位长）

指定下一个点或[放弃(U)]：↙（结束命令）

命令：OFFSET↙

指定偏移距离或[通过(T)/删除(E)/图层(L)]<通过>：2.8↙　（为墩身薄壁外边缘线距4号墩轴线距）

选择要偏移的对象，或[退出(E)/放弃(U)]<退出>：↙　（用鼠标单击上面的LINE命令绘制的20单位长直线）

指定要偏移的那一侧上的点，或[退出(E)/多个(M)/放弃(U)]<退出>：（在4号轴线的左侧偏移，即用鼠标左键在4号轴线左侧单击）

选择要偏移的对象，或[退出(E)/放弃(U)]<退出>：↙　（结束命令）

在绘制图3-2的过程中，墩身以10m长绘制，1∶500的比例即为20mm，在图上就是20个单位。这样绘制一定长度的墩身长是为以后用拉伸STRETCH命令完成各自墩高作准备。

2）同样方法可以在4号轴线左侧偏移出墩身壁薄壁内边缘线，偏移值为1.2个单位（由读者自行完成）。

3）以2）中所绘的内边缘线的上端点及下端点为起点用直线命令分别向4号轴线作垂线（由读者自行完成），完成的图形如图3-10所示。

4）用倒角CHAMFER命令对2）、3）所绘直线进行修剪，形成50cm×30cm的上承托。

图3-10　墩身内、外壁左外缘线图

命令：CHAMFER↙

（"修剪"模式）当前倒角距离1 = 0.0000，距离2 = 0.0000

选择第一条直线或[放弃(U)/多段线(P)/距离(D)/角度(A)/修剪(T)/方式(M)/多个(U)]：D↙（选用距离输入方式）

指定第一个倒角距离<0.0000>：1↙（输入承托倒角距离1）

指定第二个倒角距离<1.0000>：0.6↙（输入承托倒角距离0.6）

选择第一条直线或[放弃(U)/多段线(P)/距离(D)/角度(A)/修剪(T)/方式(M)/多个(U)]：（用鼠

标单击2) 步骤所绘竖线为第一个选择线)

选择第二条直线, 或按住 <Shift> 键选择直线以应用角点或 [距离(D)/角度(A)/方法(M)]: (用鼠标单击3) 步骤所绘竖线为第二个选择线)

同样方法绘制下承托, 命令完成后出现如图 3-11 所示的桥墩左半边的上下承托及左外缘边线。

5) 用镜像命令对内外壁进行操作。

命令: MIRROR↙

选择对象:指定对角点:找到6个↙ (选取在4号轴左面的所有线)

选择对象: (结束选择)

指定镜像线的第一点: _nea到指定镜像线的第二点: <正交 开> (在4号墩轴线上用鼠标右键 + <Shift> 的方法, 捕捉一个最近点, 在正交模式打开时在竖向任意单击鼠标左键)

图 3-11 内壁修剪后

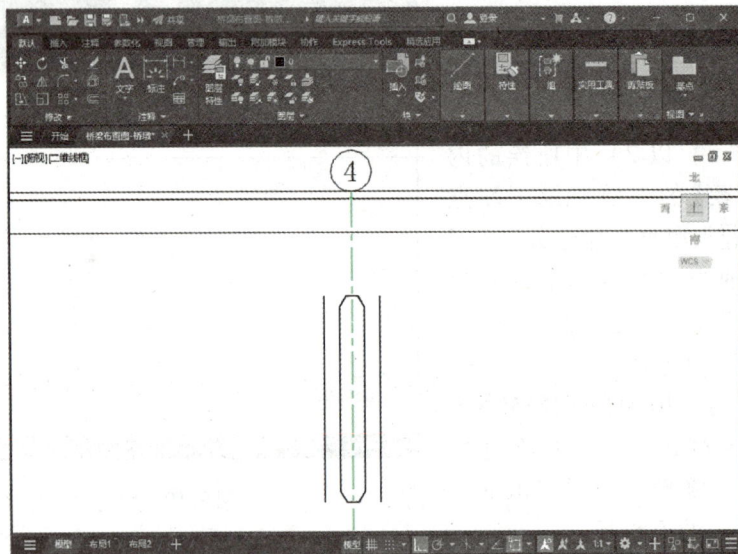

是否删除源对象? [是(Y)/否(N)] <N>: ↙ (按 <Enter> 键, 选择不删除源对象)

在命令完成后出现如图 3-12 所示的桥墩左右的上下承托及外缘边线。

6) 在图形区域的空白处用矩形命令绘制 10m (长) × 3m (宽) × 1.6m (高) 的桥墩盖梁及桥墩上的支座, 或者用 COPY 命令将前面已绘制的支座复制到4号桥墩轴线的主梁下。

7) 用 LINE 命令绘制盖梁的渐变段, 并以4号轴线为控制参考轴用

图 3-12 镜像后的墩身部分

MOVE 命令将它们移至墩身正上方, 使盖梁与墩身相接 (图 3-13)。根据前面所述, 读者可自行去完成这几个部件的绘制。

5. 桥梁桩基础的绘制

如图 3-2 所示桥梁为带有承台的 2 排 3 桩式基础, 排间间距为 2.8m、桩直径为 1.2m;

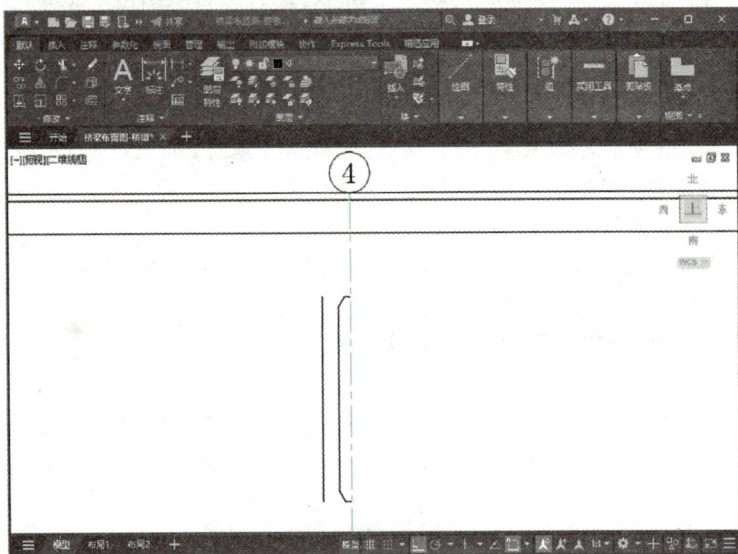

承台尺寸为8.2m（长）×5.0m（宽）×2.0m（高）。在这些部件的绘制过程中，如果桩基础按比例绘制将会超出图幅，需要绘制代表圆柱的截断面的符号，将基桩截断。

　　承台用矩形（RECTANG）命令绘制，可在AutoCAD的空白区域内绘制，然后用MOVE命令以4号轴线为承台中心，将绘制的承台移至墩身的正下方与之相接（图3-14），这项工作读者可自行完成。

　　基桩的绘制采用先绘制单根基桩，再采用镜像命令完成整个基桩绘制的方法。下面先进行单个桩的绘制。

　　命令：LINE ↙

　　指定第一点：FROM ↙

　　基点：_endp 于 < 偏移 > ：@1，0 ↙（用鼠标右键 + <Shift> 的方法，指定基点为承台的左下角，并进行偏移绘制基桩的上起点位置）

　　指定下一点或 [放弃 (U)]：@0，-15 ↙（指定上端点的位置）

　　指定下一点或 [放弃 (U)]：↙　　（结束命令）

　　下面进行端点底下部分的基桩绘制，同样用单线绘制：

　　命令：LINE ↙

　　指定第一点：FROM ↙

　　基点：_endp 于 < 偏移 > ：@0，-0.6 ↙（用鼠标右键 +

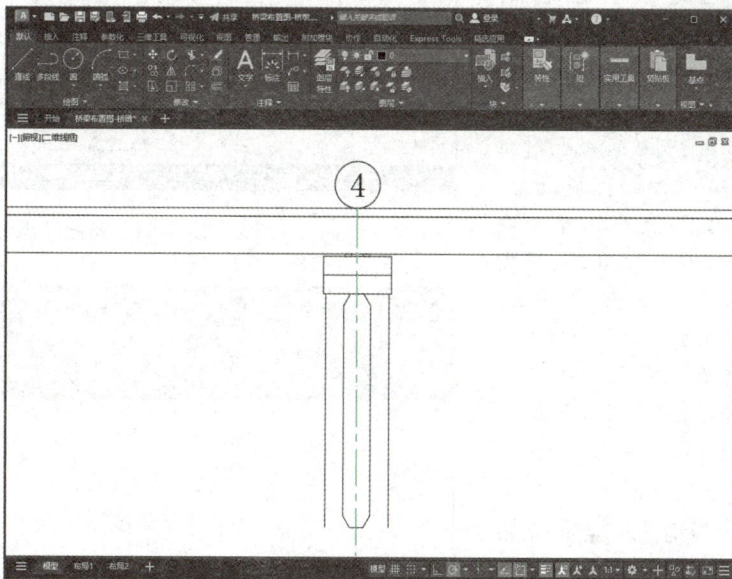

图3-13　整个桥墩墩身图

<Shift> 的方法，指定前面绘制的端点，并进行偏移绘制基桩下部的起点）

　　指定下一点或 [放弃 (U)]：@0，-12 ↙（指定基桩的左底部点）

　　指定下一点或 [放弃 (U)]：↙　　（结束命令）

对前面绘制的基桩左轮廓线进行复制以便得到该基桩的右轮廓线：

命令：COPY ↙

选择对象：指定对角点：找到2个（用鼠标选择前面绘制的基桩轮廓线）

选择对象：↙（结束选择）

指定基点或 [位移 (D)/模式 (O)] < 位移 > ：_endp 于指定第二点或 [阵列 (A)] < 使用第一个点作为位移 > ：@2.4，0 ↙（用鼠标右键 + <Shift> 的方法，指定基桩本身与承台的交点为基点，然后相对位移2.4个单位得到基桩右轮廓线）

　　再用LINE命令对基桩的底部两端点进行连线，命令过程略，绘制结果如图3-15所示。

　　接着进行基桩截断线的绘制，这部分内容比较细致，所以应将这部分图形放大以方便绘图。使用ARC命令分段进行绘制。

　　命令：ARC ↙

　　指定圆弧的起点或 [圆心 (C)]：C ↙

指定圆弧的圆心：FROM↙

基点：_endp 于 < 偏移 >：@0.6，0.65↙（用鼠标右键 + < Shift > 的方法，指定基桩左轮廓线的上截断点为基点，通过相对偏移值来指定圆弧的圆心）

指定圆弧的起点：_endp 于（用鼠标右键 + < Shift > 的方法，捕捉基桩左轮廓线的上截断点）

指定圆弧的端点或[角度(A)/弦长(L)]：FROM↙

基点：_endp 于 < 偏移 >：@1.2，0↙（用鼠标右键 + < Shift > 的方法，指定基桩左轮廓线的上截断点为基点，通过偏移值来指定圆弧的第二个端点，即为基桩的截断截面的中心点）

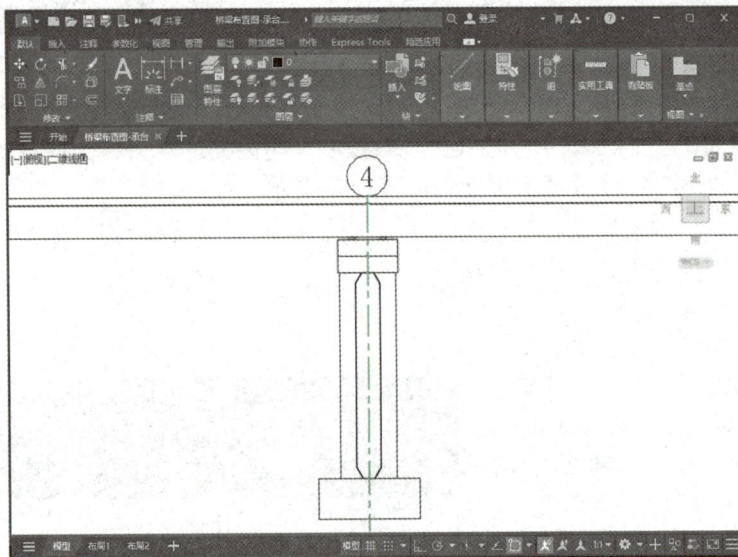

图 3-14 绘制完承台后

绘制完成的局部图形如图 3-16 所示。再对以上绘好的左半部分截断线进行复制操作就可以得到如图 3-17 所示的右半部分的截断线：

命令：COPY↙

选择对象：找到 1 个（用鼠标选取绘制好的左半部分的圆弧截断线）

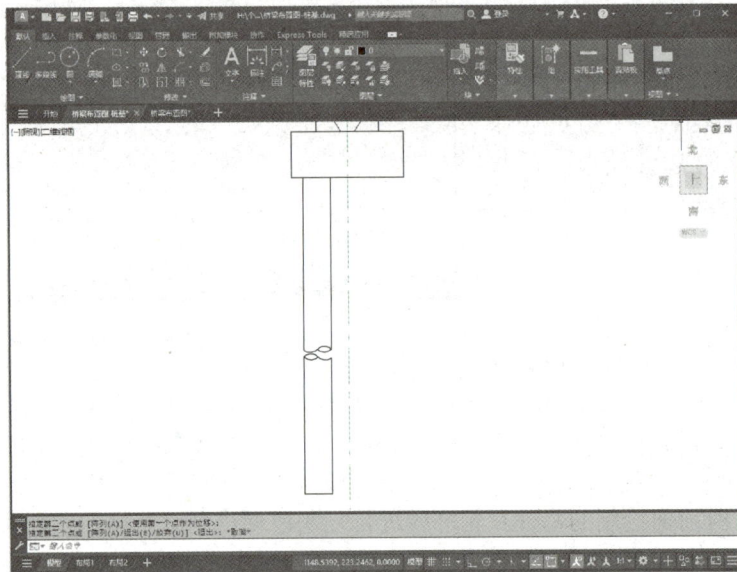

图 3-15 绘制基桩的轮廓线

选择对象：↙   （结束选择）

指定基点或[位移(D)/模式(O)] < 位移 >：_endp 于（用鼠标右键 + < Shift > 的方法，捕捉已绘圆弧的右端点为基点）

指定第二点或[阵列(A)] < 使用第一点作为位移 >：_endp 于↙   （用鼠标右键 + < Shift > 的方法，捕捉基桩右轮廓线的上截断点）

再进行上半个截断线圆滑弧的绘制，采用 MIRROR 命令，其过程及说明如下：

命令：MIRROR↙

选择对象：找到 1 个   （用鼠标选取右半个截断线圆弧）

选择对象：↙   （结束选择）

指定镜像线的第一点：_endp 于指定镜像线的第二点：＜正交　开＞（用鼠标右键 + ＜Shift＞的方法，捕捉右半圆的左端点，鼠标水平向右移动并在空白区域任点左键）

是否删除源对象？［是（Y）/否（N）］＜N＞：✓　（按＜Enter＞键，不删除源对象）

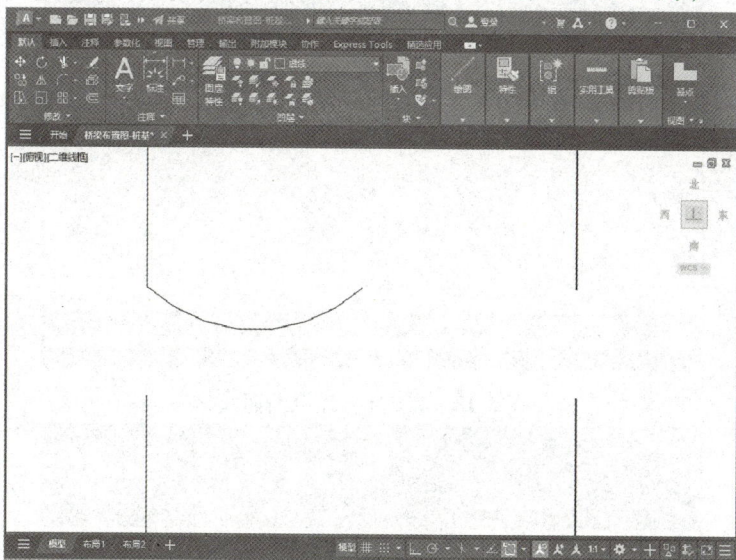

图 3-16　绘制好的部分截断线

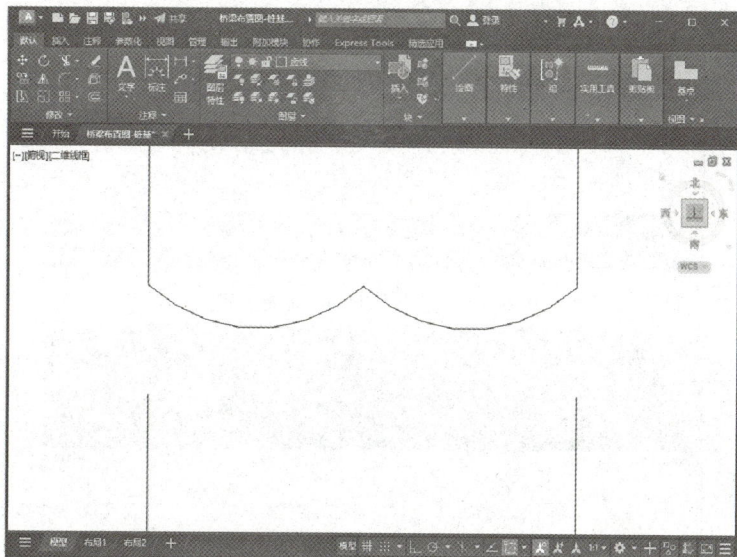

图 3-17　复制后的右半圆弧

完成后的图形如图 3-18 所示。

下半个截断线的绘制，方法同以上的绘制过程；当然还可以分部分复制前面作完的上部分的截断线，即将上截面右边的圆弧截断面线复制到下边的左半边，将上截面的左半截面复制到下截面的右半截面就可以了，完成的图形如图 3-19 所示。

完成单个桩柱的绘制后，再使用 COPY 命令完成整个基桩的绘制（要注意两基桩对称性）。值得一提的是，这里不应用 MIRROR 命令，其原因读者可以自行考虑。详细操作过程略。完成后的图形如图 3-20 所示。

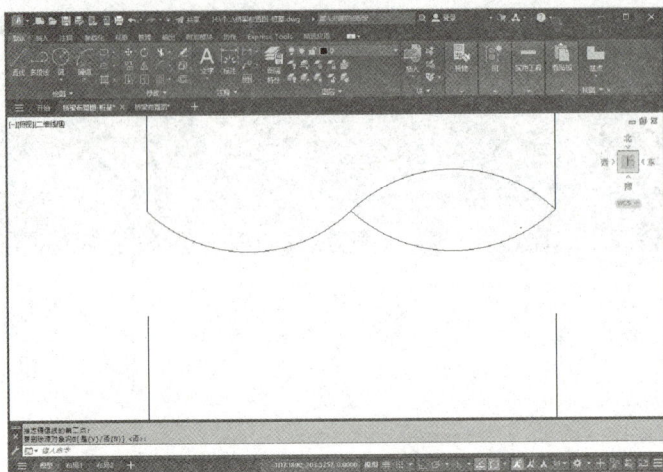

图 3-18　完成上半个截断面线

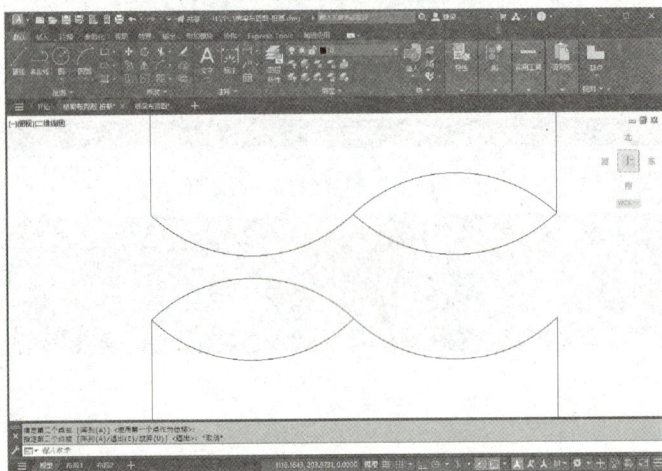

图 3-19　完成上下两个截断面线

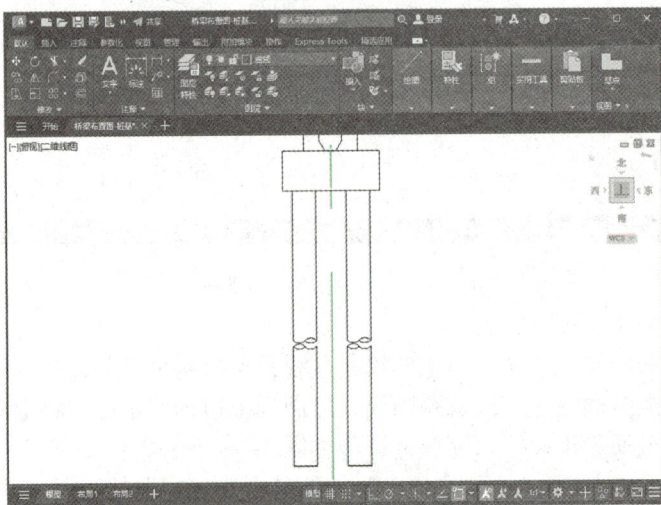

图 3-20　完成整个基桩的绘制

四、桥梁平面图的绘制

在图 3-2 所示的平面图中，桥梁以道路中心线为对称轴呈对称布置，故可绘制半幅桥型，名称为"1/2 平面图"。在半幅桥的图形中用左半部分来表示桥梁上部的布置，而右半部分表示桥梁下部构造。图形构成主要是由线条、矩形及圆构成。

在前面已绘制了一条水平向的轴线，这条轴线也就是平面上的道路中心线，平面布置图以它为参考轴来完成，仍然用"0"号图层。首先，在 0 号台至 5 号台间用直线（LINE）命令绘制一条与道路中心线重合的实心线，随后用 OFFSET 命令偏移出 5.25m 为半幅桥的中心线，这条线也是半幅桥桥梁墩台在平面上的中心线。

在半幅桥的右半面主要是完成桥梁下部承台及基桩平面布置。下面以 3 号墩为例说明其绘制过程。

1）首先绘制半幅桥中心线处的桩基，由于平面图中的基桩要用到虚线，故进入"虚线"图层，其线型为"Dashed2"，颜色为蓝色。

命令：CIRCLE ↙

指定圆的圆心或[三点(3P)/两点(2P)/相切、相切、半径(T)]：FROM ↙

基点：_int 于<偏移>：@ -2.8, 0↙(用鼠标右键 + <Shift>的方法，捕捉半幅桥的中心线与 3 号墩轴线的交点，用相对偏移来确定左面一排中间基桩圆心的位置)

指定圆的半径或[直径(D)]：1.2↙ （输入基桩的半径）

命令操作完成后在图上显示的是一个实心圆，这是由于虚线比例不合适而造成的，可通过修改该虚线特性来调整比例。单击"修改"菜单中的"特性"选项或在命令行输入 PROPERTIES 命令，则显示如图 3-21 所示的"特性"对话框，在线型比例中将 10 改为 0.1 后，图中所绘的基桩显示为虚线，如图 3-22 所示。

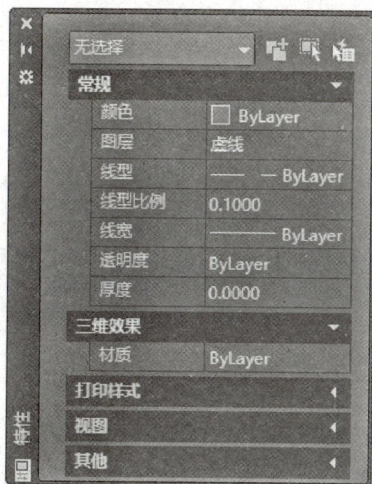

图 3-21　部分"特性"对话框

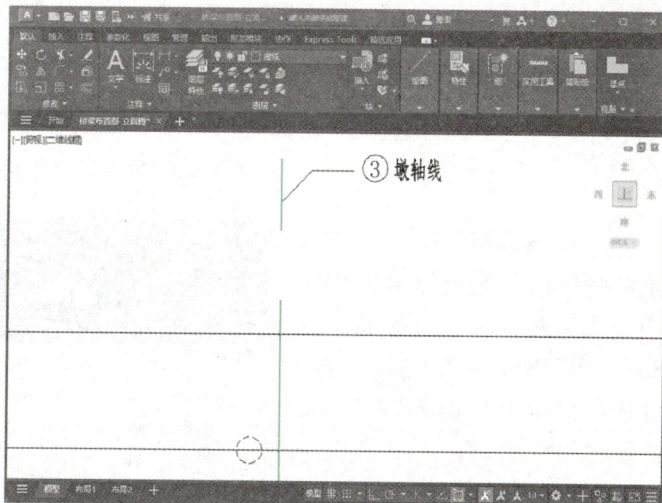

图 3-22　左排中间的基桩显示为虚线

2）用 ARRAYRECT（矩形阵列）命令及 MIRROR 命令来完成 3 号桥墩所有的基桩。

命令：ARRAYRECT ↙

选择对象：找到 1 个(选择绘制好的圆，如图 3-22 所示)

选择对象：↙(结束选择)

类型＝矩形　关联＝是

选择夹点以编辑阵列或［关联(AS)/基点(B)/计数(COU)/间距(S)/列数(COL)/行数(R)/层数(L)/退出(X)]＜退出＞：R✓

输入行数或［表达式(E)]＜4＞：2✓

指定行数之间的距离或［总计(T)/表达式(E)]＜3.6＞：6

指定行数之间的标高增量或［表达式(E)]＜0.0000＞：0

选择夹点以编辑阵列或［关联(AS)/基点(B)/计数(COU)/间距(S)/列数(COL)/行数(R)/层数(L)/退出(X)]＜退出＞：COL✓

输入列数或［表达式(E)]＜4＞：2✓

指定列数之间的距离或［总计(T)/表达式(E)]＜3.6＞：5.6

指定列数之间的标高增量或［表达式(E)]＜0.0000＞：0

选择夹点以编辑阵列或［关联(AS)/基点(B)/计数(COU)/间距(S)/列数(COL)/行数(R)/层数(L)/退出(X)]＜退出＞：x(图 3-23)

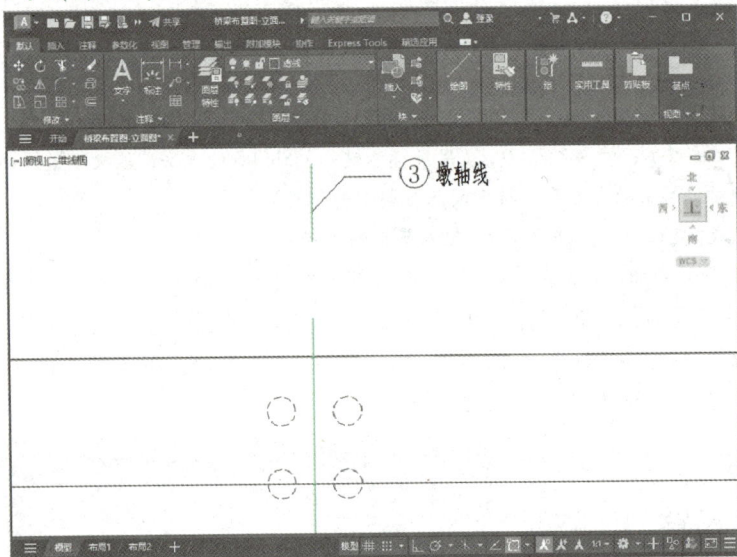

图 3-23　阵列后的基桩

接着用 EXPLODE 命令对上面绘好的两基桩以半幅桥的中心线为对称轴进行分解，再利用 MIRROR 命令进行镜像，完成后的图形如图 3-24 所示，绘图过程略。

3）进入"0"图层绘制承台平面，其平面尺寸为 820cm × 500cm。襟边距离均为 50cm。

命令：RECTANG

指定第一个角点或［倒角(C)/标高(E)/圆角(F)/厚度(T)/宽度(W)]：_from 基点：＜偏移＞：

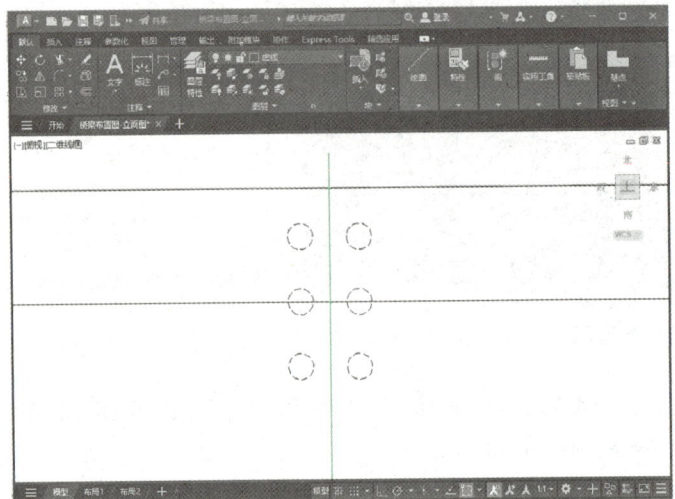

图 3-24　镜像后的基桩

@ -2.2, 2.2↙(用鼠标右键+
<Shift>的方法，在弹出菜单
中单击"自(F)"选项，捕捉左
上基桩的圆心，并用相对偏移来
确定承台的左上对角点)

　　指定另一个角点或[面积
(A)/尺寸(D)/旋转(R)]：@
10, -16.4↙(承台的右下对角
点)

　　4)同样用矩形(RE-
CTANG)命令，并相应的
使用其他辅助命令后可以
绘出 1000cm × 300cm 的桥
墩盖梁及两侧 550cm ×
80cm 的双薄壁。再将其用

图 3-25　完成的桥墩平面

COPY 命令复制到 4 号墩下，也就完成了桥墩平面的绘图工作。完成后的图形如
图 3-25 所示。桥台的平面可以参考桥墩的过程绘制，读者自行去完成。

五、对桥梁各部分的标注

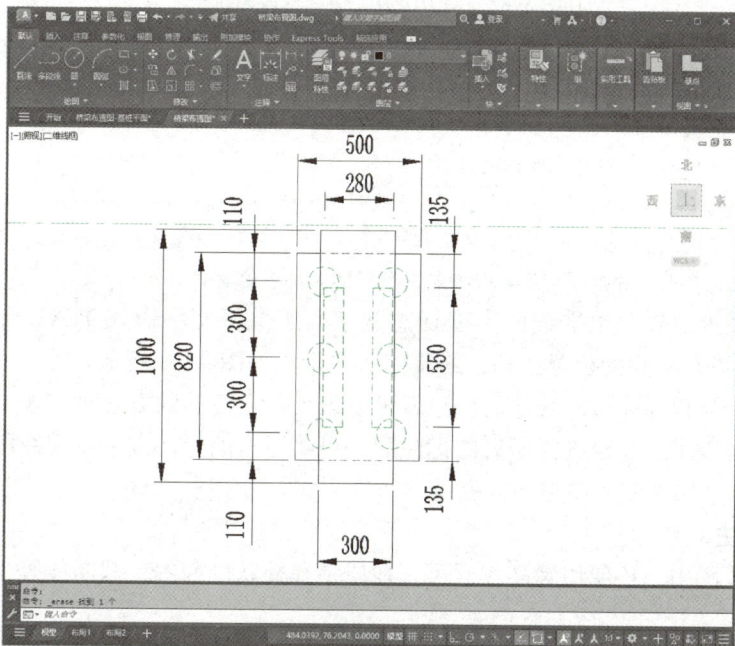

1. 尺寸标注

　　桥梁尺寸的标注以 cm 为单位，为了了解本次标注所采用的设置结果，将 3
号桥墩处的图形放大显示，标注完的图形如图 3-26 所示。

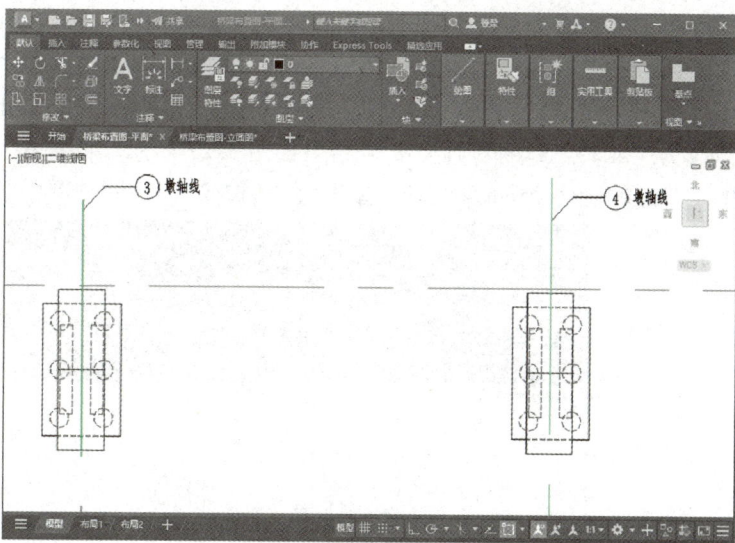

桥梁各部分标注

图 3-26　桥墩平面标注图

在桥梁平面图的标注中，半平面投影图中要标出半幅桥主梁内边缘线距道路中心线间的距离，所以需要对局部的标注值进行适当的修改，例如道路中心线与防撞墙内侧的距离为 25cm，其标注样式应该为"50/2"，具体方法是用文字编辑（DDEDIT）命令，将原来的默认值改为"50/2"这种标注形式，结果如图 3-27 所示。同样桥梁内侧的防撞距道路中心线间的 1/2 之间距为 75cm，也将其标注为"150/2"，一同在图中示出。

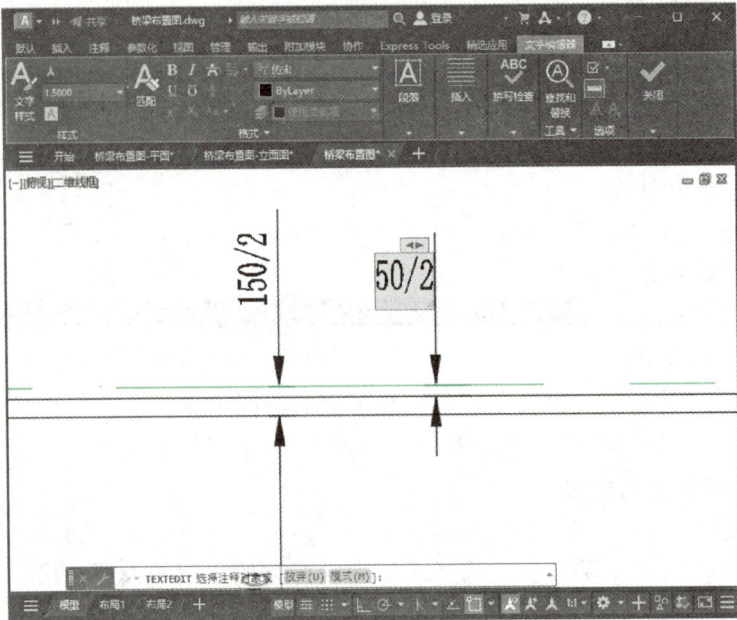

图 3-27　用 DDEDIT 命令修改默认值

下面接着再进行局部水准标高绘制，以边墩承台底部的标高绘制为例，先绘制其中的直线部分，然后用多边形绘制命令（POLYGON）绘制等边三角形——标高符号。

命令：POLYGON ✓

输入边的数目 <4>：3 ✓　（多边形的边数）

指定正多边形的中心点或[边(E)]：E ✓　（采用指定边的形式绘制）

指定边的第一个端点：_endp 于指定边的第二个端点：@ −3.85, 0 ✓（用鼠标右键 + <Shift> 的方法，捕捉直线的右端点为基点，并用相对偏移来确定三角形的第二个端点）

最后在直线上面放置水准线的高度标志文字，用单行文字输入 TEXT 命令，在此输入"989.377"，再进行必要的位置挪动，绘制完成的标注如图 3-28 所示。

绘制完一个高程标注后，其他的标注就可以采用基点复制的方法来完成。复制后修改其标注的文字就可以了。在绘制完所有的标注后，可将所有的标注文字以及线段都分别设置在"标注文字"与"标注线"图层中，读者自行去完成。

2. 其他标注

在桥梁布置图中，还要用到高程标尺、地质钻孔柱状剖面图、截断线等，下面介绍它们的画法。

1）高程标尺。高程标尺的绘制先采用绘制单个标段（包括文字），再进行阵列复制，最后进行文字的修改即可。采用矩形命令作单个标尺段，再采用填充的方式来完成绘制，具体绘制步骤如下。

图 3-28 完成的单个高程标注

① 绘制单位矩形框。

命令：RECTANG ↙

指定第一个角点或[倒角(C)/标高(E)/圆角(F)/厚度(T)/宽度(W)]：(在绘图区域的左侧空白处任选一点)

指定另一个角点或[尺寸(D)]：@0.5，10 ↙ （单位矩形框的右下角点）

完成图 3-29 中从左至右的第一个图形。

② 用复制（COPY）或镜像（MIRROR）命令形成对称的四个矩形，如图 3-29 所示从左至右的第二个图形。

③ 对左上矩形和右下矩形用填充（BHATCH）命令进行填充，使用的填充形式设置如图 3-30 所示，采用系统中"预定义"的"SOLID"图案。然后用单行文字输入（TEXT）命令进行标尺的文字输入，上、中、下的文字分别为 1020、

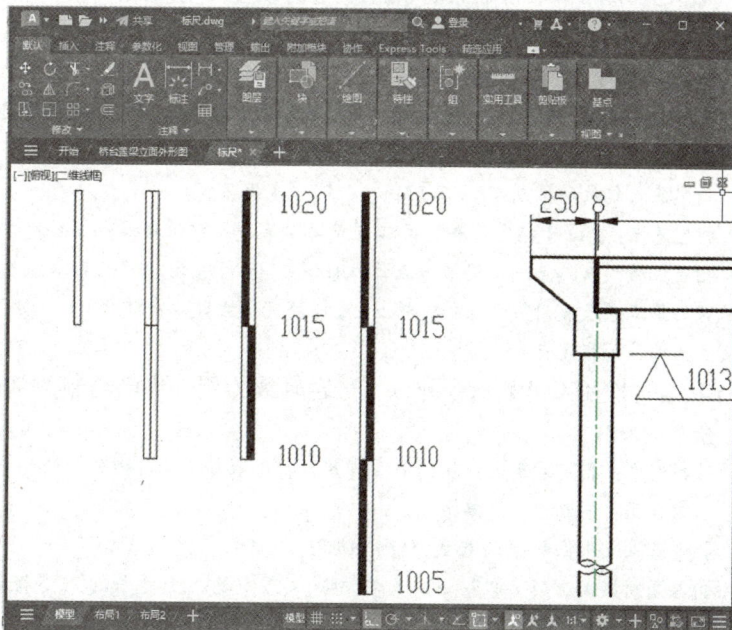

图 3-29 标尺的绘制过程

1015 和 1010。输完后，适当调整文字的位置，使其形式美观，结果如图 3-29 中从左至右的

第三个图形。

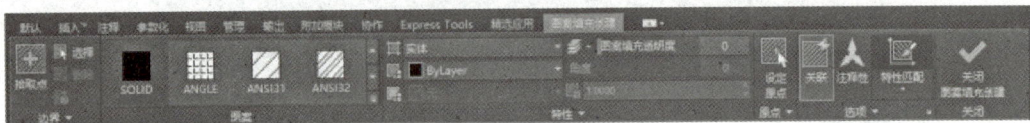

图 3-30 填充设置

④ 用阵列命令,选择其中的所有标尺对象和底下的"1020"和"1015"作为阵列的对象,"阵列"的设置为 6 行 1 列,行偏移为 - 20,列偏移为 0。

确认后,可以得到全部的标尺的草图,再对其中的文字进行必要的编辑,删除辅助作图部分,完成标尺的绘制。同样可将绘制好的标尺图形设置在"标注线"图层,将标尺的文字设置在"标注文字"图层,结果如图 3-29 中从左至右的第四个图形。

2)地质钻孔柱状剖面图。地质钻孔柱状剖面图的绘制可以参考高程标尺的绘制过程,采用矩形 RECTANG 及填充 BHATCH 命令进行绘制,图 3-31 为 0 号桥台处的地质柱状剖面图。

3)截断线。截断线的绘制,用 PLINE(多段线)命令。

3. 文字及附注

在工程图中,常常要对所绘图形进行必要的文字说明或附注等。在图 3-2 中有四项附注内容,采用 MTEXT(多行文字)命令输入附注。

技能深化

1. 全桥的立面图绘制

在 4 号墩的桥墩台盖梁、支座、墩身及基础完成后,下一步用 COPY 命令来完成 1、2、3 号桥墩及桥台处桩基的绘制。

命令:COPY↙

选择对象:指定对角点:找到 44 个(用鼠标选取绘制好的在 4 号桥墩处的所有部件)

选择对象:↙(结束选择)

指定基点或位移,或者[重复(M)]:M (多次复制)

指定基点:_int 于指定位移的第二点或<用第一点作位移>:_int 于

指定位移的第二点或<用第一点作位移>:_int 于指定位移的第二点或<用第一点作位移>:_int 于指定位移的第二点或<用第一点作位移>:↙(用鼠标右键 + <Shift>的方法,捕捉 1、2、3 墩与主梁梁底的交点为位移的指定点)

接着再次用 COPY 命令并以 5 号台轴线为例,将已绘制的基桩复制至桥台处。

命令:COPY↙

选择对象:指定对角点:找到 14 个(用鼠标选取在 4 号桥墩处所绘的基桩)

当前设置:复制模式 = 单个

指定基点或[位移(D)/模式(O)]<位移>:O

输入复制模式选项[单个(S)/多个(M)]<多个>:M(选择"多个"模式)

指定基点或[位移(D)/模式(O)]<位移>:_mid 于(用鼠标右键 + <Shift>的方法,捕捉基桩的下底部的中心点

指定第二个点或[阵列(A)]<使用第一个点作为位移>:1_per 到↙(用鼠标右键 + <Shift>的方法,捕捉 5 号台轴线处的垂足完成基桩的移动绘制,结果如图 3-32 所示)

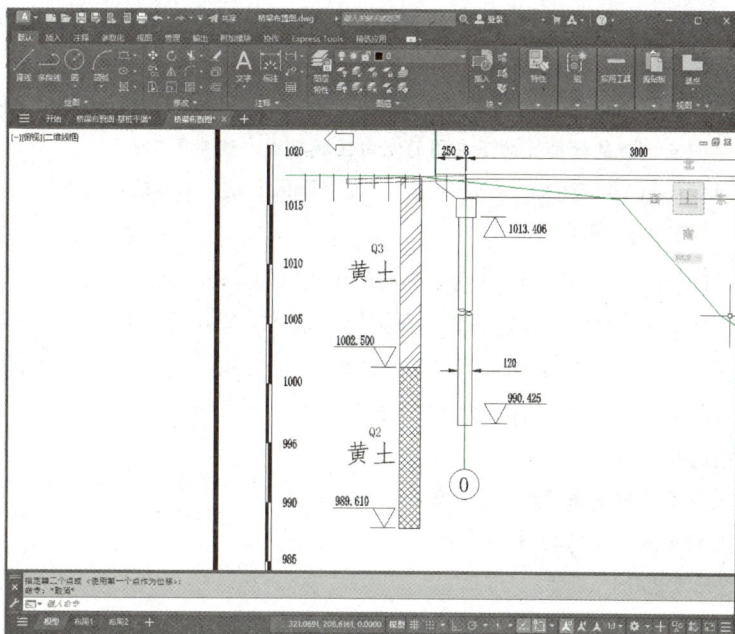

图 3-31　地质柱状剖面图

　　由于移动的基桩不在桥台的正下方，如图 3-32 所示。故还要用 MOVE 命令将基桩移至桥台的正下方与桥台底相接，过程从略；随后用 MIRROR 命令将 5 号桥台的上部部件镜像至 0 号台。

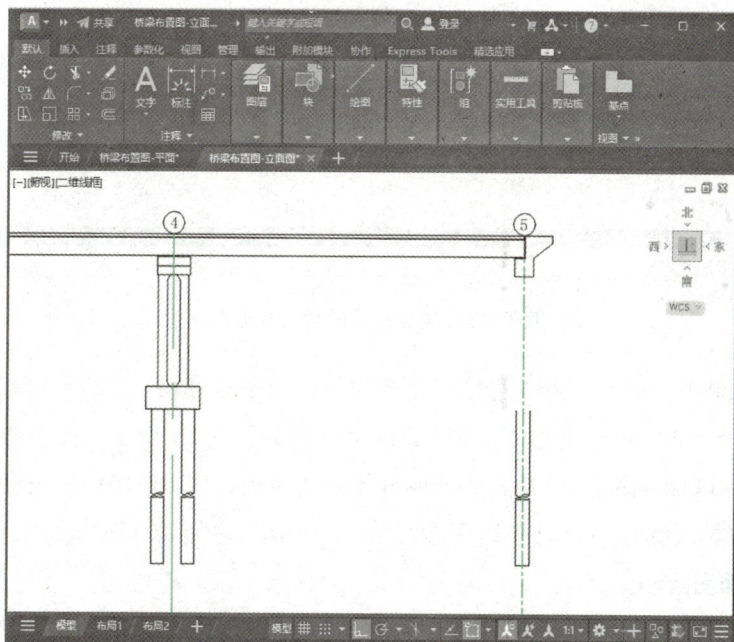

图 3-32　复制的桥台基桩

命令：MIRROR ↙

选择对象：指定对角点：找到 22 个(用鼠标选取 5 号台处已绘制的桥台支座、耳墙，桥台)

选择对象：↙(结束选择)

指定镜像线的第一点：_mid 于指定镜像线的第二点：<正交　开>(用鼠标右键 + <Shift>的方法，捕捉主梁底的中心为第一点，将鼠标垂直向下在图的空白区域单击左键为第二点)

是否删除源对象？[是(Y)/否(N)] <N>：↙　(按 <Enter> 键，不删除源对象)

完成后的图形如图 3-33 所示。

图 3-2 所示桥梁中的 1、2、3、4 号桥墩身高分别为 24m、32m、32m 和 21.5m。在前述墩身绘制时是以 10m 长度绘制的墩身高。为了体现各墩的实际高度，现用 STRETCH 命令来完成对桥墩墩身的拉伸。以 2 号墩为例，2 号桥墩身高 32m。应在复制过来的 10m 高的墩身上拉伸 22m，换算为 1:500 的比例即为 44 个单位长。

命令：STRETCH ↙

以交叉窗口或交叉多边形选择要拉伸的对象...

选择对象：指定对角点：找到 43 个

选择对象：↙(结束选择)

指定基点或位移：_int 于(用鼠标右键 + <Shift>的方法，捕捉承台与 2 号墩轴线相交的点为基点)

指定位移的第二个点或 <用第一个点作位移>：@0，−44 ↙(位移 44 个单位长得到 2 号墩的墩身高)

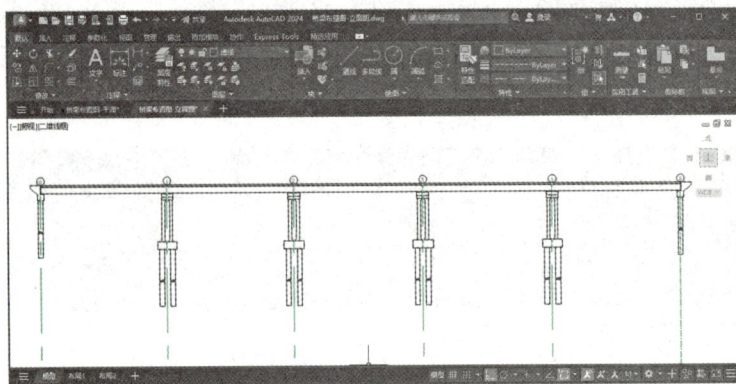

桥梁立面图绘制之全桥桥墩和桩基绘制

图 3-33　初步完成的桥梁立面图

用同样方法将剩余的 1、3、4 号墩身进行拉伸，对于 0 号和 5 号桥台可参考桥墩桩基长度进行拉伸操作，这里不再多述。拉伸后的桥梁立面如图 3-34 所示。图中根据桥位处实测的地面线高程用 PLINE 命令或 LINE 命令也将地面线绘出，用 RECTANG 命令绘制桥头搭板立面，同时也将轴线编号用 MOVE 命令移到相应的桥墩、台下部位置。操作及绘制过程略。

2. 全桥平面图绘制

在半幅桥的左半平面主要是绘制桥梁内外防撞墙及桥梁与路线的衔接布置和搭板，由于篇幅所限，不再多述。绘制完的平面布置图如图 3-35 所示。

图 3-34 拉伸后的桥梁立面图

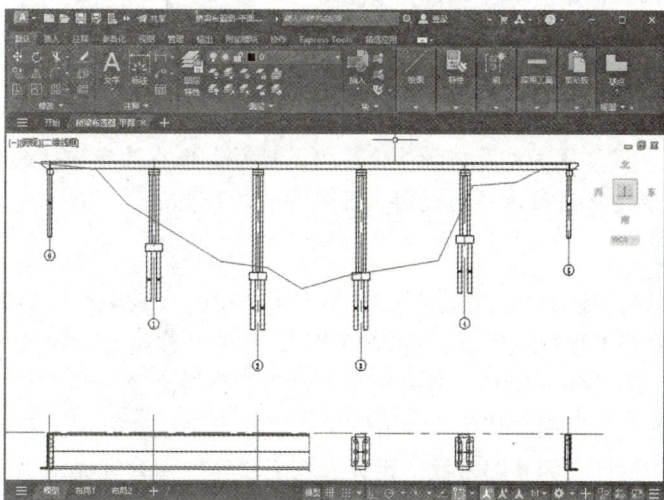

图 3-35 绘制完的平面布置图

桥梁平面图绘制之
桥墩平面的绘制

桥梁平面图
绘制之桥面绘制

完成以上的绘制工作后，所绘制的桥梁图的立面图部分及平面图部分布置整体已完成。此时还应对全图进行必要的删除和调整以及局部补充等工作，使图形不仅正确还要求美观。例如在立面图中对各桥墩轴线的修剪；绘图过程中的辅助线及辅助标记的删除；在立面图中桥与路基衔接处添加路基边坡的示坡线；标记桥梁中心桩号等。

提示：在绘制过程中，绘制同样内容的图可以有多种画法。书中各例采用的只是其中的一种，其他的方法还有很多，如在整个绘图中，可以将各轴线的编号、折断线、高程注记等常用内容定义为"块"的形式。使用时再用"块插入"的方法来运用。所以，读者可以按照自己的思维习惯来绘制图形，只要绘出的图形能保证足够的精度及绘图便捷就可以了。

技能归纳

在桥型布置图中，桥梁墩台的绘制工作是整个图形绘制过程的重要组成部分。因此，在绘制之前应当对桥梁墩台有完整而清楚的认识。在绘制过程中，读者在操作时应认真、仔细

完成每个步骤，同时，思考运用不同的方法完成同一个操作过程。在绘制完成后，仔细检查成图是否有缺漏。

思育启智园：

专业文化——敢为人先和精益求精的大国工匠精神

赵州桥又称为安济桥，坐落在河北省石家庄市赵县的洨河上，横跨在 37m 多宽的河面上，因桥体全部用石料建成，当地称作"大石桥"。

赵州桥建于隋朝年间公元 595—605 年，由著名匠师李春设计建造，距今已有 1400 多年的历史，是当今世界上现存第二早（还有一座小商桥）、保存最完整的古代单孔敞肩石拱桥。赵州桥是古代劳动人民智慧的结晶，开创了我国桥梁建造的崭新局面。

1961 年，赵州桥被国务院列为第一批全国重点文物保护单位，2015 年荣获石家庄十大城市名片之一。它是我国第一座石拱桥，在漫长的岁月中，虽然经过无数次洪水冲击、风吹雨打、冰雪风霜的侵蚀和多次地震的考验，但仍然安然无恙，巍然挺立在洨河之上。

赵州桥是入选世界纪录协会世界最早的敞肩石拱桥，创造了世界之最，体现了中国人民敢为人先的探索精神；桥长 50.82m，跨径 37.02m，桥高 7.23m，两端宽 9.6m，桥的设计完全遵循科学原理，施工技术更是巧妙绝伦。它是世界上保存最完好、最古老的一座单孔大石桥，是交通建设者追求精益求精的大国工匠精神的工程典范。

任务拓展

《公路桥涵设计通用规范》（JTG D60—2015）是中华人民共和国交通运输部发布的公路工程行业标准，自 2015 年 12 月 1 日起施行，原《公路桥涵设计通用规范》（JTG D60—2004）同时废止。作为公路桥涵设计的重要指导性文件，按照安全、耐久、适用、环保、经济和美观的原则制定，适用于新建和改建各等级公路桥涵的设计，为公路桥涵的设计、施工、养护和管理提供了全面的技术依据和保障。

《公路装配式混凝土桥梁设计规范》（JTG/T 3365—05—2022）是中华人民共和国交通运输部发布的公路工程行业推荐性标准，由中交第二公路勘察设计研究院有限公司主编，自 2022 年 8 月 1 日起施行，适用于公路装配式混凝土梁式桥梁的设计，涵盖了从材料选择、连接技术、结构设计到抗震设计等多个方面，是公路装配式混凝土桥梁设计的全面指导文件。

考核评价

1. 自我评价

1）此次操作是否顺利？

2）若不顺利，请列出遇到的问题。

3）分析出现问题的原因，并提出修正方案。

4）你认为还需要加强哪些方面的指导？

（左栏二维码说明）
专业文化——敢为人先和精益求精的大国工匠精神

《公路桥涵设计通用规范-节选》（JTG D60—2015）

《公路装配式混凝土桥梁设计规范-节选》（JTG/T 3365—05—2022）

2. 学习任务评价（表3-3）

表3-3　学习任务评价表

考核项目	分数			学生自评	小组互评	教师评价	小计
	差	中	好				
团队合作精神	3	6	10				
活动参与是否积极	3	6	10				
绘图规格	3	6	10				
立面图	6	13	20				
平面图	6	13	20				
标注	6	13	20				
剖面图	3	6	10				
总分	100						
教师签字：				年　　月　　日		得分	

作　业

绘制一幅完整的桥型布置图，尺寸自拟。

任务二　钢筋混凝土构件配筋图形绘制

任务描述

在桥梁施工图设计中，各个桥梁构件图是根据承重构件的受力情况进行结构设计后绘制出来的图样。在桥梁构件中，不同的桥型有不同的构件图样。钢筋混凝土构件是现有公路桥梁中最常见的构件类型，构件图样主要涉及混凝土尺寸、配筋绘制和必要的说明。

任务目标

掌握用 AutoCAD 2024 常用命令精确绘制桥梁主要构件的方法。

内容结构（图3-36）

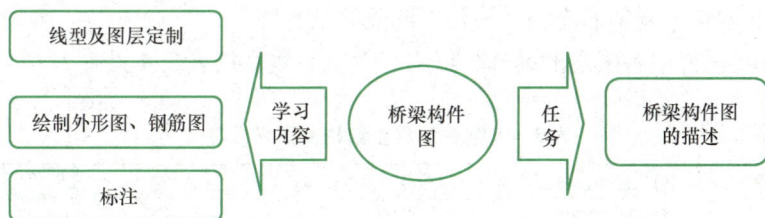

图3-36　内容结构

主要技能

掌握钢筋混凝土构件配筋图、钢筋大样图绘制的思路、步骤、规格；掌握钢筋混凝土梁断面图绘制的方法；能够进行多种绘图、编辑命令的组合应用；掌握钢筋类型符号的字体设置与标注。能够掌握《公路钢筋混凝土及预应力混凝土桥涵设计规范》（JTG 3362—2018）。

基础知识

混凝土是将水泥、砂、石子和水按一定的比例拌和硬化而成的"人造石料"，其抗压强度较高，而抗拉强度较低，容易因受拉而断裂。为了提高混凝土构件的抗拉能力，常在混凝土构件的受拉区加入一定数量的钢筋，使两种材料黏结成一个整体，共同承受外力，这种配有钢筋的混凝土称为钢筋混凝土。钢筋混凝土是常用的建筑材料，工程中的许多构件都是用它来制作的，如梁、板、柱、拱圈、框架等。

表达钢筋混凝土结构的图样称为钢筋混凝土结构图。钢筋混凝土结构图能详细表示构件中钢筋的布置情况，是钢筋断料、加工、绑扎、焊接和检验的重要依据，它包括钢筋布置图、钢筋编号、尺寸、规格、根数、钢筋成型图和钢筋数量表及技术说明。

在桥梁的上部图中有多种梁或板的钢筋构件图，以及桥面铺装、防护墙、护栏等钢筋构件图，下部图中有桥墩、桥台盖梁及桥墩身、桥台身钢筋等构件图。桥梁基础中要绘制承台或系梁及基础构件的钢筋构件图等。图 3-37 是桥台钢筋混凝土结构盖梁钢筋图，它包括盖梁的立面布置图、平面布置图、断面图及钢筋大样图、工程数量表（含钢筋数量表）等。下面以此图（图 3-37）为例，介绍钢筋混凝土构件图的绘制方法。

在图 3-37 所示的桥台盖梁钢筋构造图中，桥台为轴对称图形，故绘图时只绘其一半即可。其绘制步骤如下。

1) 根据构件图的内容设置线型及图层。
2) 绘制构件的外形图。
3) 绘制构件的钢筋布置图。
4) 标注尺寸。
5) 标注文字说明。

线型及图层的设置

技能训练

一、线型及图层的设置

为了便于清晰地表示钢筋混凝土构件中的钢筋布置情况，在构件的详图中，用细实线画出外形轮廓，并可认为混凝土的轮廓线是透明的。用粗实线或一定直径的黑点画出钢筋，并标注出钢筋种类的符号及钢筋直径、根数、间隔等信息。

图 3-37 所示构件中各图层的名称、线型、颜色、线宽按表 3-4 设置。

表 3-4 钢筋混凝土结构图图层设置

图层	图层名称	图层颜色	图层线型	线宽
钢筋编号层	钢筋编号	蓝色	continuous	0.18
钢筋层	钢筋	红色	continuous	0.25
细实线层	混凝土	白色	continuous	0.18
点划线层	轴线	玖红色	center	0.18
尺寸层	尺寸	蓝色	continuous	0.25
文字层	文字	绿色	continuous	0.25
图框层	图框	紫色	continuous	0.5
其他层	其他	白色	continuous	0.18

二、钢筋混凝土构件立面图的绘制

以图 3-37 为例，其钢筋混凝土桥台立面图比例为 1∶40。绘图时可以按图中所示的尺寸直接绘图，然后再按比例缩小放入标准的 A3 图幅中，或不变化在打印时按 1∶40 比例出图。注意：采用后一种方法时，除图形以外的文字、尺寸、标注、图框等均应放大 40 倍。

1. 桥台对称轴及桥台桩基轴线的绘制

桥台对称轴及桥台桩基轴线绘制的具体步骤如下。

1）设置"轴线"图层为当前图层，用 LINE 命令绘制桥台对称轴。

命令：LINE↙

指定第一个点(在屏幕上适当位置上选取一点)

指定下一个点或[放弃(U)]：<正交开>(打开正交，鼠标向下方拖动并在屏幕上指定另一点)

指定下一个点或[放弃(U)]：↙(结束命令)

2）通过 OFFSET（偏移）命令绘制桥台桩基轴线。

命令：OFFSET↙

指定偏移距离或[通过(T)]：225↙　(输入偏移距离"225")

选择要偏移的对象或<退出>：　　(用鼠标单击所画轴线)

指定点以确定偏移所在一侧：　　(在轴线左侧任意位置单击)

选择要偏移的对象或<退出>：↙　(结束命令)

2. 桥台盖梁外形图的绘制

绘制桥台盖梁外形的步骤如下。

1）设置"混凝土"图层为当前图层，用直线（LINE）命令绘制桥台外形线。

命令：LINE↙

指定第一个点：_nea 到(用鼠标右键 + <Shift>的方法，捕捉桥台中轴线上面一点)

指定下一个点或[放弃(U)]：400↙(将鼠标放置于前点的右侧输入桥台一半长 400)

指定下一个点或[放弃(U)]：110↙(将鼠标放置于前点的下侧输入桥台高 110)

指定下一个点或[闭合(C)/放弃(U)]：_per 到(用鼠标右键 + <Shift>的方法，捕捉桥台中轴线上的垂足点)

指定下一个点或[闭合(C)/放弃(U)]：↙(结束命令)

2）绘制桥台桩基外形线。用直线（LINE）命令及镜像（MIRROR）命令来绘制，桩基直径为 130cm。

命令：LINE↙

指定第一个点：FROM↙

基点：_int 于<偏移>：@ -65，0↙(用鼠标右键 + <Shift>的方法，捕捉桥台桩基中心线与桥台外形线下部相交的点，然后向左偏移 65 为起点)

指定下一个点或[放弃(U)]：(鼠标向下在合适位置单击左键)

指定下一个点或[放弃(U)]：↙(结束命令)

命令：MIRROR↙

选择对象：找到 1 个(选取前绘直线)

选择对象：↙(结束选择)

指定镜像线的第一点：_int 于指定镜像线的第二点：<正交开>(用鼠标右键 + <Shift>的方法，捕捉桥台桩基中心线与桥台外形线下部相交的点，向下拖动鼠标并单击第二点)

是否删除源对象？[是(Y)/否(N)]<N>：↙(按<Enter>键，不删除源对象)

Ⅲ—Ⅲ

Ⅱ—Ⅱ

半立面图

半立面图

骨架A

材料数量表

直径(mm)	总重(kg)	C40混凝土(E)
Φ12	873.2	12.3
Φ25	1617.4	

钢筋明细表

编号	直径	每根长	根数	共长	单位重(kg/m)	共重(kg)
1	Φ25	984.0	13	127 92	3 850	492 5
2	Φ25	838 3	13	108 98	3 850	419 6
3	Φ25	923 8	10	92 38	3 850	355 7
4	Φ25	2715	20	54 30	3 850	209 1
5	Φ25	182 5	20	36 50	3 850	140 5
6	Φ12	351 6	160	562 56	0.888	499 6
6a	Φ12	372 4	80	297 92	0.888	264 6
7	Φ12	816 2	12	97 94	0.888	87 0
8	Φ12	156 0	16	24 96	0.888	22 2

注:
1. 本图尺寸除钢筋直径以mm为单位外，余均以cm为单位。
2. 钢筋焊接均采用双面焊焊缝，焊缝最小长度5d，焊缝间距。
3. 在骨架两根主筋重叠段应增加焊缝，叠置重叠同距100cm，焊缝长度为2.5d。
4. 施工注意预埋防震挡块以及支座垫石钢筋。
5. 施工注意盖梁盖梁横坡，见《桥台一般构造图》。

桥台盖梁钢筋构造图　　××大桥　　××设计院

设计　复核　复核　复核　图号

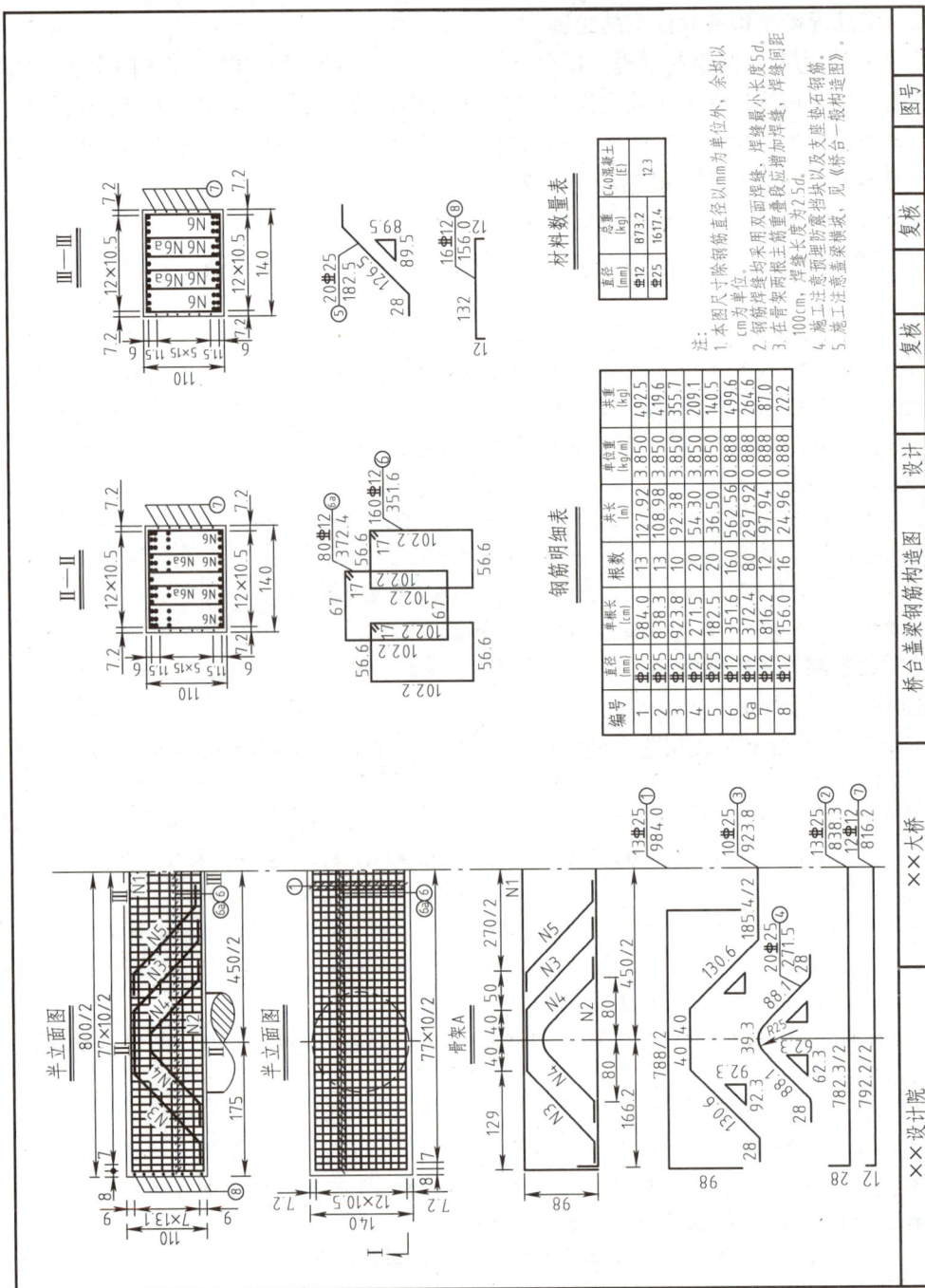

图 3-37 桥台盖梁钢筋构造图

钢筋混凝土构件断面图绘制

钢筋混凝土构件立面图绘制

有关桥台桩基中的断面线可以参照本情景任务一中的画法来绘制，绘制完成后如图3-38所示。

3. 立面图中的钢筋的绘制

立面图中要表示出侧立钢筋以及钢筋骨架中的以45°弯起的钢筋和箍筋的分布情况。需要先绘出钢筋大样后，再经 COPY 命令复制到图 3-38 所示的立面图内。

将"钢筋"图层设置为当前图层。以图 3-39 中 3 号钢筋及 4 号钢筋的绘制为例，简述其绘制方法。

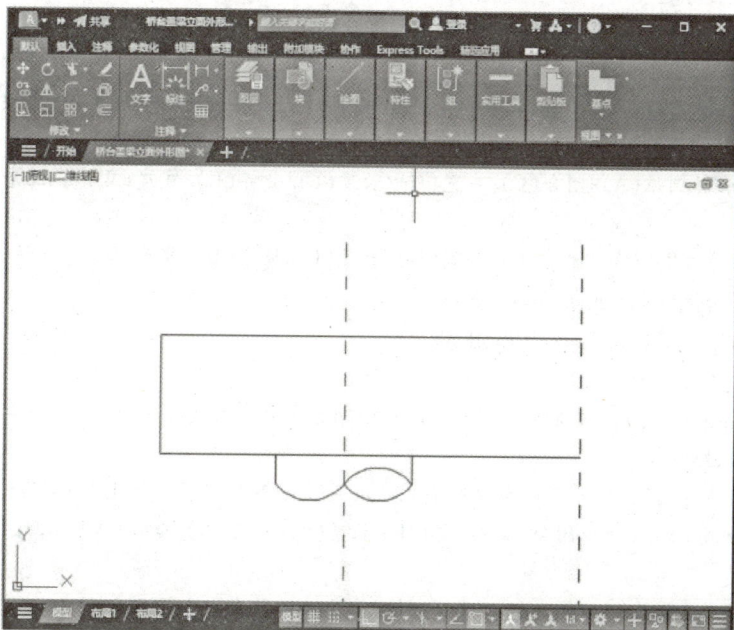

图 3-38 绘制出轴线的梁外形立面图

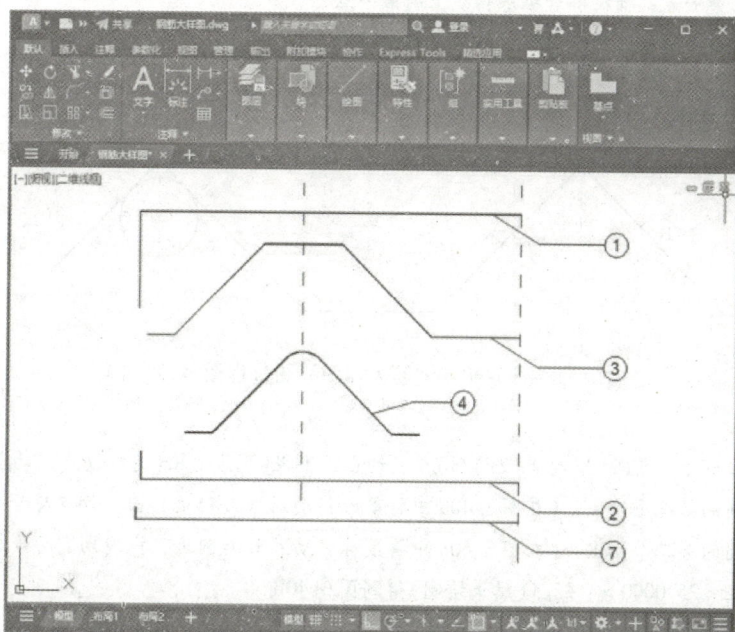

图 3-39 钢筋大样图

1）3 号钢筋的绘制过程及说明如下。

命令：PLINE↙

指定起点：_nea 到(用鼠标右键 + ＜Shift＞的方法，在桥台中心轴合适的位置捕捉一点)

当前线宽为：0.0000

指定下一个点或[圆弧(A)/半宽(H)/长度(L)/放弃(U)/宽度(W)]：92.7(鼠标向左侧移，输入 92.7 为弯起点)

指定下一个点或[圆弧(A)/闭合(C)/半宽(H)/长度(L)/放弃(U)/宽度(W)]：@130.6 ＜135 ↙(钢筋向上弯起后的点，弯起 45°)

指定下一个点或[圆弧(A)/闭合(C)/半宽(H)/长度(L)/放弃(U)/宽度(W)]：80 ↙(鼠标向左侧移，输入 80)

指定下一个点或[圆弧(A)/闭合(C)/半宽(H)/长度(L)/放弃(U)/宽度(W)]：@130.6 ＜225 ↙(钢筋向下弯起后的点)

指定下一个点或[圆弧(A)/闭合(C)/半宽(H)/长度(L)/放弃(U)/宽度(W)]：28 ↙(鼠标向左侧移，输入 28)

指定下一个点或[圆弧(A)/闭合(C)/半宽(H)/长度(L)/放弃(U)/宽度(W)]↙(结束绘制)

完成 3 号钢筋绘制，如图 3-39 所示。

2）4 号钢筋的绘制过程及说明如下。

命令：PLINE↙

指定起点：_nea 到(用鼠标右键 + ＜Shift＞的方法，在桥台桩基轴线合适的位置捕捉一点)

当前线宽为 0.0000

指定下一个点或 [圆弧(A)/半宽(H)/长度(L)/放弃(U)/宽度(W)]：@131.1 ＜315

指定下一个点或 [圆弧(A)/闭合(C)/半宽(H)/长度(L)/放弃(U)/宽度(W)]：28↙(鼠标向左侧水平移动，输入 28)

指定下一个点或 [圆弧(A)/闭合(C)/半宽(H)/长度(L)/放弃(U)/宽度(W)]：↙(结束绘制)

命令：_mirror 找到 1 个(选择刚才绘制的线)

指定镜像线的第一点：捕捉桥台桩基轴线上的第一点

指定镜像线的第二点：捕捉桥台桩基轴线上的第二点

要删除源对象吗？[是(Y)/否(N)] ＜否＞：

得到如图 3-40 所示。

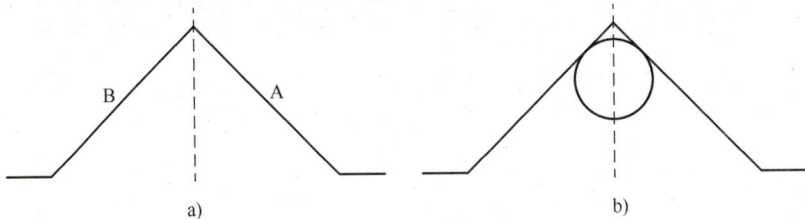

a)   b)

图 3-40　钢筋大样图绘图过程图

命令：_circle

指定圆的圆心或 [三点(3P)/两点(2P)/切点、切点、半径(T)]：_ttr(选择切点、切点、半径模式)

指定对象与圆的第一个切点：(在图 3-40a 中将鼠标移动到 A 处附近，出现切点符号后点击左键)

指定对象与圆的第二个切点：(在图 3-40a 中将鼠标移动到 B 处附近，出现切点符号后点击左键)

指定圆的半径 ＜25.0000 ＞：25↙(结束绘制)得到图 3-40b。

将多余线剪切掉，即得到图 3-39 中 4 号钢筋。

在图 3-39 钢筋大样图中，也绘制了钢筋编号。其画法及标注可以参见本情境任务一的内容。提示：本例绘制比例为 1∶40。按制图标准规定，编号圆的直径为 8mm，所以在绘图时应将其放大 40 倍，即绘图中实际值为 32cm，绘图时将圆直径设为 32；其中文字的高也相应放大 40 倍，即标注时如用 3.5mm 的高度，字高实际为 14cm，绘图时将字高设为 14。

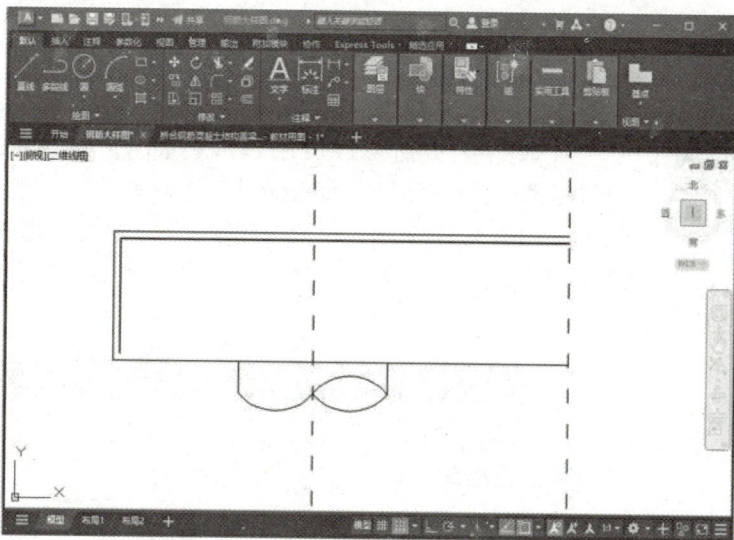

图 3-41   绘制完成的第一根水平及竖向钢筋

此时，我们再返回去绘制钢筋立面。在"钢筋"层用直线（LINE）命令在立面图的下部及左侧部位与桥台外形轮廓线各边相距 6cm 的位置（即保护层的厚度）绘出一条水平向钢筋（1 号、2 号钢筋）及竖向钢筋（箍筋），如图 3-41 所示。按钢筋设计尺寸用偏移（OFFSET）命令调整不能参与均布的钢筋；能参与均布的钢筋用阵列（ARRAY）命令绘制，如图 3-42 所示。再将钢筋大样图中的 3 号、4 号及 5 号筋复制到桥台盖梁钢筋构造图中则可得到图 3-39 所示的半立面图（不包括标注及文字）。

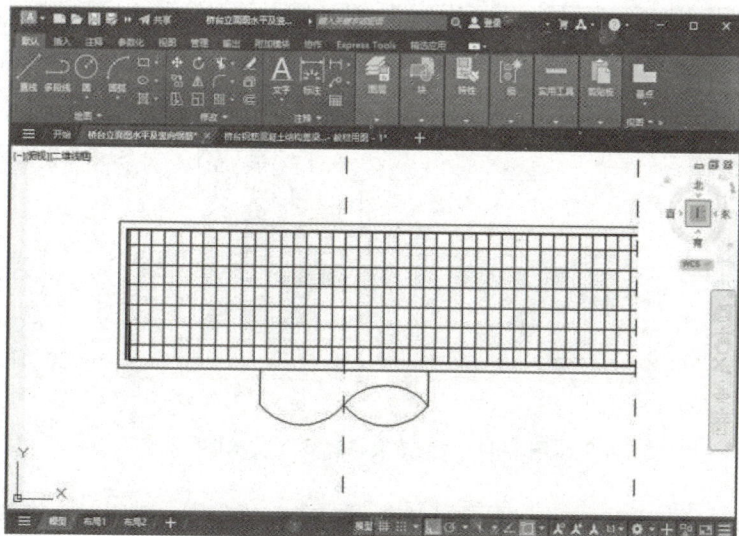

图 3-42   完成后的立面图水平及竖向钢筋

立面图绘制完后，应进行平面图的绘制。其方法也是先绘出桥台在平面上的外形线，然后再绘制单个钢筋，其具体步骤参考立面图的绘制即可，读者可自行完成。

三、钢筋表的绘制

用 AutoCAD 绘制钢筋表的方法如下。

使用 TABLE 命令，绘制钢筋表。

启动表格样式命令 TABLESTYLE，如图 3-43 所示，单击"修改"，进入"修改表格样式"文本框，在"单元样式"下选择"表头"→"文字"，将文字高度修改为 29，如图 3-44a 所示；在"单元样式"下选择"数据→"文字"，将文字高度修改为 17，如图 3-44b 所示；单击"确定"按钮，回到"表格样式"文本框，单击"置为当前"→"关闭"。

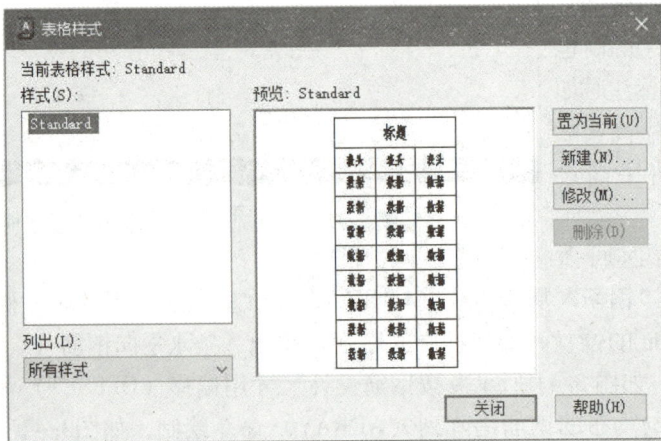

图 3-43 "表格样式"文本框

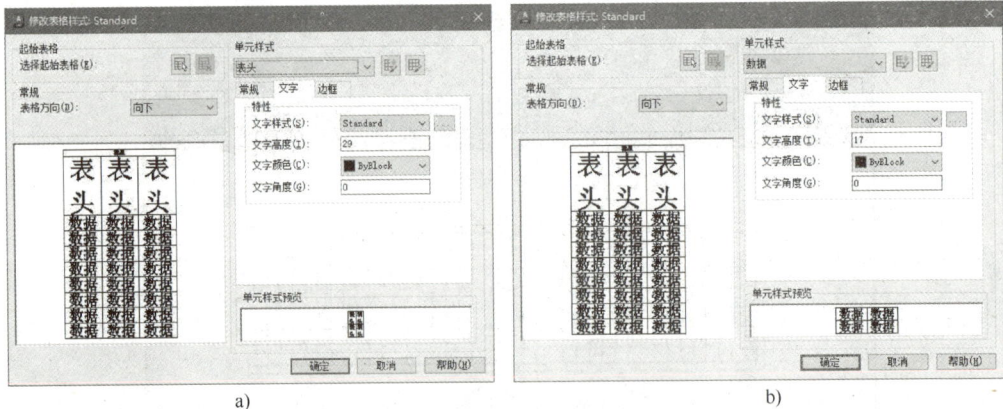

图 3-44 "修改表格样式"文本框

启动表格命令 TABLE，进入"插入表格"文本框，如图 3-45 所示；设置列数为 7，列宽为 60，数据行数为 8，行高为 1；"第一行单元样式"修改为"表头"，"第二行单元样式"修改为"数据"。

单击绘制完成的表格，单击 C 列右下角点，如图 3-46 所示，输入@15，0，修改列宽。依次选中 D、E、F、G 列右下角点，输入@15，0、@30，0、@45，0、@60，0。

提示：此时需将光标移动到表格的某条线上单击，才能使表格出现能修改列宽的状态。

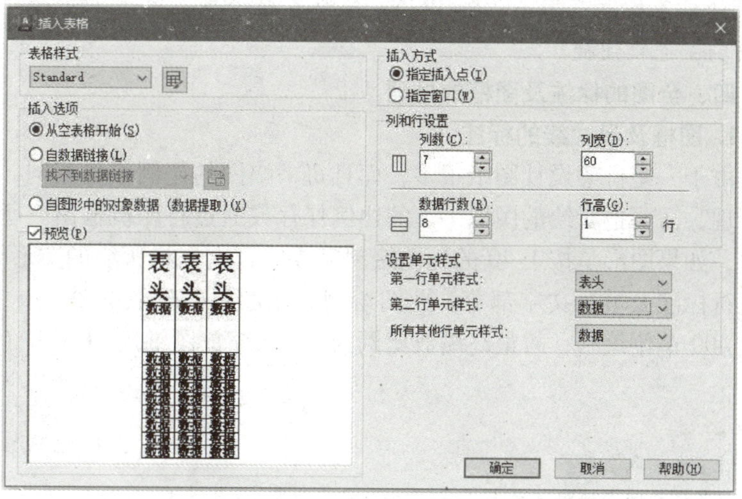

图 3-45 "插入表格"文本框

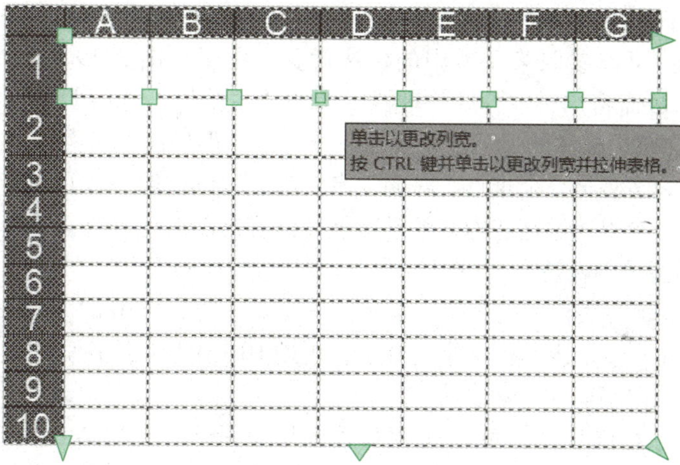

图 3-46 修改表格列宽

最终得到表格，如图 3-47 所示。填入表格内容，字高为 16，完成表格绘制。

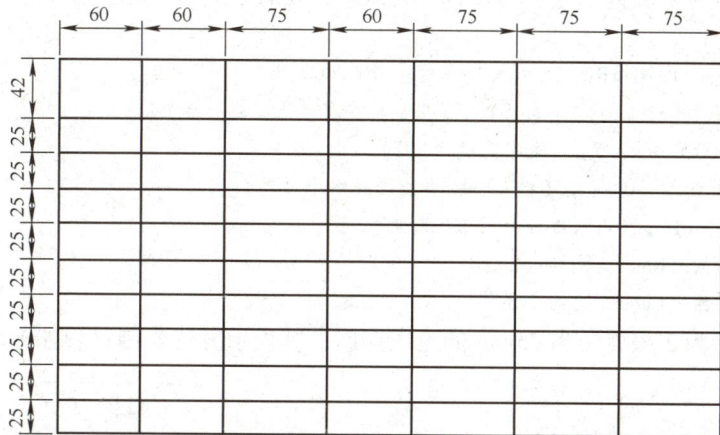

图 3-47 绘制表格尺寸展示

提示： 此处绘制表格也可用多段线 PLINE 命令直接绘制，对于不同行列的尺寸可以用偏移 OFFSET 绘制，也较便捷。

四、全图的标注及图框的处理

1. 图框及尺寸线的标注

由于一座桥梁设计图纸很多，而且每一幅图的比例不尽相同，为了便于图样的管理，需要把所绘的图以 1∶1 的比例保存或通过打印机输出。所以在绘图或输出时，如果图形是按 1∶40 的比例绘制完成的，应先将所绘的图形缩小 40 倍，随后进行标注及填写文字部分。此图绘制时制图单位选取的是 cm，将 800/2cm 直接按 400 单位绘制，故最终缩放比例为 1∶4。缩放图纸用 SCALE（缩放）命令来完成。

命令：SCALE↙

选择对象：ALL↙（选取全图）

指定基点：（用鼠标在图中间附近单击）

指定比例因子或［复制(c)/参照(R)］：0.25

接着将桥梁布置图中的图框（以 1∶1 的比例）复制到本图中，将缩小的图布置在图框内后进行标注。标注可以参照第一节中的标注设置，由于在图 3-39 中制图单位选取的是 cm、比例为 1∶40，故需将"标注样式管理器"中的"主单位"选项卡中"比例因子"一栏中设置为 4，这样在图中标注的尺寸才是实际设计尺寸。很多读者对图纸的打印以及设定绘图比例没有把握，它确实是一个难点，对初学者尤甚。所以，前一节及本节对绘图比例采用了不同的设置方法，希望通过这些内容的学习能使读者对图形比例有一个较深刻的认识。

2. 文字及钢筋型号的标注

执行 TEXT 命令填写表格中的文字、数字。填写文字时，可用 TEXT 命令先写出一个样板，然后用 COPY 命令复制出其他文字、数字，再用 DDEDIT（文字编辑）命令修改文字内容即可。下面重点介绍钢筋的表示方法。

钢筋符号是一种特殊字体，可以通过双百分导引录入；也可以将特定的字体添加到 CAD 安装目录的"fonts"文件夹内，设置文字样式，把该字体置为当前，在文字命令下，找到对应的钢筋符号代码录入即可。

图 3-48 所示为 2 根直径为 16mm 的一级钢筋，其表示方法绘制过程如下。

命令：TEXT↙

当前文字样式：STANDARD　当前文字高度：10.0000

指定文字的起点或［对正(J)/样式(S)］：（用鼠标在屏幕上指定一点）

指定高度＜10.0000＞：3.5↙（文字高度为 3.5）

指定文字的旋转角度＜0＞：↙（按＜Enter＞键选择水平书写）

输入文字：2%%c16↙（用双百分导引录入特殊字符）

输入文字：↙（按＜Enter＞键换行）

输入文字：↙（按＜Enter＞键结束操作）

图 3-49 所示为 2 根直径为 25mm 的三级钢筋，其表示方法绘制过程如下。

图 3-48　一级钢筋符号　　　　　　　　　图 3-49　三级钢筋符号

以 fadb_bz. shx 字体为例，在文字样式中选择该字体，并置为当前。

命令：TEXT ✓

当前文字样式：STANDARD　当前文字高度：10. 0000

指定文字的起点或［对正（J）/样式（S）］：（用鼠标在屏幕上指定一点）

指定高度＜10. 0000＞：3. 5 ✓（文字高度为 3.5）

指定文字的旋转角度＜0＞：✓（按＜Enter＞键选择水平书写）

输入文字：2％％u％％c％％u16 ✓（用控制码表示的字符）

输入文字：✓（输入 Shift + $）

输入文字：✓（按＜Enter＞键结束操作）

提示：在 fsdb_bz. shx 字体下，"Shift + ^"表示一级钢筋符号，"Shift + &"表示二级钢筋符号，"Shift + $"表示三级钢筋符号，""表示四级钢筋符号。还可以用"％％128""％％129""％％130""％％131"分别表示一、二、三、四级钢筋，此代码在单行文字命令下有效。不同字体对钢筋符号的代码也不相同，读者可以查阅相关字体说明。

🐢 技能深化

图 3-37 中钢筋混凝土梁断面图是施工图十分重要的部分，其有两部分——Ⅱ—Ⅱ断面取自桥台桩基中心，Ⅲ—Ⅲ断面取自桥台中心（桥台轴线处）。箍筋均为 6 肢箍布置。

1. 梁截面外形的绘制

进入"混凝土"图层，用 RECTANG（矩形）命令绘制梁断面外形。

命令：RECTANG ✓

指定第一个角点或［倒角（C）/标高（E）/圆角（F）/厚度（T）/宽度（W）］：（用鼠标指定一点）

指定另一个角点或［面积（A）/尺寸（D）/旋转（R）］：@140，110 ✓（输入矩形右下角的相对坐标）

2. 绘制箍筋

绘制箍筋具体步骤如下。

1）进入"钢筋"图层，用 RECTANG 命令绘制 6 号箍筋轮廓线。

命令：RECTANG ✓

指定第一个角点或［倒角（C）/标高（E）/圆角（F）/厚度（T）/宽度（W）］：（用鼠标指定一点）

指定另一个角点或［面积（A）/尺寸（D）/旋转（R）］：@56. 6，102. 2 ✓（输入矩形右下角的相对坐标）

2）使用 PLINE 命令，绘制 6 号箍筋弯钩。

命令：PLINE ✓

指定起点：_nea 到（用鼠标右键 + ＜Shift＞的方法，在箍筋右上角左边适当位置捕捉一点，如图 3-50 所示）

当前线宽为：0. 0000

指定下一个点或［圆弧（A）/半宽（H）/长度（L）/放弃（U）/宽度（W）］：@17＜225 ✓（输入弯钩另一相对坐标）

指定下一个点或［圆弧（A）/闭合（C）/半宽（H）/长度（L）/放弃（U）/宽度（W）］：✓（结束命令）

3）使用 MIRROR（镜像）命令得到对称的箍筋弯钩。

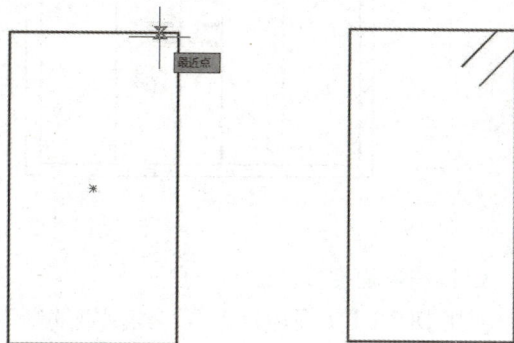

图 3-50　确定多段线起点

命令：MIRROR ↙

选择对象：找到 1 个(选取钢筋弯钩)

选择对象：↙ (结束选择)

指定镜像线的第一点：_int 于(用鼠标右键 + <Shift>的方法，捕捉箍筋右上角点。随后输入 PAR 表示捕捉平行线)

指定镜像线的第二点：PAR 到(将鼠标移动到绘制的弯钩上，停留片刻，直到出现黄色的提示"平行"，再移动鼠标追踪与所绘弯钩平行的方向)

是否删除源对象？［是(Y)/否(N)］<N>：↙(按<Enter>键，不删除源对象)

4）用 MOVE 命令将其移至梁断面外形图中。

命令： MOVE ↙

选择对象：指定对角点：找到 3 个(选取所绘箍筋)

选择对象：↙(结束选择)

指定基点或[位移(D)]<位移>：(用鼠标右键 + <Shift>的方法捕捉箍筋左下角点)

指定位移的第二点或<用第一点作位移>：FROM ↙(用鼠标右键 + <Shift>的方法，捕捉箍筋左下角点。随后输入 FROM 采用相对点偏移)

基点：_int 于<偏移>：@5.35，4.15 ↙(用鼠标右键 + <Shift>的方法，捕捉梁外形断面左下角点，然后输入相对偏移值)

5）使用 MIRROR（镜像）命令得到对称的 6 号箍筋，得到如图 3-51 所示。

命令：MIRROR↙

选择对象：找到 1 个(选取已绘制好的 6 号箍筋)

选择对象：↙(结束选择)

指定镜像线的第一点：_int 于(选择梁截面外形图下部中点)

指定镜像线的第二点：(移动光标垂直向上，点取一点)

是否删除源对象？ ［是(Y)/ 否(N)］<N>：↙(按<Enter>键，不删除源对象)

6）用 RECTANG 命令绘制 6 号箍筋轮廓线，尺寸为 67×102.2。并绘制其箍筋弯钩，用 MOVE 命令将其移至梁断面外形图中，6a 号箍筋左下角点距离 6 号左下角点 31.4 个单位。绘制方法同 6 号箍筋，如图 3-51a 图所示。

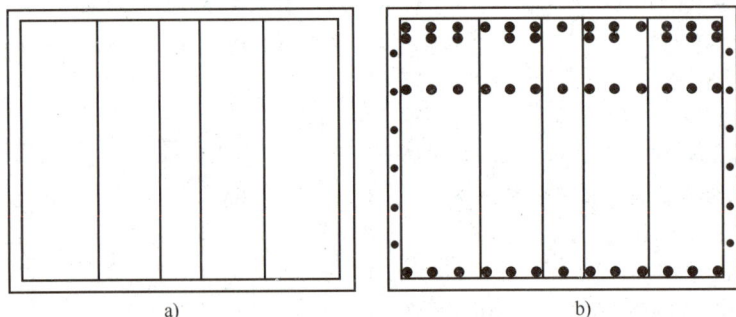

a)　　　　　　　　　　　b)

图 3-51　Ⅱ－Ⅱ钢筋断面图

3. 钢筋断面图的绘制

使用 DONUT（圆环）命令，绘制钢筋断面图。

命令：DONUT ↙

指定圆环的内径<10.0000>：0 ↙ (取圆环的内径为 0)

指定圆环的外径<20.0000>：2.5 ↙ (取圆环的外径为 2.5)

指定圆环的中心点或＜退出＞：（在箍筋的内侧附近用鼠标指定一点）

指定圆环的中心点或＜退出＞：↙（结束命令）

提示：按钢筋排列间距放置圆环，圆环外径分别取 2.5 和 1.2。最终绘制完成 Ⅱ—Ⅱ 钢筋断面图，如图 3-51b 所示。

技能归纳

在桥梁构件图绘制过程中，应当注意钢筋与钢筋的位置、关系和数量。如立面图、平面图及钢筋断面图表示的钢筋根数、钢筋间隔是否对应一致；图中各钢筋根数及型号与钢筋数量表中的表示是否相同；图形与图样空间是否协调；标注位置及标注值与设计是否统一等，这里不再多述。

思育启智园：

行业前沿与成就——世界上最长跨海大桥港珠澳大桥

港珠澳大桥是我国境内一座连接香港、广东珠海和澳门的桥隧工程，位于我国广东省珠江口伶仃洋海域内，为珠江三角洲地区环线高速公路南环段。

港珠澳大桥于 2009 年 12 月 15 日开工建设，2017 年 7 月 7 日实现主体工程全线贯通，2018 年 2 月 6 日完成主体工程验收，同年 10 月 24 日上午 9 时开通运营。港珠澳大桥东起香港国际机场附近的香港口岸人工岛，向西横跨南海伶仃洋水域接珠海和澳门人工岛，止于珠海洪湾立交；桥隧全长 55km，其中主桥 29.6km，香港口岸至珠澳口岸 41.6km；桥面为双向六车道高速公路，设计速度 100km/h；工程项目总投资约 1269 亿元人民币。港珠澳大桥因其超大的建筑规模、空前的施工难度和顶尖的建造技术而闻名世界。

港珠澳大桥在设计理念、建造技术、施工组织等方面进行了创新，创下了多项世界之最。这种创新精神是现代社会发展的重要推动力。港珠澳大桥的建设是中国人民智慧和勤劳的结晶，展示了中国在基础设施建设方面的卓越成就和中国的工程实力。

行业前沿与成就——世界上最长跨海大桥港珠澳大桥

任务拓展

《公路钢筋混凝土及预应力混凝土桥涵设计规范》（JTG 3362—2018）是由中交公路规划设计院有限公司主编的行业标准，自 2018 年 11 月 1 日起施行，原《公路钢筋混凝土及预应力混凝土桥涵设计规范》（JTG D62—2004）及其英文版同时废止。该规范全面规定了公路钢筋混凝土及预应力混凝土桥涵的设计要求，包括材料、构造、承载能力、使用性能等方面的内容，旨在保障桥梁工程的安全、耐久和适用性，是行业内应用广泛且具有广泛影响力的重要技术标准。

《公路钢筋混凝土及预应力混凝土桥涵设计规范-节选》（JTG 3362—2018）

考核评价

1. 自我评价

1）此次操作是否顺利？

2）若不顺利，请列出遇到的问题。

3）分析出现问题的原因，并提出修正方案。

4）认为还需要加强哪些方面的指导？

2. 学习任务评价（表3-5）

表3-5　学习任务评价表

考核项目	分数			学生自评	小组互评	教师评价	小计
	差	中	好				
团队合作精神	3	6	10				
活动参与是否积极	3	6	10				
绘图规格	3	6	10				
构件外形图	6	13	20				
钢筋布置图	6	13	20				
钢筋大样图	6	13	20				
标注	3	6	10				
总分	100						
教师签字：				年　　月　　日		得分	

作　业

绘制一幅完整的桥梁构件图，尺寸自拟。

任务三　小桥涵布置图绘制

任务描述

　　小桥涵是道路排水的主要结构物，小桥涵的设置是否合理、能否满足道路的排水需要，对保证运输畅通、节省投资起着很大的作用。根据《公路工程技术标准》（JTG B01—2014）规定，小桥是单孔跨径在5~20m之间，多孔跨径在8~30m之间的桥梁；涵洞是宣泄少量水流的工程建筑物，它与桥梁的区别在于跨径大小的不同，一般涵洞单孔跨径小于5m。管涵及箱涵不论管径或跨径大小、孔数多少均称为涵洞。在施工中经常遇到小桥涵的变更设计，设计中因为地形、水流、交通需求、设计填挖高的影响呈现一桥（涵）一策（设计）的特点。设计任务量繁重，体现在下部结构的尺寸标高变化，具有不可复制性。小桥涵在图样表达上与桥梁的布置有许多相同之处，可参考前两个任务介绍的方法与步骤进行绘制，但小桥涵尤其是涵洞有很多出入口形式比大中桥复杂，需要一定的绘画技巧。

任务目标

　　掌握中小桥涵图样的绘制步骤、绘制的基本思路以及标注方法。

🔖 内容结构 （图3-52）

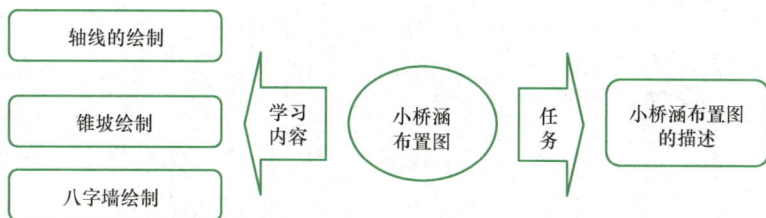

图3-52　内容结构

🎯 主要技能

掌握小桥涵布置图绘制的思路、步骤、规格，涵洞主体部分的涵底坡度布置，八字翼墙出入口的尺寸拟定、图形绘制，能够进行出入口与沟渠的衔接绘制。能够掌握《公路涵洞设计规范》（JTG/T 3365—02—2020）。

📖 基础知识

涵洞的种类很多，但都由基础、洞身和洞口组成，其中洞口包括端墙、翼墙或护坡、截水墙和缘石等部分。涵洞是狭而长的工程结构物，以水流方向为纵向，而且一般布置时与路线前进方向成一定角度，以纵剖面代替立面图。平面图与立面图对应布置，为了使平面图清楚，绘图时不考虑洞顶的覆土，但要画出路基的边缘线位置及相应的示坡线。一般洞口应在侧视图中绘制。当进出水洞口形状不一样时，则要分别画出其进水洞口的布置图和出水洞口的布置图。有时平面图与立面图以半剖的形式来表达，水平剖面图（平面图）一般沿基础顶面剖切，横剖面图（侧面图）则应垂直于桥轴线剖切。另外，还要画出必要的构造详图，如钢筋图、翼墙断面等。由于涵洞工程体积比桥梁工程小许多，因此画图时可以选用较大的比例来绘制。

如图3-53所示的钢筋混凝土圆管涵布置图，路基宽为12m，左侧进水洞口为八字墙式，右侧出水口为锥坡式。涵管内径为100cm，壁厚为10cm，涵管节为100cm及50cm两种规格。一个完整的圆管涵布置图，除图中的纵断面（立面）图、平面图和侧面图外，还应包括混凝土圆管管节及圆管涵钢筋图。

在纵断面（立面）图中，应表示出涵洞各部分的相对位置、构造和形状，如管壁厚度、管节长度、覆土厚度、路基横坡、进出水口涵底的标高及涵底纵坡等。

水平剖面图（平面图）应与纵断面图相对应，绘制出路基边缘线及示坡线，涵管内外壁及涵管基础的投影线，左右洞口的投影线。由于只突出表示涵洞部分，采用折断线截去涵洞两侧适当位置以外的路基部分，同时标出涵洞中心桩号及涵轴线与路线的夹角。

在横剖面图（侧面图）中，可以把土壤作为透明的来处理，使埋入土体的洞口部分墙身及基础表达更为清晰。

侧 面 图

侧 面 图

立 面 图

平 面 图

I—I

八字翼墙大样

C15混凝土管基
砂砾垫层

工 程 数 量 表

工程项目名称	单位	数量
C15混凝土端墙身	m³	3.09
C10混凝土端墙基础	m³	1.18
C15混凝土管基	m³	6.32
C15混凝土端帽	m³	0.33
砂 砾 垫 层	m³	6.81
7.5号浆砌片石洞口铺砌	m³	0.97
7.5号浆砌片石隔水墙	m³	3.34
5号浆砌片石锥坡	m³	0.68
锥 心 填 土	m³	0.36
C15混凝土八字翼墙墙身	m³	3.36
C10混凝土八字翼墙基础	m³	1.25
1m管节个数	个	16
0.5m管节个数	个	1
2个异节节长度	cm	0

注:
1. 本图尺寸除标高以m计外，余均以cm计。
2. 涵洞全长范围内设沉降缝3～4道，其位置以设置路基中部和车道外侧为宜。
3. 管基混凝土可分两次浇筑，先浇筑底下部分，注意预留管基厚度及安放管节坐浆混凝土1～3cm，待安装管节后再浇筑底以上部分。
4. 翼墙垂直断面的背坡为4:1，宽度40cm。

尺 寸 表

墙别	代号	B1/(°)	B2/(°)	N	C/cm	C1/cm	C2/cm	C3/cm	C4/cm	E1/cm	E2/cm
大翼墙		30		3.75	46.2	80.8	103.8	104.8	127.8	12	11
小翼墙			30	3.75	46.2	80.8	103.8	104.8	127.8	12	11

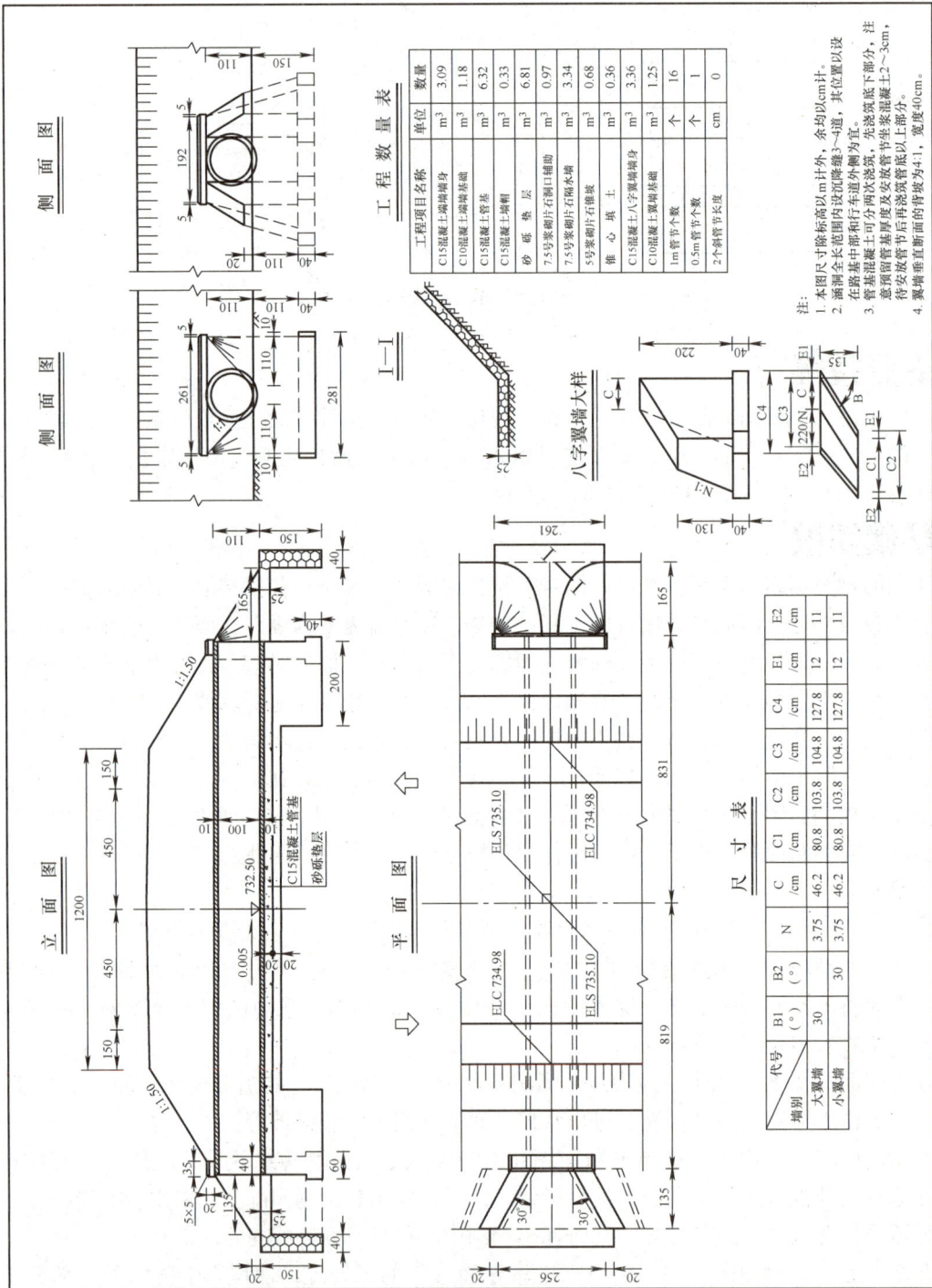

图 3-53 圆管涵布置图

技能训练

通过前两节的学习，读者基本上能用学过的命令来绘制图 3-53 所示的大部分内容，本任务重在阐述图 3-53 所示中不同于上两个任务内容。

1. 轴线的绘制

为了使立面图与平面图能一一对应，同时为了绘图的方便，应先绘制各轴线（或称控制线）。比例确定方法如同本学习情境任务二中所述，采用 1∶1 的比例绘图，单位为 cm。

绘制的轴线如图 3-54 所示。其中水平线有两根，A 代表立面图中的涵底纵坡线；B 代表平面图中的涵轴线。0、1、2、3、4、5、6 号轴线分别为道路中心线、左侧八字翼墙墙外边缘线、左侧洞口边缘线（涵身上游边线）、左侧路基边缘线、右侧路基边缘线、右侧洞口边缘线（涵身下游边线）、右侧锥坡外边缘线。

在图 3-54 中的 A 线（立面图中的涵底纵坡线），由于涵底纵坡一般不是水平线，可用 LINE 命令来实现涵底纵坡的绘制，图 3-53 中纵坡坡度为 0.005（即 0.5%）

命令：LINE↙

指定第一个点：（在屏幕上适当位置上选取一点）

指定下一个点或[放弃(U)]：TT↙（输入 TT 采用临时追踪）

指定临时对象追踪点：100↙（鼠标右侧水平拖动，输入 100）

指定下一个点或[放弃(U)]：0.5（在屏幕上出现十字标记后，鼠标移至该点附近，出现极轴追踪线后，鼠标向正下方拖动后输入 0.5）

指定下一个点或[放弃(U)]：↙（结束命令）

接着可以用所学的相关命令绘制立面图，并用 BHATCH（填充）命令对立面图中的砂垫层或混凝土层以及圆管涵的管壁进行填充。

2. 边坡坡度的字体输入

在立面图中边坡坡度 1∶1.5 的标注平行于边坡线。其绘制方法如下：

命令：TEXT↙

当前文字样式：STANDARD　当前文字高度：75.0000

指定文字的起点或[对正(J)/样式(S)]：（在左侧路基边坡上适当位置上单击）

指定高度<75.0000>：↙（按<Enter>键确认。或输入新高度）

指定文字的旋转角度<0>：34↙（按<Enter>键确认，或输入新高度）

输入文字：1∶1.5↙（输入数 1∶1.5）

输入文字：↙（结束命令，绘制结果如图 3-55 所示）

然后，通过 MIRROR（镜像）命令镜像出右侧的边坡坡度。

3. 平面图中锥坡的绘制

平面图中的锥坡为一椭圆，用 ELLIPSE（椭圆）命令来绘制。

命令：ELLIPSE↙

指定椭圆的轴端点或[圆弧(A)/中心点(C)]：A↙（绘制圆弧）

指定椭圆弧的轴端点或[中心点(C)]：C↙（选择给定椭圆弧的中心的方法）

小桥涵轴线、边坡坡度的绘制

小桥涵平面图中锥坡、示坡线的绘制

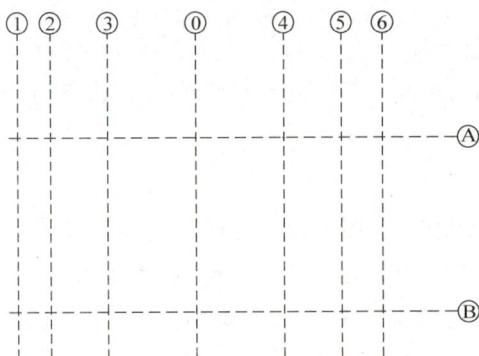

图 3-54　轴线

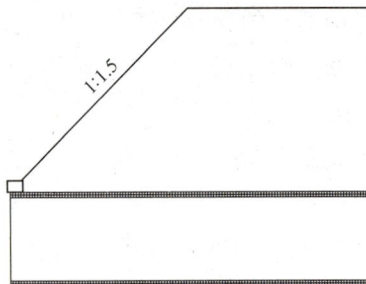

图 3-55　边坡坡度的输入

指定椭圆弧的中心点：_int 于（用用鼠标右键＋＜Shift＞的方法，捕捉帽石的下边角点，图 3-56 中 K 点）

指定轴的端点：110 ↙（鼠标向下垂直拖动，并输入第一轴端点距中心距离）

指定另一条半轴长度或［旋转（R）］：165 ↙（鼠标向右水平拖动，并输入第二轴端点距中心距离，图 3-56 中 M 点）

指定起始角度或［参数（P）］：－90 ↙（椭圆弧的起始角）

指定终止角度或［参数（P）/包含角度（I）］：0 ↙（椭圆的终止角）

接着用 LINE 命令将椭圆的终点与帽石的下边角点连起来，形成平面上的锥坡，如图 3-56 所示。

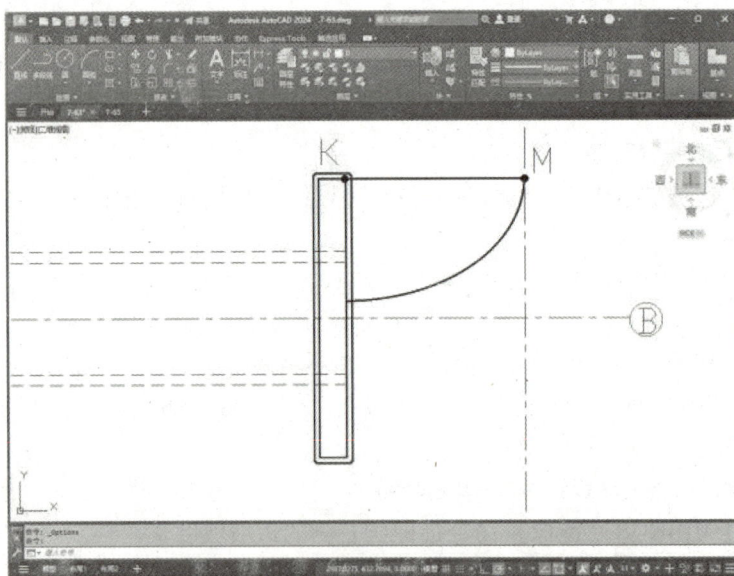

图 3-56　涵洞平面图上的锥坡

4. 示坡线的画法

在涵洞图中需要绘制许多示坡线，如在平面图上路基边坡示坡线，侧面图上的路基示坡线，涵洞下游为锥坡也要绘制示坡线等。这里主要介绍锥坡示坡线的绘制方法。

在平面图上，先用 LINE 命令绘制出图 3-57 中的 KN 长直线及 KP 短直线。它们是阵列的基础线，然后用 ARRAYPOLAR（环形阵列）命令来完成锥坡示坡线的绘制。

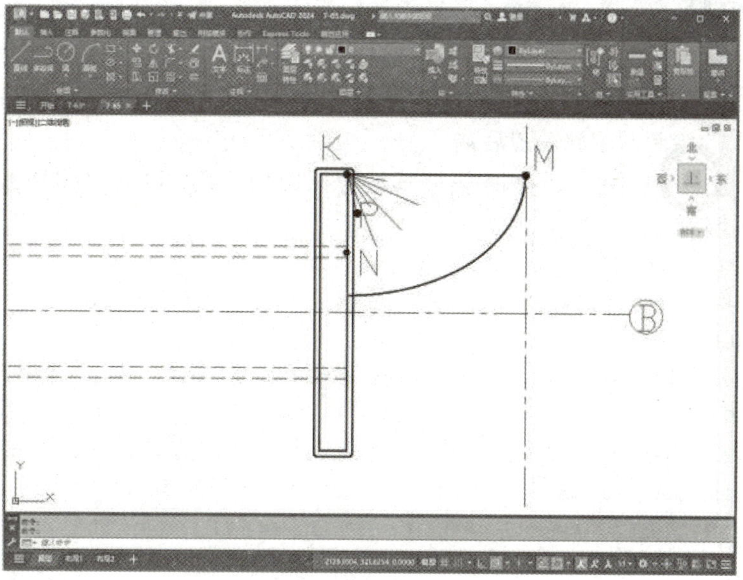

图 3-57　KN 及 KP 示坡线

命令：ARRAYPOLAR ↙（启动环形阵列命令）

选择对象：（鼠标拾取 KN 及 KP 直线）

找到 2 个

选择对象：↙

类型 = 极轴　关联 = 是

指定阵列的中心点或[基点(B)/旋转轴(A)]：（鼠标拾取 K 点作为中心点）

输入项目数或[项目间角度(A)/表达式(E)] <4>：5 ↙

指定填充角度(+ = 逆时针、- = 顺时针)或[表达式(EX)] <360>：90 ↙（逆时针）

按 <Enter> 键接受或[关联(AS)/基点(B)/项目(I)/项目间角度(A)/填充角度(F)/行(ROW)/层(L)/旋转项目(ROT)/退出(X)] <退出>：↙

确定后将形成圆形的示坡线，由于 KN 直线及 KP 直线不是精确绘制的，所以按 90°旋转后，可能会在 KM 线的上方出现多余的阵列直线，多余部分删除即可。

用镜像（MIRROR）命令绘制出另一半，如图 3-58所示。

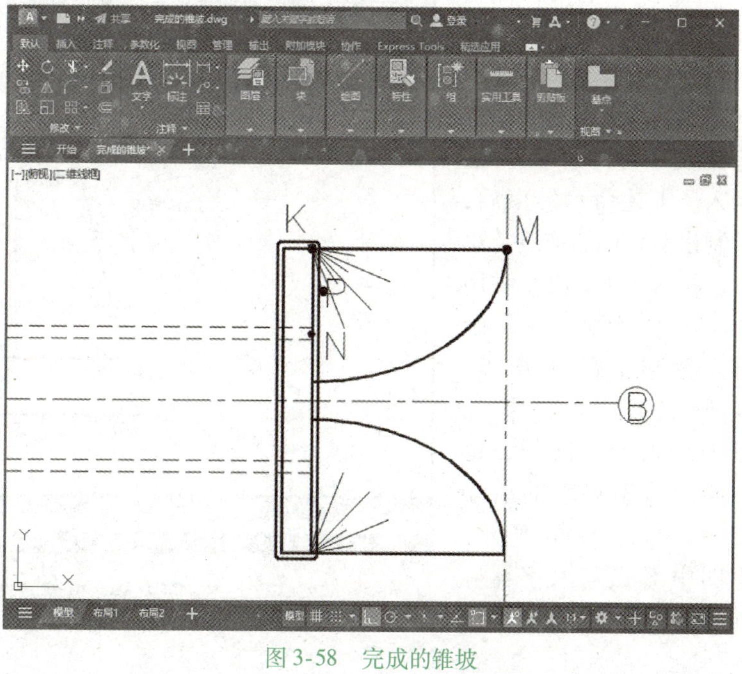

图 3-58　完成的锥坡

![技能深化]

八字翼墙大样的绘制

八字翼墙大样的绘制因八字墙构造较为复杂，对于初学者来说，绘制八字翼墙大样有一定的难度，因此本次绘制主要增加了临时追踪、极轴追踪等功能。

1. 绘制八字翼墙前后端

图 3-53 中所示的八字翼墙背坡为 3.75∶1，用 PLINE（多段线）命令绘制八字翼墙前端。

命令：PLINE ↙

指定起点：（在绘图区域内任意指定一点，如图 3-59 所示中的 O 点）

当前线宽为 0.0000

指定下一个点或 [圆弧(A)/半宽(H)/长度(L)/放弃(U)/宽度(W)]：130 ↙（鼠标向上拖动，并输入 O 点与 A 点的距离）

指定下一个点或 [圆弧(A)/闭合(C)/半宽(H)/长度(L)/放弃(U)/宽度(W)]：46.2 ↙（鼠标向左水平拖动，并输入 B 相对 A 点的距离）

指定下一个点或 [圆弧(A)/闭合(C)/半宽(H)/长度(L)/放弃(U)/宽度(W)]：TT ↙（输入 TT 采用临时追踪）

指定临时对象追踪点：37.5（鼠标向下竖直拖动，并输入 C 相对 B 的距离）

指定下一个点或 [圆弧(A)/闭合(C)/半宽(H)/长度(L)/放弃(U)/宽度(W)]：10 ↙（在屏幕上出现十字标记后，鼠标移至该点附近，出现极轴追踪线后，鼠标向左水平拖动后输入 10，得到图 3-59 中的 C 点）

接着绘制八字翼墙的基础，用矩形（RECTANG）命令来完成。

命令：RECTANG ↙

指定第一个角点或 [倒角(C)/标高(E)/圆角(F)/厚度(T)/宽度(W)]：FROM ↙

基点：_end 于 <偏移>：@12, 0 ↙（用鼠标右键 + <Shift> 的方法，捕捉图 3-59 中 O 点）

指定另一个角点或 [尺寸(D)]：@ -103.8, -40 ↙（八字翼墙前端基础尺寸）

图 3-59 中的 BC 线段为八字翼墙的背坡线，其坡度为 3.75∶1，由于本图比例为1∶1绘制，故将其尺寸均放大了10倍输入。上述命令结束后，绘制出 OABC 的连线及矩形。接着将 BC 段直线用 EXTEND（延伸）命令延伸至矩形上部的 D 点，绘制的最后结果如图 3-59 所示。同样，可以绘出八字翼墙的后端部分，如图 3-60 所示。但图中 E 点与八字翼墙前端墙中 D 点的相对位

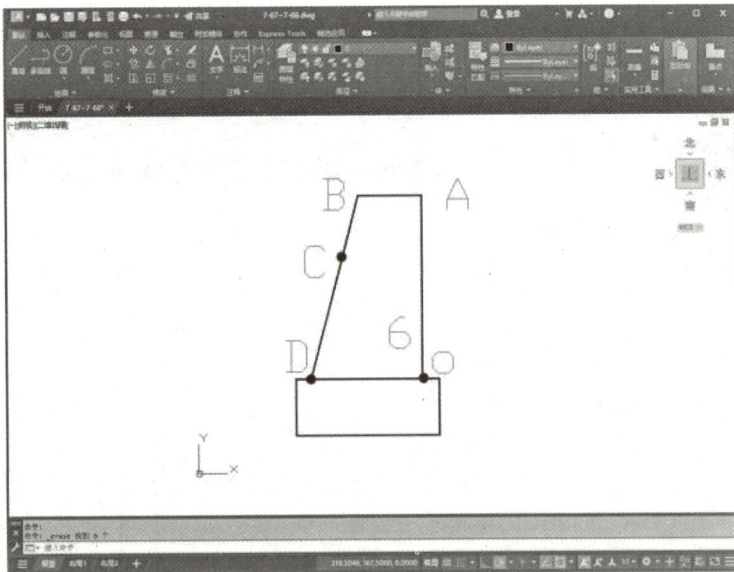

图 3-59　八字翼墙前端

置要通过计算或从八字墙的平面图上获得。

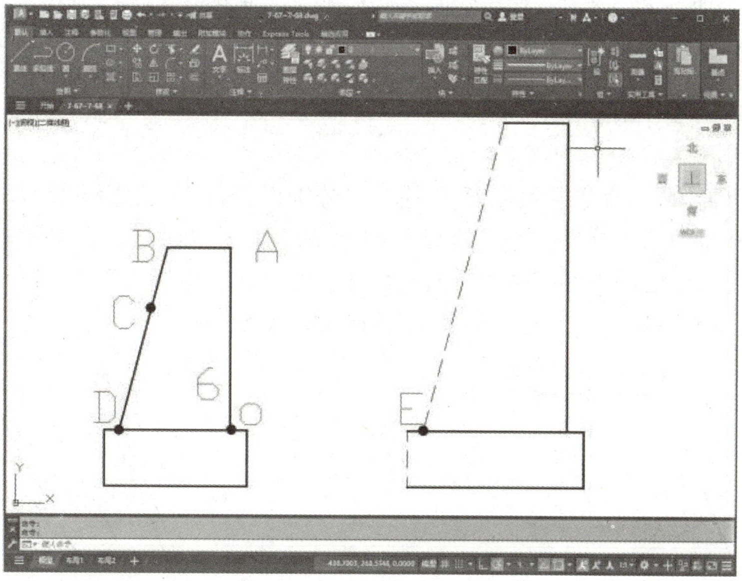

图 3-60　八字翼墙前、后端

2. 绘制八字翼墙平面图

其绘制步骤如下。

命令：LINE ↙

指定第一个点：（在屏幕上适当位置上选取一点，图 3-61 中的 1 点）

指定下一个点或[放弃(U)]：<正交开>103.8 ↙（鼠标向左水平拖动后输入，得图 3-61 中的 2 点）

指定下一个点或[放弃(U)]：@180<60 ↙（图 3-61 中的 3 点）

指定下一个点或[闭合(C)/放弃(U)]：↙（结束命令）

用偏移（OFFSET）命令，向上偏移八字翼墙 135cm，得 1′2′直线，绘制结果如图3-61 所示。然后用倒角 CHAMFER 命令将 1′2′直线与 23 直线连接，如图 3-62 所示。

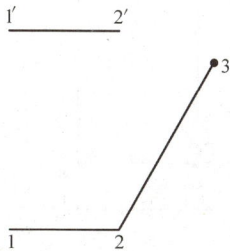

图 3-61　使用 OFFSET 命令后

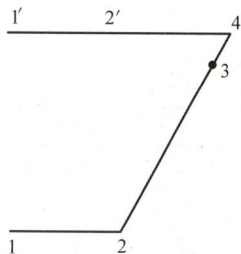

图 3-62　使用 CHAMFER 命令后

命令：CHAMFER ↙

（"修剪"模式）当前倒角距离 1 = 0.0000，距离 2 = 0.0000

选择第一条直线或[放弃(U)/多段线(P)/距离(D)/角度(A)/修剪(T)/方式(M)/多个(U)]：（用鼠标单击直线 1′2′）

选择第二条直线：（用鼠标单击直线 23）

完成后结果如图 3-62 所示。

命令：LINE ↙

指定第一点：_endp 于（用鼠标右键 + ＜Shift＞的方法，捕捉图 3-62 中的 1 点）

指定下一点或［放弃(U)］：FROM ↙

基点：_int 于＜偏移＞：127.8（用鼠标右键 + ＜Shift＞的方法，捕捉图 3-62 中的 4 点，鼠标向左水平拖动后输入 127.8，得图 3-63 中的 5 点）

指定下一点或［放弃(U)］：↙（结束命令）

通过剪切（TRIM）命令得到 1245 的连线，分别以直线 24 及直线 15 为基础，用 COPY 命令完成墙身在平面图中的投影线，如图 3-64 所示。需要说明是，在布置图中左下方的尺寸表均给出的是八字墙的水平或竖直方向的尺寸，所以不宜用"偏移"OFFSET 命令来完成（有些线条看似平行实际上不平行，因此只能用画线命令绘制）。

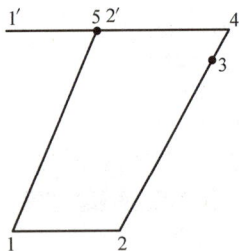

图 3-63　使用 LINE 命令后

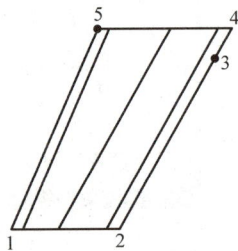

图 3-64　使用 COPY 命令后

在八字墙平面完成后，将其置于八字墙的立面图下，如图 3-65 所示。为了使上下尺寸对齐，从八字墙立面图中作 DF 竖线，用捕捉的方式将绘好的平面图准确移至立面图下。接着从八字墙平面图的 5 点向上绘出直线 56，依靠这条直线将前述绘好的八字翼墙的后端墙移至其上，图形结果如图 3-66 所示。

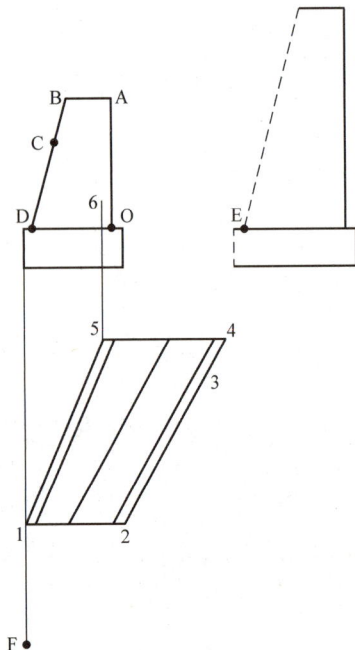

图 3-65　移动后的翼墙立、平面图

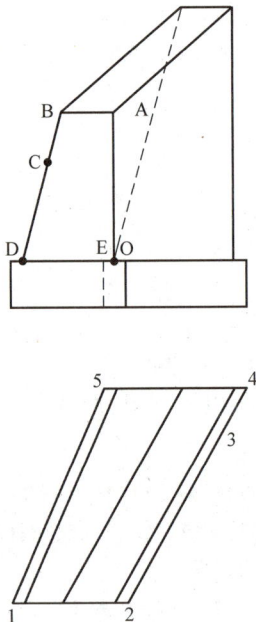

图 3-66　组合后的翼墙立、平面图

技能归纳

在绘制涵洞布置图的过程中，应注意涵洞的纵轴为水流方向，涵洞构件的各部分尺寸及摆放位置。当进出水洞口形状不一样时，则要分别画出其进水洞口的布置图和出水洞口的布置图。有时平面图与立面图以半剖的形式来表达，水平剖面图（平面图）一般沿基础顶面剖切，横剖面图（侧面图）则应垂直于桥轴线剖切。另外，还要画出必要的构造详图，如钢筋图、翼墙断面等。

采用的绘制命令均为基本绘制和编辑命令，关键技能是图形分解与拼装的准确定位操作。完成的过程有多种，在实际操作中，要先掌握简单方法，然后再掌握复杂方法。

思育启智园：

专业名人——港珠澳大桥岛隧工程项目总工程师林鸣

专业名人——港珠澳大桥岛隧工程项目总工程师林鸣

林鸣，中国共产党党员，中国工程院院士，桥隧领域施工技术与工程管理专家。

林鸣主持建成中国首条、世界最长跨海公路沉管隧道，主持攻克多座国家重点公路桥梁工程关键难题，在岛隧技术自主创新上取得了重大突破，创建"模式、技术、方法"深度融合的工程管理体系。截至 2021 年 11 月，林鸣先后主持完成润扬大桥、港珠澳大桥岛隧工程等国家重点工程，攻克十余项外海沉管安装世界级工程难题；带领团队刻苦钻研、攻克难关，自主研发十几项中国国内首创且世界领先的专用设备和系统，获得数百项专利，创造当年动工当年成岛、一年安装 10 节沉管的中国速度、浇筑百万方混凝土无一裂缝、建成世界唯一滴水不漏的沉管隧道等诸多世界工程。林鸣始终坚持严谨求真、追求卓越，以匠心筑梦、以匠艺强国，推动中国岛隧工程建设进入国际先进行列，硕果累累，成绩斐然。

林鸣在长沙理工大学做报告时解读了工程师职业追求的"四大精神"，即：工匠精神、科学家精神、担当精神、奉献精神，并激励学生"工程师只要认真、去追求，我们就能创造别人不可以想象的"。在林鸣身上，攻坚克难和精益求精仿佛是与生俱来的基因和烙印。林鸣迎难不惧、敢为人先的担当精神，精益求精、锐意创新的工匠精神，无疑为当今青年学子树立了榜样。

任务拓展

《公路涵洞设计规范》（JTG/T 3365—02—2020），由中华人民共和国交通运输部发布，由河北省交通规划设计院作为主编作为公路工程行业推荐性标准，自2021 年 1 月 1 日起施行，原《公路涵洞设计细则》（JTG/T D65—04—2007）同时废止。

《公路涵洞设计规范-节选》（JTG/T 3365—02—2020）

考核评价

1. 自我评价

1）此次操作是否顺利？

2）若不顺利，请列出遇到的问题。

3）分析出现问题的原因，并提出修正方案。

4）认为还需要加强哪些方面的指导？

2. 学习任务评价（表 3-6）

表 3-6　学习任务评价表

考核项目	分数			学生自评	小组互评	教师评价	小计
	差	中	好				
团队合作精神	3	6	10				
活动参与是否积极	3	6	10				
绘图规格	6	13	20				
立面图绘制	6	13	20				
平面图绘制	6	13	20				
断面图绘制	6	13	20				
总分	100						
教师签字：				年　月　日		得分	

作 业

总结绘制涵洞布置图的方法，练习绘制图 3-53。

过关练习

过关任务 1：绘制板桥平面图、立面图和轴测图。

已知条件：板桥轴测图、立面图、平面图（图 3-67）。

完成任务：完成板桥平面图、立面图绘制，要求比例尺为 1∶10，图层要求能体现轴线、轮廓线、虚线、标注；线型方面，轴线、标注为细实线，轮廓线为粗实线，虚线为 1/2 粗实线，文字标注和尺寸标注根据图示要求即可。

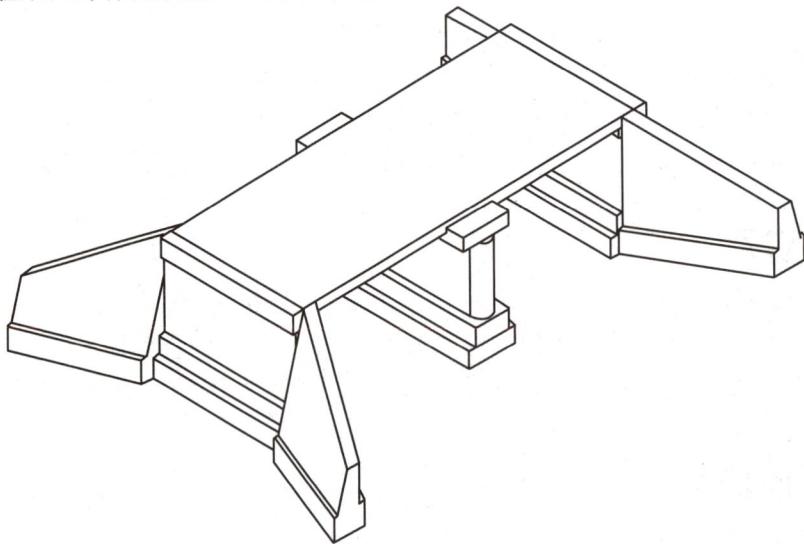

轴测图

图 3-67　板桥

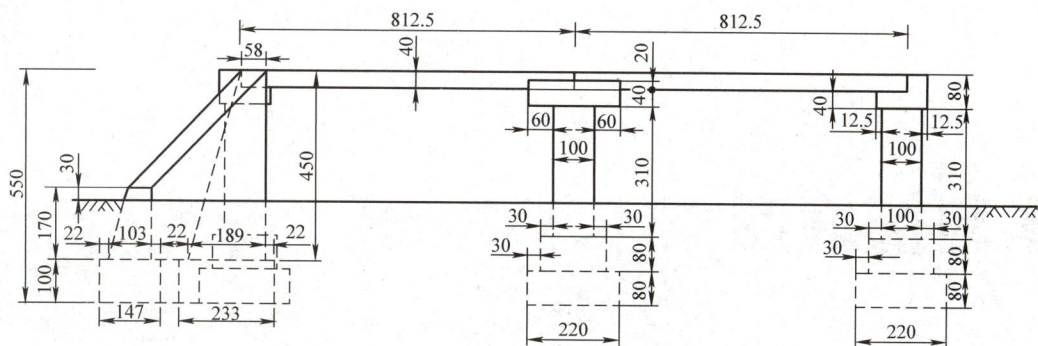

板桥立面图(比例尺1:10，右半部分没有八字翼墙)

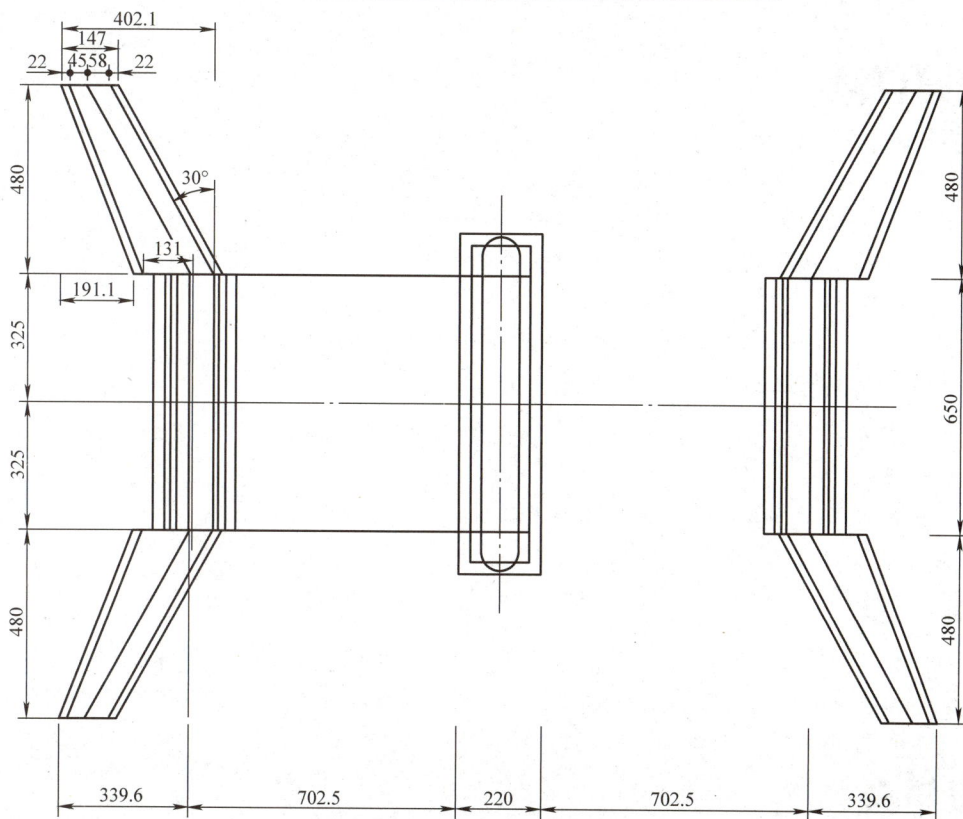

板桥平面图(比例尺1:10，右半部分没有绘制盖板)

图 3-67　板桥（续）

过关任务 2：独立完成线上练习题。

学习情境三
线上练习题

学习情境四
三维图形绘制

⊠ 学习目标

知识目标：

1. 掌握以用户坐标系为基础各种形成三维图形的方法。

2. 了解利用轴测图、透视图等观察三维图形的方法。

3. 了解道路三维建模和桥梁三维建模的基本方法。

能力目标：

1. 能熟练应用 AutoCAD 绘图平台对三维图形进行绘制和修改。

2. 具备一定的自学相关命令的初步能力。

3. 能选择合适的方法完成道路三维建模和桥梁三维建模。

素质目标：

1. 具备一定的灵活创新思维和知行合一的能力。

2. 具备较好的团队协作意识和沟通能力。

⬡ 重 点

用户坐标系的概念及其应用，利用拉伸、旋转、圆滑、剖切和真三维等绘图技术绘制基本三维图形的方法，利用三维移动、旋转、布尔运算等方法进行图形修改，立体图形的轴测图与透视图的显示操作。

⬢ 难 点

用户坐标系的使用，利用三维剖切、镜像、旋转、阵列、布尔运算等操作完成三维实体的绘制，三维实体的对齐操作，三维实体透视图的显示操作。

⬣ 课时安排 （表4-1）

表4-1 课时安排

任务一（2 学时）	基本三维图形绘制
任务二（2 学时）	道路三维图形绘制
任务三（2 学时）	桥梁三维图形绘制

任务一 基本三维图形绘制

任务描述

针对公路桥涵设计和施工现场对设计意图理解和沟通的需要，以简单三维实体的绘制和观察为切入点，能完成对基本三维实体的轴测图的绘制、三维修改、查询和标注。

任务目标

1）掌握简单三维实体的绘制。

2）掌握轴测图观察方法。

3）了解用户坐标系（简称 UCS）的应用。

内容结构 （图 4-1）

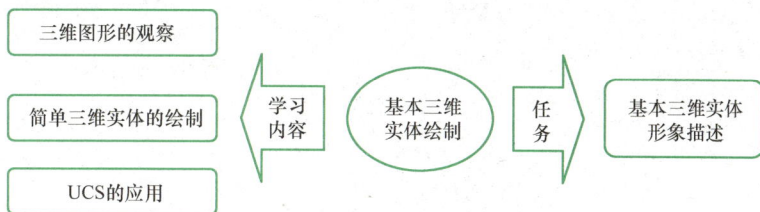

图 4-1 内容结构

主要技能

能绘制长方体、圆柱体、球体等基本图形；掌握实体剖切、实体圆滑等基本的三维编辑命令使用方法，基本三维图形的绘制、观察、查询方法；能完成基于 UCS 的立体图形标注。

基础知识

三维基本实体的绘制、修改与观察是三维制图的基础，掌握这些基本操作对道路桥梁实体三维图形的绘制有较大帮助作用。

为了完成本任务，所需技能有：

1）通过三维图形的观察设置为三维绘图提供基本可视空间。

2）通过简单三维实体的绘制掌握基本三维实体的绘制操作技能。

3）通过实体的设置与修改掌握三维实体的可改变属性和入门的编辑命令，为下一步复杂形体组合绘制打下基础。

技能训练

一、三维图形的观察

用户在观察图形时，通常使用标准视图。AutoCAD 系统预置了 10 个视图方向，它们依次为俯视图、仰视图，左视图、右视图、前视图（主视图）、后视图、西南等轴测图、东南等轴测图、东北等轴测图、西北等轴测图。

设置标准视图，可采用下列方法之一。

1）选择"视图"\"三维视图"上相应的子菜单项（图 4-2）。

简单三维实体的
绘制与观察

2）单击"视图"工具条上的相应工具按钮（图4-3）。

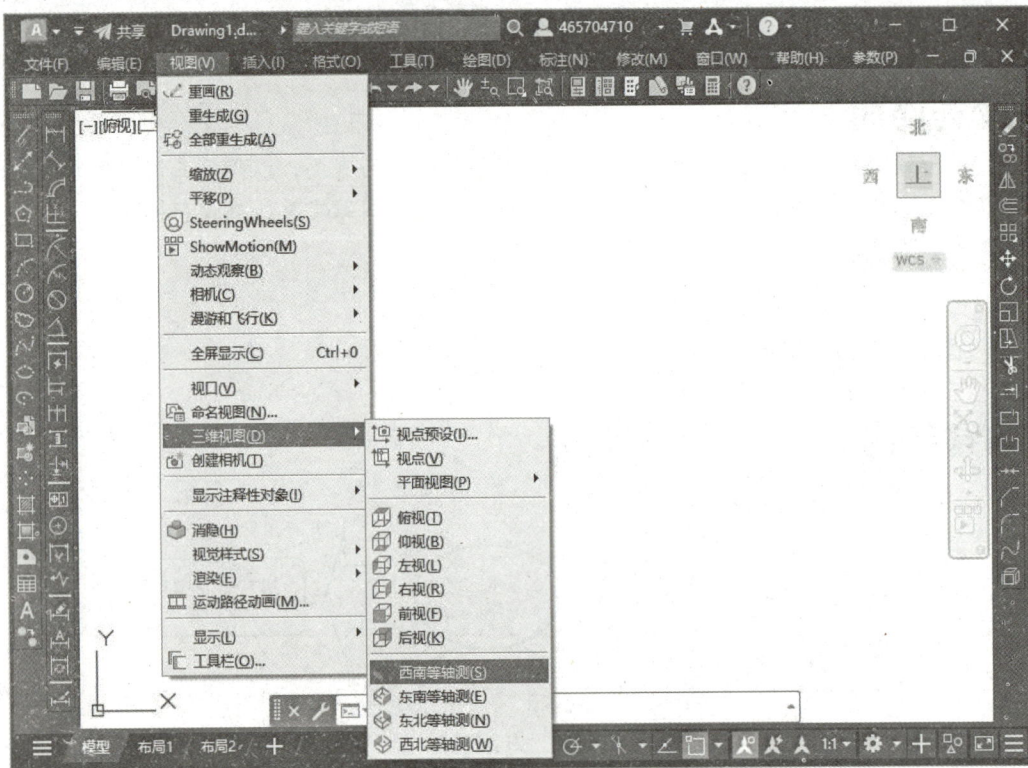

图4-2　从菜单启动标准视图的示例

图4-3　"视图"工具条

二、简单三维实体的绘制

单击图4-3所示"视图"工具条中的 ，屏幕视图显示为"西南等轴测"，在这个视图下，按着有关操作提示完成图4-4所示简单三维实体（长方体、圆柱体和球体）的绘制。

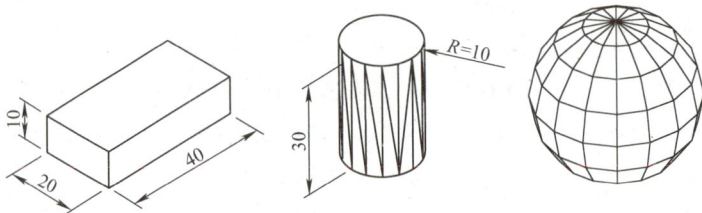

图4-4　简单三维实体绘制

操作步骤如下：

1）长方体的绘制。

命令：BOX↙（绘制长方体）
指定第一个角点或[中心(C)]：↙　　　　　　　　　　（给出长方形一个顶点的坐标）
指定其他角点或[立方体(C)/长度(L)]：L↙　　　　　（选择输入长度）
指定长度：40↙

指定宽度：20✓

指定高度或[两点(2P)]：10✓

2）圆柱体的绘制。

命令：CYLINDER✓(绘制圆柱)

指定底面的中心点或[三点(3P)/两点(2P)/相切、相切、半径(T)/椭圆(E)]：76，-38，16✓(圆心位置)

指定底面半径或[直径(D)]：10(输入半径为10)

指定高度或[两点(2P)/轴端点(A)]＜10.0000＞：30✓(输入高度为30，该处默认项为高度，选择圆心时请输入"C")

3）球体的绘制。

命令：SPHERE✓(开始绘制球体)

指定中心点或[三点(3P)/两点(2P)/相切、相切、半径(T)]：127，-63，17✓　(球心坐标为127，-63，17)

指定半径或[直径(D)]＜10.0000＞：20✓(球的半径为20)

4）在屏幕上显示1）~3）所画的实体并作消隐处理。

命令：ZOOM

指定窗口的角点，输入比例因子(nX或nXP)，或者

[全部(A)/中心(C)/动态(D)/范围(E)/上一个(P)/比例(S)/窗口(W)/对象(O)]＜实时＞：a

命令：Z✓　(显示所有图形)

指定窗口的角点，输入比例因子(nX或nXP)，或者

[全部(A)/中心(C)/动态(D)/范围(E)/上一个(P)/比例(S)/窗口(W)/对象(O)]＜实时＞：A✓

命令：HIDE✓(消隐处理，图4-4中的不可见轮廓线已被隐去)

三、三维实体的设置与修改

1. 三维图形设置

实体标高（Elevation）是指实体基底所在 XY 平面的 Z 坐标，0 标高是指当前 UCS 的基准 XY 平面，正标高在 XY 平面的上方，负标高在 XY 平面的下方。

实体厚度（Thickness）是指实体基底向正标高或负标高方向的拉伸（Extrusion）距离。正标高表示实体向上（正 Z 轴方向）拉伸，负标高表示实体向下（负 Z 轴方向）拉伸，0 标高表示实体不拉伸。可见，位于 0 标高的厚度为 -1 的一个实体与一个位于 -1 标高的厚度为 1 的实体，看上去是一样的。一个实体被创建时，当前 UCS 确定了拉伸方向。

在二维的绘制中，实体的标高和厚度始终使用的是系统的默认值 0。

如果在创建二维图形时将标高和厚度值设置为非 0，所绘制的实体基底将从 XY 平面向上/下移动，并具有相应的厚度。这样二维图形快捷地修改为三维图形。厚度影响某些几何实体的外观，如圆、直线段、2D 多段线、弧、2D 实心体和点。

使用 ELEV 命令可以设置系统的当前标高和厚度。修改后的当前标高和厚度只影响设置后所绘制实体的标高和厚度。

对于已经绘制的二维实体，可以使用实体性质修改命令，将它们的厚度从 0 改变为非 0 值，从而将它们改变为具有一定厚度的三维实体。

绘制圆柱（图4-5、图4-6），底面半径为 30，厚度为 100。绘制正七边形的柱体，柱体底面半径内接于半径为 30 的圆，厚度为 50。绘制完成后，显示它们的三维轴测图。具体操

三维图形设置

作步骤如下：

1）设置新的当前厚度值。

命令：ELEV ↙ （启动 ELEV 命令）

指定新的默认标高 <0.0000>：0 ↙ （输入标高为 0）

指定新的默认厚度 <0.0000>：100 ↙ （输入新的厚度 100）

2）绘制圆。

命令：C ↙ （启动 CIRCLE 命令）

指定圆的圆心或 [三点(3P)/两点(2P)/相切、相切、半径(T)]：100，100 ↙（指定圆心坐标）

指定圆的半径或 [直径(D)]：30 ↙ （输入半径）

3）绘制正七边形，并采用缩放命令在屏幕显示圆和正七边形。

命令：POLYGON ↙ （启动正多边形绘制命令）

输入边的数目 <4>：7 ↙ （选择边数为 7）

指定正多边形的中心点或 [边(E)]：200，100 ↙ （输入正多边形中心坐标）

输入选项 [内接于圆(I)/外切于圆(C)] <I>： ↙ （选择正多边形内接于圆）

指定圆的半径：30 ↙ （正多边形外接圆半径为 30）

命令：Z ↙

指定窗口的角点，输入比例因子(nX 或 nXP)，或者

[全部(A)/中心(C)/动态(D)/范围(E)/上一个(P)/比例(S)/窗口(W)/对象(O)] <实时>：A ↙

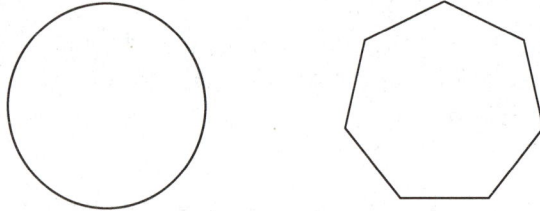

图 4-5　绘制具有高度的圆和正七边形

4）修改正七边形的厚度。

选择下拉菜单"修改"\"特性"选项，选择正七边形，弹出多段线编辑对话框，将编辑框内的厚度 100 修改为 50，然后关闭对话框。

5）显示轴测图（图 4-6）。

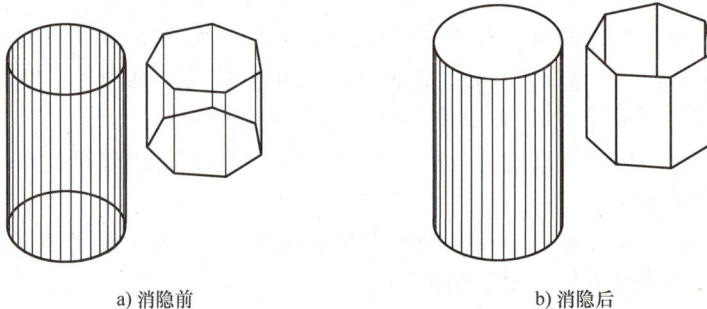

a) 消隐前　　　　　b) 消隐后

图 4-6　圆柱和七棱柱的轴测图

选择下拉菜单"视图"\"三维视图"\"西南等轴测",出现图 4-6a 所示的图形。采用下拉菜单"视图"\"消隐"命令后出现如图 4-6b 所示的图形。大家可以由此看出立体图形不同的显示选项有不同的显示效果。

2. 圆滑实体

利用 FILLET 命令使图 4-7a 所示长方体的一个角圆滑并作消隐处理。具体操作如下:

命令:FILLET↙

选择第一个对象或 [放弃(U)/多段线(P)/半径(R)/修剪(T)/多个(M)]:(选择图 4-7a 中的虚线对应的棱)

输入圆角半径 <200.0000>: <线宽>5↙(输入圆弧的半径为 5)

选择边或 [链(C)/环(L)/半径(R)]:↙

已选定 1 个边用于圆角。

命令:HIDE↙ (消隐后的效果如图 4-7b 所示)

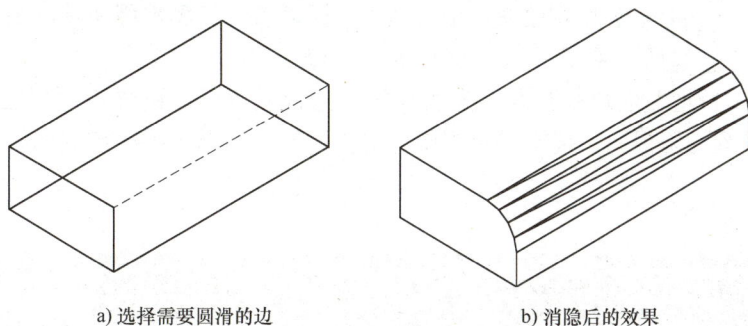

a) 选择需要圆滑的边　　　　　b) 消隐后的效果

圆滑实体

图 4-7 圆滑实体

3. 对实体进行剖切、截面处理

1)剖切。对图 4-8a 所示的长方体进行剖切操作。

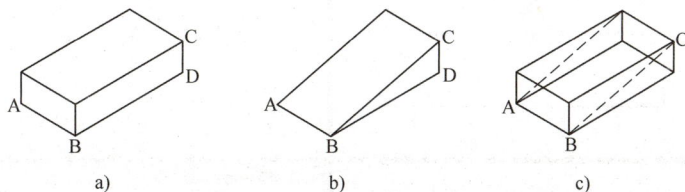

a)　　　　　　b)　　　　　　c)

图 4-8 剖切处理前后的对比（已经消隐）

对实体进行剖切、截面处理

命令:SLICE↙ (启动剖切命令)

选择要剖切的对象:找到 1 个(选择长方体)

选择要剖切的对象:↙

指定切面的起点或 [平面对象(O)/曲面(S)/Z轴(Z)/视图(V)/XY(XY)/YZ(YZ)/ZX(ZX)/三点(3)] <三点>:3↙(用不在同一直线上的 3 个点确定一个剖切平面)

指定平面上的第一个点:<对象捕捉开>(捕捉拾取 A 点)

指定平面上的第二个点:(捕捉拾取 B 点)

指定平面上的第三个点:(捕捉拾取 C 点)

在所需的侧面上指定点或 [保留两个侧面(B)] <保留两个侧面>:(拾取 D 点一侧,消隐后得到图 4-8b)

2）截面。对图 4-8a 所示的长方体进行截面处理，具体操作如下：

命令：SECTION(启动建立截面命令)

选择对象：指定对角点：找到 1 个(选择长方体)

选择对象：↙

指定截面上的第一个点，依照［对象(O)/Z 轴(Z)/视图(V)/XY(XY)/YZ(YZ)/ZX(ZX)/三点(3)］

＜三点＞：3↙

指定平面上的第一个点：(捕捉拾取 A 点)

指定平面上的第二个点：(捕捉拾取 B 点)

指定平面上的第三个点：(捕捉拾取 C 点)

操作完成后得到图 4-8c，见新增的 ABC 平面。

技能深化

一、把一个立体放在一个页面上，同时表现三面视图和轴测图

1）选择"视图"\"视口"\"四个视口"。

2）把左上角视图设置为前视图，把右上角视图设置为左视图，把左下角视图设置为俯视图，把右下角视图设置为西南等轴测图，图形效果如图 4-9 所示。

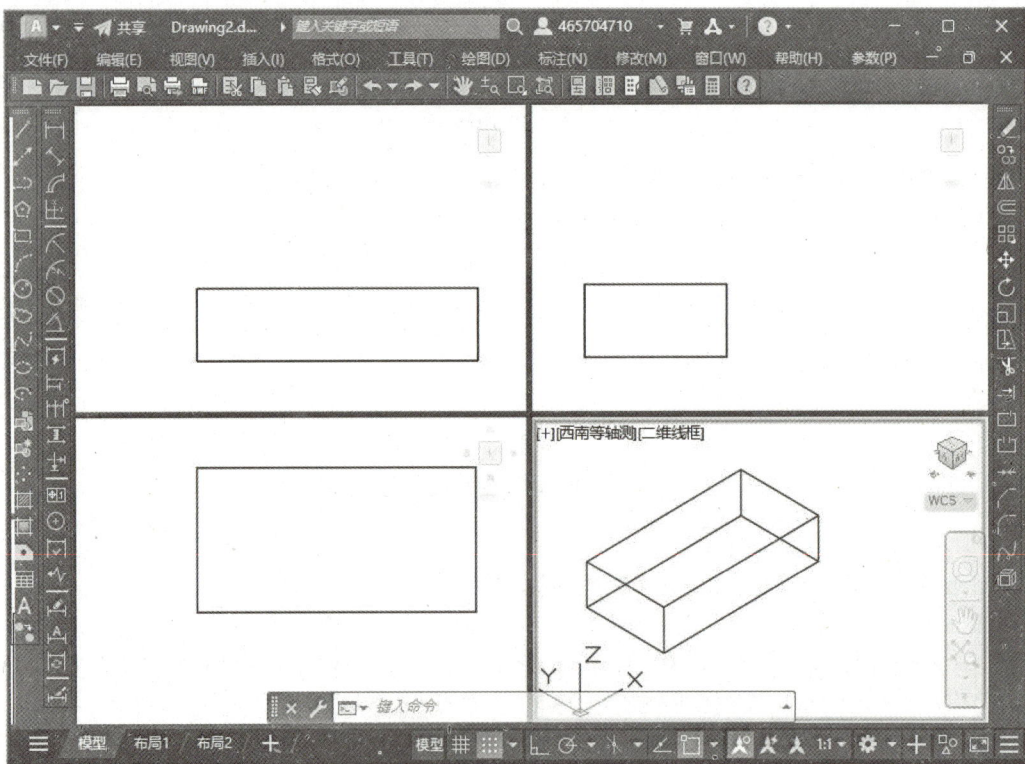

多视口显示

图 4-9   三视图和轴测图同时显示

二、用户坐标系 UCS 的应用

用户坐标系（User Coordinate System）简称 UCS，在三维建模和立体图形的标注和修改

中，UCS 有着十分重要的作用——用户通过 UCS 可以利用熟知的二维操作技巧完成复杂的三维问题，它不但使操作变得容易，而且使用户提高了工作效率。

1. UCS 命令的功能

UCS 命令的功能包括定义用户坐标系，存储用户坐标系，将指定的坐标系设置为当前坐标系和删除已存储的用户坐标系。

定义用户坐标系可选择下列方法之一。

1）指定新原点，新 XY 平面或新的 Z 坐标。

2）使新 UCS 与现有某实体对齐。

3）使新 UCS 与当前视图方向对齐。

4）围绕任一坐标轴旋转坐标系。

2. UCS 命令的操作

该处把坐标系定义在 ABC 平面，定义好后操作就可以在 ABC 平面（侧面）上进行。具体操作如下：

命令：UCS↙　　　　　　　　（启动 UCS 命令）

指定 UCS 的原点或[面(F)/命名(NA)/对象(OB)/上一个(P)/视图(V)/世界(W)/X/Y/Z/Z 轴(ZA)]＜世界＞：N↙

　指定新 UCS 的原点或[Z 轴(ZA)/三点(3)/对象(OB)/面(F)/视图(V)/X/Y/Z]＜0，0，0＞：↙

只要选择相应的选项，即可使用相应的功能完成坐标系的定义、存储、设置和删除。现介绍新建用户坐标系时各选项的含义。

① 默认选项用于指定原点定义用户坐标系。

指定新 UCS 的原点或［Z 轴（ZA）/三点（3）/对象（OB）/面（F）/视图（V）/X/Y/Z]＜0，0，0＞：5，10，20↙　　　　　（输入新原点 5，10，20）

指定新原点后，将建立一个原点在新原点处，X、Y 和 Z 轴与当前坐标系完全平行的用户坐标系。

②"ZA"选项采用原点和 Z 轴上一点定义用户坐标系。

指定新 UCS 的原点或［Z 轴（ZA）/三点（3）/对象（OB）/面（F）/视图（V）/X/Y/Z]＜0，0，0＞：ZA↙

　指定新原点或［对象（O）]＜0，0，0＞：5，10，200↙　　　　　（输入新原点）

　在正 Z 轴范围上指定点＜5.0000，10.0000，21.0000＞：10，8，30↙　（输入 Z 轴上一点 10，8，30）

AutoCAD 将根据新的原点和指定的 Z 轴上一点确定新 Z 轴的正方向，并定义用户坐标系。新建的用户坐标系原点将通过指定的新原点；Z 轴正方向将通过新原点与 Z 轴上的指定点；用户坐标系的 XY 平面，为当前坐标系 XY 平面将其 Z 轴向新用户坐标系的 Z 轴倾斜，并与之平行后，再严格移至新原点确定。

③"3"选项用三点定义用户坐标系（图4-10）。

指定新 UCS 的原点或［Z 轴（ZA）/三点（3）/对象（OB）/面（F）/视图（V）/X/Y/Z]＜0，0，0＞：3↙

指定新原点＜0，0，0＞：（用鼠标左键捕捉 A 点为新原点）

在正 X 轴范围上指定点＜1.0000，0.0000，0.0000＞：（捕捉 B 点为 X 轴正方向上一点）

在 UCS XY 平面的正 Y 轴范围上指定点＜0.9614，0.2752，0.0000＞（捕捉 C 点为 Y 轴正方向一侧的点）

用三点定义用户坐标系时，第一点为原点，所定义的用户坐标系的 X 轴将从原点指向第二点，由原点、第二点、第三点确定的平面为用户坐标系的 XY 平面，第三点所在的一侧

为用户坐标系 Y 轴的正方向。

注意：第三点不一定正好在 Y 轴上，它只是表示 Y 轴的正方向在 X 轴的哪一侧（图4-10）。

用三点法定义 UCS 时，要求这三点不在同一条直线上。

④"OB"选项用指定实体定义用户坐标系。

指定新 UCS 的原点或 [Z轴（ZA）/三点（3）/对象（OB）/面（F）/视图（V）/X/Y/Z] <0, 0, 0>：OB↙

选择对齐 UCS 的对象：用鼠标单击选中图 4-10 的实体（选择实体）

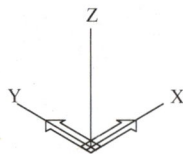

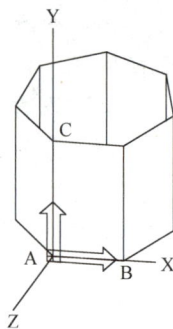

图 4-10 用三点定义用户坐标系

除三维多段线外，其他实体均可用来定义用户坐标系。根据用户所选择的实体类型不同，所确定用户坐标系的原点、X 轴、Y 轴的方向也不相同。表4-2 列举了几种实体定义的用户坐标系其原点、X 轴正方向、XY 平面。

表 4-2 几种实体定义的用户坐标系

实体类型	原点	X 轴正方向	XY 平面
直线（LINE）	离选择点近	从原点指向另一端点在 XY 平面的投影点	过原点与生成 LINE 时坐标系的 XY 平面平行
弧（ARC）	圆心	从圆心指向离选择点近的弧端点	弧所在平面
圆（CIRCLE）	圆心	从圆心指向选择点	圆所在平面
二维多段线（POLY-LINE）	起点	从起点指向多段线第一条线段的终点	二维多段线所在平面
文字（TEXT）	插入点	文字的旋转方向	文字所在平面
尺寸标注（DIMEN-SION）	尺寸文字的中点	平行于尺寸标注时坐标系的正方向	尺寸标注所在平面

⑤"V"选项用当前视图方向定义用户坐标系。

指定新 UCS 的原点或 [Z轴（ZA）/三点（3）/对象（OB）/面（F）/视图（V）/X/Y/Z] <0, 0, 0>：V↙

新建立的用户坐标系的原点不变，XY 平面平行于屏幕，即与当前视图方向（Z 轴）垂直。

提示：在为三维显示状态下的图形进行文字标注时，这一方法很实用。

⑥"X"选项围绕指定的坐标轴旋转来定义用户坐标系。

指定新 UCS 的原点或 [Z轴（ZA）/三点（3）/对象（OB）/面（F）/视图（V）/X/Y/Z] <0, 0, 0>：X↙

指定绕 X 轴的旋转角度 <90>：30↙ *（围绕 X 轴旋转30°）*

用户坐标系的原点不变，AutoCAD 用右手规则（读者可以通过实际图形反复练习体会）确定旋转角度的正方向。

围绕 Y、Z 坐标轴旋转定义用户坐标系的方法与"X"选项相同。

提示：一旦定义了新的用户坐标系，该用户坐标系就成为当前坐标系，坐标系图标将按当前坐标系的坐标轴方向显示。

三、高级图形查询

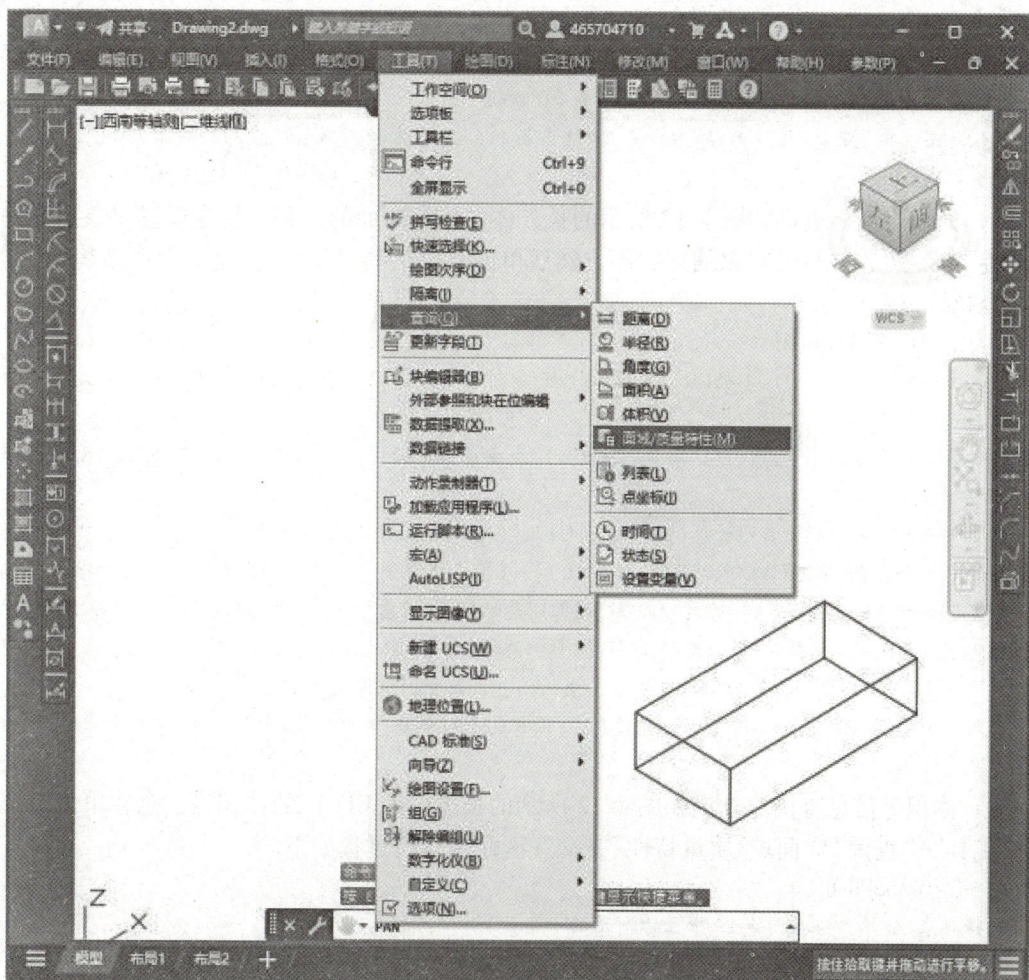

打开下拉菜单"工具"\"查询"\"……",如图 4-11 所示,可以进行距离、半径、角度、面积、体积、面域/质量特性、列表、点坐标、时间、状态、设置变量的查询。

下面是查询如图 4-12 所示长方体的图形信息的具体操作。

1)坐标查询。查询如图 4-12 所示的长方体的 A 点坐标。单击下拉菜单"工具"\"查询"\"点坐标"选项,交互区命令执行过程如下。

图 4-11 高级图形查询

命令:'_id

指定点:end↙

于(单击图 4-12 中 A 点)

X = 200.7154   Y = 129.6716   Z = -2.0303(显示三维坐标值)

2)长度查询。查询如图 4-12 所示的长方体的 AB 边长度。单击下拉菜单"工具"\"查询"\"距离",交互区命令执行过程如下。

命令：_MEASUREGEOM

输入一个选项[距离(D)/半径(R)/角度(A)/面积(AR)/体积(V)/快速(Q)/模式(M)/退出(X)]<距离>：_distance

指定第一个点：end↙

于(鼠标左键单击图4-12中A点)

指定第二个点或[多个点(M)]：end↙

于(鼠标左键单击图4-12中B点，以下为查询信息)

距离=40.0000，XY平面中的倾角=0，与XY平面的夹角=0

X增量=40.0000，Y增量=0.0000，Z增量=0.0000

输入一个选项[距离(D)/半径(R)/角度(A)/面积(AR)/体积(V)/快速(Q)/模式(M)/退出(X)]<距离>：X↙

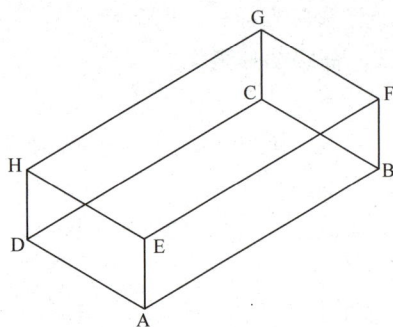

图 4-12　长方体信息查询图

3）面积查询。查询如图4-12所示的长方体的EFGH面的面积。首先设置对象捕捉选项为捕捉"端点"，并打开对象捕捉状态，然后单击下拉菜单"工具"\"查询"\"面积"，交互区命令执行过程如下。

命令：_MEASUREGEOM

输入一个选项[距离(D)/半径(R)/角度(A)/面积(AR)/体积(V)/快速(Q)/模式(M)/退出(X)]<距离>：_area

指定第一个角点或[对象(O)/增加面积(A)/减少面积(S)/退出(X)]<对象(O)>：(单击拾取图4-12中E点)

指定下一个点或[圆弧(A)/长度(L)/放弃(U)]：(单击拾取图4-12中F点)

指定下一个点或[圆弧(A)/长度(L)/放弃(U)]：(单击拾取图4-12中G点)

指定下一个点或[圆弧(A)/长度(L)/放弃(U)/总计(T)]<总计>：(单击拾取图4-12中H点)

指定下一个点或[圆弧(A)/长度(L)/放弃(U)/总计(T)]<总计>：↙

区域=800.0000，周长=120.0000(显示的查询信息，此处区域即是面积)

输入一个选项[距离(D)/半径(R)/角度(A)/面积(AR)/体积(V)/快速(Q)/模式(M)/退出(X)]<面积>：X↙

4）体积等信息查询。查询如图4-12所示的长方体的EFGH的体积等信息，单击下拉菜单"工具"\"查询"\"面域/质量特性"，交互区命令执行过程如下。

命令：_MASSPROP

选择对象：(单击拾取图4-12中立体图形的一条棱)

找到1个

选择对象：↙(以下为显示的查询信息)

---------------- 实体 ----------------

质量：　　　　　　　　8000.0000

体积：　　　　　　　　8000.0000

边界框：　　　　　　　X：200.7154　－－　240.7154

　　　　　　　　　　　Y：129.6716　－－　149.6716

　　　　　　　　　　　Z：－2.0303　－－　7.9697

质心：　　　　　　　　X：220.7154

	Y：139.6716
	Z：2.9697
惯性矩：	X：156469133.5292
	Y：390926186.8836
按＜Enter＞键继续：✓	Z：547120880.7570
惯性积：	XY：246621384.0792
	YZ：3318267.0987
	ZX：5243676.2198
旋转半径：	X：139.8522
	Y：221.0560
	Z：261.5150
主力矩与质心的 X-Y-Z 方向：	
按＜Enter＞键继续：✓	I：333333.3333 沿 ［1.0000 0.0000 0.0000］
	J：1133333.3333 沿 ［0.0000 1.0000 0.0000］
	K：1333333.3333 沿 ［0.0000 0.0000 1.0000］

是否将分析结果写入文件？［是（Y）/否（N）］＜否＞：N✓（结果不写入文件退出）

提示：MASSPROP 查询命令对求非规则的体积和质心等信息查询非常有用。

技能归纳

1）三维图形观察的设置主要是把握轴测图与三维坐标轴朝向的对应关系。

2）简单三维实体的绘制，主要掌握长方体、圆柱、球体的绘制方法，并根据实际需要具备自学其他实体的绘制方法的能力。

3）三维实体修改主要掌握圆滑、剖切、截面、实体标高和实体厚度修改等命令，并根据实际需要具备自学其他命令的初步能力。

思育启智园：

专业文化——AutoCAD 与 BIM、传统与创新的碰撞

AutoCAD 与 BIM 都可以用于进行道桥建模，在这个交汇点上，我们看到了传统技术与创新技术之间的碰撞，这种碰撞推动了工程技术领域的革新。

BIM 即建筑信息模型（Building Information Modeling），是应用于工程设计、建设、管理的数字化工具，通过对工程的数据化、信息化整合，在项目策划、运行和维护的全生命周期过程中进行共享和传递，使工程技术人员对各种建筑信息做出正确理解和高效应对，确保施工计划、进度、材料、安全、质量等管理要素可控，在提高生产效率、节约成本和缩短工期方面发挥着重要作用。

BIM 的关键技术和主要工作就是建模，能够用于建模的软件有很多，Revit、Bentley、Civil 3D 和 AutoCAD 等软件均可以用于道桥建模。AutoCAD 作为经典的二维及三维绘图软件，它凭借强大的绘图工具和灵活的操作界面，长期以来一直是工程师们信赖的首选工具，在道桥建模方面的易用性上最好；BIM 技术的引入，则代表了工程技术的创新潮流，以强大

的数据集成、模型协同和智能化分析能力，为工程设计注入了新的活力，道桥建模方面从功能的适应性和技术衔接上来说 Bentley 效果最好。

传统技术的能力与创新技术的亮点结合，让我们看到了传承与创新的和谐共生。这种结合，不仅是对技术工具的简单叠加，更是对工程理念、设计流程乃至整个行业生态的重塑。这也要求我们对于工程技术人才的培养，不仅要注重专业技能的训练，更要强调创新思维，学会在尊重传统的基础上勇于创新，在复杂多变的项目环境中保持冷静与理性。

考核评价

1. 自我评价

1）此次操作是否顺利？

2）若不顺利，请列出遇到的问题。

3）分析出现问题的原因，并提出修正方案。

4）认为还需要加强哪些方面的指导？

2. 学习任务评价（表4-3）

表4-3　学习任务评价表

考核项目	分数			学生自评	小组互评	教师评价	小计
	差	中	好				
团队合作精神	6	13	20				
活动参与是否积极	6	13	20				
三维图形观察的设置	6	13	20				
简单三维实体的绘制	6	13	20				
三维实体修改	6	13	20				
总分	100						
教师签字：				年　　月　　日		得分	

作业

1）绘制圆锥体、圆环体、棱锥体、楔体、多段体并用不同视图进行观察。

2）把问题1）中的棱锥体设置成四个视口，按着三维视图的格式显示即可，根据长对正、高平齐、宽相等把三面视图基本对齐，并把轴测图最大化。

任务二　道路三维图形绘制

任务描述

针对（公路的）道路设计和施工现场对设计意图理解和沟通的需要，以各种路径式建模方式建立路基路面三维实体模型，对道路实体进行形象描述；道路平面有曲线变化，纵断面有纵坡变化，横断面有填挖高、宽度和坡度变化，准确地描述道路三维模型，对在设计中检查立体景观、在施工中进行形象进度展示和技术交底均有重要意义。

任务目标

1）掌握拉伸、旋转、扫掠、放样的基本操作命令；

2）掌握路基实体和挡土墙实体的绘制方法；

3）掌握路面排水设施沥青砂拦水带实体的绘制方法；

4）掌握路基土工实验设备换到环刀的立体图的绘制。

内容结构 （图4-13）

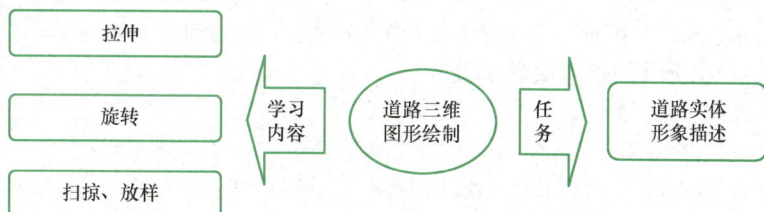

图4-13　内容结构

主要技能

在道路三维图形绘制中，具备选择合适的构建方法建模的能力；考虑到道路断面因填挖高、加宽、超高等因素的多变性，应该重点掌握曲线路径下的放样建模能力，特别是在曲线路径上的放样建模能力。

基础知识

通过拉伸、旋转、扫掠、放样建立道路三维模型，利用其对道路的设计方案进行交流和施工技术交底，方便工程管理，同时对复杂立体体积进行精确求解。

为了完成本任务，所需技能有：

1）通过拉伸建立路基，初步具备拉伸截面和路径的能力。

2）通过旋转建立土工试验用环刀，初步建立旋转体的表达能力。

3）通过扫掠、放样建立道路实体，初步具备表达复杂形体、技术交流的能力。

技能训练

一、拉伸建立道路路基三维图形

绘制图4-14所示的路基立体轮廓三维图形。具体操作步骤如下：

1）完成图4-14所示的路线导线绘制。

命令：PL↙

指定起点：50，200↙

指定下一个点或［圆弧（A）/半宽（H）/长度（L）/放弃（U）/宽度（W）］：@150，0↙

指定下一个点或［圆弧（A）/闭合（C）/半宽（H）/长度（L）/放弃（U）/宽度（W）］：@200＜－30↙

指定下一个点或［圆弧（A）/闭合（C）/半宽（H）/长度（L）/放弃（U）/宽度（W）］：↙

2）完成图4-15所示的平曲线绘制。

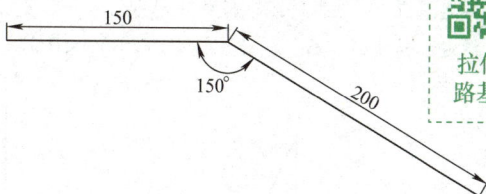

图4-14　绘制路线导线

拉伸建立道路路基三维图形

命令：FILLET↙

选择第一个对象或［放弃(U)/多段线(P)/半径(R)/修剪(T)/多个(M)］：R↙

指定圆角半径 < 10.000 > ：200↙ （以上步骤设置圆削角的半径为200）

选择第一个对象或［放弃(U)/多段线(P)/半径(R)/修剪(T)/多个(M)］：（选择图4-14所示左侧导线）

图4-15 绘制平曲线

选择第二个对象，或按住 < Shift > 键选择要应用角点的对象：（选择图4-14所示右侧导线）

3）绘制图4-16所示的路基底轮廓线。

命令：PL↙（开始绘制道路断面）

指定起点：（单击选取屏幕上一点）

指定下一个点或［圆弧(A)/半宽(H)/长度(L)/放弃(U)/宽度(W)］：@12,0↙（绘制路基顶宽）

指定下一个点或［圆弧(A)/闭合(C)/半宽(H)/长度(L)/放弃(U)/宽度(W)］：@9,-6↙（绘制路基填方边坡）

指定下一个点或［圆弧(A)/闭合(C)/半宽(H)/长度(L)/放弃(U)/宽度(W)］：@-27.5,0↙

指定下一个点或［圆弧(A)/闭合(C)/半宽(H)/长度(L)/放弃(U)/宽度(W)］：@0,15↙

指定下一个点或［圆弧(A)/闭合(C)/半宽(H)/长度(L)/放弃(U)/宽度(W)］：@4.5,-9↙（绘制路基挖方边坡）

指定下一个点或［圆弧(A)/闭合(C)/半宽(H)/长度(L)/放弃(U)/宽度(W)］：@0.5,0↙（绘制路基碎落台）

指定下一个点或［圆弧(A)/闭合(C)/半宽(H)/长度(L)/放弃(U)/宽度(W)］：@0.5,-0.5↙（开始绘制边沟）

指定下一个点或［圆弧(A)/闭合(C)/半宽(H)/长度(L)/放弃(U)/宽度(W)］：@0.5,0↙（绘制边沟底宽）

指定下一个点或［圆弧(A)/闭合(C)/半宽(H)/长度(L)/放弃(U)/宽度(W)］：C↙（结束绘制边沟，如图4-16a所示）

命令：ROTATE↙（平面旋转）

UCS当前的正角方向： ANGDIR = 逆时针 ANGBASE = 0

选择对象：找到1个(单击前述多段线上一任意点)

选择对象：↙

指定基点：（单击前述多段线上A点）

指定旋转角度，或［复制(C)/参照(R)］< 0 > ：-90↙（图4-16b）

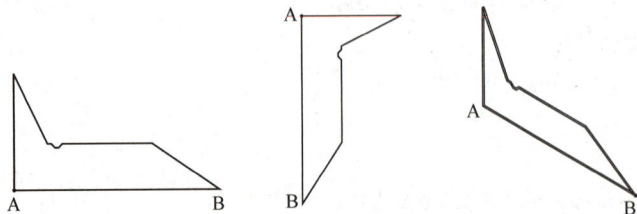

a) 平面图　　　b) 平面旋转后平面图1　c) 平面旋转后平面图2

图4-16 绘制路基底轮廓线

命令：ROTATE3D ↙（启动三维旋转命令）

当前正向角度： ANGDIR = 逆时针 ANGBASE = 0

选择对象：找到 1 个（单击选取前述多段线上一任意点）

选择对象：↙

指定轴上的第一个点或定义轴依据

［对象(O)/最近的(L)/视图(V)/X 轴(X)/Y 轴(Y)/Z 轴(Z)/两点(2)］：（单击选取前述多段线上 A 点）

指定轴上的第二点：（单击选取多段线上 B 点）

指定旋转角度或［参照（R)］：90 ↙（图 4-16c)

4）通过拉伸绘制完整的路基立体轮廓三维图。选择"视图"\"三维视图"\"西南等轴测"菜单项，进入轴测图显示状态（图 4-16c)，然后进行三维旋转并消隐处理。

命令：EXTRUDE ↙（启动拉伸命令）

当前线框密度： ISOLINES = 4

选择要拉伸的对象：找到 1 个（单击选取3)步骤所绘多段线上一任意点)

选择要拉伸的对象：↙

指定拉伸的高度或［方向(D)/路径(P)/倾斜角(T)］＜30.0000＞：P ↙

选择拉伸路径或［倾斜角(T)］：（单击选取2)步骤所完成的多段线上一任意点)

命令：HIDE ↙（消隐处理，如图 4-17 所示）

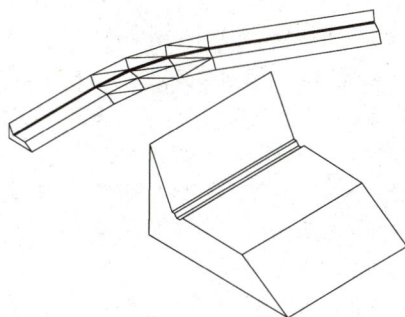

图 4-17 拉伸建立路基立体轮廓三维图（本图上部为消隐后的图形，下部为端部放大图形）

二、旋转建立实心体

环刀是公路路基土常用的土工仪器，如图 4-18c 所示。环刀实体为一旋转体，通过旋转体的绘制对此类图形进行介绍。

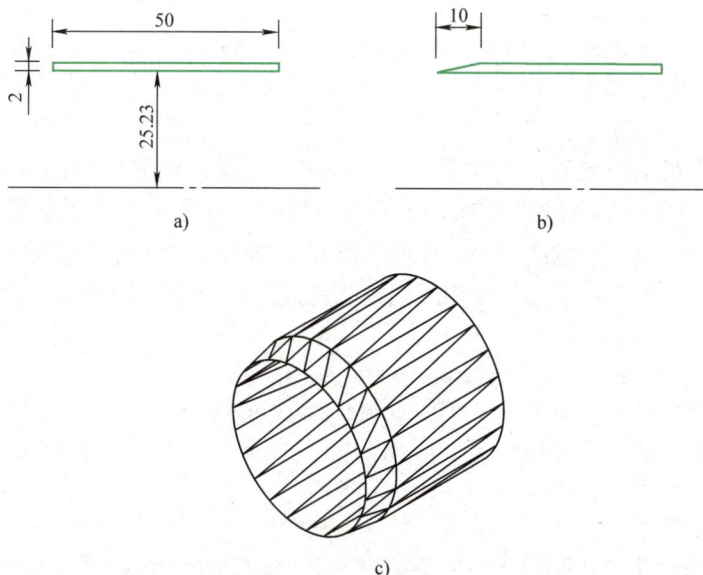

a)

b)

旋转建立实心体

c)

图 4-18 旋转建立实心体

绘制如图 4-18 所示的实体的操作步骤如下：

1)（在世界坐标系或俯视图下）绘制如图 4-18a 所示的旋转断面和旋转轴。

命令：LINE ✓（开始绘制旋转轴）

指定第一点：200，200 ✓

指定下一点或[放弃(U)]：270，200 ✓

指定下一点或[放弃(U)]：✓

命令：REC ✓（开始绘制旋转断面）

指定第一个角点或[倒角(C)/标高(E)/圆角(F)/厚度(T)/宽度(W)]：210，225.23 ✓

指定另一个角点或[面积(A)/尺寸(D)/旋转(R)]：@50，2 ✓

命令：CHA ✓（修改旋转断面）

（"修剪"模式）当前倒角距离 1 = 2.0000，距离 2 = 10.0000

选择第一条直线或[放弃(U)/多段线(P)/距离(D)/角度(A)/修剪(T)/方式(E)/多个(M)]：D ✓

指定第一个倒角距离 <2.0000>：2 ✓

指定第二个倒角距离 <10.0000>：10 ✓

选择第一条直线或[放弃(U)/多段线(P)/距离(D)/角度(A)/修剪(T)/方式(E)/多个(M)]：（拾取图 4-18a 左端短边）

选择第二条直线，或按住 <Shift> 键选择直线以应用角点或[距离(D)/角度(A)/方法(M)]：（拾取图 4-18a 所示上边左端，修改后如图 4-18b 所示）

2）绘制图 4-18c 所示的旋转实体。选择"视图"\"三维视图"\"西南等轴测"菜单项，进入轴测图显示状态。

绘制图 4-18c 的具体操作：

命令：REVOLVE ✓（启动旋转建立实体命令）

选择要旋转的对象或[模式(MO)]：找到 1 个（选择图 4-18b 的闭合断面）

选择要旋转的对象或[模式(MO)]：✓

指定轴起点或根据以下选项之一定义轴[对象(O)/X/Y/Z] <对象>：（打开端点捕捉模式，选择图 4-18b 中的左端点）

指定轴端点：（打开端点捕捉模式，选择图 4-18b 中的右端点）

指定旋转角度或[起点角度(ST)/反转(R)/表达式(EX)] <360>：（旋转角度为 360°）

执行全屏显示操作，显示如图 4-18c 所示。

三、扫掠

绘制互通立交鼻端的沥青砂拦水带（图 4-19e）局部，首先绘制沥青砂拦水带断面图（图 4-19a、b），再绘制沥青砂拦水带路径（图 4-19c、d，图 4-19d 是在图 4-19c 的基础上利用圆角命令完成，最后注意图 4-19d 中的 3 段线用 PEDIT 命令连接成一个多段线），最后利用扫掠功能完成。断面图、路径在俯视图模式完成，扫掠功能在轴测图下完成。

命令：SWEEP ✓（启动扫掠建立实体命令）

当前线框密度：ISOLINES = 4，闭合轮廓创建模式 = 实体

选择要扫掠的对象或[模式(MO)]：（用鼠标左键拾取断面图）找到 1 个

选择要扫掠的对象或[模式(MO)]：✓

选择扫掠路径或[对齐(A)/基点(B)/比例(S)/扭曲(T)]：B ✓

指定基点：（捕捉选择图中右下角交叉点）

选择扫掠路径或[对齐(A)/基点(B)/比例(S)/扭曲(T)]：（选择图中右下角交叉点）

a) 简图

b) 详图

c) 扫掠路径直径部分

d) 增加扫掠路径曲线部分

e) 扫掠完成的立体图

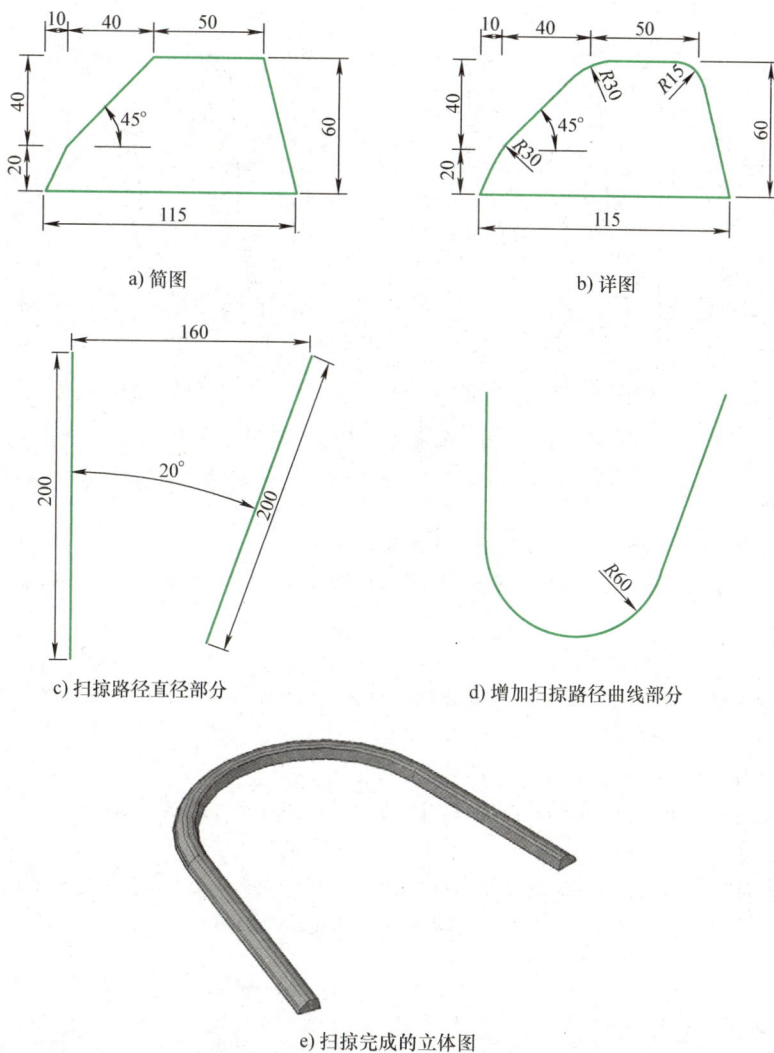

图 4-19 沥青砂拦水带的绘制方法

提示：为了更好地展示断面，此处图 4-19a、b 单位为 mm，图 4-19c、d 单位为 cm。

选择"视图"\"三维视图"\"东北等轴测"菜单项，进入轴测图显示状态，选择"视图"\"视图样式"\"灰度"菜单项，显示效果如图 4-19e 所示。

四、放样

通过放样绘制衡重式挡土墙来掌握沿路径截面出现较多变化时的立体绘制方法。

图 4-20a、b 为相邻断面，平面线形为直线，（桩号）间距为 10m，纵断面高程相差 0.25m（此处忽略）。

先在左视图界面绘制图 4-20 所示两个断面图（绘制完成后注意轴测图空间移动到图 4-21 所示位置并设置好二者间距），再转到轴测图断面绘制立体图，放样步骤如下：

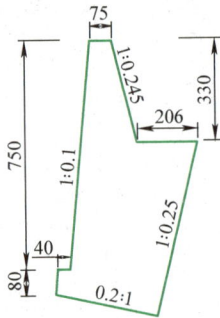

a) 墙身高7.5m挡土墙断面   b) 墙身高7.3m挡土墙断面

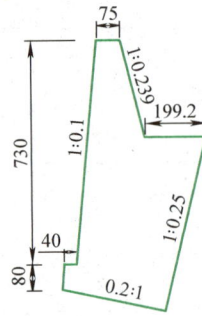

图 4-20　衡重式挡土墙断面图

命令：LOFT↙

当前线框密度：　ISOLINES＝4，闭合轮廓创建模式＝实体

按放样次序选择横截面或[点(PO)/合并多条边(J)/模式(MO)]：（用鼠标左键拾取墙身高7.5m 断面图）

找到 1 个

按放样次序选择横截面或[点(PO)/合并多条边(J)/模式(MO)]：（用鼠标左键拾取墙身高 7.3m 断面图）

找到 1 个，总计 2 个

按放样次序选择横截面或[点(PO)/合并多条边(J)/模式(MO)]：↙（退出选择）

选中了 2 个横截面

输入选项[导向(G)/路径(P)/仅横截面(C)/设置(S)]＜仅横截面＞：↙（断面之间直线过渡，如图 4-21和图 4-22 所示，图 4-23 是利用视口技术集中展示三视图与轴测图关系）

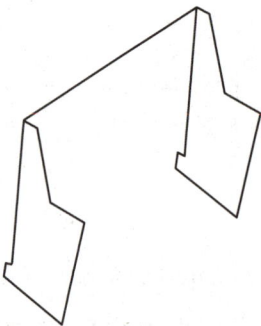

图 4-21　轴测图中两断面空间关系

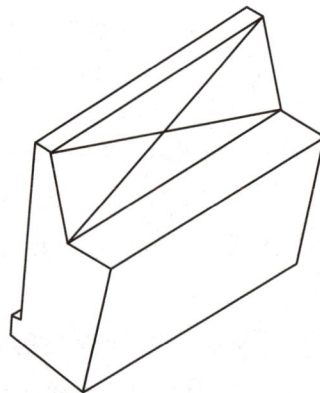

图 4-22　挡土墙轴测图

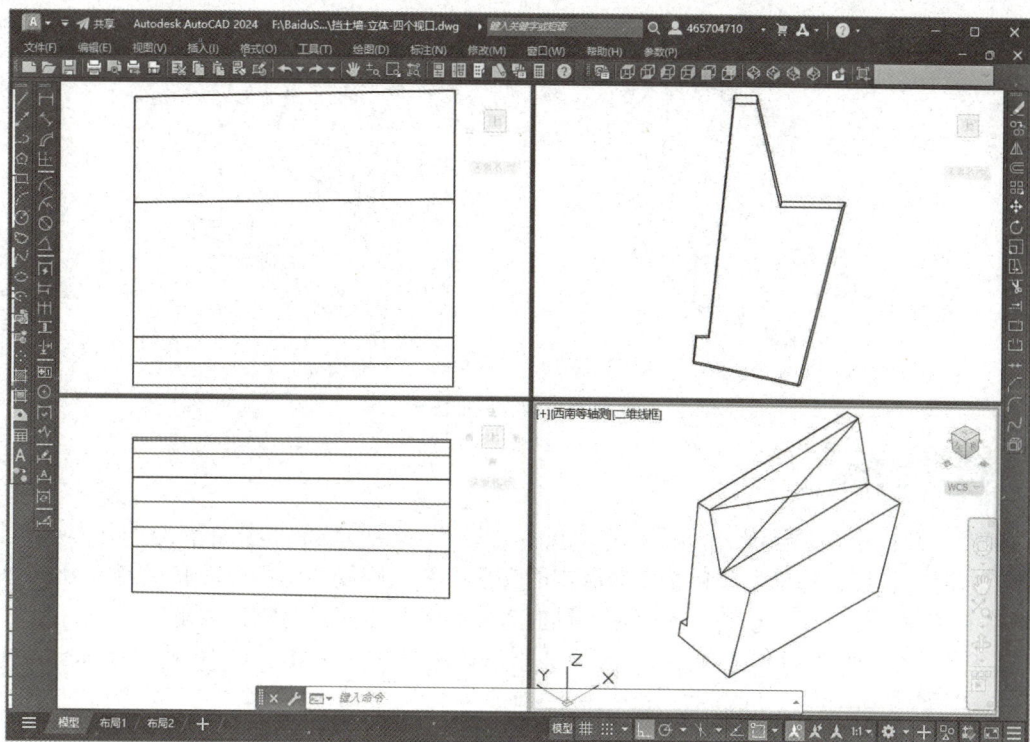

图 4-23　三视图与轴测图

技能深化

前述挡土墙立体图的绘制为直线，如果遇到平曲线为曲线的情况操作就相对复杂一些，现仅以平曲线为半径 30m 的圆曲线为例把图形扫掠在设计的轨迹（圆曲线）上。具体操作如下：

命令：LOFT↙（启动扫掠建立实体命令）

按放样次序选择横截面或［点（PO）/合并多条边（J）/模式（MO）］：找到 1 个（用鼠标左键拾取左下侧截面）

按放样次序选择横截面或［点（PO）/合并多条边（J）/模式（MO）］：找到 1 个，总计 2 个（用鼠标左键拾取右上侧截面）

按放样次序选择横截面或［点（PO）/合并多条边（J）/模式（MO）］：↙

选中了 2 个横截面

输入选项［导向（G）/路径（P）/仅横截面（C）/设置（S）］＜仅横截面＞：p↙（采用路径模式）

选择路径轮廓：（用鼠标左键拾取图 4-24 中半径为 3000 的路径，图形消隐后效果如图 4-25 所示。）

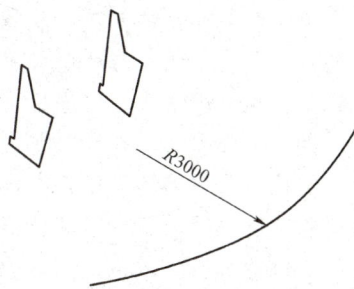

图 4-24　轨迹法扫掠

提示：绘制完成的图形可以直接查询其体积。

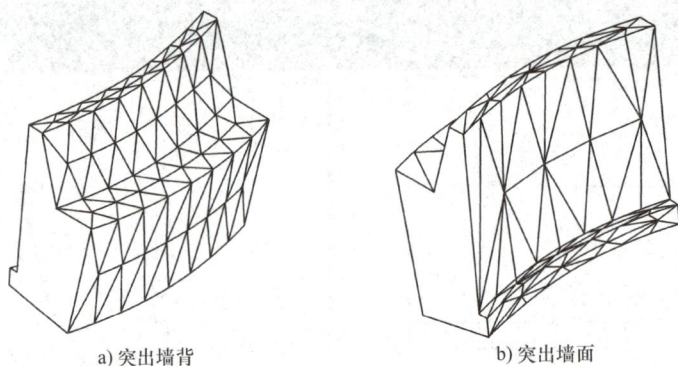

a) 突出墙背　　　　　　　　　　　　b) 突出墙面

图 4-25　消隐后的图形

技能归纳

　　拉伸、旋转是 AutoCAD 早期版本具有的功能，相对容易理解和操作，对构建基本道路形体有一定的作用；扫掠、放样是较新版本的功能，在道路复杂建模方面有很多应用。通过对道路的各种建模方便表达和技术交流，同时对复杂立体体积进行精确求解。

　　本任务主要涉及的三维操作命令有：三维旋转 ROTATE3D、拉伸 EXTRUDE、消隐 HIDE、旋转 REVOLVE、扫掠 SWEEP、放样 LOFT 等。

思育启智园：

行业前沿与成就——公路工程建设中 BIM 技术的应用

　　漳武线永定至上杭高速公路永定高头至城区段是福建省高速公路网"第十横"漳州招商局经济技术开发区（招银）至龙岩市武平县高速公路的重要组成部分，是龙岩市东进西连的快速主通道。全线土石方 2459.5 万 m³、互通 5 处、2 对服务区、隧道 11114.5m/8 座、大桥 10265m/30 座，其中新村隧道长 5072m。按设计速度 100km/h 双向四车道高速公路标准建设，路基宽度 26m，建设里程 40.4km。应用 BIM 技术主要有：场站规划、三维可视化 技术交底、电子沙盘系统、进度管理、工程量提取、资料管理、智慧工地协同管理平台。下面仅就三维可视化技术交底进行介绍。

　　该项目属于大型综合性项目，分项工程较多，利用 BIM 技术实现施工工艺过程的可视化交底，使施工人员易懂、易理解，更直观地指导施工过程；利用 BIM 三维模型可统计施工材料，施工设备使用情况，为备料、设备调配提供依据；针对设计图纸，可检测构件冲突碰撞部位，提前优化方案，如检测预制 T 梁钢筋与波纹管的冲突碰撞，能及时检测进行优化。在方案实施前采用动态三维模式进行技术交底，使交底更直观、生动、形象，确保参与施工人员均能快速、明确、清晰的理解相关工艺工法。BIM 对施工形象进度、各作业面的施工情况进行三维动态展示，施工人员能及时准确地掌握施工信息以及施工技术，大大减少了施工过程中可能出现的问题，同时也可激发工人的热情，提高了施工交底质量。

　　漳武高速公路施工通过采用 BIM 技术，对现场施工进行智能化管理，提升了管理效率，降低了施工成本，改进了施工组织，提高了设备利用率，实现了基于 BIM 技术的进度、质量、安全管理的目标。

行业前沿与成就——公路工程建设中BIM技术的应用

考核评价

1. 自我评价

1）此次操作是否顺利？

2）若不顺利，请列出遇到的问题。

3）分析出现问题的原因，并提出修正方案。

4）认为还需要加强哪些方面的指导？

2. 学习任务评价（表4-4）

表4-4　学习任务评价表

考核项目	分数			学生自评	小组互评	教师评价	小计
	差	中	好				
团队合作精神	6	13	20				
活动参与是否积极	6	13	20				
拉伸	6	13	20				
旋转	6	13	20				
扫掠	3	6	10				
放样	3	6	10				
总分	100						
教师签字：				年　　月　　日		得分	

作 业

练习技能深化部分的放样立体图，断面不变，把路径设置为学习情境二中任务一图2-6的平曲线，用四个视口分别表示立面、平面、侧面和轴测图，并查询其体积。

任务三　桥梁三维图形绘制

任务描述

针对公路桥涵设计效果展示和施工现场技术交底等的需要，以某3－13m板桥为例进行桥梁建模，利用 AutoCAD 绘制构件，利用 AutoCAD 布尔运算组合成较复杂的部件，利用 AutoCAD 拼装部件，利用 AutoCAD 制作该桥的三维透视图——桥梁三维效果图。

任务目标

1）掌握布尔运算的基本技术。

2）掌握桥梁三维图形的基本绘制方法。

3）了解三维图形的透视观察。

内容结构 （图 4-26）

图 4-26　内容结构

主要技能

掌握桥梁三维建模的思路、步骤、显示效果；掌握布尔运算技术在并集运算运用中的技巧；能完成构件的三维旋转、三维移动、镜像操作等。

基础知识

用户坐标系 UCS的应用

AutoCAD 有很多三维编辑命令，本任务仅以布尔运算为主来进行介绍。CAD 布尔（Boolen）操作用于两个或者两个以上的实体的编辑，通过它可以完成并集、差集、交集运算，各种运算的结果均将产生新的实体。用户可以在许多情况下使用布尔操作，如在机械、土木工程的三维建模中要大量使用布尔操作才能完成一些复杂的任务。

技能训练

一、使用布尔运算制作简单图形

1. 交集运算

交集运算

交集（INTERSECT）运算从两个或者多个相交的实体中建立一个合成实体，所建立的合成实体是参加运算实体的共同部分。

凸透镜镜片为图 4-27a 中的两个球体的共同部分，绘制此镜片要执行以下操作。

准备工作，首先绘制一个球体，然后在俯视图复制出另一个球体，并移动后者使其与前者有一定的交集，然后再进入轴测图。

命令：INTERSECT ↙（启动交集运算命令）

选择对象：找到 1 个（用鼠标左键单击左球）

选择对象：找到 1 个，总计 2 个（鼠标左键单击右球）

选择对象：↙　　　　　　　（结束操作，结果如图 4-27b 所示）

2. 差集运算

差集运算

差集（SUBTRACT）运算所建立的实体是以参加运算的母体为基础去掉与子体共同的部分而形成的。

图 4-28b 为薄壁钢管片段，完成三维表达可以运用两个圆柱（可以在俯视图中对齐圆心，在立面图中对齐底面）的差集来完成，也就是用半径大较矮的作为母体，半径小较高的作为子体。

a) 两个相交的球   b) 通过交集运算得到的共同部分

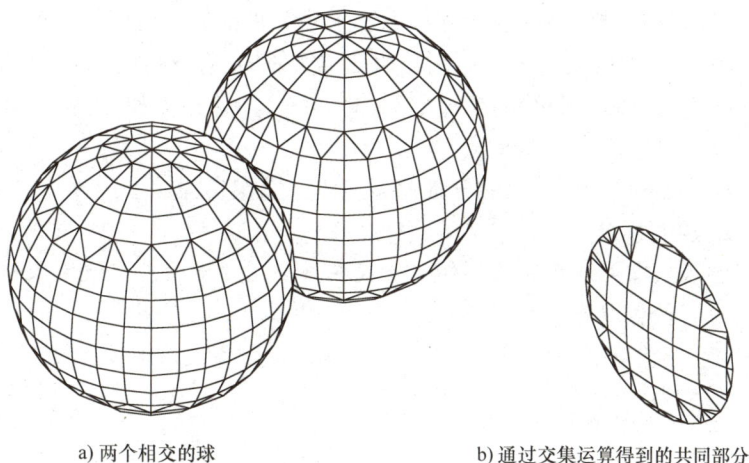

图 4-27 交集运算的轴测图形显示

命令：SUBTRACT ↙（启动差集运算命令）

选择要从中减去的实体或面域...

选择对象：找到 1 个（鼠标左键单击图 4-28a 中的矮圆柱）

选择对象：↙

选择要减去的实体或面域..

选择对象：找到 1 个（鼠标左键单击高圆柱）

选择对象：↙（得到图 4-28b）

3. 并集运算

并集（UNION）运算所建立的实体是参加运算的实体叠加在一起形成的。

命令：UNION ↙（启动并集运算命令）

选择对象：找到 1 个（鼠标左键单击图 4-29a 中高处物体）

选择对象：找到 1 个，总计 2 个（鼠标左键单击图 4-29a 中低处物体）

选择对象：↙

运算后的结果如图 4-29b 所示（已经消隐），从两个图对比可以发现运算前为两个物体，运算后为一个物体。

并集运算

a)   b)   a)   b)

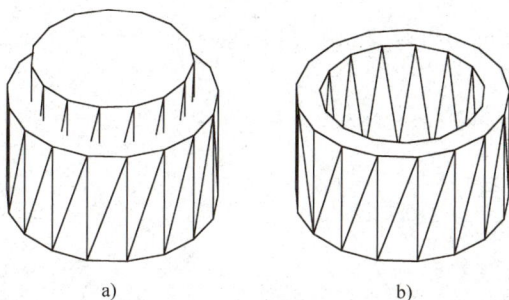

图 4-28 差集运算   图 4-29 并集运算

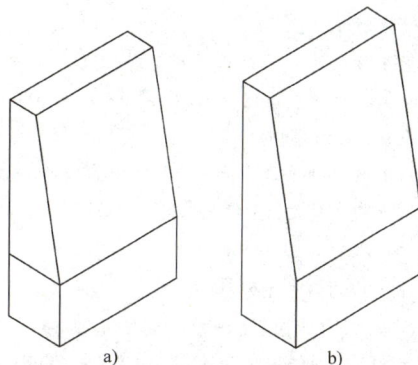

二、制作桥梁三维图形

在 AutoCAD 中进行路桥三维建模经常用到前面所讲的布尔运算。下面以一个上部结构为板、下部结构为桩柱的桥梁为例，详细介绍三维实体的制作过程。为了简化问题三维建模时剔除附属设施，只绘制桥梁的桥台、桥墩、空心板和刚性护栏的立体图，1cm 长度单位对应 1 个绘图单位。

建立如图 4-30 所示的三维桥梁实体。操作步骤如下。

1. 绘制桥台

提示：有关桥台的各部件最好放在一个文件里面，以便于操作。

（1）绘制耳墙（图 4-30）

a) 耳墙尺寸示意图 b) 挤压后的立体 c) 旋转后的立体消隐前 d) 立体消隐后

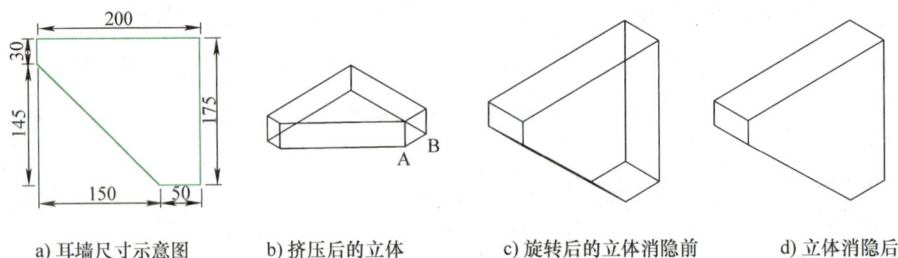

图 4-30 耳墙立体图

1）用多段线命令制作如图 4-30a 所示的平面图形。

2）拉伸如图 4-30a 所示的平面图形，形成三维实体，如图 4-30b 所示，具体操作如下：

命令：_view 输入选项 [？/删除(D)/正交(O)/恢复(R)/保存(S)/设置(E)/窗口(W)]：_swiso 正在重生成模型。（利用下拉式菜单选项切换到轴测图观测模式）

命令：EXTRUDE↙（启动拉伸命令）

选择要拉伸的对象或 [模式(MO)]：找到 1 个（鼠标左键单击选取图 4-30a 平面图形上一任意点）

选择要拉伸的对象或 [模式(MO)]：↙

指定拉伸的高度或[方向(D)/路径(P)/倾斜角(T)]：50↙（输入耳墙厚度，得到图 4-30b 的图形）

3）旋转如图 4-30b 所示的图形。

命令：ROTATE3D↙（启动三维旋转命令）

选择对象：找到 1 个（用鼠标左键单击选取图 4-30b 实体上一任意点）

选择对象：↙

指定轴上的第一个点或定义轴依据

[对象(O)/最近的(L)/视图(V)/X 轴(X)/Y 轴(Y)/Z 轴(Z)/两点(2)]：（用鼠标左键单击选取图 4-30b 中立体模型 A 点）

指定轴上的第二个点：（用鼠标左键单击选取图 4-30b 中实体模型 B 点）

指定旋转角度或[参照(R)]：90↙

旋转后得到图 4-30c。

4）图形消隐处理。

命令：HIDE↙（消隐后得到图 4-30d）

（2）绘制背墙（图 4-31）＜参照（1）操作＞

（3）绘制桥台帽和防震挡块（结果如图 4-32 所示）

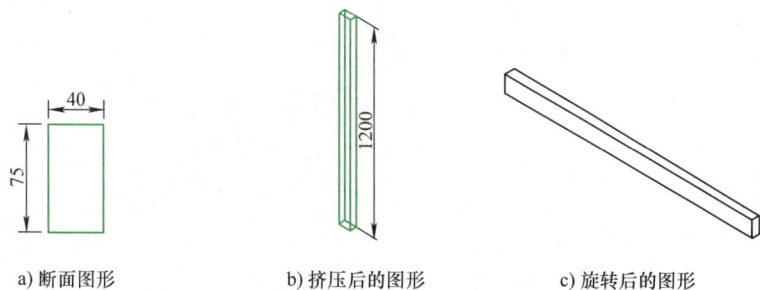

a) 断面图形　　　　　b) 挤压后的图形　　　　　c) 旋转后的图形

图 4-31　背墙的绘制

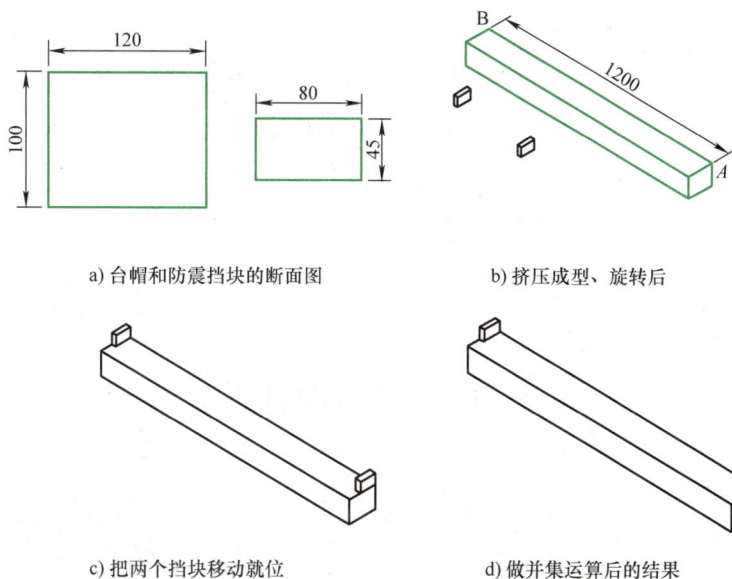

a) 台帽和防震挡块的断面图　　　　　b) 挤压成型、旋转后

c) 把两个挡块移动就位　　　　　d) 做并集运算后的结果

图 4-32　桥台帽和防震挡块实体的绘制

注意：移动就位时，必须采用移动物体特征点（端点、中点、切点、圆心等）与目标物体特征点对应捕捉的方式对齐，才可以达到准确就位的要求。图 4-32b 中的标注需借助 UCS 完成。

（4）绘制牛腿　先用多段线命令绘制如图 4-33a 所示的梯形断面，然后利用 EXTRUDE 命令（高度为 1100）作出牛腿，三维旋转后得到如图 4-33b 所示的牛腿图形。

（5）绘制桥台立柱和桩基　桥梁桩基的绘制采用圆柱命令，圆柱底面半径为 60，高度为桩长和立柱长之和，如图 4-34 所示（为了显示方便把图形绕 Y 轴旋转了 90°）。

（6）组合实体图形　把前面（1）~（5）绘制的部件依次按特征点对齐，采用并集运算把这些图形叠加到一起，结果如图 4-35a 和图 4-35b 所示（图 4-35a 主要观察台帽和背墙，图 4-35b 主要观察耳墙和牛腿）。

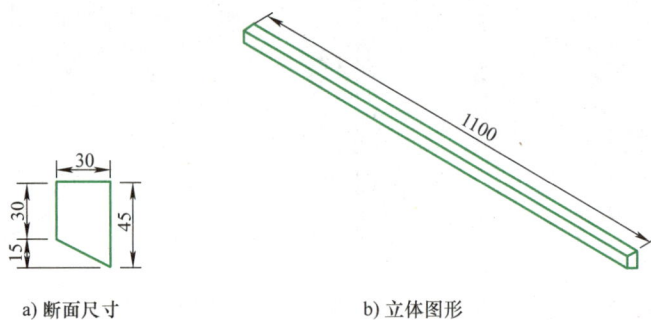

a) 断面尺寸　　　　　　　　　b) 立体图形

图 4-33　牛腿的绘制

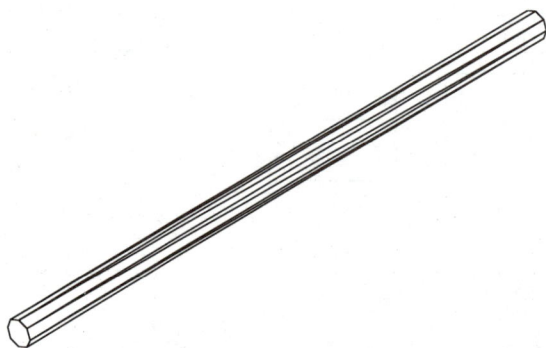

图 4-34　桩基和立柱的立体图形

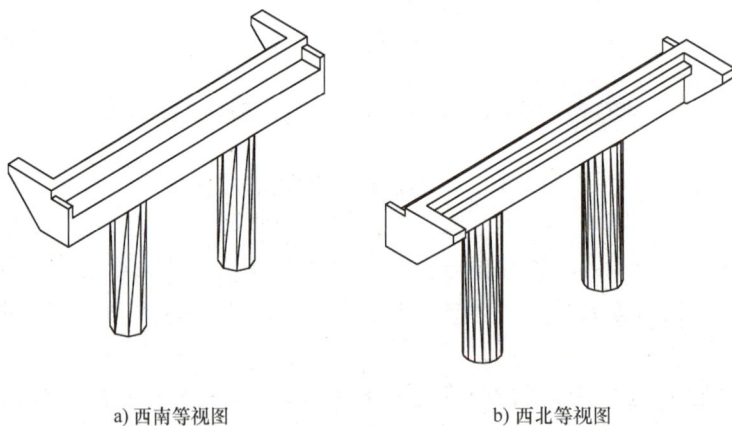

a) 西南等视图　　　　　　　　b) 西北等视图

图 4-35　就位后的立体图形

2. 绘制桥墩

1）绘制墩帽。如图 4-36 所示，墩帽沿路线方向的厚度为 120cm，采用拉伸命令时要使用此高度，拉伸后进行三维旋转时，要注意旋转轴选在墩帽的长边上，旋转角度为 90°。

a) 墩帽的断面图　　　　　　　　　b) 墩帽的立体图形

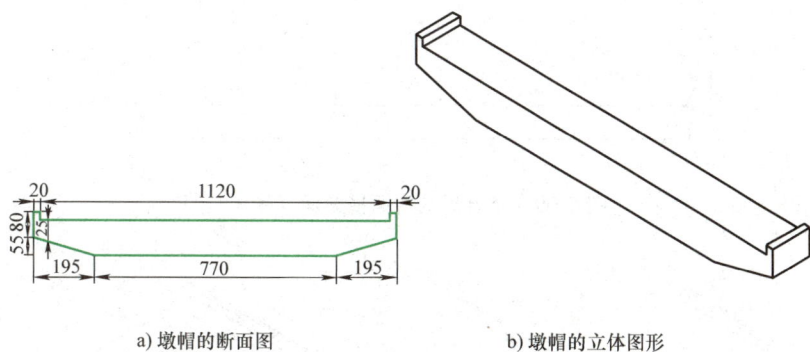

图 4-36　墩帽的立体图绘制

2）绘制桥墩立柱和桩基。立柱（半径 50cm，高度为 300cm）和桩基（半径 60cm，高度为 2500cm）均为同心的圆柱体，作图过程略。

3）组合实体图形。采用并集运算把桩基、立柱和台帽装配在一起，装配时要注意准确定位（可以分步定位——一次只定一个方向，三维依次定位），并集运算后的结果如图 4-37 所示。

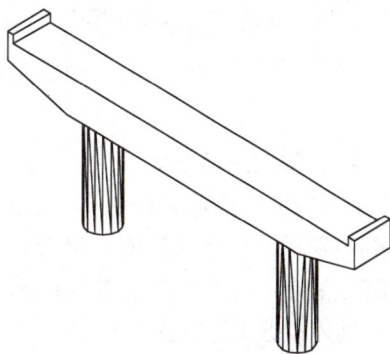

3. 绘制空心板（全幅整体绘制，含桥面铺装）**和刚性护栏**

1）断面分析。由于此处强调的是总体造型，所以没有画出桥面纵坡和横坡的变化，均按平坡处理，空心板为单个绘制。为了提高三维制作的效率，把桥面铺装、空心板和护栏（图 4-38）整合到一起绘制，整合后的断面如图 4-39 所示。

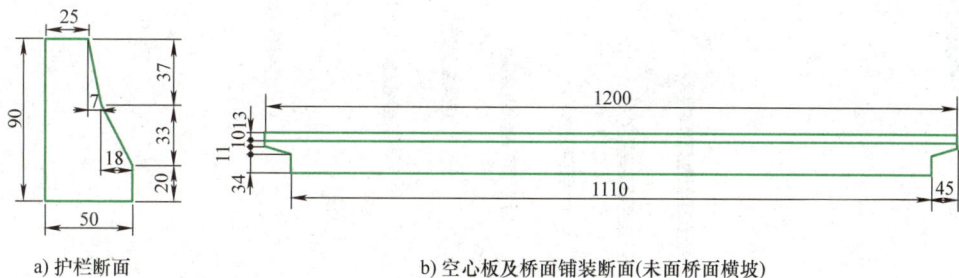

图 4-37　桥墩的立体图形

a) 护栏断面　　　　　　　b) 空心板及桥面铺装断面(未面桥面横坡)

图 4-38　整合后的桥面横断面（一）

2）拉伸形成实体图形。利用拉伸命令把图 4-39 所示的平面图形拉伸（厚度为 3896cm）并作适当三维旋转，得到如图 4-40 所示的实体图形。

提示：图 4-40 中为了美观，加绘了两条标线。

绘制空心板

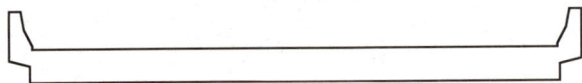

图 4-39 整合后的桥面横断面（二）

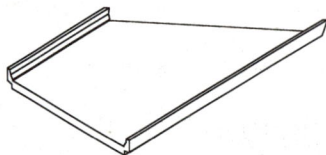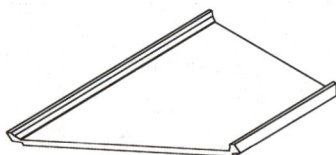

a) 西南视图　　　　　　　　　　　　b) 东北视图

图 4-40 桥面立体局部（做了截断处理）

4. 实体图形总拼装

图 4-40 的桥面、图 4-37 的桥墩和图 4-35 的桥台组合后的实体图形（轴测图）如图 4-41 所示。图形装配时，要用到三维镜像命令和多次精确移动命令。操作时标高以桥面标高为基准，桥梁平面位置以桥轴线为准，桥梁纵向各部件以桥梁跨径和桩基轴线间距为准，具体数据见图标注。

桥梁实体图形
总拼装

图 4-41 桥梁立体全貌（桩基已被截断）

技能深化

三维图形的绘制，仅是三维图形描述的开始，下面介绍利用透视观察制作桥梁三维透视图。

从工程制图的知识知道，轴测图的观察效果不如透视图理想，如何利用透视图观察三维立体图形是本任务介绍的内容。从命令行直接输入 DVIEW 命令即可启动透视观察命令。

把图 4-41 的轴测图变成透视图观察。

命令：DVIEW↙

选择对象或<使用 DVIEWBLOCK>：ALL↙

选择对象或<使用 DVIEWBLOCK>：↙

[相机(CA)/目标(TA)/距离(D)/点(PO)/平移(PA)/缩放(Z)/扭曲(TW)/剪裁(CL)/隐藏(H)/关(O)/放弃(U)]：TA↙

指定相机位置，输入与 XY 平面的角度，

或[切换角度单位(T)]< -35.0000>：-35↙

指定相机位置，输入在 XY 平面上与 X 轴的角度，

或[切换角度起点(T)]< -35.00000>：-35↙

[相机(CA)/目标(TA)/距离(D)/点(PO)/平移(PA)/缩放(Z)/扭曲(TW)/剪裁(CL)/隐藏(H)/关(O)/放弃(U)]：↙

执行操作后的效果如图 4-42 所示。

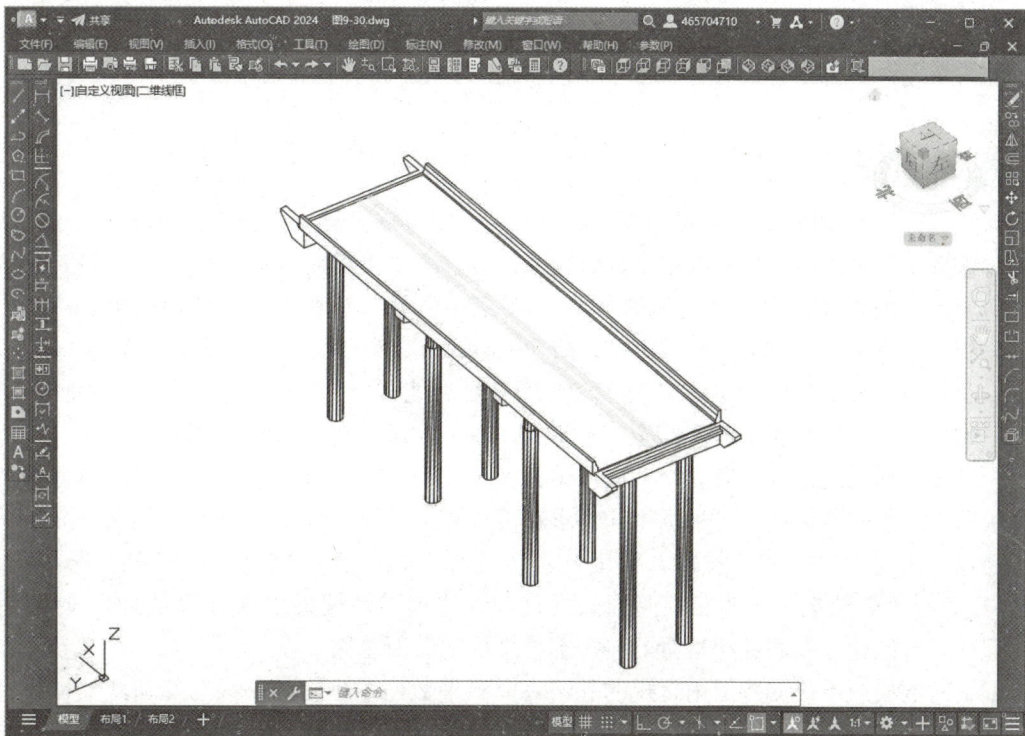

图 4-42　透视图显示

技能归纳

本任务介绍了三维图形的布尔运算及其在桥梁建模中的应用，主要应用的布尔运算的命令有：INTERSECT（交集）、SUBTRACT（差集）、UNION（并集）；用到的三维图形编辑命令有：ROTATE3D（三维旋转命令）、EXTRUDE（拉伸命令）、HIDE（消隐命令）、SLICE（剖切命令）、UCS（用户坐标系）。

思育启智园：

专业名人——道路三维集成 CAD 软件发明人郭腾峰

郭腾峰，道路三维集成 CAD 软件（也称纬地道路软件）发明人，纬地道路软件形成了纬地工程 BIM 解决方案。该软件研发始于 1996 年，最初侧重于互通式立交专业设计功能。经过 20 余年的发展，纬地道路软件已经从单一的路线平、纵、横设计软件产品发展到路线三维设计、隧道设计、涵洞设计、挡土墙设计、土方调配、外业测量、交通安全设施与虚拟仿真分析，及铁路设计等多工程专业高度集成的 CAD 系列软件。

纬地道路软件拥有的路线三维集成 CAD 技术、虚拟仿真技术以及三维地质重构技术等总体处于国际领先水平。纬地道路软件作为国产的行业 CAD 软件，已经在国内公路交通行业的甲级以上的专业设计院（所）中得到广泛应用，超过 90% 的甲级设计院（所）是纬地道路软件的正式用户。随着中国工程技术的输出和众多海外工程项目的实施，纬地道路软件也在世界许多发展中国家和地区的公路建设项目中得到广泛应用。

郭腾峰在道路三维集成 CAD 软件领域表现出的创新精神值得称赞，他对行业发展做出了重要贡献。

任务拓展

纬地道路三维集成 CAD 系统（HintCAD），是路线与互通式立交设计的大型专业 CAD 软件。该系统由中交第一公路勘察设计研究院结合多个工程实践研制开发。系统具有专业性强、与实际工程设计结合紧密、符合国人习惯、实用灵活等特点。系统使用 BjectARX 及 Visual C++ 编程，支持 AutoCAD 2010/2012/2014/2023（X64）和中望 CAD 2023（X64）平台，以及 Windows 8/10/11 等操作系统。系统主要功能包括：公路路线设计、互通立交设计、三维数字地面模型应用、公路全三维建模（3D Road）等，适用于高速、一级、二级、三级、四级公路主线以及互通立交、城市道路及平交口的几何设计。系统同时提供标准版、数模版和网络版软件，用户可根据不同需求自由选择。

纬地系统利用实时拖动技术，使用户直接在计算机上动态交互式完成公路路线的平（纵、横）设计、绘图、出表；在互通式立交设计方面，系统更以独特的立交曲线设计方法、起终点智能化接线和灵活批量的连接部处理等功能而著称。

最新的数模版不仅支持国内常规的基于外业测量数据基础上的路线与互通式立交设计，更可以利用三维电子地形图，建立三维数模并直接获得准确的纵、横断地面线数据，进而进行平、纵、横系统化设计；在省去外业测量的鞍马劳顿和缩短设计周期的同时，更使得大范围的路线方案深度比选方便快捷。它打破了国内公路行业数模应用领域由国外软件形成的垄断。

考核评价

1. 自我评价

1）此次操练是否顺利？

2）若不顺利，请列出遇到的问题。

3）分析出现问题的原因，并提出修正方案。

4）认为还需加强哪些方面的指导？

2. 学习任务评价（表4-5）

表4-5 学习任务评价表

考核项目	分数			学生自评	小组互评	教师评价	小计
	差	中	好				
团队合作精神	6	13	20				
活动参与是否积极	6	13	20				
基本三维图形制作	10	20	30				
桥梁三维图形制作	10	20	30				
总分	100						
教师签字：				年 月 日		得分	

作 业

1. 已知T梁的横断面尺寸（单位为cm）如图4-43a所示，T梁的长度为2000cm，使用拉伸命令绘制T梁的立体图并用轴测和透视方法观察。

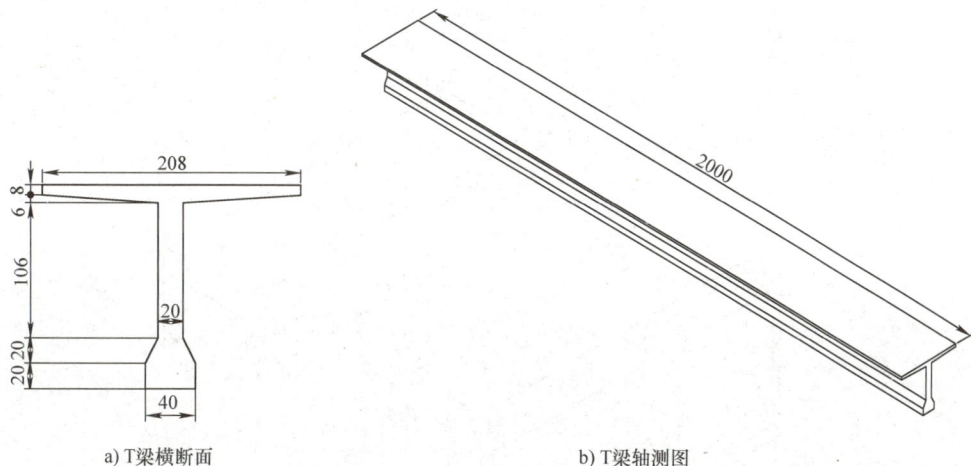

a) T梁横断面   b) T梁轴测图

图4-43 T梁横断面及轴测图

2. 根据本任务的三维讲解，练习绘制图4-42所示图形，并进行透视观察。

过关练习

过关任务1：绘制某板桥轴测图。

已知条件：板桥各构件图、立面图、平面图（图3-67和图4-44）

完成任务：绘制其整体轴测图。

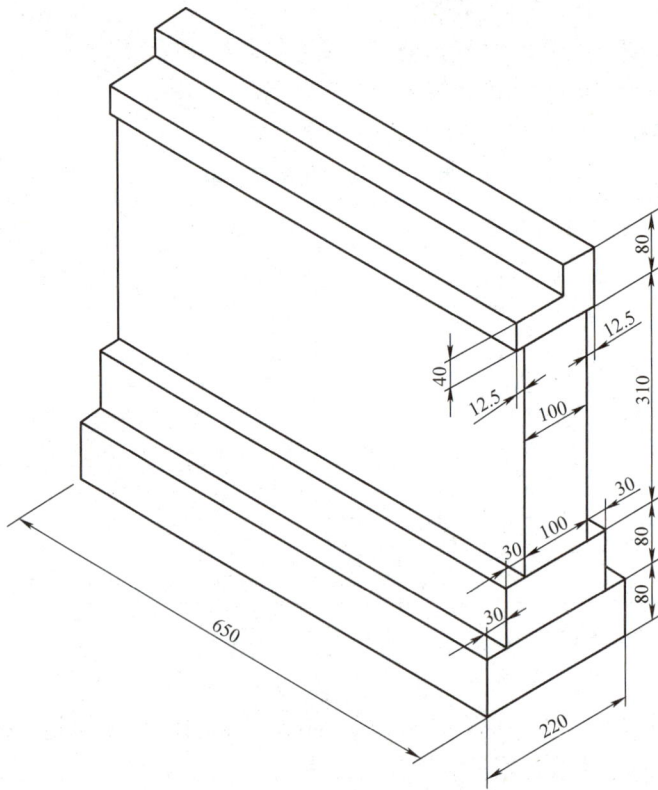

桥台立体图

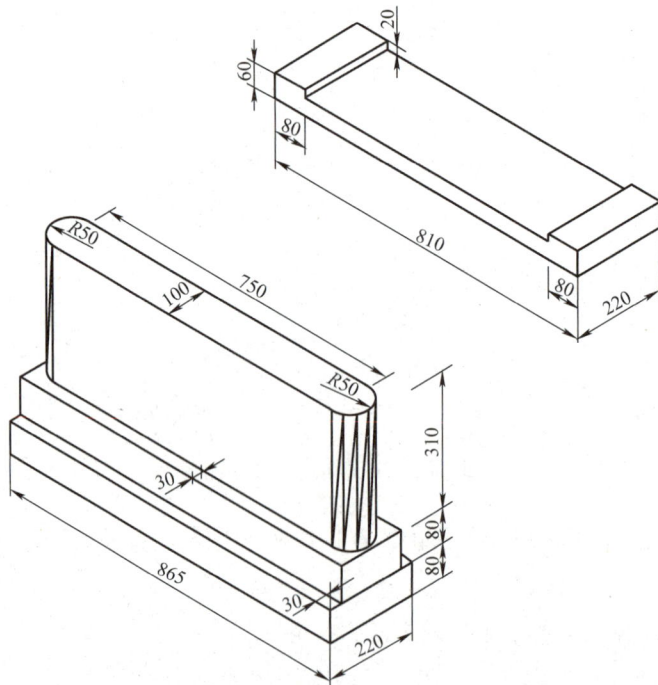

桥墩立体图

图 4-44 轴测图

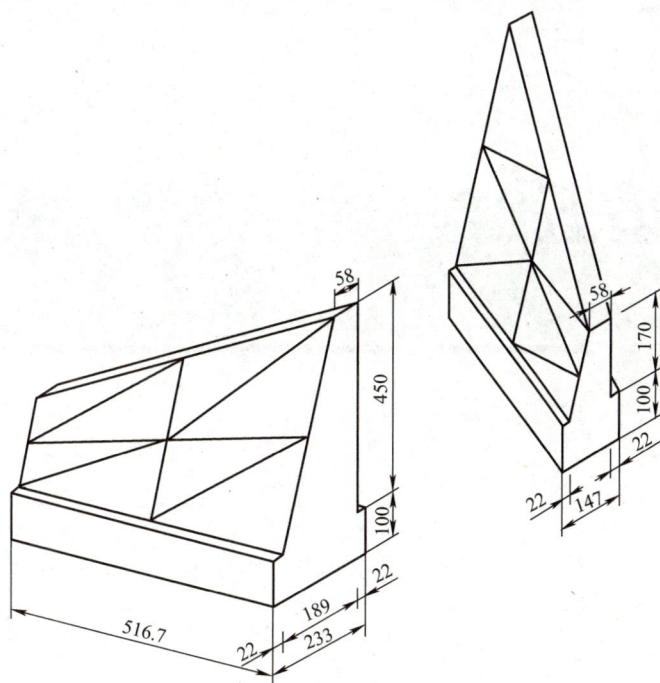

八字翼墙立体图

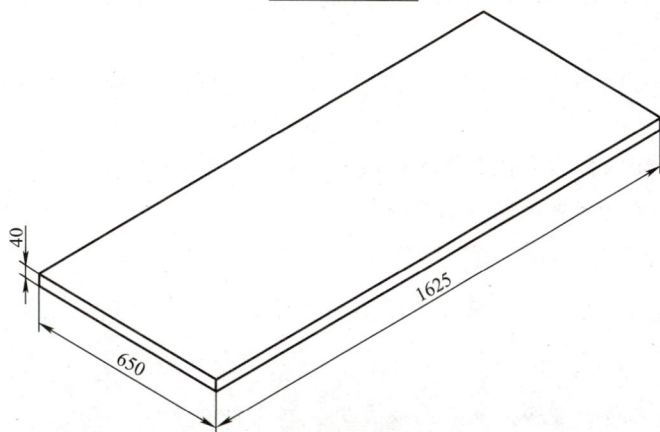

盖板立体图

图 4-44　轴测图（续）

过关任务 2：独立完成线上练习题。

学习情境四
线上练习题

学习情境五

道桥计算技术

⊗ 学习目标

知识目标：

1. 熟悉 MathCAD 工作环境、文件的基本操作、可视化计算的基本理念。

2. 掌握数学运算的操作与常见技巧。

3. 掌握道桥工程有关计算的操作与常见技巧。

能力目标：

1. 能进行 Mathcad Express Prime 9.0 的安装、文件的基本操作，能调动 MathCAD 各项命令，进行基本数值计算。

2. 能利用 MathCAD 进行道桥工程计算，能进行复杂函数组合应用。

素质目标：

1. 具备较好的团队协作意识和善于解决问题的意识和能力。

2. 具有披荆斩棘、知难而进的职业精神。

重 点

利用 MathCAD 进行基本数学计算、道桥工程计算等，利用 MathCAD 解决问题的思路。

难 点

MathCAD 解决问题的思路，复杂函数运用、程序编制等。

课时安排 （表 5-1）

表 5-1 课时安排

任务一（2 学时）	MathCAD 计算技术认知
任务二（2 学时）	道桥工程计算

任务一 MathCAD 计算技术认知

任务描述

在本任务的学习中我们将了解 MathCAD 的基础知识、编程环境、计算功能等内容，其中在计算功能里将重点介绍如何利用 MathCAD 进行数值计算、微积分运算、方程与方程组的求解等内容。

任务目标

1）了解 MathCAD 的发展状况。

2）掌握 MathCAD 的基本操作。

3）掌握 MathCAD 常用数值计算。

内容结构 （图 5-1）

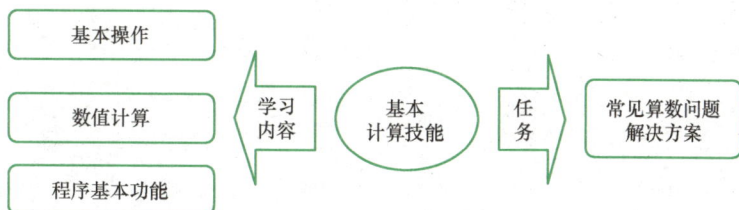

图 5-1　内容结构

主要技能

能进行 Mathcad Express Prime 9.0 的安装，文件的基本操作，能调动 MathCAD 各项命令，进行基本数值计算。

基础知识

一、Mathcad Express Prime 9.0 的基本介绍

MathCAD 是美国 PTC 公司旗下的一款工程计算软件，作为工程计算的全球标准，它与专有的计算工具和电子表格不同，MathCAD 允许工程师利用详尽的应用数学函数和动态、可感知单位的计算来同时设计和记录工程计算。独特的可视化格式和便笺式界面将直观、标准的数学符号、文本和图形均集成到一个工作表中。MathCAD 采用接近在黑板上写公式的方式让用户表述所要求解的问题，通过底层计算引擎计算返回结果并显示在屏幕上。计算过程近似透明，使用户专注于对问题的思考而不是繁琐的求解步骤。通过多个"手写式"案例的积累和交流能提高专业问题解决能力。

基于 Windows 平台的 MathCAD，保持着 Windows 系列的特色，窗口构造和 Windows 相似，在版本升级到 PTC Mathcad Express Prime 9.0 以后，十分有利于用户的学习和使用。下面以 PTC Mathcad Express Prime 9.0 版本为例做简单的介绍。

二、Mathcad Express Prime 9.0 的启动与退出

在使用 PTC Mathcad Express Prime 9.0 前，必须按照软件说明书的安装步骤正确安装。

正确安装 PTC Mathcad Express Prime 9.0 后，在 Windows 桌面上会自动建立 PTC Mathcad Express Prime 9.0 的快捷图标，双击该快捷图标即可启动系统。图 5-2 所示为 PTC Mathcad Express Prime 9.0 的快捷图标。

PTC Mathcad Express Prime 9.0 启动之后，将出现如图 5-3 所示的 PTC Mathcad Express Prime 9.0 工作界面。

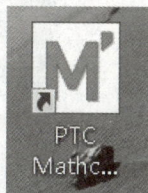

图 5-2　PTC Mathcad Express Prime 9.0 的快捷图标

退出 PTC Mathcad Express Prime 9.0 的方法如下：

1）选择下拉菜单"文件"→"关闭"，其中包括文件夹关闭和退出 PTC Mathcad Express Prime 9.0 选项。

2）单击标题栏中的"关闭"按钮。

三、PTC Mathcad Express Prime 9.0 的工作空间

PTC Mathcad Express Prime 9.0 的工作空间如图 5-3 所示，主菜单栏包括：数学、输入/输出、函数、矩阵/表格、绘图、数学格式、文本格式、计算、文档、资源。其中，数学及下拉菜单可以完成数学大部分运算，包括基本数值运算、微积分运算、矩阵运算等、如图 5-4 所示。函数菜单栏可以调用常用函数，做拟合、数据分析、信号处理、求解等，如图 5-5 所示。

Mathcad Prime 9.0
界面介绍

Mathcad Prime 9.0
常用数值计算

Mathcad Prime 9.0
符号计算方法

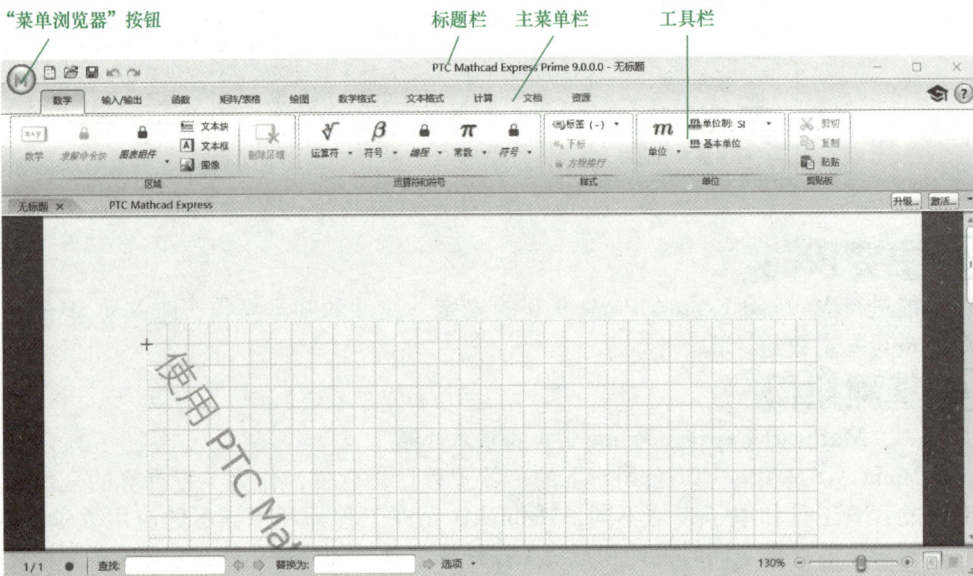

图 5-3　PTC 的 Mathcad Express Prime 9.0 工作空间

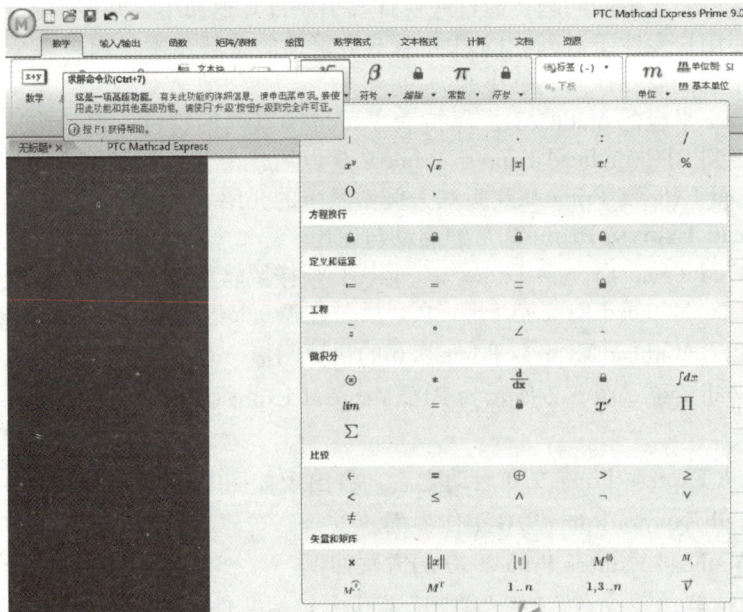

图 5-4　数学菜单栏

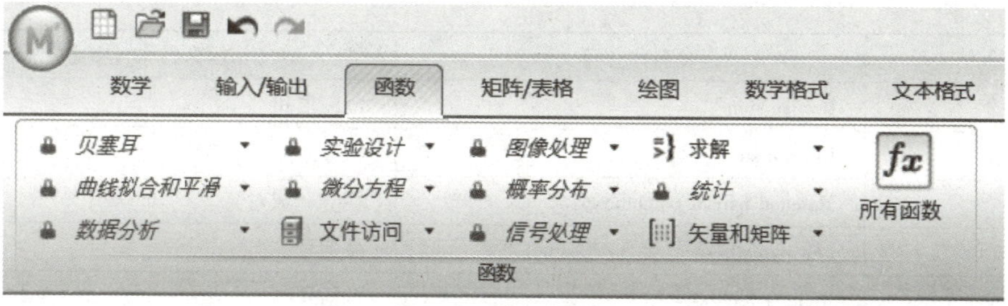

图 5-5 函数菜单栏

绘图菜单栏，可以插入平面直角坐标图形、极坐标图、等值线图、3D 绘图等，如图 5-6 所示，数学格式和文本格式菜单栏，可以做格式编辑，如图 5-7、图 5-8 所示。

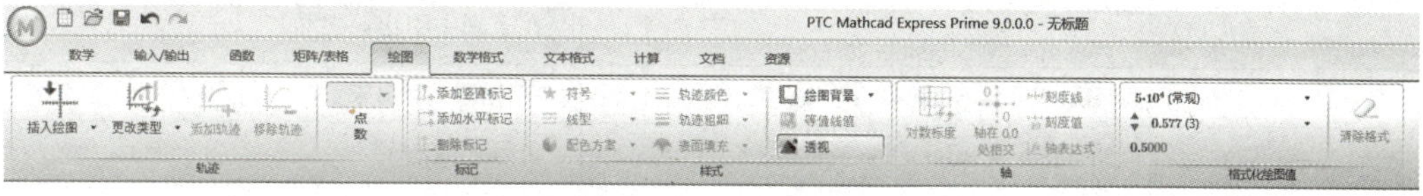

图 5-6 绘图菜单栏

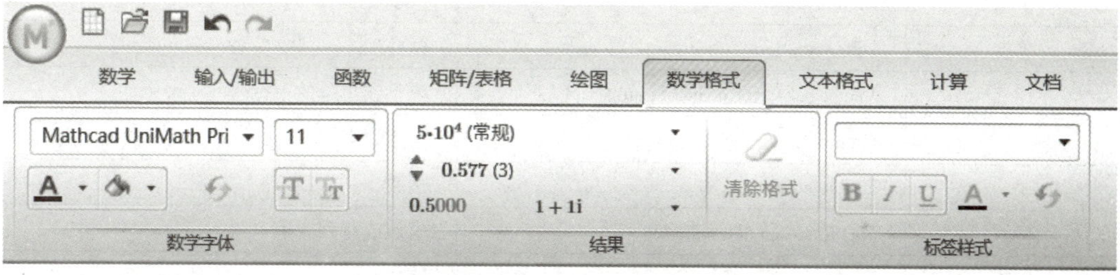

图 5-7 数学格式菜单栏

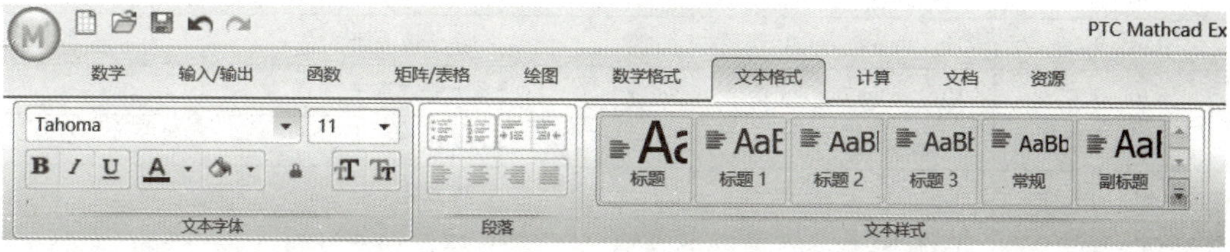

图 5-8 文本格式菜单栏

MathCAD 的快捷键命令见表 5-2。

表 5-2 MathCAD 快捷键命令表

键命令	运算名称（英文）	运算名称（中文）
!	Factorial	阶乘
"	Complex conjugate	共轭复数
#	Range product	范围求积

（续）

键命令	运算名称（英文）	运算名称（中文）
$	Rrange sum	范围求和
&	Integration	积分
'	Matched pair of parentheses	括号（成对）
(	Left parenthesis	左括号
)	Right parenthesis	右括号
*	Multiplication or inner（dot）product	乘法或内积（点积）
+	Addition	加法
,	Separates arguments in a function Separates expressions to be plotted on the same axis Precedes 2nd number in range	在函数中分隔变量 在图形中分隔表达式 在范围中引出第二数
;	Precedes last number in range	在范围中引出末数
−	Negation or subtraction	负号、减法
/	Division	除法
<	Less than	小于
>	Greater than	大于
?	Differentiation	微商
[	Vector subscript or matrix subscript	矢量或矩阵的下标
\	Square root	平方根
^	Exponentiation	指数
		Magnitude or determinant	模值或行列式值
Ctrl + 1	Transpose	转置
Ctrl + 3	Not equal	不等号
Ctrl + 4	Sum of elements in vector	矢量元素的和
Ctrl + 9	Less than or equal	小于或等于
Ctrl + 0	Greater than or equal	大于或等于
Ctrl + 8	Cross product	叉积
Ctrl + −	Vectorize	矢量化
Ctrl + =	Equal to	等于（逻辑相等）
Ctrl + 6	Superscript	上标，幂的指数
Ctrl + Shift + 4	Summation	求和
Ctrl + Shift + 3	Product	连乘积
Ctrl + Shift + ?	Nth derivative	N 阶微商
Ctrl + \	Nth root	N 次方根
Ctrl + Enter	Addition with linebreak	折行相加
Ctrl + I	Indefinite integral	不定积分
Ctrl + L	Limit	极限

（续）

键命令	运算名称（英文）	运算名称（中文）
Ctrl + A	Right- hand limit	右极限
Ctrl + B	Left- hand limit	左极限
Ctrl + Period	Symbolic equal sign	符号推演等号
Ctrl + Shift + Period	Keyword symbolic equal sign	带关键词符号推演等号

思育启智园：

行业前沿与成就——中华民族的数学成就

中华民族历史悠久、辉煌的数学成就，对世界数学的发展做出过重要的贡献。

古代有算筹，是在珠算发明以前中国独创并且最有效的计算工具，由若干根相同长短和粗细的小棍子组成，多用竹子制成，也有用木头、兽骨、象牙、金属等材料制成。算筹记数法是一种十进位制记数法，在世界数学史上是一个伟大的创造。《周髀算经》对"勾三股四弦五"进行了讲解和证明；《九章算术》包含了方田、粟米、衰分、少广、商功、均输、盈不足、方程、勾股等章节，标志着我国古代数学完整体系的形成；《墨经》中提出了圆、直、点、线、面、体、平行等各种命题和概念。魏晋时期数学家刘徽首创割圆术，南北朝时数学家祖冲之在刘徽开创的探索圆周率的精确方法的基础上，首次将"圆周率"精算到小数点后第 7 位，比欧洲早一千多年。宋元数学四大家中，秦九韶完成了著名的《数学九章》，其包含了"中国的剩余定理"；李冶完成了数学名著《测圆海镜》，是天元术的代表作；杨辉提出了《杨辉算法》；朱世杰提出了"四元消法"。近代数学家李善兰推出了世界上第一个用中国人名字命名的数学公式——"李善兰恒等式"；现代数学家华罗庚有以其名字命名的数学科研成果"华氏定理""华式不等式"；陈景润被称为哥德巴赫猜想第一人。

从古老的算筹到精妙的《九章算术》，从祖冲之精准计算圆周率到陈景润的哥德巴赫猜想，一项项卓越的数学成就凝聚了中华民族的智慧，是我们民族自豪感和文化自信的源泉。让我们满怀骄傲的同时，也激励着当代有志青年在新时代的科技征程中继续前行，创造未来。

行业前沿与成就——中华民族的数学成就

❋ 考核评价

1. 自我评价

1）此次操练是否顺利？

2）若不顺利，请列出遇到的问题。

3）分析出现问题的原因，并提出修正方案。

4）认为还需加强哪些方面的指导？

2. 学习任务评价（表 5-3）

表 5-3　学习任务评价表

考核项目	分数			学生自评	小组互评	教师评价	小计
	差	中	好				
团队合作精神	6	13	20				
活动参与是否积极	6	13	20				
基本计算	6	13	20				
函数计算	6	13	20				
微积分、方程组	6	13	20				
总分	100						
教师签字：				年　　月　　日		得分	

作 业

图 5-9 是挡土墙计算主动土压力的计算的示意图，挡土墙计算主动土压力的计算系数公式见式（5-1），请按给出的已知参数（式 5-1 中 $\varphi = 35°$，$\alpha = 14.04°$，$\delta = \varphi/2$，$\beta = 10°$），利用 MathCAD 计算 Ka 的值。

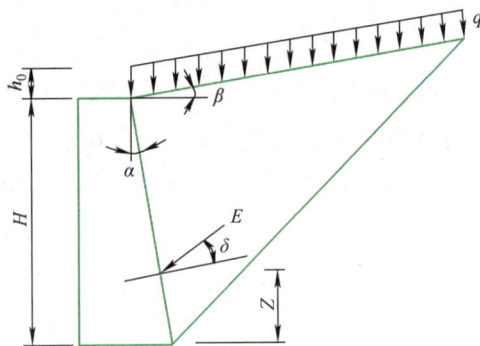

图 5-9　挡土墙计算主动土压力的计算示意图

$$Ka = \frac{\cos^2(\varphi - \alpha)}{\cos^2\alpha \cdot \cos(\alpha + \delta) \cdot \left[1 + \sqrt{\dfrac{\sin(\varphi + \delta) \cdot \sin(\varphi - \beta)}{\cos(\alpha + \delta) \cdot \cos(\alpha - \beta)}}\right]^2} \tag{5-1}$$

任务二　道桥工程计算

任务描述

公路施工现场主要计算工作主要体现在测量数据加密（任意桩号）计算和结构配筋的验算，过去采用手工计算方法工作量大，采用电算方法需要购置软件而且计算过程不好控制，引入 MathCAD 进行计算既提高了计算效率又保留了手工计算便于检查的优点。使用 MathCAD 软件解决这些问题的方法很多，高效解决的方法需要一定的技巧，本任务通过类似编程的方法，完成任意桩号设计高程计算钢筋混凝土结构配筋的设计计算。

任务目标

1）掌握任意桩号设计高程计算。

2）掌握钢筋混凝土配筋的计算。

内容结构 （图 5-10）

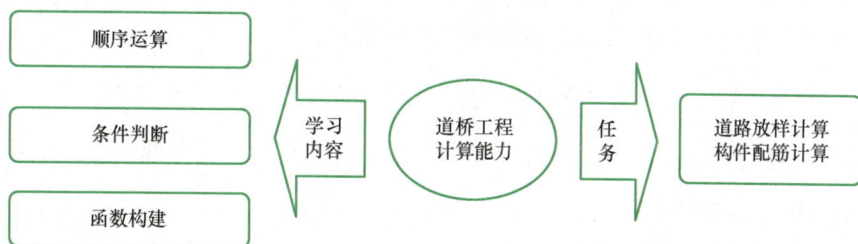

图 5-10　内容结构

主要技能

利用 MathCAD 进行道桥工程计算的思路、步骤；基本顺序计算与条件语句、函数构建的组合应用。

基础知识

一、高程计算

1. 情况说明

路线设计高程的计算在设计院一般通过纬地、EiCAD 等路线软件计算完成，在施工现场一般针对计算工作量相对较小的加桩桩号的设计高程的计算，虽然计算工作量不大，大多是要求计算准确、计算速度快，用 MathCAD 计算最为合适。

Mathcad Prime任意
桩号设计高程计算

2. 源程序示例及说明

1）已知条件与求解变量。已知图 5-11 中竖曲线半径 R、前坡坡度 i_1、后坡坡度 i_2、变坡点里程、变坡点高程，求竖线要素、竖曲线起止点里程、指定桩号设计高程。

2）核心计算图式。

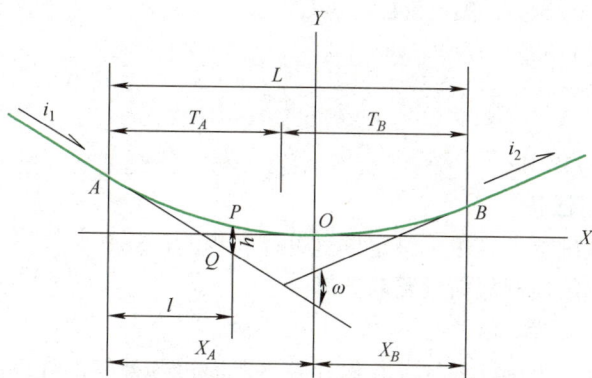

图 5-11　竖曲线计算图

图中各符号的含义如下：

① ω——转坡角，ω 为正时为凸形竖曲线，ω 为负时为凹形竖曲线。

② T——竖曲线切线长。

③ L——竖曲线长。

④ E——外距。

竖曲线起点桩号 = 变坡点桩号 - 切线长 T；竖曲线终点桩号 = 变坡点桩号 + 切线长 T。进而判断中桩是否位于竖曲线范围，在哪一半竖曲线上。

⑤ h——竖距，$h = \dfrac{l^2}{2R}$，l 为计算点到竖曲线起点或终点（在计算点桩号小于转坡点时，为计算点桩号 - 竖曲线起点桩号；在计算点桩号大于转坡点时，为竖曲线终点桩号 - 计算点桩号）的路线长度，简称横距。

具体计算公式见源程序。

3）源程序。

已知：$R = 2000$ $i_1 = -0.0025$ $i_2 = 0.039$

变坡点里程 = 170   变坡点高程 = 125.174

竖曲线要素计算：

$\omega = i_1 - i_2 = -0.042$

$L = R \cdot |\omega| = 83$

$T = \dfrac{L}{2} = 41.5$

$E = \dfrac{T^2}{2 \cdot R} = 0.431$

竖曲线范围计算：

起点 = 变坡点里程 - T = 128.5

终点 = 变坡点里程 + T = 211.5

设计高计算：

$$\text{设计高}(\text{桩号}) := \begin{vmatrix} \text{if 起点} \leq \text{桩号} \leq \text{终点} \\ \quad \begin{vmatrix} \text{直坡段高程} \leftarrow \text{变坡点高程} - i_1 \cdot (\text{变坡点里程} - \text{桩号}) \\ h \leftarrow \dfrac{(\text{桩号} - \text{起点})^2}{2 \cdot R} \\ \text{设计高} \leftarrow \text{直坡段高程} - \text{sign}(\omega) \cdot h \end{vmatrix} \\ \text{设计高} \leftarrow -999999 \text{ otherwise} \\ \text{设计高} \end{vmatrix}$$

指定桩号 = 180

设计高（指定桩号）= 125.812

3. 新的任务

在此基础上完成更多指定桩号设计高程的计算。

二、单筋矩形截面梁配筋计算

1. 情况说明

钢筋混凝土梁配筋计算在设计院一般通过各种软件计算完成或手算完成，计算过程不可

Mathcad Prime单筋矩形截面梁配筋计算

控制，只能按原软件开发思路使用，遇到规范更新等问题只好购买新的软件。这样不利于专业积累而且维护和使用成本高。引入 MathCAD 来进行计算书的编写既具有计算准确高效的特点又能直观检查，是最适宜的计算工具。

2. 源程序示例及说明

1）已知条件与求解变量。已知条件：b、h、R_a、R_g、M_j、ξ_{jg}、γ_c。求解变量：A_g，并配筋。各字母含义详见源程序。

2）核心计算图式如图 5-12 所示。

3）源程序：

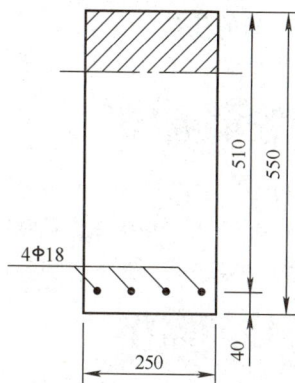

图 5-12 截面梁配筋
（尺寸单位 mm）

单筋矩形截面梁配筋计算

已知：

$b = 250$ （梁宽 mm）

$h = 550$ （梁高 mm）

$f_{cd} = 11.5$ （混凝土设计抗压强度 MPa）

$f_{td} = 1.23$ （混凝土设计抗拉强度 MPa）

$f_{sd} = 250$ （钢筋设计强度 MPa）

$M_d = 100 \cdot 10^6$ （计算弯矩 N·mm）

$\xi_b = 0.58$ （受压区高度界限系数）

$\gamma_0 = 1.1$ （桥梁结构重要性系数）

$\rho = 0.01$ （配筋率）

1. 计算受压区高度

$\alpha_s = 45$ （钢筋重心距梁底距离 mm）

$h_0 = h - \alpha_s = 505$ （截面有效高度 mm）

$$x = h_0 - \sqrt{h_0^2 - \frac{2 \cdot \gamma_0 \cdot M_d}{f_{cd} \cdot b}} = 82.504 \quad (\text{受压区高度 mm})$$

$$panduan = \left\| \begin{array}{l} \text{if } x \leq \xi_b \cdot h_0 \\ \quad \left\| pd \leftarrow \text{"受压区高度合理"} \right| \\ \text{if } x > \xi_b \cdot h_0 \\ \quad \left\| pd \leftarrow \text{"受压区高度不合理"} \right| \\ pd \end{array} \right.$$

$= \text{"受压区高度合理"}$

2. 计算受拉钢筋截面积

$$A_s = \frac{f_{cd} \cdot b \cdot x}{f_{sd}} = 948.7907 \quad (\text{钢筋截面面积理论计算值 mm}^2)$$

3. 选用钢筋

$d = 18$ （钢筋直径 mm）

$n = 4$ （钢筋根数）

$A_{sj} = n \cdot \left[\pi \cdot \left(\frac{d}{2} \right)^2 \right] = 1.018 \times 10^3$ （钢筋设计截面积 mm²）

$b_{min} = (n-1) \cdot 30 + n \cdot d + 2 \cdot 30 = 222$ （最小梁宽 mm）

$$panduan2 = \left\| \begin{array}{l} \text{if } b_{min} \leq b \\ \quad \left\| pd \leftarrow \text{"梁宽合理"} \right| \\ \text{if } b_{min} > b \\ \quad \left\| pd \leftarrow \text{"梁宽不合理"} \right| \\ pd \end{array} \right.$$

$= \text{"梁宽合理"}$

4. 验算配筋率

$\alpha_{sj} = 25 + 8 + \frac{d}{2} = 42$ $\quad \alpha_s$ 实际值

$h_{0j} = h - \alpha_{sj} = 508$ $\quad h_0$ 实际值

$\rho_j = \frac{A_{sj}}{b \cdot h_{0j}} = 0.008$ $\quad \rho$ 实际值

$\rho_{min} = \left(0.45 \cdot \frac{f_{td}}{f_{sd}} \right) = 0.002$ $\quad$ 最小配筋率

$$panduan3 = \left\| \begin{array}{l} \text{if } \rho \geq \rho_{min} \\ \quad \left\| pd \leftarrow \text{"配筋率合理"} \right| \\ \text{if } \rho < \rho_{min} \\ \quad \left\| pd \leftarrow \text{"配筋率不合理"} \right| \\ pd \end{array} \right. = \text{"配筋率合理"}$$

3. 新的任务

改变梁的截面尺寸重新计算配筋情况。

技能训练

1）请利用任务导入部分的源程序和算例计算 K0 + 130、K0 + 140、K0 + 150、K0 + 160、K0 + 170、K0 + 190、K0 + 200、K0 + 210 处的设计高程。

2）根据导入部分示例源程序，计算钢筋矩形截面梁配筋数量。

技能深化

1）为了确保设计高程插值计算正确，在使用软件计算时要注意做好数据测试，确保抽查典型桩号对应数据与设计吻合，如果有问题需要检查原始数据是否正确。

2）施工现场由于材料供应或施工方案实施方便性，可能会进行钢筋的替换计算。所以，钢筋混凝土截面梁的配筋计算程序，除了用于设计计算外，在施工现场可以用于部分钢筋替换计算。

技能归纳

本任务通过竖曲线设计高程计算、钢筋混凝土配筋计算进一步对 MathCAD 的应用进行了深化。其中高程计算部分用到了顺序计算和简单的条件语句；钢筋混凝土配筋计算能够满足学生进行混凝土构件力学计算书的计算。

思育启智园：

行业前沿与成就——工程计算软件简介

在科技和工程界比较流行的数学软件主要有四个，分别是 Maple、MATLAB、MathCAD 和 Mathematica。Maple 能解决建模和仿真中的数学问题，能提供编程工具和数学知识；MATLAB 是美国 MathWorks 公司出品的数学软件，用于数据分析、无线通信、深度学习、图像处理与计算机视觉、信号处理等领域；Mathematica 结合了数值和符号计算引擎、图形系统、编程语言、文本系统等。

在高职院校流行的软件主要是 MATLAB 和 Mathematica，在教学改革实践过程中发现，MathCAD 更适合数学学习基础普遍相对薄弱的高职学生，数学思想、方法和科学计算能力是高职学生适应未来岗位要求、培养可持续发展潜力的必备素质和基本能力之一。MathCAD 辅助高职工程教学更符合高职学生的"学情"，更能满足高职学生在"做"中学习工程计算的要求，进而使高职学生学数学及工程计算的过程成为一个建构知识的过程，而不是一个复制知识的过程，达到有机地发展学生能力的目的。

引入 MathCAD 进行计算，既提高了计算效率又保留了手工计算便于检查的优点。在学习过程中需要在熟悉编程运算符、矩阵计算、多项式回归计算函数的基础上，结合专业应用完成道路放样计算、试验数据处理等任务，提高道桥工程计算方面的能力。这是一个通过点滴积累，反复实践，不断尝试，达到从量变到质变的过程，学习者需要时刻保持对数据的准确性和计算结果的可靠性负责的态度，通过不断尝试和解决问题，学会如何将数学与工程实

行业前沿与成就——工程计算软件简介

践相结合，如何在复杂多变的工程环境中灵活运用所学知识，在面对挑战时如何保持耐心与毅力，以及在面对失败时如何保持坚持不懈、一往无前的精神和勇气。

考核评价

1. 自我评价

1）此次操练是否顺利？

2）若不顺利，请列出遇到的问题。

3）分析出现问题的原因，并提出修正方案。

4）认为还需加强哪些方面的指导？

2. 学习任务评价（见表5-4）

表5-4　学习任务评价表

考核项目	分数			学生自评	小组互评	教师评价	小计
	差	中	好				
团队合作精神	12	15	20				
活动参与是否积极	12	15	20				
高程计算	15	20	30				
钢筋混凝土配筋计算	15	20	30				
总分	100						
教师签字：					年　月　日	得分	

作　业

1. 写出利用 MathCAD 计算钢筋混凝土结构配筋的步骤。

2. 写出利用 MathCAD 计算任一点高程的注意事项。

参 考 文 献

[1] 王月华，叶伟. 公路 CAD [M]. 武汉：武汉大学出版社，2019.

[2] 邱兰，余丹丹，等. 公路工程 CAD [M]. 北京：中国水利水电出版社，2015.

[3] 王亚琼. 公路隧道设计 CAD [M]. 北京：人民交通出版社，2014.

[4] 顾峰，左晓明. AutoCAD 2012 实用教程 [M]. 北京：机械工业出版社，2012.

[5] 马永志，时国庆，等. AutoCAD 2010 中文版参数化绘图 [M]. 北京：人民邮电出版社，2010.

[6] 陈彦光. 基于 MathCAD 的地理数据分析 [M]. 北京：科学出版社，2010.

[7] 孙元桃. 结构设计原理 [M]. 5 版. 北京：人民交通出版社，2021.

[8] 王琛艳，孙海兴，焦文俊. 软土地基础处治 [M]. 武汉：武汉理工大学出版社，2012.

[9] 张郃生，等. 运用 MathCAD 预测分析公路远景交通量的研究 [J]. 西部交通科技，2007（5）：36-38.

[10] 郑浩，李大超. 基于 Python 的 AutoCAD 次开发技术在工装设计中的应用 [J]. 航空电子技术，2019（2）：53-55.

[11] 薛冬. 公路工程建设中 BIM 技术的应用 [J]. 写真地理，2021（1）：166.